中國城市文明史

History
of
Civilization
in China's Cities

薛鳳旋————著

目錄

圖表目錄

第三章　龍山城邦時代

第四章　夏代：青銅時代初期的城市文明

第五章　商代：青銅器的高峰

第六章　典章制度的成熟期：周代與戰國的發展

第七章　秦漢：創建統一大國集權體制與行政型城市

第八章　唐代：儒家模式的黃金期

第九章　宋代：推動了工商業發展與新城市文明

第十二章　現代中國：中華文明的社會主義探索

序

對「中國城市文明史」的構建，我走過了漫長的五十年。

唸中學時，中國歷史和中國文學是我最喜歡的兩個學科，但入讀香港大學時卻選了地理為主修科，當時我認為地理較為經世致用，畢業後比較容易找工作。不過，我仍選了中國文學為副修科。在唸碩士和博士時，我的興趣由經濟地理慢慢向城市地理傾斜，但我對研究中華文明的興趣從未減退。

畢業後，城市的教學與研究便成為我在香港大學的主軸。在 1980 至 2019 年間，我出版了多本有關著作，即：《中國的大都市》、《香港與澳門》、《北京：由傳統國都到社會主義首都》、《香港發展地圖集》、《澳門五百年：一個特殊中國城市的興起與發展》、《中國城市及其文明的演變》、《清明上河圖與北宋城市化》和《西方古城市文明》。

近二十年來中國考古的新發現加深了我對中華文明研究的興趣，我更讀了不少中西方和南北美洲考古與文明史研究的著作，及英國劍橋大學出版的《中國史》和《中國古代史》。這些閱讀使我有兩點得着。第一，我逐漸感到一個國家的歷史，實乃該國文明的演變歷程，而城市就是文明最重要的發展動力和載體。因此，我們可以從另一角度，即城市角度，看歷史和看文明，或從空間上敍述歷史和文明。第二，我發現對於中華文明的源起，在不同歷史階段的演變，和世界其他文明相比有何特色，以及在未來的世界它將會有何貢獻等問題，現有的出版物仍沒有足夠的回應，我們有必要對它們進行系統的分析與理解。這兩個體會就是我寫此書的動機。

當我在 2019 年 6 月開始撰寫本書時，香港發生了自 1997 年回歸祖國後的最大，且為時最長的以反共和促「港獨」為目的的動亂。至 2020 年 1 月底，這個動亂更疊加了新冠狀病毒肺炎疫症，使香港逐步出現停工、停課、停止娛樂和大型活動，以及進出境要檢測和作 14 天醫療觀察隔離，旅遊業和商業近乎停頓等百年未有的新情況。2019 年 12 月 1 日，武漢出現了首宗新肺炎個案。12 月 31 日武漢市向媒體宣告出現了不明病毒，宣佈確診 27 病例，並呼籲帶口罩，同時亦向世界衛生組織通報有關情況。2020 年 1 月 1 日北京派出專家組到武漢，並於 1 月 8 日證實了新型冠狀病毒是新肺炎致病原因，有關情況及病毒基因排序等亦同時上載到世界醫療專業界公開資訊網站。1 月 20 日 中國專家肯定病毒會人傳人。1 月 23 日中國實行了對疫區社會隔離和「封城」，而全國各地開始派出醫療隊到武漢支援。經過兩個月的嚴格「封城」和全國醫療力量的集中援助。到 4 月中，武漢及中國大陸其他地區的疫情已經受控，受感染人數約八萬，死亡個案約 3,300 例。近月每天新增感染的數字更維持在個位數。

反觀歐美國家，它們在 2 月中時才出現零星受感染案例，但到 4 月 16 日全球總案例已達 200 萬，總死亡人數約 13 萬，這些數字近八成是出現在歐美的。美國第一宗確診出現在 1 月 21 日，病人在 1 月 15 日來自武漢。美國因而在 1 月 31 日起禁止由中國出發的非美國國籍人士入境。3 月 2 日美國確診病例仍只有 80 宗，總統和副總統都宣稱疫情對美國影響不大。不過一星期後，總統宣告進入戰時狀態，全國學校停課，大部分商舖停業。兩天後全國 50 個州都出現確診個案。3 月 26 日，美國已成為確診個案最多國家。4 月 24 日，美國共有 889,309 宗確診，死亡 50,256 人。至 6 月 20 日，全球已有 188 個國家和地區出現疫情，確診共 862 萬，死亡 45.8 萬，美國排名第一，確診 226.5 萬宗，死亡 12.1 萬人。中國排名降至第 71 位，確診 83,352 宗，死亡 4,634 人。

疫症沒有國籍，也沒有國界，但對疫情的處理，不但是政策上的，還是個人行為上的，都反映出不同的文明背景。中國在疫情初發時，武漢

地方政府雖然有輕率和失誤，但在中央的指揮下，全國各地同心協力，能夠在兩個多月內控制了疫情，在 14 億龐大人口和春運人員來往頻繁的壓力下，全國只有四千多人死亡，總發病數也只有八萬多，絕大部分都集中在武漢一市。當中國確認疫症的存在和人傳人傳播後，不但在國內上下同心，分享經驗，努力阻止傳播面及採取有治療方法，也向世衛組織和各國分享，更向其他國家，特別是疫情嚴重的歐洲國家和防疫資源缺乏的發展中國家，提供醫療人員與物資的援助。

反觀美國，人口只有三億，經濟及醫療設備水平遠高於中國，又有中國疫情先例的警示，卻在三個月內，確診數由 80 增到 226 萬，增加了二十多萬倍，死亡超過 12 萬人。歷史上曾有多少文明在應對自然挑戰（疫症也是自然挑戰的一種）時，因不合時宜而湮滅了。我國今次對疫情的應對是成功的，有說它體現了我國制度或體制上的優點。其實它是體現了更高層次的中華文明的優點，主要是儒家的道德和倫理觀（仁、義），集體意識和以人為本等理念。在這節點上，美國學者福山（《歷史的終結》作者）為我們指出了中國、南韓和日本的「政府的效能」對三國控制疫情的關鍵性，而不是它們的體制上的作用，因為他深知這三個國家奉行了極不相同的政治體制。因此，福山看到了中日韓「有能力的強政府」的共通的表象，但說不出它背後真正的原因是什麼。其實很簡單，因為三者都源自同一的中華文明。

3 月 13 日中國國家主席習近平致電歐盟主席，就疫情向歐盟各國及其人民致慰問。他說：中方堅定支持歐方抗擊疫情，積極提供援助，同時秉持人類命運共同體理念，願同歐方合作，保護世界人民生命安全與身體健康。但在同一時間，美國政府卻在世界多處搶奪別國在運的疫情醫療物資，國內聯邦政府與地方的州政府在醫療資源和「封城」等政策上又互相推諉，州與州之間更對有關醫療用品囤積和搶購。4 月 14 日，美國更宣佈停止對世界衛生組織的財政支持，認為世衛組織抗疫不力，做成美國疫病大爆發，又怪責中國沒有管控好疫情和隱瞞事實，令病毒傳播到美國。

2020 年 6 月 18 日，中國國家主席習近平在「一帶一路」國際合作視頻會議上書面致詞。他說：「我們願同合作夥伴一道，把『一帶一路』打造成團結應對挑戰的合作之路、維護人民健康安全的健康之路、促進經濟社會恢復的復甦之路、釋放發展潛力的增長之路。」這確實是中華文明的「禮儀之邦」的寫照。它定能一如既往，讓中國人民和世界人民，克服困難的挑戰，走向和平、和諧相處與共同發展。

　　回顧我中華文明史，當窗外風雨聲大作時，我強烈地感覺到，中華各族人民在五千年來從所經歷的無數艱辛所積累出來的睿智，實可以「寧靜致遠」，為中國及世界和平發展再創輝煌。

薛鳳旋

2020 年 6 月

文明、城市、歷史與中國特色

中國被公認是唯一仍然存在的古文明，及唯一一個有五千年延續不斷歷史的文明。在差不多同時在地球上出現的其他三大古文明，即兩河流域文明、古埃及文明和古印度河文明，已在「文明衝突」與「文明失敗」中，或因不能有效應對大自然的變化，或因外來勢力的侵襲，或因這兩種力量的互動而消失，早已被其他次生文明所取代。因此中國文明是世界文明發展史上的特殊案例。與中國文明一起延續的，自然也是中華民族五千年不斷擴大與發展的歷史。而城市不但是文明出現的標記，也是文明最重要的載體，文明的演變亦因而往往在城市結構、功能和城市的空間分佈中體現。正因如此，對中國這五千年文明和城市發展的理解，是理解中國歷史和人類文明史的重要一環。這便是撰寫這本書的基本目的：把中國文明、中國城市發展和中國歷史系統且有機地整合，讓國人了解國家和民族的過去、現在和將來，並以「中國城市文明史」為其書名。

要理解此書的寫作主軸，首先要清楚了解文明、城市和歷史這三個概念的定義，及釐清它們之間的關係。

文明的定義

在學術界的討論中，「文明」與「文化」這兩個詞常常被互換，有時甚至被認為是共通詞。

在西方，文明（civilization）一詞源於拉丁文 "civilis"，有「城市化」和「公民化」的含義，引申為「分工」、「合作」，即人們和睦地生活於「社會集團」中的狀態，也就是一種先進的社會和文化發展狀態，以及到達這一狀態的過程。其涉及的領域廣泛，包括民族意識、技術水準、禮儀規範、宗教思想、風俗習慣以及科學知識的發展等。文明擁有更密集的人口聚集地，並且已經開始劃分社會階級，一般有一個統治精英階層和被統治的城市和農村人口。這些被統治的人群依據分工集中從事農業、採礦、小規模製造，以及貿易的行業。

「文化」（culture）這一詞在西方最早由古羅馬哲學家定義，原意是一群共同生活在相同自然環境的人類，在其發展過程中積累起跟自身生活相關的知識或經驗，所形成的約定俗成潛意識的外在表現，使其適應自然或周圍的環境。它包括了文字、語言、建築、飲食、工具、技能、知識、習俗、藝術等。簡言之，「文化」乃一個民族的生活形式。在考古學上「文化」指同一歷史時期的遺跡、遺物的綜合體。同樣的工具、用具、製造技術等是同一種文化的特徵。當猿人演化成為智人，懂得打製粗石器，便有最原始的「文化」。因此「文化」自一百萬年前的舊石器時代便已開始出現，但當時的人類以近親組成團夥，或穴居或四處遊蕩，以採集和漁獵為生，稱為舊石器文化。

　　約在一萬年前的新石器時代，人類開始走出洞穴，在山坡建屋定居，發展農耕，馴服家畜、家禽，在大家庭基礎上形成氏族；他們需要分工和合作以有效地適應天氣的變化和河水漲退等有規律性的自然變化（也包括了突變），促進了氏族社會初步的階級分化和功能專業化，也促進了對自然、神祇和祖先崇拜的初期宗教，和達到一定豐收，以致能有剩餘價值的累積。

　　到新石器時代晚期，權力和財富的更大集中，使大量人力可組織起來在肥沃的河谷平原建造大型灌溉系統，產生了更大的農業剩餘，催生了遠途貿易和文字記錄的需求，更多人脫離農業，加入了手工業及服務業，使社會分工與階級分化更為複雜，而這個新社會的管理團隊，通過宗教和意識形態的威力，不但控制生產、基建和社會財富，更逐漸脫離氏族的血緣關係，成為貴族。這些質變使一些原始文化跨過了文明門檻，成為古文明。

　　文明社會擁有更密集的城市化人口聚集地，並且已有複雜社會階級，有一個中央集權的統治精英階層、書寫系統、被統治下的城市勞動分工，以及農村人口和通過稅收與力役達到的農業剩餘和財富的集中。在文明社會裏權力集中在少數人手裏，產生了有組織的意識形態，如宗教與祭祀、巨大的禮儀性建築，如宮殿與神廟。國家也在此時形成。較具體和系統地看，文明包括了三個層面的元素。最高層面的是價值觀（包括宗教、習俗），第二個層面乃制度（行政、經濟、法律、軍事等），第三個層面乃器

物（包括建築、文學、藝術等）。文明出現後人類對自然的控制力大大提升，並且在空間上向文化發展水平較低的周邊地區延伸。

對於「文明」和「文化」的區別，19世紀的德國學者認為：「文明」是指一個社會的技巧、技術和物質因素，而「文化」是指一個社會的價值觀、理想、藝術性和道德性。後來的西方學者卻把「文化」指向原始的、一成不變的、非城市的社會，而「文明」是指向更複雜的、發達的、城市的、動態的社會。當代美國學者亨廷頓（Samuel P. Huntington）把「文明」看得更高、更宏觀，認為「文明」是人類最高的文化歸類。這些看法可以回歸到18世紀法國學者首次提出「文明」這概念時的最原始卻也是最實際的說法：「文明」是相對「野蠻狀態」的，即：「文明」是定居的、有城市的、識字的。

其實這個質樸的「文明」概念，在公元前五世紀的希臘已經出現，當時的希臘城邦把馬其頓視為野蠻人，將他們排除在泛希臘的運動會和祭祀活動之外。在中國公元前14世紀的甲骨文也顯示了商朝與周邊的「文明」與「野蠻」的分別。

文明出現的判定標準，一般認為主要是城市的出現、文字的產生、國家制度的建立。其中最重要的前提是城市的出現，也就是說一種非農業人群的聚集，因而城市是文明的標誌。社會學家路易斯·亨利·摩爾根（Morgen, 1887）將人類社會演化分為蒙昧（savagery）、野蠻（barbarism）及文明三個階段，以技術發明作為各階段的分界，他認為文明階段的代表性技術發明是標音系統及文字。不過也有學者認為不能單純用文字來界定一個社會文化是否進入文明，因為農耕方法的改變，勞動的分化，統治階級，也就是中央集權政府的出現以及社會階層的出現都是文明產生的重要特徵。

至於如何導致中央集權的出現，哲學家和人類學家有多個不同的理論。美國人類學家羅伯特·卡內羅（Robert L. Carneiro, 2003）提出環境與社會的限制理論，認為由於地理環境的影響，例如山脈、海洋對人類的阻隔，才產生了文明。由於人口增長而沒有擴張的餘地，使人類開始爭奪稀少的資源。這樣就導致社會內部出現了階級，由統治者控制稀少的資源，

同時對外部也就有了擴張的需要，這些都需要有一個中央集權的政府來嚴密組織。卡爾・威特福格爾（Wittfogel, 1957）是灌溉系統理論的支持者。他認為新石器時代的農民認識到洪澇災害雖然會毀壞莊稼，但是也能提供更加肥沃的土壤，因此開始修建水壩，用儲水來灌溉農田。隨着灌溉需求面積的不斷擴大，便出現了專門負責管理灌溉系統的人。通過灌溉系統的集中管理，逐漸發展出最初的統治階層，文明由此產生。另一種理論認為貿易在文明的發展中起着決定作用。在生態多樣化的地區，要獲得稀少的資源，就需要貿易機構來組織貿易，這樣就需要某種中央集權的形式。最後一種理論認為宗教信仰是動員群眾集體參與建造水利系統、在族群爭奪資源或組織區際貿易上的最有效手段，因而廟宇和巫師是中央集權的最高形態，對於文明的形成起着至關重要的作用。

　　古文明的出現和相互間的分別，是自然條件的不同及人類主觀選擇的結合，亦即是中國傳統所說的「天人感應」過程的結果。地球上不同地域的早期人類在文明時代到來之前，對轉變中的自然環境，在物競天擇的規律下，都曾作出不懈的努力，適應自然變遷以謀求自身的持續發展。當時的成功選擇（合乎自然的行為），往往是個集體性的選擇，或集體意志的表達與執行，而它的最有效的媒介就是宗教。因此「天人感應」一詞中的人，是指集體的人，不是個別的人，而集體能在行為選擇中統一意志和行動，依靠的往往是「神」的旨意，即宗教的權威。同時，宗教不但有「神」的權威性，亦體現了自然本身，往往是神化了的自然力量。這些集體決定或意志體現的就是上述的人類社會權力的集中而它所依賴的就是自然力量。因此文明的過程，是人類由一小群人走向大集體的過程，也是從簡單的對自然恐懼與敬畏走向系統化的世俗與宗教控制的集中過程。

　　我們按照上述理解，將「文明」放在「文化」之上，亦即「文明是更高的、更宏觀的、放大了的文化」。當一個人類群體或社會的「文化」發展到一定成熟程度，滿足一定的條件時，一如上文提到的要達到「有城市的」、「識字的」、「更複雜的」，權力更集中的社會時，大概在青銅時代（公元前 3000 年–前 2000 年），世界上一些社會才進入「文明」。

　　由「文化」發展至「文明」，至「文明」的消失的全過程，西方學者奎

格利（Carroll Quigley）把它分為七個階段：混合、孕育、擴張、衝突、普遍帝國、衰敗和入侵。弗里德（Moton Fried）從社會政治學的角度，把人類達到文明社會這一歷程分為由低至高的四個發展階段：

1. 遊獵及採集團夥；
2. 農牧混合氏族；
3. 酋邦式複雜社會，出現了王、貴族、自由民、農奴和奴隸階層；
4. 文明社會，有更複雜的社會階層、分工和有組織的官僚管治體系。

文明與城市：城市的興起是文明形成的基礎

在諸個界定文明的標記中，城市是十分重要的，因為城市和文明的關係十分密切。蘇比（Sojberg, 1961）在他的《前工業城市》一書中第一句便說：

> 城市和文明是不可分割的：城市的出現和推廣，使人類離開了原始社會階段。同樣地，城市也能使人類建立一種越來越複雜，且更使人滿意的生活。

城市的出現，即人類的主要居所由原始農業聚落進化至城市，是一個由原始文化進入文明的複雜過程，它包括了人類群體的經濟結構和社會組織上的劇變。在這個過程中，原始文化走進了較高的發展階段，成為文明。從科學角度看，歷史上城市的出現，乃基於兩大因素：一是科技的突破，即生產技術、運輸技術和倉儲技術的重大發展；二是組織和管理能力上的突破（豪瑟，Hauser, 1965；莊臣，Johnson, 1967；梅多斯，Meadows, 1957）。這兩大動力使新石器時代晚期的人類能生產出生產者自需以外的剩餘糧食，而這些剩餘又能有效地集中到某一些空間點或地方上，形成一個

以第三產業和行政、組織與宗教功能為主的人口較多的大型聚落（特納，Turner, 1949）。

英國學者柴爾德（Childe, 1936, 1952），稱這個推動城市形成的過程為「城市革命」，它與在時間上更早的「新石器革命」或「農業革命」組成了人類由原始文化進入文明的二大階段性變革。他指出：文明的出現與城市關係密切，甚至是由城市所帶動的，而城市也等同是文明的代號。亞當斯（Adams, 1966）則論斷城市文明出現的動力乃灌溉農業、頻繁的戰爭，及地區資源分佈的不平均。布雷德伍德（Braidwood, 1986）也認為導致城市的出現乃糧食生產技術的進步，特別是公元前 4000 年在兩河流域灌溉技術的出現。大型灌溉工程的建造和管理，令對主要生產要素——肥沃土地的擁有出現不平等現象，直接促使社會階級分化。

在上述學者的基礎上，費根（Fagan, 2001）作出如下的總結：「考古學家將文明當作一個城市化的國家級社會的縮寫版。」他並對遠古文明或前工業文明，綜合出五個主要標記或指標性標準：

1. 以城市為基礎的社會組織和複雜的社會；
2. 基於中央集中的資本積累及社會地位由朝貢與稅收所決定的經濟體，支撐千百名脫離糧食生產的非農就業，促進遠途貿易、勞動分工以及手工業的專業化；
3. 有記錄方法、科學和數學的進步，以及文字；
4. 宏大的公共及紀念性建築；
5. 有一個由統治者領導的有廣泛影響的全社會性的宗教。

曼恩（Mann, 1986）從另一角度描述了「城市革命」或文明形成的過程及其具體內容。他說：真正的城市生活是由四種社會權力所構建的，即經濟、意識形態、軍事及政治。在公元前三千紀，農業進步達致經濟資源的增加，也促使了軍事力量的建立。在早期，這力量主要是對外的，而不是內部的徵稅或鎮壓工具。經濟精英和廟宇關係密切，也和文字記錄能力和遠途貿易相關。軍事力量最後促使已經控制了宗教的經濟精英蛻變為世

俗的王。最終王將自己神化，並把這四種社會權力集中於一身。兩河流域及古埃及城邦時期的興起與演變印證了曼恩的論點。

然而，對於城市的興起，在西方學者間存在不同的看法，它主要源於兩類問題：（1）城市作為文明的標記，是否先有文明，後有城市？（2）既然是生產技術的起飛與貿易的發展導致經濟結構轉變，造成社會內生產與非生產活動人口的分化，形成「城市革命」的動力，那麼這動力是否乃工業化和商業化，因而是手工業者或商人，而不是一般的經濟精英、軍事或宗教領袖成為這過程的主要人物？

芒福（Munford, 1961）為我們提供了這些問題的部分答案。他認為從分散的農村經濟到高度組織化的城市經濟的轉化，最關鍵的因素乃是王。在文明出現所依賴的經濟剩餘價值的集中過程中，「城市」是產生這些剩餘價值的科技和管理組織等關鍵投入的集中地，因而也就是當時文化要素的集中地。而主導這個城市功能的乃是以王為代表的社會及其組織結構：「王佔據了中心位置，他是城市磁體的磁極，把一切新興力量吸引到城市文明的心臟地區來，並置諸宮廷和廟宇的控制之下。」

明顯地，這個文明觀是將城市與鄉村看做同質的，是一個體系中的不同組成部分。雖然城市在表面上與農村明顯不同，如它在經濟上以非農活動為主，在景觀上有宏偉的宮殿與廟宇，在職業功能和社會階層上有國王、官員、商人和手工匠等，儼然自成一類「文明」。但城市中的這些文明要素，是文明空間的集中，而不是與它所處的廣大的農村腹地內的農村地區相對及不同的另一種文明。套用芒福的話：城市是文明的心臟地區；王或王權是當時的文明的簡寫；是當時的文明促進了整個廣大地區農業生產力的提升、剩餘價值的積累、集中和轉化（包括製造新器物、藝術，和通過貿易換取本地缺乏的器物）。芒福又指出：與城市發展有密切相關的工業化和商業化，只是一種附屬的現象，因為它們實際的操控者乃是王權，或王權與宗教的結合體。

不過，范德‧米洛普（Van De Mieroop, 1997）認為：「國家是城市基礎之上構建的」，是先有城市，才有國家及文明。因此，我們要在遠古聚落與文明出現之間加添一種近似城市的過渡性大型聚落，即在文明出現之前的

「初城」，它們為真正城市文明的形成及出現提供了必要條件。古埃及、兩河流域和中國的考古都印證了前文明時期「初城」的存在。正因如此，文字與國家，是由近似城市的大型聚落「初城」所孕育的。它，一個超大型的聚落或酋邦的首都在文字和國家出現之前已出現，在時間上正處於文明的前夜。此外，正如前述，我們不能把城市從它所處的社會和地區分割出來，從文明的角度看，城鄉是個統一體。在這些意義上，「文明」可與「城市文明」畫上等號。

總言之，城市是文明的門檻，也是文明主要的載體，是行政、教化、非農經濟活動等的支撐點，也是為農村人口和農業提供必要服務的中介地。歷史上的城市演變因而體現了文明的演變。

文明、城市與歷史

狹義的看，人類的發展要到有成熟的文字後才能夠被清楚和準確地記錄下來，成為歷史。在這之前，即史前，人類社會發生的事情，只能通過傳說或考古文物及相關推理來了解，因而一般不被認為是歷史的一部分。然而隨着考古新發現的湧現，人類擁有的史前社會和文明的發展的資訊愈來愈多，令我們可以重構史前史，使它也成為歷史的重要部分，令我們能夠更深切地了解過去，即我們從哪裏來，我們的身份是怎樣逐漸形成的。

文字的出現和應用更被一些學者認為是分辨一個社會是否已跨入文明的主要標準，也即是分別「文明」與史前文化的主要標準。然而由原始的，表達擁有權和簡單數目的刻劃符號，經過以象形為主要的表意方式的早期文字，到成熟的記事文字，中間有一個千年以上的長過程。兩河流域契刻在泥板上的原始楔形文字大約在公元前 3500 年出現，但成為成熟的記事文字，應用於行政、律法、重大事件、王世系、文學創作等方面卻是在公元前 2100 年後。如現存的的王世系及最早的烏魯克第五王的傳奇故事（吉爾伽美什史詩）的成文時間都遲至公元前 14 世紀。

古埃及象形式的刻劃符號也早於公元前 3200 年出現，主要是王的名字和物品的類型、數目和所有者的憑證；最早出現的一句句子是在公元前 2740 年。而成熟的聖書體，即在廟宇和王陵石壁和石棺上的超渡法老或其王后的陵墓文書，也只是在公元前 2133 年後中王國時的事。現存的不同版本的王系也都是在公元前 13 世紀時契刻的。古印度河文明亦出土了公元前 2200 年的刻劃符號，而在同一器物上出現達八個符號的也只有一例。它們至今仍未能被解讀。有關古印度河文明是否存在，後世傳說也缺乏。換言之，中國之外的三個古文明，除古印度河文明不存在狹義的歷史外，古埃及與兩河流域的可信歷史也只是從公元前 13 世紀才開始的，之前的歷史都是考古學者在 20 世紀後據考古文物推估的，存在很多爭議和不同版本（薛鳳旋，2019）。

　　中國跨進文明的時代是龍山時代，時間與古埃及和兩河流域進入文明的時間基本一致。我國最早有當時詳細文字記載的朝代是商代（公元前 1600－前 1040 年），時間也和這兩古文明現存的可證的最早文檔在時間上相當。在中國，這些現存的最早的已十分成熟的記事文字乃晚商王室特別檔案館（殷墟）出土的占卜甲骨文。這批文字記錄了包括夏代的首位帝王禹及晚商對由夏代（公元前 1970－前 1600 年）起的歷代商王的祭祀，和晚商時有關天氣、人事、地區狀況和不同事物的占卜。同時，商代更可能已流行寫在布帛、竹簡和木牘上的甲骨文或其簡易書寫體的文字。這些文字或已在之前經歷了約一千年的發展，如零散地在陶片上出現的以毛筆書寫，或在甲骨和陶、玉石器上契刻的個別字或符號。

　　據周代整理的古代政府文告與政策的專輯《尚書》說：「唯殷先人，有冊有典。」「冊」就是用竹或木片串起來的記事文牘，「典」乃重要的文獻或負責記錄與存放這些文獻的官員。而冊與典二字亦在甲骨文出現。只因這主要記事的載體（竹或木片）容易腐爛而失存。遺留下的只有王室占卜之用的、刻在甲骨上的特殊功能文書。因此中國的可信史（或狹義的歷史）最遲是在公元前 1300 年出現，亦有可能在早商或夏初（公元前 1970 年）已出現了。

　　從現有資料看，文明在東西方的出現，都約在公元前 3000 至前 2700

年，但在這之前已出現氏族社會的環壕聚落和酋邦時期的酋邦聯盟的「初城」。由「初城」孕育了真正的城市與文明，讓史前文化跨入了文明時代。在文明時代，城市仍然是最發達的地方，是文明要素的集中地。在進入歷史時期後，城市更是一國的政治、宗教、行政和經濟中心，也是典籍、文化、藝術創造與儲存之所。由於天氣和載體易腐爛的原因，我們對史前文明與更早的史前文化的認識，在傳說之外，靠的往往是城市考古。由於近五十年的考古的新發現及學界對它們的研究與解讀，我們對人類文明史，特別是中華文明史的理解，已經推前至公元前 6000 年。這也是中國城市文明史的起點。

英國歷史學家湯因比（Toynbee，一系列，在 1934 至 1962 年出版）認為：歷史學界盛行的根據國別或以國家單位來研究歷史的做法是不合情理的，歷史研究的基本單位應該是比國家更大的文明。應該把歷史現象放到更大的範圍內加以比較和考察，這種更大的範圍就是文明。因此對歐洲歷史的理解，我們要從基督教或西方文明入手，因為歐洲不少國家都是在近數百年才逐漸形成的，而它們的邊界在近百年來經歷了多次重大的變更。文明是具有一定時間和空間聯繫的某一群人，可以同時包括幾個同樣類型的國家。文明自身又包含政治、經濟、文化三個方面，其中文化構成了一個文明社會的精髓。同樣地，中華文明是從龍山時代逐步在多個主要地區文化的基礎上融合而成的。以中原地區為核心的中華文明，自夏代起至清代，亦不斷地融合周邊文化而持續發展。從文明史的角度看，南北朝、五代十國和南宋，中華文明的核心和中央王朝的覆蓋範圍有很大的變化和縮小，但中華文明，特別是其核心文化（儒家思想）的覆蓋卻有所擴大。中國歷史亦應涵蓋這更大的範圍。

這就是我這本《中國城市文明史》的寫作目的：以城市和文明作為主軸，從新石器中晚期中華大地出現滿天星斗的眾多地方文化開始，延至今天提出全球性的「一帶一路」和「人類命運共同體」的新發展思路，以介紹中華文明發展的全過程。

文明的分類、文明的衝突與衰退

一、大河文明 / 原生文明

綜合前述，大約在新石器時代晚期（約公元前 3000–前 2000 年），在北緯 20 至 35 度的東北非、中東、東亞和南亞的大河流域，灌溉農業的出現促進了社會與科技的成長與進步，使一些史前文化跨入了文明時代，形成了原生的四大文明，即：中華文明、古埃及文明、兩河流域文明和古印度河文明。這些基於河谷平原農業經濟為主的定居的古文明有一定的穩定性、持久性和保守性，被稱為大河文明。有些西方學者卻把所有新石器時代文化都視作古文明，如不少美國學者就把中美洲和南美洲一些石器時代文化視為古文明，事實上它們在社會與科技進步等考慮上仍沒有達到文明標準。現今仍存在的原生文明只有中華文明。其他三大古文明早已在文明的衝突或衰退中消失了。

二、海洋文明 / 次生文明

然而原生文明通過它長期的擴散，已催生了不少次生文明，如希臘文明是兩河及古埃及的次生文明，日本文明是中華文明的次生文明，美國文明是歐洲的次生文明等。這後三者亦因其海島和大洋邊沿的地理位置及缺乏廣大河谷平原的地理環境，傾向一個顯著的與大河文明不同的發展方式，即利用海洋航行的便利，通過強化對外貿易、殖民與搶掠，達到更快速的財富集中，以致經濟與領土的擴張，展現了積極的、掠奪性、功利性和強烈物慾的特點，被稱為海洋文明。在大航海時代之後，歐洲國家通過船堅炮利的強勢在歐洲以外各大洲搶佔殖民地，使西方文明，亦即海洋文明（中國一些學者稱為藍色文明）成為世界近二百年的主導性文明。

三、「文明衝突」與「文明衰落」

歷史上文明的起落與盛衰引起了學者對文明演變的興趣，一些西方學者提出了「文明衝突」與「文明衰退」等論說。德瑞克・詹森（Derrick

Jensen, 2006）認為：因為本地資源的枯竭，一個在上升的文明需要依賴大量進口資源，促使它採取擴張式的帝國主義策略，形成高度的軍事化和對外族和其他文化的壓迫和勞役政策。公元前 8 至前 4 世紀的希臘城邦，特別是雅典，是個好例子。16 世紀大航海時代之後，歐洲西方文明對東方的印度及中華文明的侵入與搶掠，也印證了亨廷頓所說的：最危險的文明衝突是沿文明的斷層發生的，即印度和中國的沿海地區和它們的藩屬國。

　　進入 1990 年代，當蘇聯解體，中國又打開國門推行改革開放策略，美國的地緣政治學者從美國利益和國際關係角度對文明衝突注入了後冷戰時代新的解讀和實用意義。如基辛格（Kissinger）就認為在這個新世界中，區域政治是種族政治，全球的政治是文明的政治，文明的衝突取代了超級大國的競爭；文明之間在政治和發展方面的重大差異，顯然是根植於它們不同的文化之中。亨廷頓亦說：在後冷戰世界，人民間最重要的區別不是意識形態的、政治的或經濟的，而是文化的區別，而將來西方的擴張將會終結，國際體系將會首次擺脫西方掌控，成為多文明的世界體系，文明衝突將出現在西方文明、伊斯蘭文明和儒家文明三者之間（亨廷頓，1998）。

　　英國歷史學家湯因比（Toynbee, 1934, 1973）在其《歷史研究》中提出了文明衰敗的概念，與前述的奎格利的文明發展七階段呼應。湯因比認為：一個文明走向衰敗的主因是其統治階層缺乏道德和創意，未能面對經濟和環境轉變的挑戰。其他原因包括了一些文明被一個上升和擴張中的外來文明入侵和取代，如兩河文明被古提人及閃米特人侵入而滅亡，古埃及文明被希臘征服及毀滅等。西方學者亦研究了古羅馬在北方遊牧民族的入侵下而墮入黑暗時代的文明倒掛或衰退，以及君士坦丁堡的東正教文明因土耳其人入侵而衰敗。但亦有人，如約瑟夫・坦特（Joseph Tainter, 1988），認為古羅馬文明的衰敗是因為它領土擴張得太快、太大，以致社會變得太複雜，導致了無效的管控。賈雷德・戴蒙德（Jared Diamond, 2005）提出了過分依賴遠途貿易、頻密的外內戰爭，加上對環境的破壞等諸因素的合力導致文明的衰敗；而過快的人口的增長亦會導致人口過剩，使一個文明難以支撐而沒落。

　　約言之，由西方學者主倡的文明衝突與文明衰敗的概念，基本上是建

基於古希臘、古羅馬對地中海和黑海沿岸，和大航海時代起西方對非洲、亞洲和美洲新大陸的殖民歷史，強調了戰爭與侵略是文明（主要指向海洋文明）能持續地擴大影響力與發展的基本方式。

有關中國城市文明史的主要觀點

一、文明與文化的關係及文明的內涵

我們在人類發展的長河中，將還未跨進文明門檻的人類史前發展稱為「文化」。當人類社會已有了文字、城市、複雜的社會分工、國家和典章制度，便是文明社會。今天，除極少數在非洲和南美洲原始森林中與世隔絕的原始民族外，全球各國各地都已是文明社會。然而各國各地區乃至在一國或一地區內的不同民族，因為不同的自然環境和歷史發展，亦可能有各自不同的政治體制、宗教、意識形態、語言、習俗乃至文學與藝術風格。這便是一國之內或一個文明之內地區間或民族間的不同的文化。因此，「文明」可作為泛稱，如相對於中國文明，在中國的領土範圍內存在的地方文明，便被稱為地方文化。

此外，文明所指的是個文化實體，而不是政治實體。是以本書所說的中國文明，實指中華文明，即中華民族在五千年來在「中國」這個廣大地區所孕育出的泛文化。在這過程中，作為中原或核心政權所統治的國家的具體範圍，經歷了多次變遷，但中華文明的覆蓋卻都超越了中國中央政權所管轄的範圍。但因今天文化與社會的論述往往都以政治單位即國家為基礎，我們亦務實地採用了中國文明一詞，以避免產生政治上的誤解。實際中，東亞與東南亞不少國家的文明，都是中華文明的一部分。當然，它們亦各有一些它們的特色，是以可視為中華文明下的不同的文化，或中華文明的次生文明，如日本文明等。

二、中國的文化與文明觀

中國最早的史前文化，如湖南西南的高廟文化、河南舞陽的賈湖文化與遼寧的興隆窪文化，在公元前 6000 年前已開展了對大自然的祭祀與祖先崇拜的傳統，逐步發展出一套天、地、人三者之間關係的價值觀、等級概念和禮儀。考古發現亦展示了落實這些觀念和習慣的遠古建築遺址和重大的聚落的規劃。經夏、商二代的系統化，這些文化元素在周初已經成熟並演化為主要的中華文明經典。它們在儒家與道家的解讀和發揮後，成為直至今天仍行之有效的做人與治國的原則。

具體的「文」、「化」兩字的組合和「文明」一詞，最早見於周初的《周易·賁卦》：「彖曰：賁，……剛柔交錯，天文也；文明以止，人文也。觀乎天文，以察時變；觀乎人文，以化成天下。」它說明了「文」是基礎和工具，包括了語言／文字及人群精神活動和物質活動的共同規範；而「化」的意義是「教化」，是共同規範的「用」，即包括了它的產生、傳承、傳播。

而「文明」一詞，已出現在上述的《周易》外，還出現在《尚書》和《禮記》，意為「光明」，或治國理想的「王者修德、民風淳樸」。它要求個人內在德行和文化素養，使個人神采奕奕，也讓他人如沐春風。在國家而言，中國的文明觀不但強調自己的修德，也要求對外國外族有教化的影響。中華民族在長期的歷史中被稱為「禮儀之邦」實基於此一處理與周邊地區關係的原則，如唐代《晉書》所說：「西戎荒俗，非禮儀之邦。羈縻之道，服而赦之，示以中國之威。」

作為「禮儀之邦」的中華文明社會所追求的是有道德的社會，有道德的生活。天地代表了一切美德的源泉，天和地亦代表最高的道德表率。敬拜天地實際上是順自然，遵循自然規律，以謀求可持續發展；祭祀祖先乃是在以家為本位的社會維持倫常和等級秩序，以達到社會穩定與和平。這便是中華文明內的傳統文化的核心。同時天的道德與授權亦成為由古代至今天的中國權力的合理性和合法性的依據，即「天命」。

三、中華文明的道德與和平特點

與西方文明（指自古希臘開始的海洋文明）相比，中國文明或傳統

文化不像西方文明強調競爭。正如上文所說，西方學者基於古希臘和古羅馬的經驗，強調了文明的發展必涉及對其他文明的侵略，甚至消滅其他文明，或被其他文明所消滅。世界歷史對他們來說就是一連串的文明之間的你死我活的叢林式競爭。這就是「文明的衝突」與「文明的衰敗」概念背後的邏輯。

　　反觀中國，中華文明在處理與外國或邊境民族關係時，一直奉行以和為貴的原則。歷代中央政權的對外政策主要是控制競爭、弱化競爭，以創造一個互通貿易、互通文化、兄弟友好的邊疆關係。這便是孔子所說的「四海之內皆兄弟也」，和老子所說的「既以為人己愈有，既以與人己愈多」的意思（譚中，2017）。正如現代學者王蒙所言：中國傳統注重美善甚於注重真。注重美善，要讓大家舒服，盡量減少矛盾，做到皆大歡喜。

　　是以中國文明不但包涵了西方文明的基本元素，更在質及用方面有明顯的中華民族特色，即強調道德觀、善、美、和諧、互相尊重，及主動地向落後的文化進行和平和以美善（和諧、大同）為目的的教化。在夏、商、周三代，這個趨於成熟的文明明顯地向周邊擴張。和當時埃及和兩河流域一樣，中國文明的繁華和高度發展，常讓周邊遊牧民族仰慕，但當草原受到天氣變化而衰枯時，又成為他們入侵與掠奪的對象。中原政權的處理辦法通常為給予援助，甚至通過「和親」和明清兩代的朝貢貿易，如漢代和唐代把公主嫁給匈奴和吐蕃的王，在豐厚的嫁妝中，除了糧食和金銀絲綢之外，還包括了眾多的工匠、文獻、工具和種子等以幫助這些外族的發展與教化。明清兩代的朝貢貿易亦都是中國接受的少，賜予外方的多，目的在和諧、睦鄰及教化。

　　除了一小部分歷史時段在應對外族的武力威脅時採取了武力征服外，中國通常對外的政策都是和平和以助人為目的的。正如古書所言「以德服人者王、以力服人者霸」，這便是中國作為「禮儀之邦」所崇尚的王道，也即天道。它既體現了中華文明的道德觀念，也是在諸世界文明中最顯著的特色。舉個例子，中華文明自漢代開始便向日本傳播，對日本的開化做出了很大貢獻。日本在我國隋唐時代時，有感於中華文明的博大精深及對做人與治國的用處，主動派了近二十批「遣唐使」來中國學習，中國政府

更讓他們帶回大量文獻和專家學者。中國沒有通過武力，在漢代至明代近千年間，幫助了日本全盤地接受中華文明的價值觀、典章制度、文字、建築、藝術，甚至是文學等。今天日本人的官制、書法、文字、宗教、建築、傳統節日與生活習慣，都是得益及源於中國的。唐朝李白的詩，是當時日本王室與知識分子所摹仿的對象，而宋明的朱熹與王陽明的學說，亦成為日本當時的顯學。反過來，倒是日本或因經歷了元朝兩次渡海侵襲失敗後，竟在豐臣秀吉時興兵侵華。明治維新（1868年）後，日本改以西方文明為師，才導致20世紀的侵華行動及其徹底的失敗。

今天的中華文明覆蓋了朝鮮半島、日本等，也影響了其他東南亞國家。但它的影響並不是通過武力征服而來的。歷史上中華文明傳到這些國家和地區，對他們起了教化作用，促進了他們的精神與物質的進步，是一個文明沒有通過武力征服而成功地在空間擴展與傳播的好例子，與西方學者的文明擴張的說法相反。

四、中華文明的韌力與可持續性

新石器中、晚期在中華大地如滿天星斗般出現的不同特色的史前地方文化，其影響力更伸延至北面和西北面的蒙古與新疆地區，和在南方的珠江流域。在經過了較長天氣變化，包括了多次的南澇、北旱和海平面的升降，各地方文化的發展有升有降，但都指向了一個融合過程。到龍山時代（至少在其中期，即公元前2300年），已整合成為既有共通性，又有地方特色的多個中華文明。夏代開始，更形成了以中原地區為核心的中華文明。經歷了夏、商、周三代後，中原的文化便成熟為我們今天所理解的中華文明。

然而，無論是公元前6000年至夏代時期，乃至之後的各個朝代，包括了歷史上所謂的南北分裂的南北朝、五代十國、兩宋和元朝，當中央政權，或「漢族」、「正統的」政權所統治的領土大幅度縮小，但以中央政權為代表的中華文明卻從未消失。更甚者，有時在中央政權處於弱勢的時代，中華文明更展現出新的、光輝的發展，如南朝及南宋。文明是個社會實體而不是政治實體，因而不應以某一時期中央政權所管治的疆域來界定

中華文明的空間覆蓋。從文明「用」的角度看，中華文明一直在空間擴闊，直至抵達經由自然條件，即難以跨越的高山與海洋為天然界線所包圍的廣大自然地理區域。本書展示的中國各朝代的疆域，若加上周邊的各少數民族政權管治的疆域，更接近我們說的社會實體——中華文明。這個大空間的西面為青藏高原，西南面為雲貴高原，東面是東太平洋，北面是亞洲大草原。在這空間內有黃河、長江和珠江三大流域，擁有肥沃的土壤、充足的灌溉用水和水運交通的便利（圖 1.4，見下一章），有利文明社會持續的發展。

自夏代建立了中華文明的中央政權後，中央政權和周邊少數民族政權在這個大空間內，歷朝歷代地互動，推動了中國歷史的演進，促使中華民族的逐步融合和中央政權版圖的擴大。然而在這過程內，這個大空間一直不變。我國歷史過程的的主角一直是以中原為核心地盤的中央政權，或可說是「漢族」，一個先秦時期不同民族在秦漢大統一下促成的民族融合體（並不是真正的民族）。歷史上挑戰中央政權者主要是北方的草原民族。這些位於中華文明邊沿或其斷裂帶上的少數民族，成為中國中央政權最重要的「外敵」。在這一點上中國與古埃及和兩河流域的處境是一致的。兩河文明在公元前約 2000 年受到來自山區和沙漠的遊牧民族多次打擊而滅亡。古埃及在約公元前 1000 年亦被來自東北面的遊牧民族入侵而滅亡。但中華文明卻在與草原民族經數千年的周旋中變得更加強大，雖然中央政權曾一度被北面少數民族所擁有，成為元朝和清朝，這背後是什麼原因？

簡單的答案是兩大原因：（一）中華文明大空間的遼闊與縱深，（二）中華文明的德化與和平觀。

（一）中國領土遼闊，三面屏障，富防守縱深

如圖 1.3、1.4（見下一章）所示，中國有優越的防禦性自然地理條件，它的西、南和東面有山嶺與海洋作為天然屏障，只餘北邊與歐亞大草原連接。加上自戰國起，各朝代都在北方建造或修固長城，以抵擋遊牧民族騎兵入侵（圖 7.1），促進了這個地理大空間的安全與穩定。中華諸民族在這片廣闊的，面積有 700 萬平方公里的大地上，長期努力耕耘，繁榮安定。在北方的文明斷裂帶，璀璨的中華文明成為以遊牧為經濟主軸的外族仰慕

與學習的榜樣，他們不斷吸收「禮儀之邦」的文化，逐步融入中華文明。而四面開放，面積又只有 20 萬平方公里（兩河河谷更只有二萬平方公里）的狹小的兩河流域，由於缺少戰略縱深，很容易在內部不穩的情況下，被周邊遊牧民族入侵致令文明消失。古埃及本來也有三面保護性的自然地理環境，外敵唯一容易入侵的乃東北面的西奈半島通道。但當歐亞草原民族掌握了馬拉戰車和鐵兵器而南下時，古埃及的長期安全便被打破。況且埃及河谷總面積只有細長的三萬平方公里，沒有防護縱深，入侵者可順河而上，是以這古文明亦在公元前 10 世紀時因外族入侵而滅亡。

在中華大地上，在黃河、長江和珠江三個大河流域間，先民自遠古時代起已互相交往，人與物通過一些自然地理通道可以由一個流域流向另一個流域。如公元前 6800 年的高廟文化的影響力便能向南推進至珠江流域，甚至出現在珠江口的香港和澳門。在文明形成的龍山時代，在三大流域已出現了多個重要地區文化，如長江下游和錢塘江的良渚、海岱地區的龍山、中原的陶寺和西北的石峁。它們各有地方特色，但通過遠途貿易，亦出現相互融合，都享有龍山時代的共同文化特點，成為中華文明的組成部分。因為公元前 2200 至前 2000 年的天氣變化（全新世變冷事件），中國出現南澇北旱，致令它西北草原與南部的稻作地區文化衰落。但在黃河下游，許多本來低下的沼澤地區卻轉變為可耕的肥沃農田，使嵩山（鄭州一帶）的中原地區得益，經濟發達，人口增加，促進了以夏、商為始創的中華帝國的廣域國家的形成、崛起為中華文明最發達的核心地帶。

自此之後，在商代和春秋戰國時期的地球小暖期間，中華文明積極向南方推進，楚國的興起是個顯著例子。自秦代統一中國後，北築長城，南建靈渠以連通湘江上游與珠江，並以首都咸陽為中心，築八條主要馳道，形成一個貫運東西南北的交通網，將中國宏觀大空間連成一片。隋唐和元代的大運河更以水運之便溝通中國南北，使南中國自唐以後，因為天氣和土地的優勢，更成為全國的經濟中心，使文明的重心亦向南移。經濟與文明的重心的南移，也使北方遊牧民族的威脅減低。強大的蒙古騎兵能在短時間橫掃廣大的亞歐兩洲大部分地區，但在中國他們只能與南宋對峙一段長時間，在深度漢化和融入中華文明之後才能滅了南宋，建立統一的新政

權──元朝。清代初期的南中國更是靠漢人「三藩」的武力而征服的，而且由「三藩」管治了數十年。清政權更徹底的漢化後，並以合宜的禮教與農業政策贏得民心之後，才坐穩全中國的統治權。

中國三面的自然地理屏障，可發展農耕的廣闊幅員，加上歷朝溝通南北水陸交通的建設，強化了中華文明的韌性，使歷來北面草原民族的入侵，沒有促成文明的衰敗，卻使更多邊遠民族融入漢族大家庭，加添了中華民族的內涵，促進了中華文明的多元文化和進一步發展。

（二）中華文明的德化與和平觀

中華文明不但有廣闊的戰略縱深，亦有強大的經濟與軍事實力，使強悍但人數和國力相對較弱的外族不敢輕易發動南向侵略，往往只在邊界搔擾，以博取「和親」、財寶和糧食的賞賜。因此，在歷史上的大部分時間，中國北面邊界並沒有大規模戰爭。從文化的角度看，這些邊境民族一直受「禮儀之邦」的中央政權的教化，一部分時間更併入了中央政權的行政版圖，另一部分時間自願成為藩屬，向中央政權朝貢，接受它的賞賜，或在天災時請求它的援助。這種文明核心與邊沿地帶的家長與家人的和睦關係，成為中國歷史發展的一條主線，也是中華文明「以德治國」的一個特色。

當然，在我國的歷史長河中，曾經出現了多次權力對比的變化，形成中央政權南移。這些轉變都發生在中央的「漢族」政權腐敗，民不聊生，出現了統治道德或失去「天命」的危機，而北面的草原民族卻出現了英明能幹的領袖，不但積極採用了中華的典章制度，更重用了「漢族」中有能力的文士和武將。相對於日漸腐敗的中央政權，他們更合乎中華文明的道德標準，因而並不是一個蠻族入主中原，而是在中華文明之內不同民族的權力對比的變化而已。元朝與清朝在建立時都公開宣示：以繼承前朝傳統的中華道統和「天命」，達到社會穩定、人民生活有保障為目的；並繼續推行道德教化、科舉、水利和勸農等政策。這些朝代的更替，與夏商周三代間的變更一樣，並不是中華文明的衰落或滅亡，而是中華文明的又一新發展。

中華文明的基礎乃是對新石器中期以來，在中華大地上諸地方文化在

不斷探索大自然的規律，在自然的變化中積極進取，改進自己的能力，以發展農業，滿足溫飽。他們也不斷地總結先人的經驗，使之成為應對自然力量及其變化的武器庫。這便逐漸形成了「敬天祭祖」的中華文明的基本精神，強調了天地厚載萬物的美和善，要求對內的「德治」、「教化」和「等級秩序」；在處理和周邊民族的關係上也採取同一的德治與教化原則。換言之，中華文明是和平的和非侵略性的，強大的中央政權往往是先進文化的無償輸送者。比如明朝時七下西洋的鄭和艦隊，是世界上首支最強大的遠洋艦隊，它不但沒有掠奪一吋外國土地或搶掠他們的人民和財富，反而向他們輸送絲綢、瓷器、茶葉等高級的中華文明器物和「禮儀之邦」的高尚價值觀。這便是「天道」與「王道」的寫照，在世界文明史上獨樹一格，成為在自然界和國際化及國與國競爭中脫穎而出的一支力量。長遠而言，它得道多助，能持久致遠，可持續發展。

本書的組織

在這導言之後的首三章，我們述說的是史前史，覆蓋了由中國本土智人出現後至文明初步形成的龍山時代。第四至第六章分別是夏、商、周三代的城市文明史，是中華文明基本元素的成熟時期。由第七章秦漢時代至第九章宋代，我們述說了在中國大空間內的廣域帝國的大一統的精神與物質建設，及中央政權和北面草原民族的互動。第十章至第十二章，述說了海洋時代和新的全球化的到來對中華文明與城市的影響。第十三章對城市與文明的關係，以及中國的歷史經驗作出總結，並展望中國城市文明未來的發展。

第一章

中國城市文明的起源及其歷史分期

中國文明與城市的土生性

西方存在一種中國文明西源論的看法。一些西方學者自 1920 年代起，就在他們的著作中論說我們的農耕技術和商代的製銅技術，是來自地中海，特別是蘇美爾文明的東傳。1970 年代中期，美國考古學家在東非埃塞俄比亞發現了年代約三百萬年前的名為「露絲」的女性早期直立人化石，引起了人類起源單中心論的又一次高潮。這一派的美國考古學家認為，「露絲」是全球人類的始祖母，她的後代智人，在約十萬年前自非洲走出世界各地，成為現今各人種的始祖，包括是中國人的始祖。然而，西方和中國近三十年來，特別是 2000 至 2019 年的考古發現以及考古學的成就，有力地推翻了中國人種以及古文明由西方「侵入」或西來之說（圖 1.1）。

其實，亞洲存在由猿人進化至現代人全部過程的化石證據。在亞洲，這些化石發現得最多的地方亦是中國（表 1.1）。比如，在雲南的開遠和祿豐多次發現的「前人類」的臘瑪古猿化石，其歷史甚至跨越 800 萬至 1,400 萬年前的時段。人類最早的始祖 —— 南方猿人化石，在山西及安徽均有發現，包括了 250 萬年前的「東方人」和 450 萬年前的「蝴蝶人」。稍後的直立人，包括在雲南發現的 170 萬年前的「元謀人」，70 萬年前的「北京人」，亦已出土不少。

進入舊石器時代中晚期的直立人化石，出土的省份更多，可說近乎遍佈全中國。近年來更出土了五至十萬年前的近代智人化石（湖南人、許昌人、廣西人），證明中國古人類並未因末次冰期而滅絕。除了年代延續不斷和被發現地域愈來愈廣大外，中國猿人化石所顯示的特有蒙古利安人種特色，和現在的中國人（現代人）特徵基本一致。因此，我們有理由相信，中國和東非，應是人類起源的現在已知的兩大軸心，中國人種的確起源於本土。

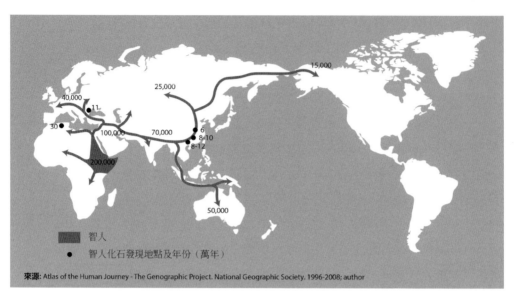

來源: Atlas of the Human Journey - The Genographic Project. National Geographic Society. 1996-2008; author

圖 1.1　古人類遷徙路線

表 1.1　中國已發現的主要古人類及古猿化石

地質年代		距今萬年	人類進化階段	化石名稱、年份（萬年）
第四紀	全新世	0.4−1、歷史時期	現代人	
		1−0.4、新石器時代	現代人	
	更新世晚期	10−2、舊石器晚期	晚期智人	柳江人，6；湖南人，8−12；許昌人，8−10
		20−10、舊石器中期	早期智人	廣西人，11；大荔人，18−23；金牛人，10−20
	更新世中期	100−20、舊石器早期	晚期直立人	和縣人，30；北京人，50
	更新世早期	300−100、舊石器初期	早期直立人	元謀人，170；巫山人，200
第三紀		500−300	南方古猿（人類祖先）	東方人，250；蝴蝶人，300−400
		2500−500	臘瑪古猿（人類遠祖）	祿豐古猿，800
		4000−2500	森林古猿	

多元的先民文化

　　世界七大古文明中，目前只有中國文明仍然延續不衰。美洲的三個古文明：奧爾梅克—瑪雅、阿茲特克和印卡，出現時間較遲，雖然延續至較近代，卻也在歐洲殖民者的毀滅性打擊下幾乎同一時間消失（圖 1.2a、圖 1.2b）。這些文明，現今只餘下一些考古文物，而他們的有關文字，如蘇美爾文和古埃及文，也只是近二百年內才被人成功解讀。

　　在中國，不獨我們今天使用的文字仍可和 3,500 年前商代中晚期的甲骨文相印證，甚至可以上溯至六千多年前仰韶時期在陶器上的刻劃符號。中國城市文明，就其功能、形狀、結構和背後的規劃原則，自中國龍山時代前的「初城」，至今仍存在其一貫的特點。我們可以明確地說，它們自成體系，是中國土生的，也與世界其他的城市文明，特別是西方中世紀後所演變出來的城市有很大差別。這些中國城市文明的特點，我們亦可以上溯至六千多年前新石器時代中期的原始聚落。中國城市文明能貫通六千餘年，而且跨越城鄉的分野，其主要原因乃中國人自古已通曉「天人合一」、「順天應命」等，利用大自然法則和人地和諧關係的原則，以構築其文明社會。

　　自中華人民共和國成立以來，政府對考古的重視，以及在集體工農經濟的發展所掀起的全國性建設熱潮，導致成果豐富的重大考古發現。這些，對我們了解中國文明的興起以及史前期在中華大地上的，特別是新石器時代的人類活動以及聚落的形成和演變，提供了大量的資料。概括地說，中國從約一萬二千年前進入新石器時代起，便逐漸地在三四千年間，在不同區域形成了數個不同的地區文化體系。約在公元前 8000 年（新石器時代早期），黃河中游和長江中游地區分別出現了小米和稻米的種植，反映出區域性的自然和人文條件的不同，孕育出南北方不同的農業系統。中國擁有 960 萬平方公里的遼闊大地，自然地貌複雜，包括了大山、高原、沙漠、盆地和河谷平原等（圖 1.3）。河谷平原自然是發展早期農業條件最好的地理環境。這些谷地分佈在不同的緯度，因而氣候條件亦自然不同（圖

1.4）。因此，在新石器時代中期（公元前 7000－前 5000 年），在這些地區已形成了中國不同的建基於較成熟的農業經濟的遠古文化圈。主要有以黃河中游為主的仰韶文化，黃河下游和淮河流域為主的大汶口文化；長江中下游為主的高廟文化、順山集文化和河姆渡文化；珠江為中心的石峽文化；以及在遼河流域的紅山文化等（圖 1.5）。在這個時間段發現了眾多的環壕聚落，每個面積兩至三公頃，大的有 10 至 20 公頃。

　　在公元前 5000 至前 4000 年（新石器晚期前段），上述這些遠古文化基本上已經形成。當時的人類已聚族定居，從事農耕和畜牧，也包括採集和狩獵，並且在建築、陶器和葬俗上已有區域上的特色，這些都體現在他們的器物和居所等遺存上。不過，各大文化圈之間的貿易和其他交流亦漸漸促成了後來傳統中國文化的跨區域的一體性特點。簡言之，在北方，仰韶文化和大汶口文化是影響最廣泛的兩大文化，而在南方，高廟、城頭山文化、順山集文化和河姆渡文化最能影響後來的發展。我們將它們在表 1.2 中概括地列出來。其中仰韶文化來自較早的磁山、北嶺崗、老官台等黃河及其支流上的地區文化。這個區域後來被稱為「中原文化和中國文化的搖籃」。

表 1.2　中國主要史前文明特色及其演變

距今時間	長江、淮河、錢塘江文化	黃河文化
8,300 年	湖南高廟、城頭山：澧縣古城址、白陶、鳳形象、玉器、大型祭壇、水稻田； 江蘇：順山集、最早最大環壕聚落、陶灶（中華第一灶）、玉器、陶器、水稻	河南、陝西、山西沿河的仰韶文化：製陶、旱地作物、六畜
6,500 年	浙江河姆渡：玉雕、製陶、水稻栽培	陝西半坡：旱作農業、製陶、原始文字
5,300 年	成都：城市遺址、青銅器、玉器； 浙江良渚：土金字塔、原始文字、青銅器	山東大汶口：製陶、原始文字； 沿河龍山文化：設防城市、青銅器
4,000 年	成都三星堆：巨型青銅神器、不設防城市	河南二里頭：青銅器、設防城市、夏代遺址

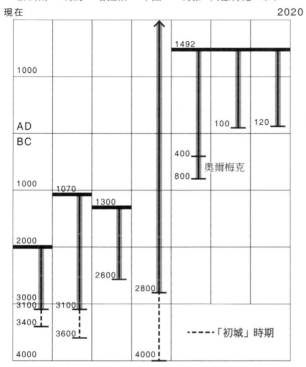

圖 1.2a　世界七大古文明紀元表

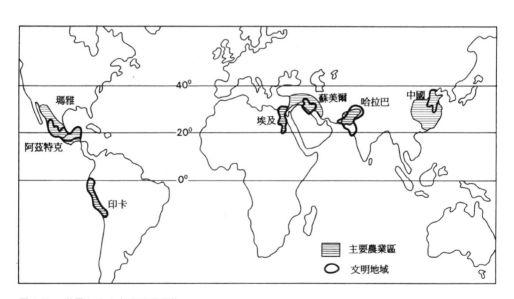

圖 1.2b　世界七大古文明地理分佈

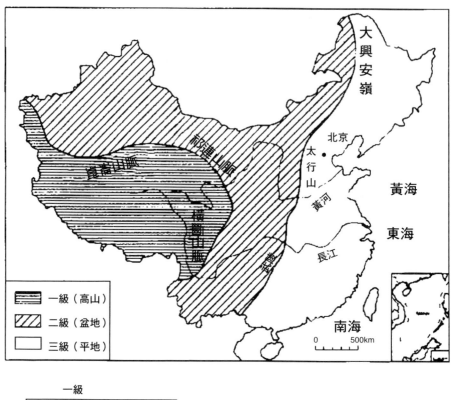

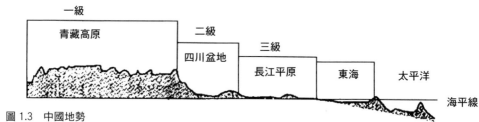

圖 1.3　中國地勢

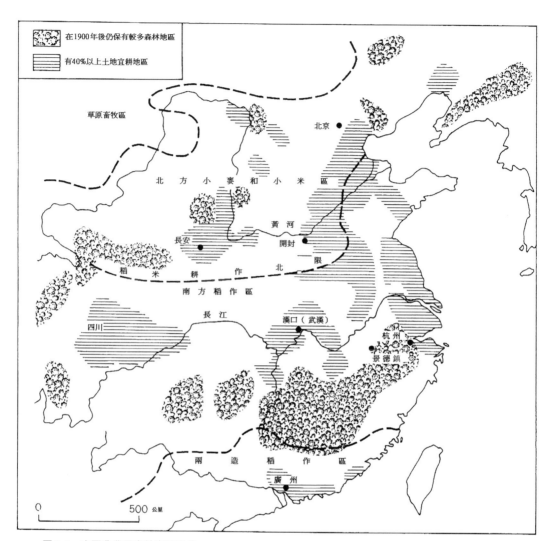

圖 1.4　中國農業及森林資源分佈

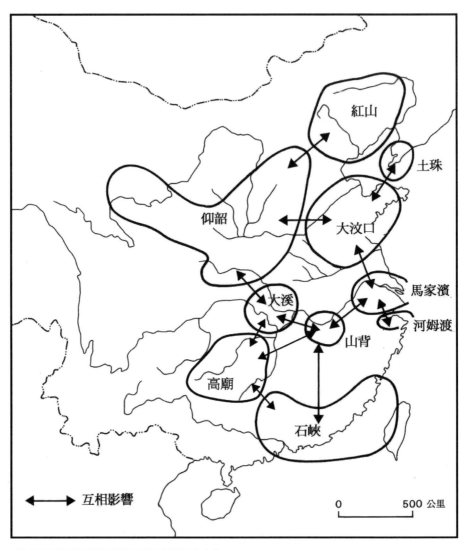

圖 1.5 新石器時代中期中國的主要地方文化

仰韶文化和渤海邊上的紅山文化亦互為影響。其後仰韶文化演變為大河村、馬家窰和馬廠等地的地方文化。它們的代表器物是彩陶。陶件由泥繩打圈形成粗樣，加工掃平成形，再漆上紅色或黑色的圖案。黃河及長江下游當時則以灰陶及黑陶著稱，器物多呈三腳形，並且是中國最早採用快輪製陶的地區。如表 1.2 所示，玉器作為社會地位及權力的象徵，亦已在這些文化圈內出現。簡言之，大約在公元前 5000 年，中國先民已加工玉石、織布，已有七個音階的樂器，並且在石、陶及木器上留下顯示家族擁有權或標記的近似文字的符號。大約在公元前 3000 年，他們更開始了養蠶織絲、青銅冶煉，並且可能已發展了有系統的文字。

從近數十年的考古發現中，我們發覺中國史前的多元文明以及各文化圈大體與古書所記載的遠古民族及其主要大事吻合。特別一提的是，由西周初年開始撰寫的晉國至魏國國史《竹書紀年》中有〈五帝〉、〈夏〉和〈商〉五卷；西漢時官修史書，即由司馬遷在公元前 93 年完成的約六十萬字的《史記》，它的前三章（〈五帝本紀〉、〈夏本紀〉和〈商本紀〉）的主要內容，由以往被認為是「傳說」，而至少已部分進入信史的位置。圖 1.6 顯示了這些「傳說中」的遠古民族聚居的大概區域。泛稱為「華夏」的中國民族，包括了中原地區的諸主要民族：陶唐氏，它涵蓋了黃帝和堯帝的氏族；夏后氏，禹的氏族；和有虞氏，即舜的氏族。這些華夏氏族在黃帝之下被「統一」起來。黃帝成為這一新氏族聯盟的盟主，而這一新聯盟的主體便構成了日後的華夏文明，華夏族或「漢族」。當時在東方海邊的氏族，包括蚩尤，最後亦被黃帝所發動的戰爭所征服。

中國何時跨進文明門檻？

正如本書〈導言〉所討論的，西方學者有三個粗略的指標以檢定一個社會是否已是文明社會，即：冶銅技術、文字和城市的出現。按照這些標準，中國約在仰韶晚期至龍山時代早期（公元前 3000–前 2500 年），便已

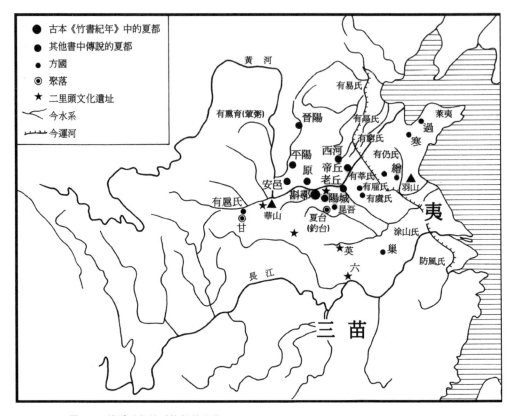

圖 1.6　傳說時代的氏族部落分佈

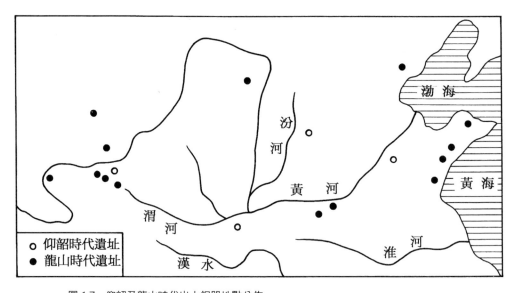

圖 1.7　仰韶及龍山時代出土銅器地點分佈

跨進文明門檻。

　　小件銅工具、銅器物及銅渣已在多個仰韶遺址被發現（圖 1.7）。最早的一件小銅刀，被測定為公元前 4675（±135 年），和近東最早發現的銅器大約同期。內蒙古紅山敖漢城子山古城（公元前 4000 年）及東北地區的其他紅山文化遺址（公元前 3500 年）亦發現了紅銅器具。至龍山時代（公元前 2800–前 2000 年），銅器出土的數目增多，亦包括了冶銅遺存。器物的內容更多樣化，包括日常用的小工具以及裝飾用和宗教崇拜用的小件和銅鈴（樂器）。這個在夏商先進的冶銅術出現以前的長達千多年的冶銅發展歷史，從側面反映了中國銅冶煉技術的本土性。

　　約在公元前 3100 年，蘇美爾人早期的楔形文字出現了。但成熟的及作為文獻書體，它還是在公元前 2800 年後才出現的。當時這個文字體系約有 1,500 個不同的象形文字。在中國，在仰韶時期和龍山早期已經出現布帛與毛筆，它們有可能已是書寫工具，因為以朱彩用毛筆寫在陶器上的類似文字的符號亦在同時期的地層出土。在中國古代，文字往往以竹書和帛書為主，因此大概有可能起源於仰韶時代。不幸的是，中國是個潮濕和溫暖的國度，它的主要人口和文明集中地區尤其如此。竹書和帛書因為易於在濕暖氣候中風化而難以留存。現時能找到的竹書和帛書實物最早只是戰國時代的（公元前 475–前 221 年）。而且，這些物品亦很容易在洪水氾濫時湮滅。龍山晚期以及商代中期，中國均發生了特大水災，淹沒了不少當時的主要城市，包括商代國都。考古證明了龍山文化遺存在晚期出現了約一百年的斷層，而數個現存龍山城市遺存，亦有城牆被洪水淹毀的痕跡。商都亦因洪水而自鄭州被迫遷到安陽。這事件，除了歷史的「傳說」外，更有今日的考古證明。至今沒有爭議的，有大量實物證明的中國最古老的文字，卻是一種奇怪的有特殊功用的、使用十分狹窄的意識載體——卜辭。自仰韶的陶器上的刻劃符號起，半坡（公元前 3250 年）、良渚（公元前 2600 年）和大汶口（公元前 2500 年）的陶器上的刻文屢有發現，但通常每一起只有一個符號和最多 12 個符號。後者較明確地是書寫形式，它的「筆劃」和在其後 1,200 年出現的甲骨文十分近似。不少學者認為這些刻劃符號可能是散存的早期漢字。

如上所述，中國現存的最古老文字乃甲骨文以及較之稍後出現的鐘鼎文，主要都是晚商（公元前1300年）的文化遺留。甲骨文乃商王或其通神的巫師在問卜的過程中所刻下的問題、神諭和效果驗證。其載體為龜甲板和牛的肩胛骨。問卜內容涉及商王有興趣的眾多命題，包括天氣、祭祀，以及戰爭、和平等國家大事。它近似編年體式的國史，比古埃及出土的同時代的《王表》要詳細。這種以甲骨問卜的王室傳統似乎起於夏代，盛於商代中晚期並且一直流行至戰國。鐘鼎文是鑄或刻於銅禮器上的文字，多出於西周。最長的鐘鼎文乃周宣王授予毛公的禮器，共有497個文字。上述兩種文字已是非常成熟的文字，遠非蘇美爾人在公元前2800年的楔形文字所能比擬。

　　直至目前，已一共發現16萬件刻有文字的甲骨，含4,500個不同的字，其中只有約一千個被破譯。這些商代甲骨文，不少與現代漢字十分相似。因此，中國學者認為，這樣一個成熟的文字體系，一定源自商代前已成形的文字。至少在先商時已在當時的眾多方國中存在一種廣泛流通的書寫系統，只不過因為其主要載體為容易腐爛的布帛、竹片和木片，遺留下來的只有應用於王室占卜這種特殊功能的，刻在能夠數千年不朽的甲骨上的特殊文書。隨着2000年後陝西大麥地的刻在石上的數千個象形圖案及良渚近600個陶器和骨、玉器上的近似文字的出現，看來中國在公元前3000年前後便可能已有文字這推論值得研究。

　　我們固然可以因為至今仍沒有當時的文字遺存而質疑龍山時代乃至夏代是否已進入文明，但我們定不能因為甲骨文只始自商代中期後段而否定商代、早商，甚或先商（即夏代的商方國）的存在。因為甲骨文多處提到先商及早商所有王及他們的事跡。甲骨文亦有提到夏代一些帝王和他們的事跡。基於此我們推論夏已進入歷史時代。加上夏代眾多考古遺址和十分詳細的國都城址考古，以及後代的詳細記述，夏代可以擬為中國信史的一部分，待將來更多考古發現予以確認（詳見第四章）。

　　在舊石器時代晚期，由於眾多條件的出現，包括較好的工具，從農耕和養殖取得的食物的穩定供應等，在中國的河谷平原和低地，特別在沿海地區，人類進入了聚落定居階段，從而走進部落社會。換言之，大約是在

公元前 4000 年，一個新的人類發展轉捩點出現了，即以「初城」為核心的「古國」的崛起。

　　中國古代傳說認為最早的部落聯盟是由伏羲約於公元前 7700 年所建。公元前 5000 年，炎帝繼承了聯盟領袖的地位。約在公元前 4200 年，中原地區以及黃河下游，包括山東，成為炎帝及伏羲後人的勢力範圍（亦有說是湖南的澧水平原地區）。由於第四紀末期冰期終結，天氣回暖，冰蓋溶解，海平線上升，華北及山東低窪及沿岸地帶被水淹，引致三大族團爭奪可耕地。黃帝一支在這次衝突中戰勝了炎帝族以及東夷的領袖蚩尤而成為各族共主。這一段「爭霸」時期約在仰韶晚期和龍山時期。當時，激烈的部落間的戰爭導致了大量城堡的出現，主要的大型聚落開始建造有作為防禦用途的城牆。考古發現為這一時期的聚落形態及分佈提供了物證。

　　終結於戰國時代的《竹書紀年》、司馬遷的《史記》、晚商的甲骨文以及一些史前城址和其他考古的發現更為夏商兩代提供了可靠的資訊。1973 年長沙馬王堆出土的竹簡中，更引述了比《史記》早 500 年的一本書：《黃帝四書》。內中討論了黃帝的經國之道。它在現有考古材料之外，提供了有關黃帝的存在和他的時代狀況的資料。據司馬遷所言，在炎帝和黃帝的時代，城市已經出現，如：炎帝都—奄，黃帝都—帝丘（圖 1.6）。考古材料亦證明了在公元前 4000 年左右，在華夏及東夷族的地區，包括長江中游，「初城」式的聚落也已出現。這些，我們將在後面的章節詳細討論。

　　作為「初城」的前身，大型環壕聚落，包括它們的中央廣場和「大房子」，已存在了中國城市文明最早的影子，它們是在中國古代部落社會中經長期發展而形成的宗法制度和其兩個核心元素「祭天」和「敬祖」。這些元素在中國城市的歷史長河中一貫存在，並且至今未變。

　　表 1.2 除簡略地列出史前各主要地區文化的特點外亦包括了二里頭（夏代）及先夏時期的中國早期城市發展的特點；中國的歷史時期亦詳列於表 1.3。

表 1.3　中國歷史時期

年份	時期 / 朝代	社會
史前期		
公元前 2394–公元前 2100 年	五帝	新石器時代晚期；氏族社會，已進入文明
公元前 2070–公元前 1600 年	夏	銅器時代開始；世襲王朝式廣域國家
歷史時期		
公元前 1600–公元前 1046 年	商	銅器鼎盛時代；世襲王朝國家
公元前 1046–公元前 771 年	西周	銅、鐵並用時代；封建社會
公元前 770–公元前 221 年	東周、戰國	鐵器時代；戰國
公元前 221–公元前 206 年	秦	統一帝國，中央集權
公元前 206–公元 220 年	漢	
220–280 年	三國	中國分裂
265–420 年	晉	
420–589 年	南朝	中國分裂
386–534 年	北朝	
581–618 年	隋	
618–907 年	唐	
907–960 年	五代	中國分裂
902–979 年	十國	
960–1279 年	宋	南宋時中國分裂
1271–1368 年	元	少數民族統治
1368–1644 年	明	
1644–1911 年	清	少數民族統治
1911–1949 年	中華民國	
1949 年 10 月 1 日成立	中華人民共和國	社會主義

第二章

由原始村落到仰韶晚期的「初城」

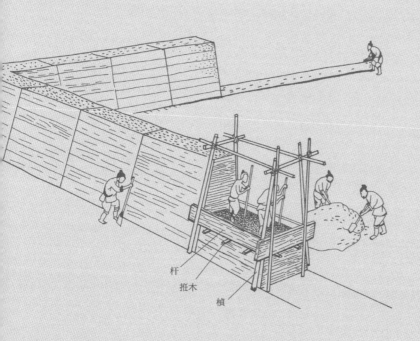

杆

抵木

楨

文明前的原始文化

在新石器時代初期（公元前 7000－前 5000 年）的中國，以耜耕農業為基礎的固定式原始聚落已普遍出現。石鋤、石鐮和石的磨具以及大型的穀物遺存，在全國很多地方出土。農耕的進步，使中國廣泛的河谷地區和平原地區出現了較大型的聚落。

湖南澧水彭頭山文化（公元前 7000－前 6300 年）出現了八十檔 ——最早的環壕聚落。在它西南面的沅水中游的洪江市安江盆地的高廟村，更出土了我國最早期（公元前 6000－前 4700 年）的大型的以農耕經濟為基礎的聚落。經 1991 至 2005 年的發掘，在約三公頃的遺址出土了過萬件石、陶、骨、蚌、象牙和玉等材料製成的器物。遺址內又有大型的祭壇，和刻有鳳、龍和八角星形象的白陶祭器。研究人員認為這個被定名為高廟文化的發展，標誌了一個強勢部落的出現和原始文化向邦國形態的轉變（賀剛，2013）。

在江蘇省淮河下游，2008 年出土了我國在此時期最大的環壕聚落：順山集。遺址面積為 17.5 公頃，環壕長 1,000 米，環壕內面積五公頃。已發掘出房屋五間，基址 92，灰坑 26。同時發現了三個陶灶，號稱「中華第一灶」，及碳化稻、陶、石、玉、骨等器物共 400 餘，其中有陶製人、猴、熊和鳥形面具。

河北省磁山一個遠古村落大遺址（公元前 6000－前 5000 年）的面積便約佔八公頃，出土房屋和窖穴，數個房子與一個窖穴組成一組分佈，整個聚落可儲存穀物、粟等主糧十萬斤以上，還有二萬件各種手製石和陶器物。而河南省舞陽縣賈湖一個大型聚落（賈湖文化，公元前 7000－前 5500 年）也有五公頃的面積，出土了 45 所房子、九個陶窰、370 個灰坑和 249 個墓葬。這裏更發現了中國最早的樂器 —— 四支骨笛、刻有占卜古文字的龜甲，以及稻作與釀酒遺存。

這時的主要住房是半地穴式的，反映它離開其洞穴的根源仍不算遙遠。它們多是圓形而且十分細小，約六至十平方米。方正或長方形的結構

仍不普遍，體現出依然強烈的母系社會影響。多數聚落以環壕為保護並以之作為它的分界。聚落內的空間組織體現了氏族社會的特點，通常包含了一至兩個氏族。它的中心點是一間「大房子」，這是氏族領袖的居所以及氏族會議及祭祀的場所。「大房子」如羌寨一期的，最大可以達 140 平方米（圖 2.1）。除了「大房子」外，其他房屋在大小、功能、內部佈局、設備和器具上的差別都很小。墓葬及陪葬物的分析，亦顯示氏族聚落成員的死後和生前的物質條件大抵是相當平等的，然而女性的陪葬品一般比男性的多——這似乎是母系社會的通例。

新石器時代中期（公元前 5000–前 3000 年），特別是在仰韶中至晚期（公元前 4000–前 2800 年），新的變化出現了。在這個較長的史前期，農業及手工業的進步促使了社會的新變化。我們將注意力集中在三個主要文化圈內，即：仰韶（黃河中下游地區）、紅山（東北地區）和城頭山與河姆渡（長江中下游地區），以了解逐漸出現的這些早期文化進入「初城」的演化過程，而這些新聚落亦具有日後的中國城市的部分特點。

考古學家在長江中游的湖南澧水流域城頭山文化地區，和三角洲的河姆渡遺址（寧波市）發現了史前稻田、水池、灌溉渠網等，印證了大型和先進的灌溉系統的出現。在河姆道遺址出土了（400 × 0.7 – 0.8）米的大堆積的石化了的稻穀遺存。當時，稻穀的種植已向北進入了以小米為主糧的部分黃河流域地區。在那裏，發現了大型的翻土用的石耜以及陶製鐮刀。飼養的家畜，包括了雞、豬、狗、水牛及黃牛。牠們的陶製形象在很多地方出土。隨着石工具的改進，石器的工藝走向專業化。製造不同器物的專業工場也出現了，包括特殊的玉器工場。當時的玉器仍很粗糙，類似同期的石器，而不少是採用慢輪以幫助器物成形。較為精細的紅陶或彩陶，以更多的形態，成為這時的陶器的特點。中國最早冶銅的證據亦出現在這一時期的大汶口、馬家窰及紅山等遺址，包括了魚鈎、小刀、飾物等小件銅器，它們由單件或雙件模具鑄成。

農業剩餘價值的增加自然促進了非農行業的出現以及社會階級的分化，為聚落及小區間貿易與交換提供了誘因和需求。同時，它亦引發了對水源和優質農地的爭奪。在一個聚落，甚或一個更大地區中出現了權力及

影響力不斷上升的少數精英領導，他們帶動了階級的分化。精英階層的大墓及其大量的陪葬品和一般聚落成員的小墓及數件沒有任何價值的陪葬物的對比，證實了社會的兩極分化。在大汶口遺址北部的大墓中，平均每個墓的陪葬品有 100 件，一些甚至多達 200 件，而南面的小墓平均只有數件或沒有任何陪葬物。相對於上一時期的平等社會（新石器中期前段和中段，即公元前 5000–前 3500 年）來說，這是個明顯的區別。同時，上一時期亦鮮有聚落與部落間往來的現象。

更多大型聚落的中心區出現了用以祭祀的廟宇建築，牛河梁的精英大墓以及大汶口二期出土的中央宮殿式結構等，都指向一個擁有精英階層的複雜社會的存在。這些精英控制龐大的勞動力和物資；他們和一般民眾間存在顯著的財富、社會和空間差距。一些考古數據印證了精英階層所掌控的區域遠比以往廣大。大型宗教和行政型建築結構，和在大墓裏發現的遠比實用大得多的巨大石斧、石鉞和玉器，顯示了它們是權力象徵或禮器，印證了這些精英和宗教的密切關係，暗示了宗教已成為他們壟斷大型氏族社會中的軍權和行政管理的工具。

生產力的發展促進私有制進一步流行。在原始社會的初期，比如在羌寨一期，所有墓葬都是單人葬，並未發現男女、父子合葬一墓。在其後的大汶口，男女成年人雙人葬已很普遍，顯示當時的先民已進入父系社會。因此，在公元前 3500 至前 3000 年期間，社會已趨複雜：我們發現了酒具普遍地出現，用陶器拜祭，石器和玉器生產的專業化，以及區際間的貿易與交換的普遍性。然而，這些活動似乎仍然由聚落作為一個單元來集體進行，而非由個人組織與管理。

仰韶晚期的聚落

我們可以從三個方面來理解新石器晚期出現的技術和社會組織的轉變對聚落形態的影響。首先是聚落的大小和數目的增加。以河南省為例，已

發現的新石器中期和晚期的聚落總數是 70 與 800 之比，即晚期的聚落數比中期增多了十倍以上。晚期的聚落平均有五至十公頃的面積，是中期平均值的五倍。有的超大聚落，如甘肅秦安大地灣四期，更達 110 公頃；其次，由於聚落間的交往甚或征伐頻繁，防禦性的環壕被強化了。在新石器中期的後段，環壕已躍進式地發展為夯土城牆，促使中國「初城」在個別地區出現；第三，聚落內亦出現了結構重整。後者在大汶口文化地區和紅山文化地區體現為氏族獨立個性的減退，而以精英為主的聚落的集權式管理正在強化。大體來說，氏族的獨立性仍普遍存在，因為「初城」與周邊的村落依然沒有大的質的分野。我們或可將這些「初城」看作防禦性的聚落。謹以羌寨一期、大地灣四期、城頭山和雙槐樹「初城」說明「先城市」在新石器早期至中期後段的聚落演變。

一、羌寨一期

羌寨遺址距西安 15 公里，由四個文化層組成。最下層的羌寨一期是新石器中期初段（約公元前 5000–前 4000 年）的大型村落。它是由五個氏族組成的大型複合村落（圖 2.1），總面積約五萬平方米。目前已揭露面積 1.7 萬平方米。聚落由防禦性的環壕包圍，包括了壕邊上的數個哨崗。它由三個明顯的功能區構成，即：居住區、陶器及石器的工場以及墓地。

已揭露區內有 260 間可確認的房子。其中屬羌寨一期的 120 間，分成五組，共居住 450 至 600 人。每一組由大中小不同的面積，而又數目不同的住房構成，分別是對偶家庭、家族或氏族頭人的居所。這些氏族的大房子的面積有 70 至 120 平方米，是氏族領袖及老年成員的住所，亦是氏族議事之地。中型房子的面積有 20 至 40 平方米，由單親家長及其七至八個未成年孩子居住。每個氏族擁有自己的牲畜過夜圈，約可容 20 頭牲畜。在住房旁亦散佈了窖藏穴。整個部落的陶窯區坐落在聚落西面，靠近河邊；而墓地區則在環壕外的東郊。似乎墓地亦以氏族劃分。兒童的甕葬則多在村內住房旁發現。大多數的中、小房是半地穴式圓房，其茅頂由木條支撐着。

由此可見，這個聚落由五個有血緣聯繫的氏族組成，但每一氏族都是個經濟獨立個體。似乎日常的經濟活動，甚或死後的葬式都由氏族統管。

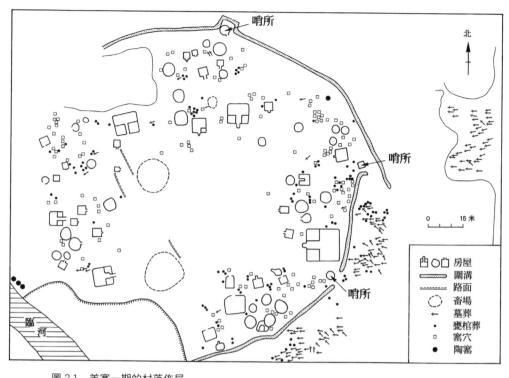

圖 2.1　羌寨一期的村落佈局

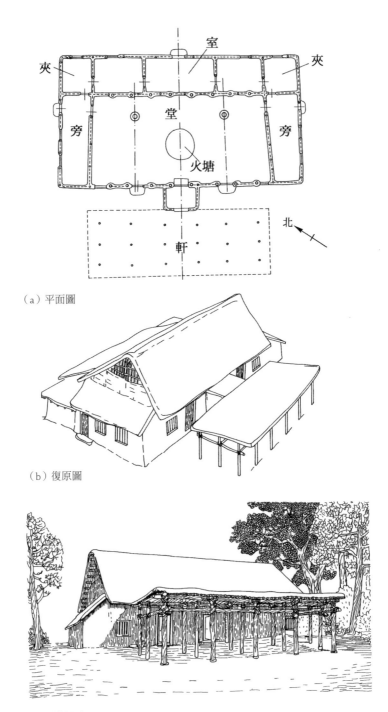

（a）平面圖

（b）復原圖

（c）透視圖

圖 2.2　甘肅秦安大地灣遺址 F901 復原圖

氏族內每個成員的功能性和空間上的間距甚小，特別明顯的是墓地內每一墓中出土的陪葬品差別不大。

在聚落的層次而言，五個氏族保持了統一性，但同時亦保存了自主性；前者反映在這五組房子的空間佈局。在整個聚落裏，所有房子的門都朝向中心廣場，這種明顯的同心式向心形態體現了整個村落的統一性和自給性。作為一個「封閉」系統，聚落間交往較少，而防禦性的環壕，亦標示了這個母系晚期的村落對安全的重視。

二、大地灣四期

在新石器中期後段的仰韶晚期（公元前 3500–前 2800 年），聚落規模與內部結構出現了新變化，反映了精英階層的權力擴張和區域間貿易往來與戰爭式的爭鬥在增加。一些資源豐富和規模較大，或處於有利的交通位置的區域中心逐漸成為專門功能點。其中大地灣四期是已發現的當時的最大行政中心。這個位於黃河中游的聚落有可能是已用了上千年歷史的炎帝族的「國都」。

大地灣可能是「大帝灣」的諧音，它是個建在坡地上面積約 110 公頃的超大型聚落。遺址由數個獨立小區組成，每個都擁有在夯土台基上建有大型建築並處於小區核心的中央功能區。因此每一小區有可能是一個氏族的居所，如羌寨一期的五個房屋組團之一。在整個遺址的中部（面積 50 公頃），有被考古學家名為 F901 的巨大宮殿式建築（圖 2.2）。這是一個多房式的，總面積 290 平方米的大結構。在它前面還有一個 130 平方米的有蓋前庭。這個特殊而又超大的「大房子」的前半是一個由兩條直徑 90cm 大柱撐起的大殿，殿中設有一直徑達 2.5 米的大火盆。大殿的地板塗上一層由碎陶和碎骨為材料製成的光亮保護層，看似一個亮澤的水泥磨面。殿外的前庭似是一個有蓋的會議場地，其頂蓋由兩列巨柱支撐，而它的正面排列着有裝飾性質的青石塊。大殿三邊是廳房和偏廳，可能是供官署或住房之用。

大殿向南，內中出土了一些象徵權力的器物，包括了一個祭祀用的巨大三腳陶鼎，一個巨型石斧和巨大的長方形石盤，後二者亦可能是祭器。相信這個宮殿式建築的功能包括了作為氏族聯盟領袖的行政中心和官邸，

同時亦是個重大的區域性政治和宗教集會的場所。這個結構似乎隱喻了由新石器晚期大型農村聚落的「大房子」向中國傳統國都的核心,即紫禁城式的宮殿—宗廟—行政中心三元功能的國都的過渡。前庭和大堂的南北向,以及它們「大房子」與北沿宮室所形成的「前殿後寢」,似乎已為日後統治階層的行政—宗教性的都城核心定調。它亦可能是中國周代《禮記》中〈考工記〉有關傳統國都規劃的準則「前朝後寢」的先行者。

在 F901 的旁邊,是另一個大型結構 F405。這是一個南向、方形、面積約 150 平方米的複雜建築,四面有圍牆,其北、東及西牆在中部開門,其內也發現了一個巨大石壁。它似乎是用以祭天的社壇建築。

三、「初城」

新石器中期後段,經濟與技術的進步促使了社會變革,導致母系社會沒落而父系階級社會出現,人類社群的發展由部落聯盟,轉為酋邦或酋長國,成為走向國家的過渡階段。發展帶來的經濟剩餘價值推動了非農經濟活動的擴充,特別是較先進的手工業的出現。同時它亦使對勞動力的控制與使用變得有利可圖。在農業較為發達而面積又較廣大的地區,這些進程比較明顯。因而,它們的一些大型聚落在性質和結構上發生了質變,成為了「初城」,即大型酋邦的首都。

這種新型聚落成為統治精英的城堡,其內有依附於他們的工匠和傭工階層,亦有新形式的專業人士,如:巫師、士兵和奴隸。雖然這些新聚落的前身都是新石器中期後的大村落,但很多時候它們都在原村落之外新建,以配合新的建築技術,特別是防禦性夯土圍牆的要求和新社會組織和它所要求的空間佈局。成為它們特色的圓形夯土城牆和環溝,保存了由新石器中期的環壕聚落演變而來的印證。建築城牆和大型建築的高台階的夯土技術,在商代已很成熟和普遍,並且是中國至近代的夯築城牆的辦法,演變為中國傳統城市的一個重要特色(見圖 2.3 夯築城牆的示意圖)。

通常,這些新聚落比同期的大型環壕聚落細小,因而不能容納整個氏族或氏族群。同時,統治精英之外的其他階層居民亦不是同一氏族,此亦體現了社會開始了由氏族社會向城鄉分野的過渡。

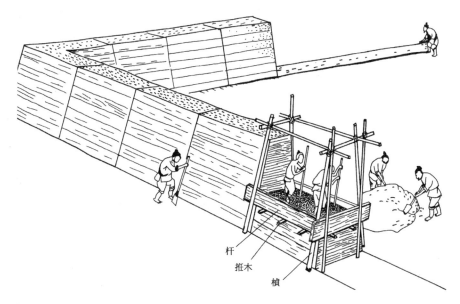

杆

挺木

楨

圖 2.3　商周至近代的夯築工藝

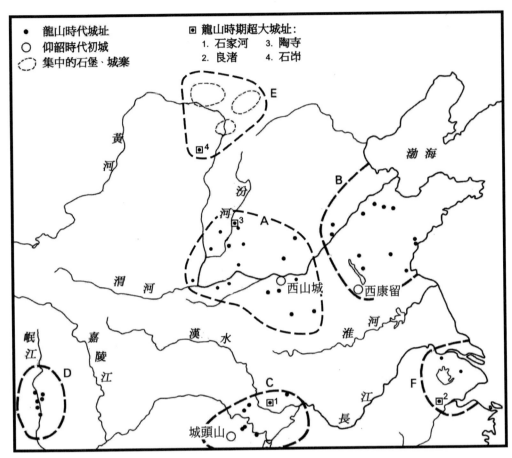

圖 2.4　仰韶及龍山時代的史前遺址

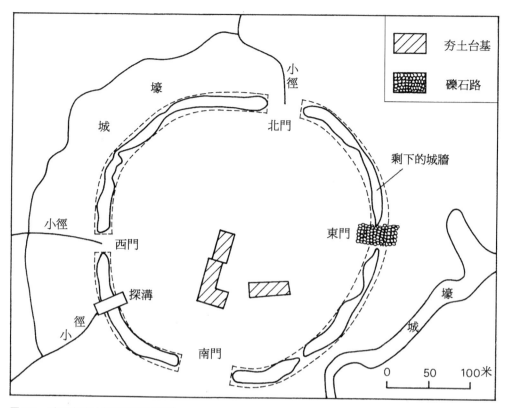

圖 2.5　城頭山城址佈局結構平面圖

到 2000 年，中國只發現了三個「初城」，分別位於黃河、長江和淮河流域（圖 2.4）。湖南城頭山「初城」連城牆城壕計總面積 18.7 公頃，城內面積 7.6 公頃（圖 2.5）。它建於大溪文化時期（公元前 4000 年），在屈家嶺時期（公元前 3000 年）曾兩次改建，之後沿用至公元前 2800 年。在距離遺址十多公里，發現了距今約八千年的大量稻田遺存，其中 40% 有人工栽培痕跡，反映出遺址是位於一個豐產農業地區之中。城內有大量大溪文化和屈家嶺文化堆積，出土了 1.6 萬件文物，包括石、陶、骨器和碳化稻粒等。僅在南門壕溝就出土了七十多種植物籽實、二十多種動物遺骸。其中陶鬹、陶觚和陶溫鍋的發現，說明飲酒在城頭山及其周邊地區已相當普遍和講究，酒文化發展到相當水平。城頭山的城牆帶來了安全與繁榮，這裏人口密集，居室密佈，文化堆積深厚，遺物既多且好，反映了「初城」中商賈雲集，貨物充盈。遺址附近亦發現了中國這時期的最大祭壇。在 2011 年上海世博會上，城頭山遺址被製作成大型模型，以「中國最早的城市」為題在中國館展出。

和城頭山相比，其他兩個「初城」較小，只有 3.5 至 5 公頃。它們同樣擁有圓形的夯土城牆。西山城的城牆是先挖深溝，後圍以木板，然後才夯土築成。這種築城辦法一直沿用至商代（圖 2.3）。據估計，西山城約建於公元前 3300 年，至公元前 2800 年廢棄；西康留約建於公元前 3000 年。對於大地灣四期這個大型聚落，及它們中央區龐大的宮殿、禮儀建築和公共空間的代表意義，至今仍未有合理的說法。或許它已是個沒有城牆（或未發現城牆）的「初城」，如公元前 3000 年兩河流域的烏魯克一樣。

然而在 2001 至 2014 年間，中國又公佈再發現了 13 個「初城」。它們存在的時間都是公元前 3500 至前 2800 年，連城壕和城牆計算它們的面積都在 20 至 60 公頃（城內 5 至 15 公頃）。這批「初城」主要位於湖南和湖北。基於此，中國應是「初城」出現最早及分佈最廣的國家。

2020 年 5 月 7 日，鄭州市文物考古研究院公佈了黃河中游河洛地區「河洛古國」的考古發掘成果（新華網，2020）。它揭示了以雙槐樹遺址為核心的仰韶中晚期（公之前 3300 年前後）史前文化，被稱為「黃河文化之根」和「早期中華文明的胚胎」。已發掘的文化區包括了四個可能的「初城」：

鞏義雙槐樹、滎陽汪溝、青台、和鄭州郊區黃崗寺，它們可能構成了「河洛古國」的城市群。最大的已發掘遺址雙槐樹「初城」距黃河南岸兩公里，伊洛河以東四公里，面積 117 公頃，是個有三重環壕的大型聚落（圖 2.6）。其中心為封閉式的、作排狀佈局的四排建築，可能是貴族居住的大中型房址。聚落內亦分佈有三處嚴格規劃的大型公共墓地，和三處夯土祭祀台，出土了大批仰韶時期文物。

位於中心區的貴族居住區的最大房子的前面（南面），有擺成北斗星形狀的大部分埋入土中的九個大陶罐。在北斗星位置的上端，還有一個頭部向着南方的完整麋鹿骨架。專家認為北斗九星遺跡有政治禮儀功能，這應該是一位諳巫術和天文的古國首領在表述自己是呼應上天的地下王者，具有「天象授時觀，用以觀察節氣，指導農業」的意思。這亦因為與北斗九星共存的是祭祀區和圜丘形天壇，表明了聚落佈局中禮儀思想和天地之中的宇宙觀。在整個中心區的南部有兩道短牆與北部內壕合圍，形成一個半月形結構，可能是最早的甕城（圖 2.6）。

在雙槐樹遺址之內發現了最早的骨質蠶雕藝術品，而絲及羅的殘留物亦在四個伊洛古國「初城」遺址都有出現，證明了 5,300 年前後已出現了養蠶繅絲和織絲經濟。在雙槐樹出土的陶器中，有不少來自長江流域的四川、兩湖、太湖和安徽、山東等地區的風格，反映出中原伊洛地區的核心地理位置和廣納各地方文化特色的狀況。

在同期的紅山文化地區，至今仍未發現有圍牆的新型聚落。但在牛河梁發現了大型的廟宇、宗教祭祀建築和精英大墓區。在一個聚落密度很高的大區中，這些結構是有序地按預定規劃而建造的，或許它們也標示了如「初城」所體現的同等的社會和技術發展水平。

除了夯土城牆外，我們對四個「初城」還總結出他們具有以下特點：

1. 在功能上是一個大區域的中心聚落，即是該區域的行政管治中心；
2. 由城牆和在夯土台階上建有的大型中心結構所推算的大量勞動力需求，體現了它們擁有複雜和高效的政府行政管理能力和系統；
3. 中央大型建築，明顯的手工業區，以及精英階層的行政和軍事功

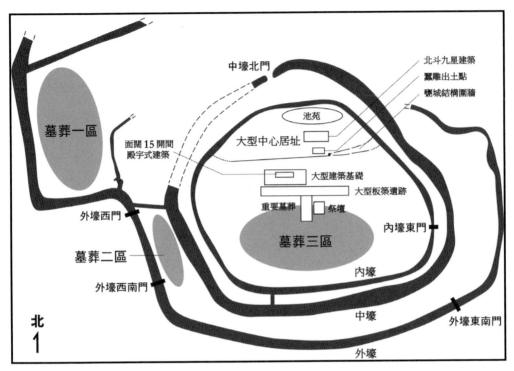

圖 2.6 雙槐樹遺址功能佈局示意圖

能，反映了社會已分化為多個階層並出現了社會分工。精英階層的墓葬中的兵器以及石鉞、石斧、玉璧和玉琮等禮器也提供了佐證。

結論：「初城」是文明的前夜

　　張光直（1985）於討論「初城」在中國出現的論文中指出了它們的特點：夯土城牆，大量武器的出土，以及用作宮殿、宗廟的大型建築，和在精英墓中陪葬品所顯示的財富與權力的集中，手工業區的形成，和它們所顯示的聚落的有序規劃與管理。這些新型聚落和與其共存的為數眾多的一般聚落，以及一般人居住的半地穴式簡房，他們的小墓和陪葬品貧乏的對比，使張光直覺得中國「初城」的出現並非來自經濟發展或其必然需求，而是新石器時代晚期形成的精英階層對當時農業社會榨取剩餘價值及保障其統治地位的一種工具。因此，他認為「初城」和當時的農村並沒有質的分別。換言之，在經濟上，城鄉的差別仍不大，「初城」和擴大了的有防禦設施的環壕聚落中的「大房子」更近似。當然，「初城」也反映了新石器晚期時精英階層和他們的氏族之間的日益遠離的經濟、社會和空間分隔。當農業技術進一步發展，遠途貿易出現了，社會的分化加深，以及對天然資源的爭奪的擴大和頻繁化，「初城」以更大的數目湧現。

　　「初城」代表的或許便是先於「銅石並用」時期的龍山年代，在中國出現的酋邦階段。在一個酋邦內有數千至數萬人聚居，以糧食生產為主要經濟。相對於部落社會的人人平等，酋邦有階級之分，權力及土地使用分配集中於首長身上。之前部落間的平等物品交易亦變為「稅收」。相對於國家以法律解決紛爭，酋邦內的爭執由酋長裁決。然而，由於仍難以確定當時文字是否已經出現並較廣泛地使用，雖然「初城」已存在明顯的社會分工、冶銅及城市三個文明的基本元素，我們仍不能確定這時代的中國已跨進文明時代。但我們相信它已經是位於文明的前夜。

　　「初城」的考古更證明了遠在五千年前在黃河與長江流域地區已經開始

重視民生、發展農業、重視傳宗接代和社會長治久安,不將社會財富過份貢獻給神靈或作為領導的私人財產埋入墓中,而是主要投入到社會基建與再生產。這些都是後來儒家思想務實、重人的發展和輕鬼神的價值觀的源頭,代表了中華文明的基本元素和主流發展模式的雛形。因此,中華文明確實是個有五千年延續不斷的發展歷程的原生文明。

第三章

龍山城邦時代

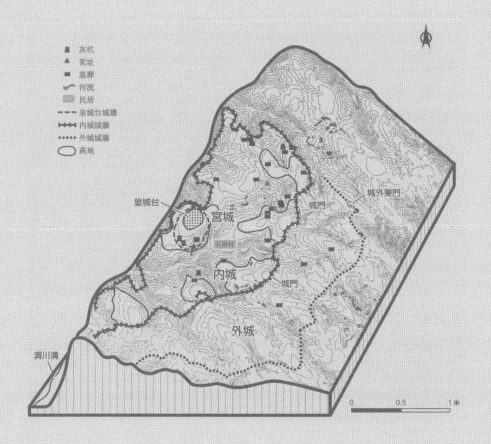

灰坑
窰址
墓葬
河流
民居
皇城台城牆
內城城牆
外城城牆
高地

皇城台
宮城
石峁村
內城
城門
城外東門
城門
外城
洞川溝

0   0.5   1米

什麼是城邦？

城邦代表人類文明和社會的一個特定的發展階段，同時它亦是已進入「國家」的文明社會。我國學者對我國的考古時代，即夏代之前、仰韶之後的龍山時代是否已進入「國家」階段仍有爭議。張光直（1999）和戴向明（2016）認為龍山時代仍屬氏族社會，它是氏族社會晚期的氏族聯盟階段，要到了夏代，國家才真正出現。劉莉（1998）和錢耀鵬（2001）卻認為當時中國已是中、小型古國或邦國林立，成為中國特色的城邦時代。讓我們在檢視以城邦為特色的這一時段我國史前城市與城市文明的發展前，先考究一下「城邦」與「國家」這兩個概念。

Service（1971）認為國家（states）與酋邦（chiefdoms) 的分別，乃是在國家中一小夥人合法地以暴力作為威嚇手段，以達到對各層次居民，特別是對最低層次者的控制。Flannery（1968）認為它是一種強而有力的中央集權式的政府。它擁有一個由專業人士組成的管理層，與血親系統沒有關係；它的社會分成複雜的金字塔式的多階層；其居住區以職業的專業化分野，與血親和氏族無關。此外，這種社會由精英階層或君主獨攬軍權，施法、徵兵、賦稅和接受朝貢等權力。

Charlton 和 Nichols（1977）認為城邦是國家的一種，對它的定義為：一個小面積的獨立政治實體，通常由一個首都或城市代表。這個城市與周邊腹地在經濟和社會上融為一體。一個城邦亦通常地在經濟上較為獨立，並且在居民的種族上異於同時存在的酋邦。簡言之，城邦是一個以城市為核心的小型主權實體，即國家。

有關城邦的規模和功能特徵，Griffith 和 Thomas（1981）有如下說法。城邦的地域面積一般只有數百平方公里，並且有以下特點：

1. 它的核心是一個擁有城牆和護城河的聚落；
2. 它是一個依賴周邊腹地的自給性經濟；
3. 區內有共通的語言和風俗；

4. 它是政治上獨立的主權體。

埃及和兩河流域的古文明為我們提供了近乎我國龍山時代的城邦發展和歷史特色的經驗。

西方古文明的城邦時代

近兩百年，特別是在二次大戰後，經考古發掘和研究的努力，已整理出兩河、埃及和印度河三大古城市文明較清楚和詳細的資料。這些除了讓我們了解西方古城市文明外，也為我們對中國在公元前 3000 至前 1500 年間的古城市文明的發展及其特色的理解提供了重要的比較和參考（薛鳳旋，2019）。

一、埃及城邦

尼羅河河谷特有的地理環境，加上古埃及採用了石塊和象牙為材料造成的文字和圖像記錄載體，使一些關鍵的歷史資料，包括王的名字，物品的產地、船、王、大臣、奴隸、房屋及儀典的形象都被保存下來。它們是世界早期的城市文明史較清楚、具體及詳細的案例。

上埃及的阿拜多斯是埃及有資料證明的最早的城邦。它約在公元前3300 年便進入了以城邦式國家為標記的文明時代。在城邦中，王位已是世襲，主要城市都與其周邊或腹地形成了一個新型的宗教、經濟、政治與軍事複合體 —— 城邦國家。在這個新社會裏，氏族社會的特徵已經消逝，出現了階級社會；社會財富和土地也向私人集中。

古埃及城邦的主要聚落通常以主神廟為其核心，周圍設有行政機構，並建有糧食和其他物資的倉庫、武器庫和手工業區。聚落的周邊築起了牆垣以保安全，成為這種小型原始國家的宗教、經濟及行政中心。

個別城邦為了壟斷尼羅河的河運和貿易，擠壓上下游的其他邦國，導

致城邦間的爭霸與聯盟。上埃及的阿拜多斯在經歷了四百多年的邦國爭霸後，在公元前 2663 年統一了埃及，開創了古王國時期，比中國統一的廣域國家的出現，即夏朝的開創，大概早了六百多年，也比兩河流域大統一政權的出現早了三百多年。

二、兩河流域城邦

在亞拉伯半島的兩河流域，南部的蘇美爾地區出土了刻在泥板上的楔形文字。這些文字最早的可追溯至公元前 2800 年，並約在公元前 2400 年成熟。它們在考古文物之外提供了較確切的有關兩河流域的一些個別事件與人物的記錄。但有關行政、重大事件、王室世系、律法等的系統記載，如《拉格什王表》，最早的部分是約在公元前 1300 年才出現的。

根據考古文物與文字記錄以推論，約在烏魯克中期（公元前 3800 年），蘇美爾出現了多個以神廟為中心的多個聚落群。每個聚落群都有一個以當地地方神的廟宇為中心的規模較大的中心聚落。最大的是烏魯克及尼普爾，它們是整個蘇美爾的宗教中心。這兩個聚落的面積已超過 20 公頃，成為蘇美爾的「初城」，是各酋邦的主要祭祀場所及政治中心，也是經濟主體，成為農業生產的組織、儲存及分配中心。酋邦的首領祭司王由主要部族推舉，兼有世俗和宗教雙重領導權，居住在主神廟裏。

兩河流域的考古亦出土了最古老的（公元前 2900–前 2600 年）記錄官員和工匠等級的泥板，證實了國家，一個高於酋邦的政治實體已經形成，因而被稱為文明及複雜社會的三大要素 —— 城市、國家及文字已在同時存在。這也顯示由「初城」演變成一個真正的城市，經過了約 400 年。與此過程相配的還有手工業的專業化，以廟宇和宮殿為代表的宗教和世俗管治權的更大集中，貿易的擴張和軍事力量的出現等。

邦國最盛時，整個兩河地區有城市 100 個以上，邦國數目可能達到 30 個，每個平均人口有二至十多萬。如最大的邦國烏魯克（約公元前 2800–前 2500 年），其主城面積達 400 公頃，主城人口五至八萬人。拉格什邦國在高峰時（約公元前 2400 年），令不少鄰近邦國臣服，總國家領土擴大至 1,600 平方公里，有 17 個較大城市、八個區首府（被臣服的前邦國首都）

和約 40 條村。其首都吉爾蘇面積可能達到 100 公頃，人口 1.9 萬。

龍山時代的社會

在中國，與古埃及與兩河地區城邦時代大概相若的社會發展階段，便是龍山時代。龍山原指出自山東的一個文化體系。它的一些特色後來擴展至我國廣大地區並和其他地區文化融合。因此，龍山文化跨越的時空在我國不同地區便出現了差距。在黃河中下游，龍山時代大抵指公元前 2600 至前 2100 年；一些學者認為在長江中游，它起自屈家嶺早期，跨越了公元前 3000 至前 2000 年；而在更南的杭州灣地區，它的年代約為公元前 2600 至前 2200 年。在龍山時代中期，我國的這些區域出現了泛龍山文化的特徵，除了體現在陶器的主潮流，和石器、武器的時代特色外，手工業、宗教和農業亦出現了明顯的發展。更重要的是階級明顯形成，眾多邦國已在中華大地湧現。

農業的進步在廣泛的地區得到了考古的印證。大型的糧倉等古遺存，於 2000 至 2017 年間，在黃河中游陝西省北的石峁古城、錢塘江和長江流域的屈家嶺、石家河和良渚等龍山遺址被發現和證實了。大型和高效率的三角形和舌形的石或骨製的耕具，以及大型灌溉系統和水井在很多地方亦出現了。當時中國南方的農業已進入了牛耕，而已發現了的水稻田的遺跡亦不少。石鐮的數目遠比石斧增長快速；一些還是有柄的，顯示新的收割工具可以割下整棵作物而使效益大增。稻米的種植也向北進入了黃河流域原先只種小米的地區。在此時的生產經濟裏，農業的貢獻已佔約七成。家豬、山羊和綿羊等飼養動物的密度亦明顯比以往增加。陝西省神木的石峁古城已成為溝通歐亞大草原的中西方貿易樞紐，並發展為一個高度設防的超大型城市，代表了在夏代之前，中國境內不同地區的文化正逐漸融合，而中國與中亞和東歐的西方文明亦有緊密的接觸（見下文）。

在這時期，石鏟出現了，而且數目增加得很快。同時，一些石器已普

遍地由工具轉化為有權力和地位象徵意義的禮器，特別是鉞、璧和斧，其中不少磨工細緻而且刻有飾紋（雖然這個現象在新石器晚期已開始了，但不及此時普遍）。石藝的發展與專業化也促使玉器工業的形成。從一些大型墓葬出土了大量的玉器，它們不單雕工精美，而且包括龍形等器物，代表了祭祀的功能以及政治和軍事上的權力。這些器物的工藝以及高昂的製造成本，印證了權力與財富的高度集中，和個別人對廣大地區大量勞動力的控制。

龍山的陶器以黑陶和薄薄的「蛋殼陶」為特色，以快輪生產，並且已經出現了專業化。器形以三足食具如鼎，和酒具如豆為代表。後者的主要功能為祭器而非日常用具。這些精細的陶器大部分只出現在大型聚落和大墓中，它們和小型聚落的小陶窰的產品有明顯分別。在石家河古城址的西南角，出現了數十萬件紅色小陶杯。它們很可能是一般人用作宗教祭祀和日常之用。然而龍山城堡人口只有數百至數千人，這大批的產品應以供應一個廣大區域市場為目的，甚至超乎一些面積 2,000 平方公里的大型城邦的領域。這些出土物除了證明宗教崇拜已成為老百姓日常習慣外，亦指出了區域間經濟分工和遠距離貿易的存在。

養蠶和絲織物的遺痕以及陶紡輪等物品的發現證明了其他手工業的繁榮，包括麻織、漆器、木器、竹器製作等。製銅原料、銅渣、部分完成或製成的銅器也在西北陝北的石峁，中原地區的尉遲寺、陶寺、平糧台、山東的王城崗，以及長江中下游杭州灣的良渚、石家河等遺址出土。這些銅製品用合模製造，體現該行業的工藝已達相當水平。此外，龍山遺址還出土了大量石和骨做的箭頭。這些，加上在平糧台城牆的主門內發現的大量石斧，以及石峁的城牆上的防守設施，如戰樓、馬面和甕城等，反映出當時專業士兵的出現和戰事的頻繁。

農業和手工業的進步促進了剩餘價值的快速增加，推動了貿易的發展。區域間的遠距離貿易的證物比比皆是，因為在不少地區的文化遺存裏出現了具有不同地區文化特徵的器物，甚至出現了亞歐兩大洲間的貿易。在不少遺址中也發現了四合院式的房屋，裏面包括了工場和食物儲存室，似乎以家庭為單位的手工業活動十分普遍。在陶寺和石家河等遺址更發現

了大型的作坊。

　　上述的經濟發展自然建基於氏族社會的解體，和複雜階級社會的出現。同時，前所未有的聚落間與區域間的爭霸也出現了。精英階層的行為與特徵愈來愈和氏族傳統疏遠。他們壟斷戰爭和宗教，以達到權力和財富的集中。這些新現象可在行政或權力中心區（宮殿區），禮器的製造和使用、墓葬、祭壇的居位和相關的考古文物得到印證。

　　舉例來說，中原汾河河谷內的陶寺遺存發現的約 5,000 個龍山墓葬，說明了當時的社會分化和階級社會的存在。在已發掘的 1,200 個墓葬中，大墓只佔少於 1%，它們的葬具包括了塗漆的木棺。每一墓內有 100 到 200 件陪葬品，包括了彩陶、木和玉製禮器及飾物，以及整隻豬的骨骼。另外，約 10% 為中型墓，它們亦有木棺和 10 至 20 件陪葬品，都是陶、木或玉製器物，部分亦有豬的下顎骨。但佔約 90% 的小墓，不但沒有棺，亦沒有陪葬品。

　　在南中國的杭州灣，有多個規模宏大的由城邦統治者們大墓所組成的墓區。它們擁有規整的佈局，一般將宗教和祖先祭祀合而為一，恰似皇家陵園。其中，良渚古城內的反山（圖 3.1）是個面積為 2,700 平方米的陵園。它位於七米高的小崗上，內中有七個大墓。在每個大型的墓室中，有上了漆的棺和百件以上的玉製陪葬品。在古城不遠的瑤山，亦有一個與古城同時規劃和建造的陵園區，內有一個大型祭壇。祭壇由三圈方形圍成，每圈填上不同顏色的泥土以象徵天、地、人三才（或人、神和精靈）。祭壇下方有 11 個大墓。其中 M17 最大，內有 148 件玉器。大墓出土的玉器主要是琮、鉞和璧，都刻有神人紋。顯然地這和墓主的軍事和政治地位，以及對神祇和王族先祖的祭祀有關，並且它們都和後來商、周二代的銅禮器上的文彩風格一致。

　　這些皇室陵園區的居位也體現了精英階層與一般民眾的隔離。它們亦指出了權力和財富的高度集中，以及精英階層壟斷了高層宗教活動和宗教與祖先崇拜的結合。大墓和小墓之間的分別是十分明顯的。在一些中墓中，有時也出土一些箭頭和鉞戟，似乎職業軍人已存在了。亂葬崗以及人殉坑內的遺骨，印證了奴隸的存在、戰爭的激烈，以及宗教崇拜的殘酷。

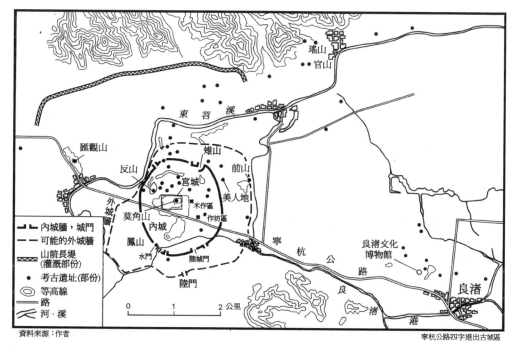

資料來源：作者

寧杭公路四字退出古城區

圖 3.1 良渚古城及遺址群

基於上述發現，我國不少學者認為，在龍山時代，我國已步入複雜的階級社會。它不但包括了專業手工業者、職業軍人、農民、行政人員和奴隸，王亦首次在史前的中國出現。王權似乎是由以往的氏族頭目中的軍事領袖或行政首長演化而來，而他們亦仍然依賴宗教以達到他們社會地位的合法化。這與前述的古埃及與兩河流域的城邦演化及其首府的功能分區相似。

龍山城邦的聚落和城市

考古證實了在龍山時代，我國聚落的數目和分佈之廣，遠勝之前的仰韶時代。圖 3.2 顯示了在 1997 年已發現的多個龍山聚落群。黃河中游的聚落的高密度反映了在中原地區已存在了華夏文明的核心。每一個聚落群背後的動力就是前述的農業和手工業的發展，人口增加，增加了的跨區域貿易和區域間的軍事衝突。而且他們亦是在一個富裕農業區內衍生出的一個行政與剩餘價值集中的金字塔。與之相應的乃聚落分佈的金字塔形態：頂端是首市，或最大聚落，它以保衛性和中央行政控制功能，成為本章所說的城堡式的龍山城市。上章圖 2.4 顯示了我國的已知龍山城堡，除了杭州錢塘江（F）及內蒙古—陝北高原（E）兩組外（見下文良渚和石峁），這些城市都有夯土建成的堅固城牆。城牆的頂部平均闊五至十米，腳寬至 50 米，牆為六至十米高，同時繞以深、寬度不等的護城河。區域地理，特別是地貌的特點，或許是良渚古城的城牆沒有用夯土方法築成，而是用寬 40 至 60 米石塊為基礎，其上堆以黃土的主要原因，而內蒙古和陝北的龍山城市則以石階及石塊築成。

和以往的聚落比，龍山城市不但數目增加，而且平均每一城市的面積亦擴大了。已發現的最大的三個龍山聚落，面積分別為 400、290 及 200 公頃。它們傾向於和其他中小型聚落集中成群或結成一組。在一組中，不同大小及功能不一致的聚落，形成一個擁有級別不同的金字塔體系。劉

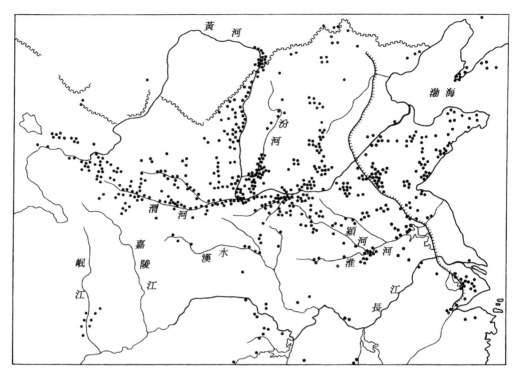

圖 3.2　龍山時代的考古遺址

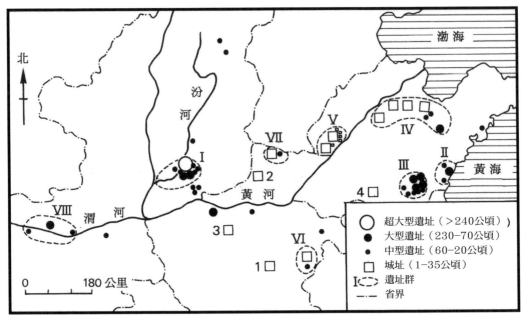

I.陶寺組；II.日照組 ；III.臨沂組 ；IV.魯北組；VI.魯西組；VI.周口組；VII.洹水組 ；VIII.渭河組。

1. 郝家台；2. 孟莊；3. 王城崗；4. 薛故城。

資料來源：劉莉，1998

圖 3.3 龍山文化晚期黃河中下游的八大聚落群

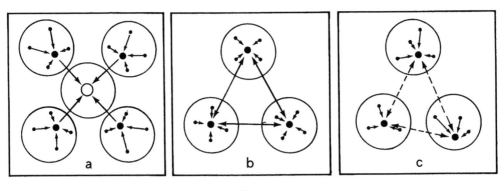

a. 單中心型，聚落向心分佈，不同級別聚落之間有納貢／再分配關係。

b. 多中心型，聚落保持距離，實體間有抗爭關係。

c. 散中心型，聚落隨機分佈，實體間的關係不明。

○ 大中心
● 小中心
· 村落
→ 主宰—從屬關係（即納貢／再分配）
↔ 抗爭關係
⇠⇢ 關係不明

資料來源：劉莉，1998

圖 3.4 龍山文化的聚落形態

莉（1998）確認在黃河流域有八個龍山聚落群，和三種不同的龍山聚落體系（圖 3.3、圖 3.4）。第一種擁有一個強大的中心城市，一般是個堡壘式的城市。該中心市控制一個約 100 平方公里的腹地，並依賴腹地的朝貢（圖 3.4a）。整個體系約等同於一個城邦。其他（圖 3.4b、圖 3.4c）是較小的體系，它們和鄰近的政治—經濟實體處於相對獨立或敵對／競爭的關係。

在黃河下游的中原核心的鄭州—洛陽地區，已出土了 357 個龍山遺址，比起同區已發現的仰韶時代遺址 159 個多很多。這些聚落可分成四個大小等級：一級，平均面積 40 至 100 公頃，佔聚落總數 1.6%；二級，15 至 40 公頃，佔 2.1%；三級，5 至 15 公頃，佔 26.7%；和四級，5 公頃以下，佔 61.8%。以城址作為最高一級，則該地區在龍山時代已存在了五級聚落，城子崖聚落群便是一例（圖 3.5）。

城子崖聚落群坐落在一個東西 50 公里、南北 40 公里，即面積約 2,000 平方公里的河谷平原上。其中心城市城子崖是邦國的首都，面積約 20 公頃，城牆高八至十米，方形，但北牆稍向外凸。城內文化層遺物豐富，包括中央區的宮殿和廟宇建築以及周邊的手工業區。也發現了祭祀用的六塊牛胛骨，其中三塊有火炙裂痕以及刻紋，明顯是後代商朝占卜用甲骨的先河。平原內還有六至七個中型聚落，每個大小有三至六公頃，其中個別可能是城市。小型聚落約 30 個，個別面積由 0.5 至 2 公頃。這些數據顯示當時已存在着「都」、「邑」、「聚」三級聚落，即商代流行的三級行政區劃在龍山時代已經出現了，它是當時農業社會的社會階級在聚落空間分佈的體現。

山東的景陽崗亦是一個等級聚落群的例子。作為「都」，景陽崗是個一級聚落，它亦是在山東已發現的最大的龍山城市，面積為 35 公頃。「邑」，即二級聚落，可能是城邦的小封邑或次等行政中心。一級聚落擁有明顯的城牆和位於中央區的大型重要建築。景陽崗的中心區就有兩片夯土平台。大的一片有九公頃，似是大型宮殿的台階；小的約一公頃，上有四面築有台階的上層建築。在其中一面的第二級發現了人骨及 20 件陶器，考古學家認為在小台階上應是一個祭壇，顯示首都的行政及宗教功能。因此，一級聚落在大小和中央區的功能上，都明顯地與其他聚落有別。

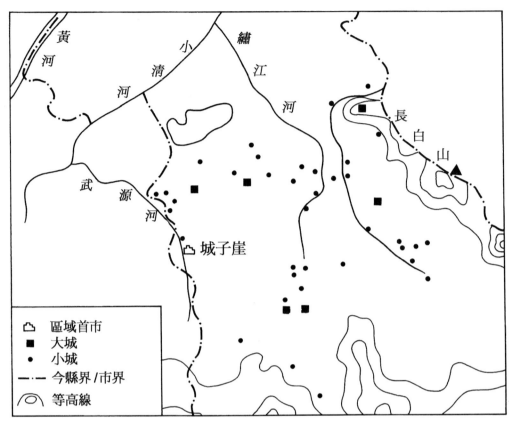

圖 3.5　城子崖城垣及附近龍山文化遺址群

在黃河中游西北部、浙江杭州和長江中游也發現了以石峁、良渚、石家河等為中心的龍山聚落群（見下文）。成都市的平原上，也發現了六個龍山城市，都在長方形的夯土城牆內，部分利用周邊河道以作防禦。它們都可能是該地區最大的城邦的都城。

已知的最大城邦石家河（公元前 2600–前 2000 年），位於江漢平原，估計國土面積達 20 萬平方公里，約等於兩河流域的阿卡德和蘇美爾兩個區域的總和。其首都石家河古城面積 120 公頃，人口 15,000。城內發現冶銅、治玉和製陶等手工業區。城外 20 至 30 公里半徑內發現了多個聚落，是個龐大的聚落群。

至 2015 年止，我國已發現和已確定的大、中型龍山古城遺址至少有 60 個，它們可能是個別城邦國的首都。從現有考古資料看，兩個龍山城邦國的間距，在山東地區約為 50 公里，中原地區約 100 公里。因此，一國之「都」或一級聚落的腹地的半徑為 25 至 50 公里，人口數萬人。是以，一般的龍山城邦國的大小和同年代的兩河流域的城邦相差不大，亦和商代諸侯國的平均距離相近。

龍山城市的結構和功能

錢耀鵬（2001）認為龍山城市有兩大功能：1. 作為抵抗周邊敵對部落或邦國的軍事防禦設施；2. 是新形成的邦國的政治、經濟和文化中心。他還列出後者的有關考古證據：

1. 皇室陵園和陪葬品中玉／石鉞、琮和璧等器物顯示王的出現；
2. 大量的武器；
3. 城市的中央區的宮殿和官署式建築；
4. 聚落群的至少三級的金字塔結構；
5. 居住區體現出居民分成不同的社會階層。

近年（特別是 2000–2019 年）的考古發掘為我們提供更多有關龍山城市的功能與結構的資料。下面以較重要及有區域代表性的四個龍山城市以作說明。

一、良渚古城

浙江省杭州市餘杭縣的良渚古遺址群位於一個面積約 800 平方公里的河谷盤地上，是錢塘江—太湖流域（面積約 37,000 平方公里）的核心。它自 1936 年被發現起，經歷了 1980 至 2007 年多次發掘，發掘區達 50 平方公里，共涉及一百三十多個遺址（包括遠郊 30 公里的多個重要聚落），出土不少深受龍山文化影響的黑陶。由於遺址群的核心城市 —— 良渚古城，在 2007 年才陸續發現城牆，它在 2007 年前一直被認為是個沒有城牆的城市。但因為在古城外的眾多遺址亦出土了富有特色的同時代的陵園、祭壇及大量玉器，古城及周邊遺址被統稱為良渚文化遺址群（圖 3.1）。

經近年的發掘與科學驗證，良渚文化層被分為早期（公元前 3300–前 2600 年）和晚期（公元前 2600–前 2300 年）（浙江省文物考古研究所，2016）。古城為一個三重城，即可分為宮城、內城及廓城。宮城和內城牆約建於早期，外城牆建於晚期。內城牆東西長約 1,700 米，南北 1,900 米，周長 6,600 米，平均寬 50 米，高十米，有八個水門。估計土方總量為 132 萬立方米，需一萬人工作一年才能建成。內城面積 290 公頃，內城的中心區約 30 公頃的莫角山便是宮城。

宮城內有多處位於十米高的人工高台，其上更有高出高台平面三至四米的宮殿台階遺留，它應是行政及權力中心。宮殿區的西北角有反山、姜家山等王陵和貴族墓園區，出土了 11 個大墓及約 1,200 件陶、石、象牙、玉及漆器。其中有一公元前 2600 年的巨大玉琮。內城近宮殿區處有多個大糧倉遺留。

內城外有面積約五平方公里的廓城。廓城城牆現高一至三米，寬 30 至 60 米。廓城內多為住宅區，但亦發現大量石、玉、漆器原料及其製成品，顯示出廓城有多個不同類型的手工業區。其東部的匯觀山發現了四個大墓和一個祭壇，墓中亦出土大量玉器，其中的 M4 擁有 48 件大型石鉞，還有

玉琮、玉璧和玉製頭飾等。在其附近還發現了一個觀天象的天文台。古城外的瑤山亦發現了一個大型的墓區與祭壇。該陵園區面積達 66 公頃，出土了 12 個大墓。

2015 年在古城的近郊又發現建於公元前 3100 至前 2700 年，由 11 條堤壩組成的大型水利系統，顯示出在廓城建成前的 500 年，良渚地區已是個發達的灌溉農業區。這個水利系統為古城、近郊及其周邊農業地區提供運輸、灌溉及生活用水。該系統水面面積達 13 平方公里，可蓄水 275 萬立方米。

良渚古城的大小、城牆的狀況、宮殿與祭壇、陵園、手工業區，及其複雜的水利系統和大糧倉，反映了高度發達的犁耕稻作、複雜的社會階層和財富與權力的集中。古城出土了一萬多件文物，其中有精美的漆器和 7,000 件玉器（全國出土史前期玉器最多的地區），體現了系統化和專業化的手工業生產。大墓中的玉琮、璧、鉞等器物和其上的神人獸面紋也說明了統一的禮儀與宗教制度的存在。在整個良渚文化區出土的陶、石、玉器，其中一些更有刻劃符號。經研究證實共有 656 個符號，有多件器物上更有多個符號連成一個句子，中有兩句分別被解讀為「方鉞會盟」和「朱旗踐石、網虎石封」，似是記錄當時的大事。因此，可能此時已有早期文字了（張炳火，2014）。基於這些，良渚可能是個以稻作農業為經濟基礎兼有遠途貿易的發達的古國首都。

良渚古城約在公元前 2200 年遭洪水淹沒，整個錢塘江流域和太湖地區在此後的 500 年內再沒有重要聚落出現。

二、陶寺

陶寺古城位於黃河中游中原地區的汾河流域，即今山西襄汾縣，年代分為早、中、晚期，時間是公元前 2300 至前 1900 年。它亦是包括宮城、小城和廓城的三重城。整個遺址面積約 400 公頃，城牆內面積 280 公頃，是個超大城市。其中宮城面積 13 公頃，內城 56 公頃，都建於早期。廓城或外城建於中期，呈圓角方形。遺址發現於 1975 年，雖經 40 多年發掘，但仍只覆蓋了整個遺址的 0.5%（圖 3.6）。

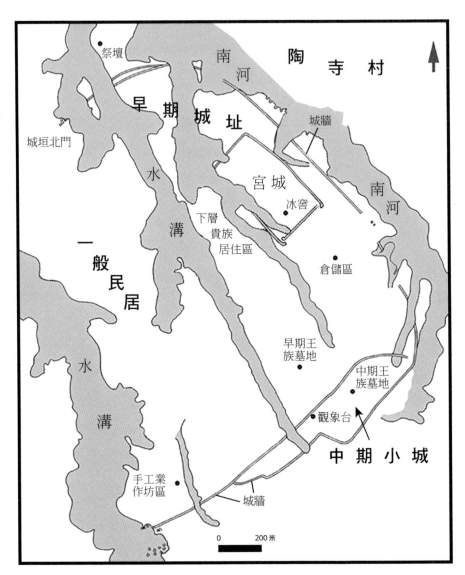

圖 3.6　陶寺古城

以目前資料看，宮城位於大城東北面中央位置，呈正方形，有大量宮殿式建築遺存，作規模宏大的有序安排，應是王及貴族居住地。宮城城牆突出防禦功能，其東南角門的設計與石峁東門近似。內城東部距宮城 200 米處有多個大型（8×10×4.5 立方米）窖穴，是個倉儲區，東南部有約三公頃的王陵區。王陵區內有九個大墓，每個有一百多件高級隨葬品，包括了代表王權的玉琮、玉鉞、禮器（如陶鼎，也可能包括了兩個齒輪狀銅器）和成套的陶、石樂器（共 26 件，包括一個銅鈴），以及用綠松石和蚌片鑲嵌的名貴的頭、項和臂飾。大墓中亦發現彩繪了龍形象的陶盤和不少彩繪木器。其中一個陶扁壺更有一個毛筆朱書文字，被認為是「堯」帝的名字。其他中小墓約 1,000 個，隨葬品不多。

在王陵的旁邊發現一個古觀象台，由半環狀分佈的 13 條夯土柱構成，用以觀察日出方位以確定季節，它建造的時間比蘇格蘭的巨石陣早了 500 年。小城的東南角是個手工業區，有多個大型的陶、石製造作坊。

按照《竹書紀年》的記載，陶寺古城在年代、地望及文明程度上都和堯帝都城都吻合，可能是當時由陶唐氏建立的中原大國的都城平陽。由於九個大墓的四個都受到惡意毀壞，屍骨被砍，隨葬品亂棄，考古學家公認這古城是因入侵而被毀的。基於此，可能不少文物，如銅器和文字也因而散失。希望持續的擴大發掘能提供更多的資訊，以使人更清楚這時的城市文明狀況。

三、石峁

石峁位於今天的陝西省神木縣，總面積約 400 公頃，是我國已出土的最大的龍山古城。它始建於龍山中期（公元前 2300 年），盛於龍山晚期（公元前 2100 年），毀於夏初（公元前 1800 年）。由於它是以石塊建造，因而保存良好。1931 年起該地區已有古玉器出土，不少賣了給洋人，估計流失至外國博物館的有 4,000 件，比國內已知的 3,000 件還多。遺址自 1981 年起發掘，但成績不佳，以至在 2000 年還不知道這裏有個重要的龍山古城。大規模發掘始自 2010 年，至今仍未停止，但已揭露它是西北地區 4,300 年前的超大型石砌城市，同時也發現仍有不少古玉散落於石堆及城牆縫隙中。

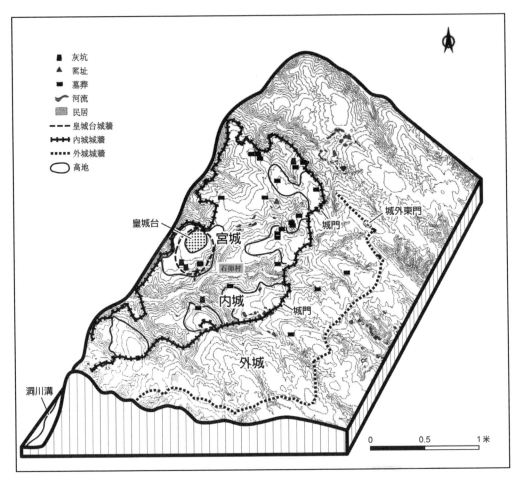

圖 3.7　石峁古城

古城的內城城牆建於公元前 2200 年（圖 3.7）。內城總面積約 210 公頃，其核心部分（皇城台），等於宮城，建於公元前 2300 年，貼近東城門，位於全城制高點（1,290 米），是王室及貴族居住地，密佈宮殿、房址、墓葬、祭壇、手工業作坊。這裏出土了 20 件人及人頭像石雕、鱷魚骨板、玉器、鑄銅遺存、骨器工場等。皇城台有高 70 米、有 11 級的台階，其入口處有一個 2,100 平方米的大廣場，圍以有眼睛和人面圖案裝飾的護土牆。在台階頂（面積約八公頃）上有一有木迴廊和蓋有瓦頂的宮殿。

　　外城牆總長 10 公里，寬 2.5 米，像個半環圍繞內城，形成一個 190 公頃的外廓。外城牆有四門，東門基本完整，並由一整套的防禦工事構成，包括了南北墩台、馬面、角樓與甕城，是我國最早及最完整的城牆防衛設施。城牆發現有用人頭顱奠基，和六處填滿人頭和玉器的坑道。東門及附件更發現近 300 幅以幾何圖形為主的彩色壁畫。目前古城遺址共清理了 19 座公元前 2300 年的窰洞式房址、玉器加工場，和 24 座墓葬。墓中出土大量陶器、石器、骨器、玉鳥、玉管、小件飾品和樂器（如十多個鷹形陶器，二十餘個骨口琴、骨哨和陶哨）、二十多片鴕鳥蛋殼和人殉等。

　　有學者認為，中國的西北部地區在龍山時代的天氣要比今天濕暖，水資源豐富、湖泊遍地、森林茂密、水草豐滿，是中國的農牧交錯區。從出土資料看，當時居民食物有牛、羊、高粱、穀子、大麥，但以肉食為主。其經濟以牧為主，農、獵為副。古城的規模、宮殿區、金字塔、大廣場和祭壇的存在顯示了它是個地區性的政治、宗教、手工業和貿易中心。在古城周邊幾十公里之內同時存在約十個面積十至十多公頃的小城和農牧聚落約 70 個。有學者認為古城應該是當地一個古國的核心，或當地一個強大的城邦的首都。

　　從出土玉器的風格與用料看，它們來自全國，特別是河南的陶寺和浙江的良渚，加上城內發現的石雕人頭像、彩色壁畫、用人頭顱奠基等現象分析，石峁集合了中原和長江下游定居農業文化特點，亦糅合了甘肅地區齊家青銅遊牧文化（公元前 2400–前 1900 年），和烏拉山歐亞草原的辛培什塔文化（Sintashta culture，公元前 2100–前 1800 年）。這個多元文化的複合體承繼了公元前 2800 至前 2300 年的內蒙古老虎山文化和朱開溝文化，

農牧經濟發達，已發現周邊地區的新石器時代遺址達 4,446 處。

　　由於地勢較高和位於經線較北，石峁沒有如黃河和長江下游等地受到公元前 2100 至前 2050 年全新世小暖期所引發的大洪水所影響，而延續發展，成為後起的夏代力量的競爭者。不過，陸航（2014）認為公元前 1800 年左右時，這裏的天氣轉為乾冷，是石峁衰落的主要原因。

四、石家河

　　位於湖北天門市的石家河古城，是公元前 2800 至前 1900 年，龍山時代時江漢平原的核心城市或中心聚落。自 1955 年起，已發掘了的面積有 300 公頃，遍及該文化遺址覆蓋的兩湖近 20 萬平方公里的廣大地區。古城中心譚家嶺處於城內最高位，在油子嶺時期（公元前 3900–前 3100 年）便已是一個約 17 公頃的土城。它在石家河早期（公元前 2600–前 2300 年）發展成一個超大聚落，其夯土城垣南北 1,300 米，東西 1,200 米，底寬 20 至 50 米，殘高三至八米，城內面積 120 公頃。城牆外圍有城壕，寬 80 至 100 米，連城牆和城壕，總面積達 180 公頃（圖 3.8）。

　　城內有明顯的功能分區。中心的譚家嶺是由屈家嶺時期的土城演變為宮城，有巨大宮殿和宗廟式建築，是古城的權力／行政中心，不過宮城的城牆在公元前 2000 年時已不存在。在宮城內出土了後石家河時期的九個甕棺葬，其中五個出土了 245 件精美的玉器，包括玉人像、人面雕刻、玉鉞、玉璜、王琮、玉鳥、玉鳳、玉龍豬等，其藝術風格體現了石峁、紅山和良渚文化的影響和本地特點。城內外發現多個祭祀場所。城外西面的印信台是個主要祭祀區，城內的鄧家灣（西北角）、三房灣（南）和蓄樹嶺（東）亦有次要的祭祀區。

　　印信台被認為是長江中游最大的祭祀場所，有五個大土台，台基間規律地放置了眾多的大型陶缸，各缸首尾套在一起，似為祭祀之用。缸上發現了共四十多個不同的刻劃符號或近似文字，其中有鎌刀、杯及號角等形象。在多處出土的祭祀坑內亦有巨型陶祖、抱魚的陶偶和陶家畜家禽。對這些器物，考古學家解讀為是祭祀天地、豐收、祖先、戰爭勝利等器具和獻祭代用品。印信台的常設大型祭祀場所更顯示了敬天拜祖的傳統中國宗

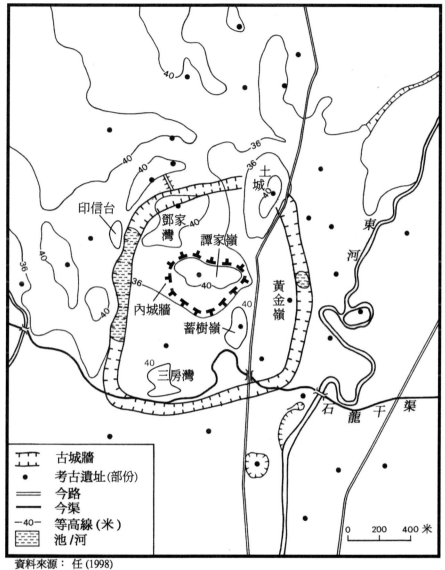

資料來源：任 (1998)

圖 3.8　石家河古城

教可能已經出現，而且它是獨佔性的，由石家河文化區內的邦盟共主所控制，以維持邦國間的秩序和控制遠方的部落。

城西南部的三房灣亦是個手工業作坊區，出土了數十萬件祭祀用的紅陶杯，及相關的製陶設施和用房。這些陶杯不只供應本地市場，似乎更出口至整個兩湖地區。鄧家灣也是個手工業區，出土了銅渣及銅片，是長江流域最早的製銅地點。

城外有環繞大城的 17 個聚落，其中六個較大，並有土牆包圍，最大為馬家垸，面積 20 公頃，形成了一個八平方公里的遺址群。考古學者認為城外聚落是周邊氏族遷徙至大城外以依託它的保護，它們的居住與附屬墓葬區顯示出氏族社會的殘餘。估計古城內人口約 15,000，整個八平方公里遺址有 35,000 至 50,000 人，而整個遺址群可能是個「石家河國」。

石家河文化以稻作經濟為主軸，由於氣候和暖，土地肥沃又有河網提供灌溉與水運的便利，經濟發達，兩湖人口繁殖，聚落密佈，遺址每五公里就有一個大的環壕土城，每縣有二至三個。大型的聚落都位於河崗過渡帶，水上交通便利，方便區內外貿易與文化交流。若以石家河古城及其周邊共 800 公頃為兩湖的最大城市，則這個地區已出現了三級的城鎮聚落系統。石家河之外，次一級為面積 50 至 100 公頃的大城，再次一級乃 10 至 20 公頃的小城或鎮，之下是無數的村落。

石家河出土的文物，包括了銅器、類似文字的刻劃符號，高度的社會分化、王權、宗教組織的高度集中，甚至還出現具體的王的形象。這個在陶罐上的刻劃人物，頭戴花翎帽、身穿短裙、腳着長筒靴，右手舉着大鉞，明顯是個掌握治權與軍權的王。

自公元前 2300 年起石家河文化器物似愈來愈受到中原及山東龍山文化南向擴張的影響。自公元前 2100 年，它更受到天氣與社會變遷，也可能包括外力入侵而逐漸衰亡。最終約在公元前 1900 年時，大城被廢棄，大型墓冢也沒再現，時間與《竹書紀年》所說的禹滅三苗吻合。

結論：龍山時代的城市文明

上述四個中國不同地區的主要龍山城市的資料顯示了龍山時代的城邦不但已跨入文明，更開拓了中華城市文明的幾個重要元素：1. 城制：由宮城、皇城和廓城組成的三重城；2. 王權的出現以及其在權力與城市平面佈局上的核心展位與主導作用：這體現在宮城、皇陵的位置和皇墓內的玉鉞與玉琮等；3. 禮儀之邦：已形成了以成套禮器與樂器為標示的社會秩序與教化；4. 中華敬天拜祖的宗教精神：對四時變化的關注、對天地和祖先的定期祭祀。這些印證了《史記》「築城以衛君，造廓以守民」的遠古時已有的城制，和《尚書·堯典》「乃命羲和，欽若昊天，曆象日月星辰，敬授民時」，即堯帝時設觀象官員的記載。

除了上述四者外，其他龍山城市的考古發現，包括景陽崗、平糧台、城子崖、王城崗、古城寨以及在 2000 年發現的丹華等，對龍山時代主要聚落的外貌、城牆、護城河也提供了印證。這些聚落已經完成由母系社會的圓形外貌到父系社會的方形／長方形外貌的變化。建城牆時先挖溝，再以木板兩邊圍起夯土的辦法，以及由城牆配以護城河的防禦方式，已被普遍施用。城市在功能上因而主要地為精英階層提供高度防禦的居所，及為邦國提供管治中心，和體現國家統治的主要宗教及其他建築，如宮殿、宗廟和祭壇的集合點。它同時也包括了一些配套或從屬功能，如為統治階層的行政、軍事和禮祭功能服務的手工業區。這些都說明了城市是當時文明的推手，是成熟的灌溉農業，是宗教、社會、藝術、手工業和貿易的組織者。

概言之，龍山城市乃當時建基於高產農業的古國聚落體系的核心或首都。上述的四個例子都是城內面積超過 100 公頃的特大城市。然而在一些規模較小的聚落體系或邦國裏，其核心聚落／城市，或「都」並不一定是個大型聚落，它只是在功能上與體系中的其他聚落不同。在一個聚落群內，城市聚落除了大者為「都」外，小型的可能是「邑」——它們都具備城市功能與性質，和周邊的農業聚落在「質」上有別，體現了這個時代由於技術進步和社會變化所導致的聚落規模和在功能及性質上的城鄉分異。與

此過程一起的，乃軍事、行政與宗教權力糅合為一體，在空間上集中在核心城市及其周邊，導致我國產生了最早的王權，以祭天地和王族祖先為核心的新宗教，成為統治階層的專利，影響了我國歷代文化的傳承及城市功能區的空間分佈。

另外，在遼闊的中國境內，每一個龍山城市群的幅射地區都包括廣大的幅員和眾多的人口，其規模遠超同時的古埃及和兩河流域。以其中一個大區域 —— 海岱地區為例，它便覆蓋了山東省、河南省東部、河北省南部、遼東半島南部和江蘇省北部，總面積約 25 萬平方公里，估計人口達200 至 300 萬人。主要的龍山城市也都不是當時新建的，而是由前一時期的聚落發展而成。它們代表了我國聚落發展的一個飛躍：新的精英階層以及從屬於他們的提供服務的階層，從不同的以氏族為基礎的舊聚落遷出，搬進了擴大了的中心聚落，建造了更大的有強大防衛功能的新城牆和城壕。上述的從屬服務者很多時候來自不同的聚落和氏族，反映出大量的氏族和聚落間的人口空間遷移，是一個史前期新出現的城鎮化過程。

在地域上，龍山城邦橫跨我國南北和兩大江河流域，不但顯示我國在進入文明的第一階段時已是黃河流域、長江流域、杭州的錢塘江流域同時並進，以及這些地區間的相互緊密溝通。同時，通過石峁的考古，也說明了自龍山時代起，我國北方的遊牧民族與南面的農耕民族已糅合在一起，為日後中華民族的出現打下基礎。不單如此，石峁亦吸納了中亞乃至東歐民族的不少優點和特點，這些都反映在它的核心建築：皇城台的宮殿區和大廣場、城牆上的防衛設計，和墓葬與藝術風格上。可見中國自古以來就不是個封閉的系統。

在公元 2000 年前，不少學者認為在龍山的中、晚期，我國地區文化間的爭鬥愈趨劇烈。他們更認為龍山城市不少是新建的，在爭鬥中此起彼落，平均存在的年代不長。他們結論說龍山時代社會充滿劇變與動盪，不穩定性成為它們湧現的動力。但 2000 年後的考古新發現卻證明了這些看法的錯誤。重要的龍山城市如上述的石家河和良渚，都是建基於灌溉農業和水路交通的大發展，它們在公元前 3000 年已存在於這些肥沃的河谷平原上。它們憑着在這些富裕農業區處於中心位置，享有便利的水陸交通，經

過逐步擴展而成。其中一些更有過千年的連續發展的歷史。

至於已發現的龍山城市大都約在公元前 2100 至前 2000 年間被棄置。上述的案例說明了天氣變化是個主因，但也不排除國與國間的戰爭是其中一個原因。一些學者對部分龍山城市的詳細研究也揭露了華北和山東在全新世小暖期的大雨，所引發了洪水，導致一些龍山城市被毀壞和被廢棄。孟莊古城當時就是被洪水毀滅了的；王城崗的東城也被洪水嚴重地破壞。我國傳說堯舜時代洪水為患，兩帝因此都先後請禹的父親鯀及禹治水。禹最後疏導了河流，降伏了洪水，獲得各氏族擁戴，成為邦國聯盟的新領袖，開創了世襲夏王朝的廣域國家 —— 帝國，而邦國時代也隨之而退出了歷史。

我們在這裏也需要指出：不少西方學者以文字的出現作為關鍵指標來界定一個社會是否已是文明社會，堅決認為中國在龍山時代仍未跨進文明門檻。這個看法有一定的認受性，因為龍山城邦遺留下來的文字及畫像遺存不多。正如前述，中國布帛發明較早，布和竹、木成為在紙張出現前的主要文字載體，而石雕在早期的黃河（上文提到的石峁除外）和長江流域都不普遍。泥木建築和竹書、帛書在中國濕暖的氣候下難以長久保存，尤其在洪水氾濫時更容易被湮滅。龍山晚期及商代中期，中國均發生特大洪水，淹沒了不少河谷平原上的城市，以及可能毀滅了不少文檔。

中國文字載體與建築特色的脆弱性，亦促使有些學者認為我們對龍山時代情況的了解深度遠難與同時期跨進文明的兩河流域及埃及相比。後者的乾旱沙漠氣候，加上因應當地資源而產生的不同的文字載體，如泥板、滾印、石雕和牙雕，以及石構建築等，能耐久保存，所以通過它們的出土，我們能清楚和形象地領會到當時的王室世系、神祇、社會主要價值觀、禮儀、建築，甚至不同階層的衣冠和生活等細節。不過，石峁的石雕人像、石家河的王者形象的陶刻及眾多的陶和玉雕人像等，亦為我們提供了當時社會一些同樣形象性和較為細緻的資訊。已出土的甲骨文亦提供了商代的類似百科全書式的通史文檔。自周代起（公元前 1040 年），中國的典章文物，包括了詳細的史書記載，和庫存的前代重要文獻，都比西方古城市文明發達而詳盡。它們成為後世編著，如《尚書》和《竹書記年》的

參考。

由周代開始至戰國時編著的晉國（至魏襄王，公元前 1046－前 296 年）官修史書《竹書紀年》，是中國現今仍存在的正式編年史。它把龍山時代作為我國的最早歷史時代，由第一位城邦盟主黃帝開始至舜，記錄了一共六位盟主的事跡（表 3.1）。內容包括了他們的出生、家庭、都城、主要官員、政治制度、重要文告、經歷大事和主要戰爭等。從已發掘的龍山時代的城市和其他聚落的出土文物的分析，配合了這些古書的記載，我國學者已成功地重構了以農業為基礎的我國城邦林立的時代的大概狀況。基於現有資料比較，我國龍山時代的城市文明，包括它的經濟、社會和城市發展，都不亞於公元前 2600 至前 2100 年的兩河與古埃及，我國王者權力的集中和城邦國普遍的天地和祖先崇拜的宗教特色，也和這些外國的邦國社會迥異。我們相信，隨着我國將來更多的考古發現，我們會對這個時代有更多的了解，並且能對這些古書的記述作進一步的印證。

表 3.1　中國古籍記錄的遠古時代

竹書紀年	公元前（即位年／朝代）	國都	史記有否記載
第一卷			
黃帝	2394	涿鹿	有
顓頊	2294	高陽、帝丘	有
帝嚳	2216	亳（偃師）	有
帝摯	2153	亳	
第二卷			
堯（唐）	2143	平陽（陶寺）	有
舜（虞）	2042	蒲阪（永濟）	有
第三、四卷			
夏	1989-1558	陽城（王城崗）、陽翟（新砦）、斟鄩（二里頭）	有
第五、六卷			
商	1558-1051	亳（鄭州）、西亳（偃師）、殷（安陽）	有

第四章

夏代：青銅時代初期的城市文明

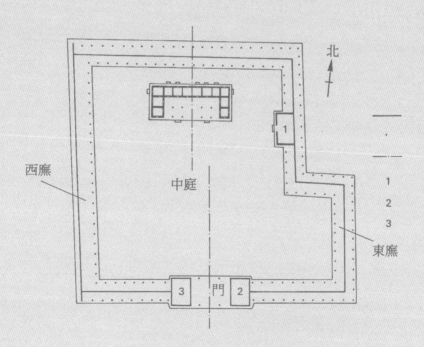

中國文明奠基於夏代

上一章介紹了在新石器時代晚期，在中國的黃河與長江流域的廣大地區，不同的地方文化約在差不多同一時間跨進了文明，並且通過了彼此之間長期的貿易來往，相互影響，開始體現出一些共同的文化素質，考古學家稱這一時代為龍山時代。學者對於龍山時代的邦國及其有關政治、經濟、制度和社會等的具體情況所知是不多的，主要是通過考古發掘和相關研究以重構出一個大概。中國文明的具體內涵及特徵，由夏代開始才逐漸清晰。夏代並且在龍山時代的基礎上創建了：1. 世襲的封建王朝；2. 以青銅禮器體現的中央王權與封建諸侯的等級秩序；3. 中央王權與諸侯的朝貢關係；4. 確立了中原地區為中華文明的核心地域。

對於夏代的具體狀況，除了考古發現之外，還存在商代甲骨文、鐘鼎文的文字證明，及周代留存至今的詳細歷史記錄和主要的典章制度文檔。同時商代與周代亦繼承了上述夏代的四點創新，並逐漸形成我國青銅時代和封建時代的中華文明的主要價值觀、國家和社會的典章制度、風俗習慣等。因此夏、商、周三代被認為是中國文明的奠基時代。

夏代是「三代」的最早朝代，也是在現存古籍中有較詳細記載的首個朝代。《竹書紀年》和《史記》中都有〈夏本紀〉，記述了夏代列王、重大事跡和統治制度等。其他載有夏代事跡的古書有《尚書》（即《書經》）和《詩經》等，內容涉及它的官制和重要文誥、帝國和各屬國（諸侯）的領域、首都位置和大事等。然而在 1920 年代，中西方學者曾質疑夏代和商代的存在。由於在 1930 至 1950 年間發現了商代甲骨文和它們部分被成功破譯，《史記》中有關商朝歷代帝王的名稱和序列以及商朝社會狀況和大事，得到證實，但夏代的存在仍受到部分學者質疑。

古籍及考古發現的夏代

現存古籍中有夏代事跡記錄的，最早及最詳細的是《竹書紀年》和《尚書》，它們比漢初的《史記》要早近千年。《竹書紀年》所記事始自西周初年（公元前 1046 年），但包括了參考當時存在的歷史檔案而寫成的第三、四卷〈夏本紀〉。《尚書》是自周代起編輯的王室檔案館所藏的重要典章和文誥，也包括了周之前的文檔，其中便有「夏書」。《史記》約成書於公元前 90 年，內中有夏代歷史〈夏本紀〉。這些古籍為我們提供了考古之外的珍貴資料，亦為我們解讀考古發掘與指導考古發現提出重要方向和參考。中華文明的一個特點就是自很早已有詳細的歷史記錄：如自周初起王室與諸侯國都有國史館，史官之設傳說更始自黃帝，這是中華文明與兩河及古埃及文明的不同之處。正如前述，兩河最早的史詩是出土的 12 塊泥板，所記錄的主要是有關烏爾第三王朝的神怪經歷，可信度很低。古埃及的王朝的分期和四大時代之分，亦只是公元前二世紀時一個祭司的發明，其方法及朝代長短，包括的王數等，爭議很多。

綜合我國古籍的記載，我們再以考古發現作為佐證，便能更確實地刻劃出夏代城市文明的狀況與發展。

一、夏代王系與主要歷史變遷

《竹書紀年》以天干地支記錄了夏王室的主要事跡和各王的在位年份，加上亦有對自然界重大變化（天象和氣候、地震等）的記錄，使我們能夠較準確地重構其王系（表 4.1），而與它有關的年份和考古發現的時間定位亦非常吻合。自禹起，夏共傳 17 王，14 世（太康、仲康，不降、扃是兩對兄弟），共 471 年。其具體時間為公元前 2029 至前 1559 年。夏代的起始年代得到了考古的佐證：龍山時代的中原文化的下限，即王灣三期的下限，為公元前 2000 年，而二里頭四期，即夏代晚期國都的存在下限，為公元前 1520 年（表 4.2）。這亦是夏商周斷代工程把夏代定為公元前 2070 至前 1600 年的主要考慮。

表 4.1　夏代帝系與都城

時代	帝名	在位時間（公元前）	在位年數	都城（今名）
先夏（龍山晚）	鯀		9	大夏，崇
	禹	2029–1992	37	高密
早夏	禹	1989–1982	8	陽城（王城崗）
	啟	1978–1962	16（23）*	陽翟（夏邑）
	太康	1958–1955	4（15）*	斟鄩（流亡）
	仲康	1952–1946	7（11）*	斟鄩（流亡）
	相	1943–1916	28	帝丘（商丘）九年流亡
	羿寒代夏	1916–1876	48	組、窮石（新砦）
夏中期	少康	1875–1855	21	陽翟（夏邑）
	杼	1852–1836	17	原、老丘（陳留）
	槐	1833–1790	44	老丘
	芒	1789–1732	58	老丘
	泄	1730–1706	25	老丘
晚夏	不降	1702–1644	59	老丘
	扃（弟）	1643–1626	18	老丘
	廑	1622–1615	8	西河（安陽西河）+
	孔甲	1612–1604	9（40）*	西河 +
	皋	1601–1599	3	西河 +
	發	1596–1590	7	西河 +
	癸（桀）	1589–1559	31	斟鄩（二里頭）

*《古本竹書紀年》年份　+ 可能是商代時「西邑」，指的是斟鄩，安陽遠離夏核心，不可能是都城所在
資料來源：《竹書紀年》；作者

表 4.2　夏代考古年期

考古文化	分期（年份，公元前）	歷史期
王城崗（龍山王灣 III）	二（2131–2082）	先夏
	三（2090–2030）	先夏
新砦期	四（2030–1985）	夏早期
	早（1870–1790）	夏中期
	晚（1790–1720）	夏中期
二里頭 +	一（1735–1705）	夏中期
	二（1705–1635）	夏晚期
	三（1635–1565）	夏晚期
	四（1565–1530）	夏末

+ 按 2005–2006 碳 14 測年，二、三期只有起始年，作者將兩期積年折半以為兩期分隔線。

若是減去禹未登帝位的時間，夏的年期則是 430 年（公元前 1989－前 1559 年），其間又有 48 年是帝相被殺後其遺腹子（帝少康）未登位，實際上夏王室在位總時間應是 382 年。年表中亦顯示了每當一個帝死亡後，後繼者通常要守喪三年才正式登位，說明了三年之喪這個與中華文明傳統有關的守孝的規定在夏代已被嚴格遵守。

龍山晚期末段（公元前 2150－前 2000 年）中國東部出現異常大雨，引發了大洪水。黃河中下游及長江中下游地區的農業經濟受到嚴重和廣泛的破壞，不少龍山城市被毀，人民四處找尋糧食和生計。這正是名義上的天下共主堯舜二帝，受天命而號召天下各國合力治水，以及以公權維持國與國間社會秩序的關鍵時刻。治理洪水是個跨國與跨地域的系統工程，需要嚴密組織和絕對權威，以協調和調動各國的大量勞動力與資源。它提升了主導氏族集團（夏后氏）的社會調控能力和政治上的成熟，促進了中國在兩大河流域上的各民族的統一，和促使王朝國家的出現（王震中，2013）。

夏后族，姒姓，是黃帝後人，聚居於河南南部嵩山一帶，那裏的龍山王灣三期文化是先夏文化（公元前 2500－前 2000 年），它其後由新砦期文化過渡為二里頭文化。古文獻記載了禹及其父鯀在該地建立了以王城崗為首都的城邦國。據《史記》記載：「禹為人敏給克勤，其德不違，其仁可親，其言可信。」這使他能夠團結各氏族集團，成功地平息水患。由於禹治水以及為舜主持政務有功，他成為當時的氏族邦聯的實際領導。最後他受舜禪讓，正式承繼了舜位。傳說當時禹建立了兩個軍事前哨，一個在山西的安邑，以監控舜的邦國，一個在山西中部的平陽，以鎮壓堯的邦國。其他的古籍亦有提及夏初多次用武力以鞏固它的統治。正是「湯湯洪水方割……浩浩滔天」創新了天下理應一統的概念，也給予禹整合各國的機會，以其能力與德行，贏得天下之心。

禹這位共主與之前的五帝不同。治水之外，禹的團隊開通了連結各邦國間的九條大路和九條河流，使有餘糧的諸侯可以供給糧食不足的，又教民眾在低濕之地種植稻米以達到溫飽。禹更三次征伐三苗以維持邦國間的秩序。禹前後共 37 年在各地奔走努力，以民為本，解決了各邦國民眾的生存與發展問題，又首次在塗山大會天下諸侯，深受各邦國領袖愛戴。禹年

老時推薦其副手皋陶為繼任人，但皋陶早逝，他又推舉東夷集團領袖益。不過，益跟隨禹時間短，又「與眾不合」，諸侯不服而擁戴禹子啟為天下共主。於是啟得以繼承父業，改變了「公天下」的禪讓制，開創了「家天下」的世襲王朝。

但由「公天下」轉變為真正的「家天下」並非一個短促的過程。由禹在塗山大會諸侯時的天下萬國的狀況起，要經歷夏商周三代共約 1,800 年，至秦代才成功達至真正的天下一統於一家的中央集權帝國「家天下」。早夏時期（公元前 1989−前 1876 年，表 4.1），天下仍然流行龍山時代邦國各自獨立的狀況。當時夏王朝在位最長的王 —— 啟，才統治了 16 年。其間為了鞏固統治，啟更要對自己的胞族有扈氏用兵，而自己的胞弟王季子五觀也叛變了。啟之後的三王都被來自東夷（代表考古上的岳石文化）的后羿和寒浞所控制，甚至在帝相被殺後，更出現王統斷裂的 48 年無王年代，反映了龍山時期的邦國分立的狀況仍然存在。

夏代中央王朝的確立應是始於少康登位，而其鼎盛期約在帝杼遷都老丘（公元前 1831 年）至帝扃（公元前 1626 年）的 205 年間。帝杼是個精於甲兵的王，發展了新的武器和胄甲 ——「杼作甲」。他發兵東海及三壽以鞏固北方，又討伐萊夷，把勢力擴至東南沿海（包括山東、安徽和江蘇）。此時的夏都已從夏后氏的中心區遷至其東面的邊沿老丘，以便於向東的軍事行動和管理新開闢的東土。帝槐和帝芒時，九夷紛紛來朝納貢並逐漸同化於中原華夏文化。

由帝廑至帝桀的 63 年是晚夏的末段，國力走下坡的夏王朝愈來愈受到日漸強大的商侯（考古上的下七垣文化）的挑戰。它不得不退回夏后氏勢力的核心，把國都遷回斟鄩。表 4.1 的西河，地點在河南北邊的安陽以東，遠離夏后氏的核心，沒有可能是日漸退縮的帝國的新都。它可能是當時商侯所泛指的在商國西面的夏都城 —— 西邑之誤。考古資料亦證實了在二里頭四期時（公元前 1560−前 1520 年），斟鄩加建了多座新宮殿，反映了這時國都由老丘遷回斟鄩的可能性很高。

二、王朝國家的結構

（一）夏代不同時期的都城

夏代的文化遺存主要集中在夏都斟鄩，即二里頭址。到公元 2000 年止，已有 150 個二里頭文化遺址被發現了，其中 67 個集中在河南中部（圖 4.1）。因此，至 2005 年，在中國考古學上，夏文化往往亦被誤稱為「二里頭文化」，而二里頭及其周邊亦被認為是夏后族的文化核心區。此外，有 35 個分佈在山西西南和陝西東部，集中在夏代地區中心東下馮附近。在河南北只有七個，河南南只有數個。不過夏文化的分支卻在山東西南、安徽西北、湖北和江蘇北出現。後者形成一個橫跨一千公里的廣大邊沿區（圖 4.2）。

自 2000 年起，更多夏文化遺址被陸續發現，至 2015 年，其總數已達四百餘個（許宏，2016）。不但如此，嵩山地區在 2004 至 2012 年更發現了緊接王灣三期的王城崗四期大城和陽翟（禹州瓦店）、新砦期大城新砦和東趙。這些早於二里頭文化的遺址使我們認識到夏代並不等於二里頭文化，它還包括了上述更早的文化遺存，這看法已成為目前中國考古學界的共識（表 4.2）。

王城崗的小城建於龍山一期，應是鯀的都城，它的大城（城內面積約 35 公頃）則建於王灣三期（王城崗三期）。在王城崗四期（公元前 2050－前 1985 年）出土了夏初最早的青銅禮器、青銅鬶的殘片，並有多處 70 至 150 平方米、用人奠基的宮殿／宗廟式基址。顯示王城崗正如古書所說，是夏代最早都城，也是夏后族最早的核心，即鯀和禹的都城陽城。其他三個夏早期大城陽翟（公元前 2255－前 1755 年）、新砦（公元前 2000－前 1720 年）和東趙（公元前 2200－前 1046 年），面積都在 100 公頃以上，都建於龍山時代末，並且使用至夏代中期或更後。陽翟和新砦同被一些學者認為是啟時的夏都。

至於東趙的具體性質仍有待更多的出土資料來推估。但從已知的城市居位（離鄭州商城 14 公里，在夏商邊界等）、大小，大型建築基址和眾多的祭祀坑與卜骨等來推論，它有可能是夏中期至晚期早段（杼至扃）的國都老丘（陳留）。杼是一個進取有為的好國君，多次征伐東夷，並且在鄭州

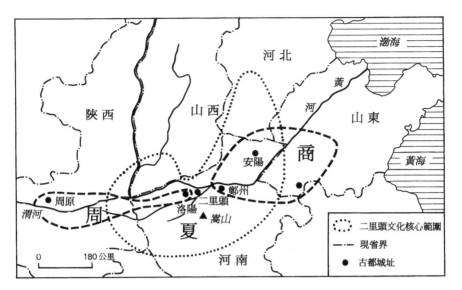

圖 4.1　二里頭文化、先商文化及先周文化分佈略圖

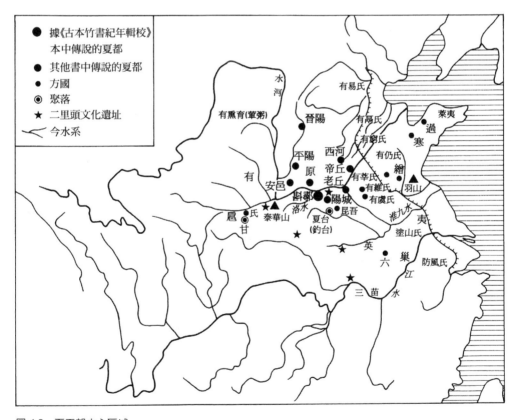

圖 4.2　夏王朝中心區域

以東建立了監視東夷的軍事重鎮大師姑。此時亦是夏代勢力向山東發展的主要時段，東趙作為新國都符合了國土發展的空間大勢。

目前這四個夏都城都發現了城牆，推翻了 2010 年前夏代城市可能都是圍壕城市，與龍山城市不同而沒有城牆的推斷（許宏，2009）。

夏中期晚段起，夏在先商日漸強大下國勢走弱，王室為了安全把國都遷回至夏后氏核心區的斟鄩，是可以理解的。在這五個已被確認的夏代國都中，斟鄩被最早發現，也是被發掘得最多，出土最多重要文物的夏代國都。它對我們理解夏的都城制度、文明成就和文化特色至關重要。我們將在下文詳述。

（二）夏的疆域與封建

從早期四個國都的位置和新砦期已發現的只有三十多個遺址看，夏代早期的核心區，或王畿所在應是嵩山的南部及東部一個狹小的約 11 萬平方公里的範圍。嵩山是我國五嶽之首，位於中原中央，黃河中游下段之南，周邊面積約二萬平方公里。嵩山地區有良好的山前台地和河旁沖積台地，黃土豐厚肥沃，氣候處於南北交匯，雨量為每年 700 至 800 毫米，河流眾多，地下水豐富，是個非常適宜人類發展與聚居的地域。何駑的研究認為：嵩山地區在龍山末期未遭洪水，其文化序列得以保存，令夏氏族在鯀與禹的領導下能脫穎而出，帶領各邦國治水，成為大洪水後最發達的族群與地區，領導了新時代中國的統一與中華文明走向成熟的最早一步。它亦成為夏代早期歷史與城市文明發展的見證。

到二里頭一期，夏族的核心區向北擴大至嵩山以北，黃河以南的伊洛—鄭州平原，並向南伸展至南陽盆地，總面積達八至十萬平方公里。夏代在二里頭三期發展至高峰時，核心區的最大面積估計接近 15 萬平方公里，而且遺址亦很密集。

不過夏代的實際疆域遠超其核心區範圍。王震中（2013）認為夏代代表了中華文明的國家形態走進一個新階段：複合型國家或王朝國家。它包括了四個組成部分，每一組在性質與空間分佈上都不同（圖 4.2）：

1. 王邦（即上述的核心區或王畿）：即國都（中央王族夏后氏）及其

郊區；

2. 姒姓諸侯國（其他夏后氏族）：共 11 個，如有虞氏、有扈氏、斟鄩氏、斟灌氏、有莘氏等；

3. 庶邦／屬國：如夏在山東的中堅支持者顧、昆吾和有婚氏、商、薛、有仍氏和有易氏等；

4. 附服：時歸附時叛離的周邊氏族如方夷、畎夷等九夷，三苗等。

王邦為國上之國，天下共主。它與姒姓諸侯國和庶邦通過封建，建立了「主」、「從」的朝貢關係，諸侯國和庶國家按規定向王邦納貢並按時向天子朝覲。天子亦「替天行道」，執行「天之罰」以討伐不聽命的諸侯與庶國。庶國臣服於夏王，其主權亦不完整，其首領有時甚至出任王邦的官職，如薛侯曾為車正，商侯曾為相土和水官等，但庶國不是中央王朝的地方政府，他們擁有自己的軍事、經濟和文化主權，是與夏文化同時存在的另一種文化。

考古數據顯示，二里頭的文化遺存在一個很大的地域內表現出一定的統一性。在它的核心區，在前一時期 —— 即龍山時代，陶器的分析顯示出當時存在着六種不同的文化類型。在夏代，代表夏文化主流的王城崗三期、新砦和二里頭文化外，卻只剩下兩種。即在山東、江蘇北部和河南東部的東夷地區的岳石文化，和在河南北部和河北南部的下七垣文化（先商文化）。這兩種文化在二里頭興盛時都走向衰落。與龍山時代的高峰比，他們的聚落大小和數量，以及建築和藝術的水平，都沒有進展。他們明顯地是從屬於主流的夏文化，但仍保存一定實力，成為夏王朝的心腹之患。按《竹書紀年》的記述，其中的東夷氏族成為早夏的主要挑戰者，后羿及其義子寒浞操控了夏王室近 50 年，成為「羿寒代夏」。商侯的力量也自夏中期起日漸強大，壓抑了夏王朝自鄭州向東和向北的發展，並在晚夏時逐步蠶食王朝東面的領地，最後夏滅亡了。《竹書紀年》的記述不但得到了考古的證明，也為考古發現提供了合理的解讀。

《尚書・禹貢》說夏王朝按不同地區與王邦的距離訂立了從屬諸侯和庶國的應賦貢品的內容。《史記・夏本紀》更敘述了禹把中國按地理條件分

為九州，每州以本地所產金屬鑄成一鼎，集九鼎以代表天下一統和王朝的最大疆域。這也是我國最早的封建時代的「天下」觀和中央與地方關係的概念。我們若將王邦、諸侯國、庶國和這兩種從屬的文化區的全部地區全歸入夏的勢力範圍，夏代的疆域便可達到 35 萬平方公里。因此在龍山時代晚期的一百年後，一個以「天下」為概念的廣域世襲王朝國家（territorial state）已經出現（王震中，2013；陳旭，2001；趙輝、魏峻，2002；董琦，2000）。

夏代開拓了中國文明新紀元

一、王室壟斷的青銅冶鑄展開了青銅時代

　　與龍山時代相比，夏代社會又有了新的進步。夏代的石製農具打磨精細，並普遍出現了挖掘工具。骨器及貝殼器物大量出現。農業收割用的石刀和石剪刀都有利刃，切刀也出現了。畜牧業包括了豬、牛和羊，並開始走向規模化，漁業也有大發展，體現在大量的骨和銅製魚鈎和陶魚墜的出土。玉器製造由以往的禮器為主開始向日用品和裝飾品的製作過渡。縫針和紡輪在很多地區的出土，印證了興旺的紡織手工業。骨製品作坊生產大量的工具和飾物，包括髮夾、珠、鋸、刀、針和鏟等。製漆也向民用產品發展，如生產觚、缽及樂器、鼓等。夏代陶器以灰陶和三腳器形為主，在器形和風格上明顯沿自龍山。飲酒器如觚、爵、斝、盉等大量出現，反映了在農業發達的前提下，飲酒文化的興起。

　　科技與手工業最顯著的發展是青銅時代的到來，鑄銅工藝也臻新高峰。在二里頭發現了數個冶銅作坊，最大的面積達一萬平方米，在當時應是全世界最大的銅作坊。鄰近有不少製造鑄模的陶窰，以及大量單件或多件的組合陶範。其中一些是為鑄造超大器物的部件的鑄範，由於仍未有它的成形器物的發現，未知它們最後是什麼形狀和功能的器物。以發現的成品和陶範來看，銅製品已包括四個種類：容器、武器、工具和飾物。容器

有爵、斝、鼎等禮器。武器有大量的箭鏃、鉞和戈。工具有刀、鑽、斧和鈎等。另外，二里頭三期和二里頭四期亦出土了鈴和鑲有綠松石的銅牌。

一般來說，這些銅器單薄，面上沒有紋飾，但露出鑄範痕跡，與商代銅器比較，明顯處於發展早期。不過，從冶煉技術而言，它已有相當的進步，因為：

1. 銅錫和鉛錫合金的冶煉已經成熟，冶煉者已懂得用不同的混合比例去適應不同器物的要求。對於已發現樣本的分析顯示，平均的金屬含量比為：銅，佔 91.85%；錫，佔 5.5%；鉛，少於 5%。
2. 已採用多範分鑄的冶煉技術，它反映出詳細分工、高標準化、統一和多層次的複雜管理，以及大型作坊的存在。
3. 冶煉和鑄造的分離，顯示出製銅業的地域分工和以城市為核心鑄造作坊與邊遠地區的上游和次要性的銅作坊的功能分工。這些體現為在二里頭、東龍山和東下馮遺址完全沒有發現冶銅作坊。此外，在城市作坊中，在後二者被視為檔次較低的作坊，只發現小件器物的鑄造，沒有發現禮器鑄造的證據。

夏代製銅工業最大的特色乃它是王室專利。王室控制了它的製造與分配，其終端產品也主要是用於中央王朝已逐漸形成的兩個功能，即軍事與祭祀。至此，銅器逐步取代陶和玉製禮器，發揮着政治或取得和保有統治權的代表意義的作用。夏代君主以青銅器作為分封諸侯、庶國或授予下屬地方統治權的信物。授封者同時要以它們作為祭祀的禮器以表達對中央統一政權的歸服。通過禮祭和他們所代表的王室的贈予和關懷，青銅器因而成為夏王室維繫依附於夏的周邊政治實體，以達「大同」的工具。

從另一方面說，夏代君主以銅禮器壟斷了對天地、先代聖王和王室的祖先溝通的特權。同時亦通過對製銅原料開採、冶銅、鑄銅和對製品使用的控制，將夏代的影響和文化向周邊推廣。簡言之，這些青銅禮器支撐了中國獨特的禮制 —— 這個中國國家形成的基礎，體現了中國將宗法制度的祖先崇拜和祭天祭地的活動合二為一的傳統文化傳承。以下我們將敘述

銅、錫和鉛三種青銅器的主要原料的產地，如何導引了夏后氏的統治空間的擴展。要等到東周時期，青銅器才進入了尋常百姓家。

二、禮樂體制與世襲「家天下」的確立

作為一個禮制（或稱「禮樂」）社會，「三代」（即夏、商、周）開創了家族王朝及以法規為規範的階級社會。「三代」的基礎建立於夏代，這可以通過對夏代的墓葬規格和其陪葬品的分析，為這種社會的現實提供證據。二里頭遺址的墓葬規格可分為四個等次。頂級乃二里頭宮殿區北面的F2君主墓（5.2×4.3平方米），它出土了一套複雜的青銅禮器和一些銅及玉製飾物。二里頭遺址的 M9 屬二級大墓（2.4×0.9平方米），除了一套完整的青銅和陶製禮器外，還有一些漆器及玉和貝製飾物。此外，在洛陽遺址的 M9 屬三級墓（大小為 1.9×0.55 平方米），它只有三件陶器陪葬。第三級墓數目最多，分佈最廣，屬一般百姓墓。第四級乃亂葬崗，以死於非自然者為主，包括奴隸殉和人殉。

夏代的青銅禮器的核心器物有盛酒和食物器具：爵、盉、斝、盤、鼎等，以及鉞等武器。在早夏或在二級墓中，這些器物多為陶器，以替代貴重的青銅。以白陶做的一種溫酒器，亦在早期常見。它後來亦被青銅製的盉替代了。用於祭神和祭祖的樂器一般包括石磬、鼓及銅鈴。青銅禮器和樂器這些組合已經保持相當穩定，標示了禮樂制度的成熟和確立。卜骨，一般以牛、羊、豬或鹿的肩胛骨來作為占卜的辦法，亦成為禮樂體制的附從部分而首見於夏代（許巨集，2004，2004c；劉莉、陳星燦，2002；李伯謙，1998；陳旭，2001；董琦，2000；趙輝，2000）。

括言之，夏代已進入青銅時代，體現了以中原為核心地域的華夏文化已跨越歷史演變的一個關鍵門檻。可能是因為在低地出現的大範圍和長期氾濫，使龍山時代晚期的分散的和為數眾多的城邦，在夏后氏的努力下，逐漸融合為一個橫跨 35 萬平方公里廣大地域的新型國家。這個國家的核心是以家族為單位的世襲王權統治，和過往的鬆散的個別獨立的酋邦或城邦國聯盟有明顯分別。在世襲王室操控的核心區外，王權的影響仍有限，它不得不容忍一些相對獨立的區域政權和文化。不過，一個單中心和有高

度文化的廣域已經出現。它已建立了以家族為本位的王權世襲制,以「天命」、「德」或以禮樂為統治的手段,廢除了以往邦國盟主的原始民主,即禪讓制。

這個新的集權核心,以天子自居,其統治目的是代天行道,恭敬執行「天命」。所謂「天命」乃「天、地、人」的正道(三正),和「仁、義、禮、智、信」五種常規(五行)。啟在征伐不聽王命、不擁戴他為天子的有扈氏之前的出征誓言 ——〈甘誓〉,成為我國王朝國家一開始時就以「天命」和「德」作為治國基本的最好說明:「有扈氏威侮五行,怠棄三正,天用勦絕命。今予維共行天之罰。」這是中華文明中國家體制及「以德治國」的一個重大開始。

夏代的地域空間組織與城市體系

劉莉和陳星燦(2002)通過對夏代晚期二里頭廣大的文化區的文化遺存的分析,推斷出一個空間經濟。它是建立在夏代王室(二里頭核心區)和邊沿地區的「核心 — 邊沿」關係和中央政權對支撐青銅工業所需要的對周邊地區自然資源的操控和利用。它的關鍵乃二里頭中心遺址 / 夏國都的管理功能,而這個功能的推力也使二里頭遺址發展為一個大型城市聚落,或者說成為一個國都。這就是《竹書紀年》所說的「太康、羿居斟鄩,桀又居之」的斟鄩。通過建立一些區域中心,夏的國都有效地控制了一個廣大國域。區域中心的主要功能也是非農性質的城市功能,如交通運輸、手工業和行政,都與各個區域內的銅、鉛、錫和木材等與青銅業所需的自然資源的開採和鑄造有關。這個空間經濟和相關的城市聚落體系可參考圖 4.2和圖 4.3。

一、核心地區

二里頭文化或夏代晚期的核心地區東西有 150 公里,南北為 100 公

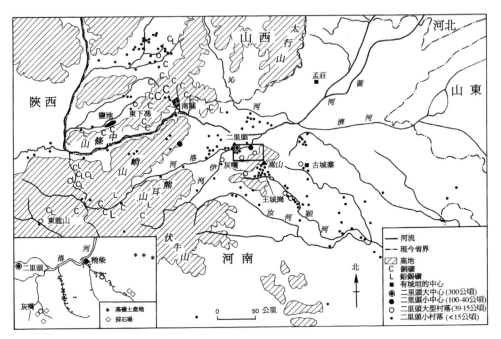

圖 4.3　黃河流域二里頭文化及重要自然資源分佈

里，面積約 15,000 平方公里，是處於黃河南岸之潁、汝、伊、洛四水的平坦和肥沃的谷地（圖 4.3），與古籍《史記·夏本紀》所載「自洛汭延於伊汭存有夏之居」吻合。優良的農業條件使這地區人口興旺，支撐了高密度的聚落以及一個四級聚落體系。其最高的特大聚落——二里頭／斟鄩——很明顯地乃是這個廣域國家的都城，它位於核心地區的中央（圖 4.3）。

核心區內的二級和三級聚落是城市功能性的區域中心。他們為國都匯集糧食和特殊產品，同時也為所在地區以及整個核心地區內的農業服務，如為它們生產所需的農具等。他們也是三、四級聚落與國都之間的納貢關係的重要橋樑。

圖 4.3 顯示在核心地區內有三個地區性的中心聚落，其一乃在斟鄩東的稍柴（面積為 60 公頃），它處於一個富饒的農業區，周邊的嵩山亦出產高嶺土、石材和木材。在稍柴的四面有不少中小聚落；其二乃斟鄩以南 15 公里的灰嘴（面積為 25 公頃），它專門生產石製農具，特別是石鏟，在它四周亦佈滿小型的二里頭遺址；第三個地區中心，南寨，位於斟鄩西南 25 公里，面積約 25 公頃，它可能是個水運中心，用以向國都轉運鄰近山區的銅、錫、鉛等礦產。

二、周邊邊遠地區

在核心地區周邊有一個更廣大的地區，面積約達 30 萬平方公里（圖 4.2）。在其內考古數據確認了二里頭文化對本土文化的同化和殖民地化的過程。這個過程可能經由來自核心地區的人口流入及其影響的擴散。考古資料指出了這個過程和來自在國都的王室統治者對銅、錫、鉛、鹽和其他自然資源的需求之間有密切關係。在這廣大的周邊地區，聚落的分佈和交通線以及這些資源的分佈顯示了緊密的關係，如見圖 4.3 內的河流、山區和礦產分佈。在這裏的考古文化遺存，也印證了核心地區對此地域的軍事控制和人口遷入。這是一個以禮樂制為基礎的「中央—邊沿」系統。

在周邊地區已出土了多個地區中心聚落：

1. 山西南部：這裏的區域中心有東下馮（面積達 25 公頃）和南關（面

積為 20 公頃），這是一個出產銅、鉛和鹽的以中條山為主脈的山區（圖 4.3 西北部）。他們之下是一組七個三級聚落和 15 個四級聚落（圖 4.3）。東下馮是青銅兵器和工具的鑄造中心。那裏出土了單範和雙範的石範作坊，銅熔爐等遺跡，但並沒有禮器的鑄造或冶銅證據。冶銅作坊可能位於上游銅原料產地的山區，而銅磚經河水運至東下馮以供應它的鑄造業。南關亦有鑄銅作坊，由於位於中條山的主河之旁，亦是一個銅磚和鹽產由山區轉至國都的交通樞紐。

2. 陝西東部：東龍山（面積為 25 公頃）是這裏的區域中心。該地區亦是個盛產銅和鉛的山區（圖 4.3 西南部）。和它一起的還有八個四級聚落組成的一個群體。該地區有銅、鉛和錫礦，而東龍山亦主力鑄造青銅工具。

3. 長江中游：盤龍城（面積達 20 公頃）是這裏的區域中心。目前在溝通黃河和長江的水路要衝上已發現以盤龍城為首的 12 個二里頭文化遺址。這地區在舊石器晚期並沒有任何重要文化遺存。盤龍城在二里頭二期和二里頭三期發展成為一個以冶銅和製陶為功能的區域中心。但遺址沒有發現模範，因此它似乎是個銅、錫、鉛的周邊山區礦產的冶煉和提純中心，同時也是個運輸中途站。

4. 江蘇南部和湖南：由洞庭湖南延至鄱陽湖，包括下王崗、荊南寺和衛崗，發現了不少二里頭遺址。這一帶都有銅、錫及鉛礦。

基於上述資料，夏代勢力向周邊地帶的擴展很明顯地和礦產資源以及青銅業的空間分佈互為因果。這個過程大概發生在夏代中期中段，包括了二里頭二期和二里頭三期，正好是夏王朝的興盛和強大時期。它亦體現了夏代國都因應控制與行政管治的需要而擴大，而高檔的技術和文化亦通過人口遷移和殖民化由這個中心向周邊地區滲透。

在周邊地區之外，如在下七垣和岳石文化區，當時的本地文化遺存亦顯露出一些二里頭的影響。然而他們在文化上仍是清楚地與二里頭有別，看來他們仍保持政治上的獨立性。

國都斟鄩反映的夏代城市文明

夏代都城遺址斟鄩是 1959 年在河南北部鞏義的二里頭村發現的。經過數十年的發掘，中國考古學界曾一度公認二里頭文化就是夏文化，而二里頭遺址就是夏代都城之一的斟鄩。正如上述，二里頭是目前已發現的最大而又最完整的夏時期聚落，出土了眾多的珍貴文物，對我們了解夏代的都城規劃、夏代文化，乃至對夏代晚期歷史的重構，有重大意義。

從圖 4.2 可看出，斟鄩位於伊、洛兩河相交的河谷平原之上，距伊水六公里，偃師六公里，洛陽 17 公里。但目前仍只發掘了約四公頃，佔城市總面積約 400 公頃的 1% 而已（圖 4.4）。繼續的發掘將會更新和豐富目前的資訊。對於斟鄩或二里頭的考古年期的推斷，雖然都按碳 14 測年辦法，但自 1980 年起多次出現了不同的年代結論。1980 年代時測定其起始年為公元前 1900 年，2000 年的新測定為公元前 1880 年，現今普遍接受的乃 2006 年測定的公元前 1730 年。一個約 400 年的時期，不同的測驗結果竟相差 170 年。可知考古發現的科學方法，仍存在很大的誤差。在兩河流域和古埃及的考古同樣出現這種現象。

在斟鄩的考古上，二里頭一期的遺址在歷史上被嚴重破壞，在假定的 100 公頃範圍內佈局不清楚（圖 4.4）。遺址雖然有墓葬出土了貴族用器如白陶、象牙、綠松石器和青銅工具，但沒有青銅禮器和大型建築基址。加上按《竹書紀年》，這時的國都在老丘，二里頭一期的遺存可能只像仰韶和龍山時代在這裏的遺存一樣，只是一般細小的聚落，不可能是當時面積達 100 公頃的特大聚落，更不是強盛的夏代中期的國都。

一、王朝朝殿與王室宗廟

二里頭二期時，斟鄩出現了三號和五號宮殿的基址，和宮殿區以南的有圍垣的綠松石及鑄銅作坊區（圖 4.4）。這時亦出現了在宮殿區外圍垂直相交的交通幹道的雛型。在二里頭三期初，先是在宮殿區外沿幹道內側加建了牆，形成了一個 12 公頃的宮城。在這期內，三號和五號宮殿被廢，在

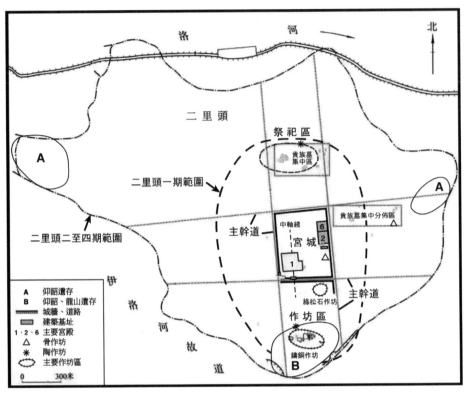

圖 4.4 　二里頭遺址手工作坊分佈

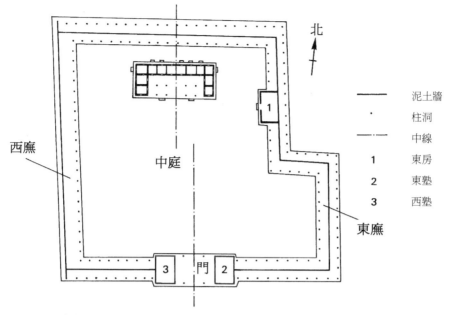

北

泥土牆
柱洞
中線
1　東房
2　東塾
3　西塾

西廡

中庭

1

東廡

3　門　2

（a）平面圖

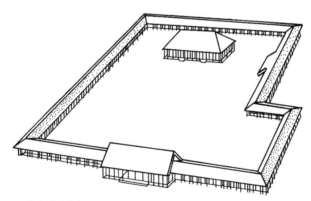

（b）復原圖

圖 4.5　河南偃師二里頭遺址 F1 復原總體鳥瞰圖

其基址上新建了一、二、四、七、八號大型建築。最大的一號建築（F1）佔地一公頃，由正方形牆包圍，其主殿建在一個台階上，可能是個「四阿重屋」。在復原圖（圖4.5）可見主殿為木結構，坐北朝南，按明顯的中軸線佈局，一如〈考工記〉的規定。這個龐大殿宇寬八間、深三間，其朝堂、旁室、夾室和後室體制一如大地灣的大殿。主門，即南門是個有八門道和附有門樓的精緻建築。其中庭，即露天廣場，約達5,000平方米。總言之，一號建築與後代王庭相似，似是夏王大朝和頒佈政令之所。

二號建築（F2）亦由四面廊廡圍繞，主殿坐北朝南，門在南牆中，東廊中有東廚，南北牆有警衛房。主建築大廟位於1,070平方米的夯土台基上。此建築應是宗廟（圖4.6）。在大廟和北牆間發現了一個大墓，但可能已被盜，空無一物。然依北牆而立的配套建築發現不少獸殉和人殉祭坑。中國學者認為宗廟內的祭祀活動可能涉及數千的參與者。中國古籍記述了古代帝王宮城按禮制定下的「前朝後寢」的規劃原則。皇帝去世後，它的宗廟亦按同一原則安排：大（祀）廟在前，陵墓在後。2005年在宗廟的下面發現了建於二里頭二期的大宮殿和貴族墓地。其中一個墓出土了一條放在死者身上長70厘米，由2,000件精細磨成的綠松石串成的龍形飾物。有認為這是王者死後的護身符或龍袍的前身。

一、二號建築屬於宮城的主體。二里頭時代這一以禮制為原則的宮殿、宗廟的佈局已隨王權的到來而成形，並開創了商周的體制。自二里頭開始，國君的大朝和他在宗廟的祭祀建築已在國都的核心區並列，成為他經常活動的中心。在宮城出現後的二里頭三期，四條相互交叉的全城主幹亦以宮城為核心通向大城四方。宮城及其主體建築可能是這個新型國家的權力象徵，也從側面顯示夏代王權的性質：禮樂制和政治的結合；祖先崇拜和祭祀天地成為世俗王權的法理和實踐基礎。從地理位置和功能上看，「宮城是都城的核心」這一安排亦開創了日後宮城的體制。

二、作坊區、祭祀區與百姓居住區

在二里頭三期時宮城的北和東面有較集中的陶窰和骨製品作坊，在其南面的大型的銅作坊和綠松石作坊區仍在繼續使用，並延至第四期。二里

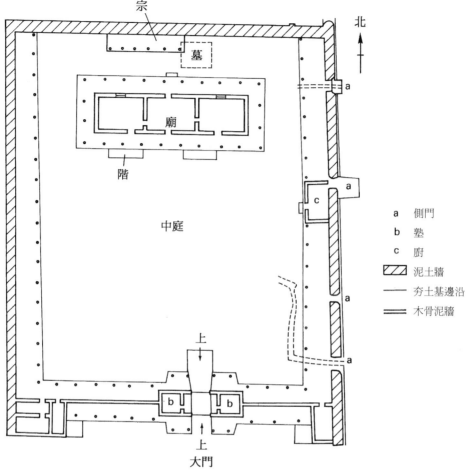

圖 4.6 河南偃師二里頭遺址 F2 復原平面圖

頭文化遺址共出土青銅器 172 件，其中 132 件出自斟鄩，那裏更出土 54 件鑄銅遺物。它近萬平方米的龐大銅作坊遺址內有厚厚的銅渣、熔爐遺存、陶範、石範、木炭和小件銅器等。此外，出土的陶範也包括了工具、兵器和禮器的外範，其中不少是用來鑄造一些造型奇特或大型的銅器的。由此可知，這裏曾經冶鑄過器形複雜、超大型的王室專用青銅器，而它們的最終產品至今未見出土（蘇湲，2006）。有沒有可能這就是四川三星堆出土的大型青銅禮器？我們推論，青銅鑄造區是為王室服務的，它與國都的行政和宗教功能關係密切，是中國文明中的青銅文化與王朝國家的重要組成部分。

城西部地勢略低，主要是民居和小型墓葬。貴族則聚居在宮城周邊，那裏已出土了數十大型建築基址。宮城北及西北為祭祀區和貴族墓葬區，有相關建築和墓葬。斟鄩在二里頭三期時在其 300 公頃內已全面發展，到第四期時仍持續繁榮，一、二號建築仍在使用，並且加建了至少三個大型建築，包括了六號宮殿。這時也鑄造非二里頭的斝和鼎類型的銅禮器，鑄造方法也由雙範發展為三範。這時大師姑城被廢棄，鄭州出現 80 公頃的大型聚落和青銅禮器。

從發掘資料分析，二里頭二期時，斟鄩可能是夏代的次中心或副都。自二里頭三期起它才真正成為夏代晚期的國都。這個推論亦吻合《竹書紀年》記載：晚夏早期，商族力量已盛，夏自帝廑起便退回夏后族核心區，遷都斟鄩。至帝桀時更在斟鄩加建新宮室。在第四期晚，帝桀敗於商湯領導的商族與東夷聯軍，被流放到南巢，使斟鄩在二里頭四期末，逐漸減縮為一般聚落。

基於上述情況，我們對夏代國都斟鄩所揭示的城市文明和國都規劃結構總結出如下四點：

1. 國都是全國（推至宏觀的「天下」）的政治中心；
2. 初期國都是王朝國家的氏族範圍中心，體現了強烈的以家族為基礎的社會特色；
3. 首次把朝殿和宗廟作為國都核心，並作有序的佈局，體現新的世襲

王權「家天下」的性質；

4. 禮樂是朝殿和宗廟這些主要建築背後的佈局和空間設計的等級秩序
　及和諧等指導思想。

　　基於此，我們同意許宏（2016）所說：二里頭是「中國最早的，最明
確規劃的都邑……開中國古代都城規劃制度的先河」。

　　上述這些城都有城牆，甚至有護城河，但二里頭和夏代的區域中心除
外。如東下馮和東龍山至今未發現城牆，導致一些學者認為夏代城市可能
是沒有城牆的。然而上述城市的城牆和二里頭宮城城牆的發現，顯示這一
說法並不正確，而且東下馮和東龍山在商代還在擴展，並且出土了商代的
城牆。

結論：中華文明新階段
── 世襲封建王朝與青銅時代的開始

一、夏代的真實存在

　　中國歷史上一直認為夏是中國的第一個朝代，與商代和周代構成中華
文明的成熟期：「三代」。但自1900年代西風東漸後，一些中國學者基於西
方考古學觀點，認為沒有當代的文字發現以「自證」，商代和夏代都可能是
不存在的。這些被稱為「疑古派」的學者說古書上有關夏商的記述，都是
傳說。甲骨文的發現，使這些疑古派學者不得不承認商代的存在，但對夏
代的存在，今天仍有一些中國學者不接受。他們接受二里頭文化的考古成
果，但因為沒有夏代文字的「自證」，他們認為還不能說它是夏代文化；而
二里頭村遺址，雖然是個明顯的都城，但他們也不承認它是夏代國都斟鄩。

　　對於中國之外的其他古文明的史前史的理解，如兩河流域及古埃及，
研究者只能通過考古發現以分析和推論，因為這些文明不存在詳細而系統
的歷史記錄。反觀中國，對歷史檔案系統的收集、整理與保存，自夏代開

始已成為中華文明的一大特色。《竹書紀年》就記錄了夏代太史令終古在帝桀二十八年時帶同歷史檔案投奔商湯。同書亦多次記錄了商代先王在夏的活動，而這些商王／侯的名字和他們的當時的都城亦見於甲骨文中，清楚地指向在商之前存在一個夏王朝，反證《竹書紀年》的可信（李元星，2010；蔡哲元，2016；孫慶偉，2018）。我們認為《竹書紀年》有關夏代的記述是基於周初王室檔案資料，可以被視為信史。

在本章裏，我們多次顯示考古資料若配合了古文獻資料，才能更確切地被理解。在考古資料不足的情況下，我國的文獻傳統應在史前史的研究上發揮更重要的作用。當然考古發掘的持續努力，亦將有助於我們更具體更詳細地知道史前時期文明演進的情況。近 60 年來的考古發掘，對夏代的了解提供了古籍之外的許多新的數據，反過來說，它們也證明了古籍記載的可信度。如《竹書紀年》和司馬遷《史記》中有關夏代的歷史記載，確證了當時在中國中原地區已存在一個建基於世襲的中央集權的文化體系。它的影響向北伸至河北和內蒙古，包括了河南以及南方的江蘇。夏代遺址的不斷發掘與成果層出不窮，亦多次推翻了考古學界本身先前錯誤的推估與結論：如二里頭文化就是整個夏代的文化，夏代城市多數沒有城牆等。我們特別期待對夏都斟鄩和老丘（東趙）的發掘的新成果。

二、由「大同」進入「小康」：家天下和青銅時代的開始

夏代亦標誌了（一）家天下的世襲王朝的開始，和（二）青銅時代和以禮樂和「天命」為規範的社會在中國的出現。夏代之前的龍山時代，社會以眾多獨立的地區性政治組織 —— 邦國為基礎。邦國之上只有一個鬆散的聯盟，其領袖由公舉產生，而公舉主要考慮其德行和對泛邦國的實際貢獻，如新的農業技術的發明和治水工程等。這就是孔子所說的「大同社會」式的理想時代。邦國聯盟的領袖更替，因而不是基於家族或血緣的考慮，而是傳說中的「禪讓」制度。大禹因為治水有功而受舜的禪讓。傳說禹其後禪讓於皋陶，但皋陶去世得早，之後，禹再推薦益。但大部分邦國都擁戴禹之子啟，最後啟通過武力的征伐殺了益，成為世襲王朝夏代的首位王。通過子承父業和以「替天行道」執行「天之罰」以規範不服的邦國，

夏代擴大了疆域並且開創了一個新的世襲封建王朝時代。

　　夏王朝亦通過中原禮器（早期陶製和其後青銅製的盉／鬶、爵）的賜予作為在封建制度之下的政治地位的認同和結盟的憑證，把王朝的影響和中華文明的德治和禮義之邦的精神推向遠方氏族。在北方，這些禮器亦出現在夏家店文化；在南方，它們出現在浙江—四川的長江流域；在西方，它們出現在黃河上游的甘青地區。這些禮器都在這些地方的庶國或外服的中心聚落出土。零散的二里頭青銅器（鈴、罘）、嵌綠松石銅牌也在江淮和四川盆地出土。

　　此外，在內蒙古敖漢旗的 13 座貴族墓中出土了成套的二里頭酒器，反映出中華文明的飲酒禮儀已被邊族上層社會所接受。

三、世襲王朝國家與新都城規劃

　　夏的文化遺存印證了夏文化在中國龍山時代之後的廣域性和主導性，具體體現為以下的七個特點：

1. 在空間上建立了一個大小有四個層次的聚落體系；
2. 首市—國都對一個廣大地區體現了文化上的主導性；並且通過軍事力量向更大的地區進行殖民，實現了夏王室對中原地區和周邊的重要資源和人民的控制；
3. 都城（或首市）成為超大聚落，如二里頭面積達四百多公頃，人口為 18,000 至 30,000 人，是龍山時代後夏代的最大型聚落；
4. 在廣大的國土空間內，由於對主要手工業的控制和批量生產、區域文化漸趨統一化和標準化；
5. 青銅器成為身份象徵以及王室專利 —— 直接成為王室對禮樂制的控制工具；
6. 長途貿易所延伸的地域超越了上一個時代，甚至到達東南亞和印度；
7. 核心區 —— 即國都，成為主要的城市聚落。這不但表現在它的社會階層上，也體現在城內大量的手工業者和奴隸，以及一個高度集權

而又複雜的官僚機器。這些成分構成了國都的空間結構，其中的核心宮殿宗廟區的主體建築佈局和南北向等設計成為中國後世傳統國都的特色。

　　無可置疑，夏代已從龍山時代的初期文明，發展成為一個世襲王朝的廣域國家，並且以一個中央集權的複雜結構的都城為其核心，對廣大的疆域推行封建和朝貢式的治理。此外，夏代已形成一種新的城市文明特徵，體現在它的國都規劃上的大朝殿與宗廟的佈局，和青銅鑄造業的規模、出品以及王室的壟斷。換言之，夏代開創了中華城市文明的新階段，即「三代」世襲封建王朝與青銅時代的先河。

第五章

商代：青銅器的高峰

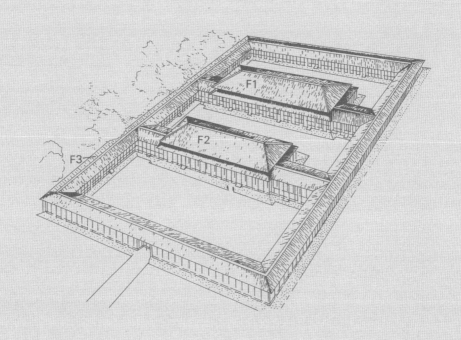

中國有現存文字歷史的第一個朝代

　　國內外不少學者曾經認為中國的歷史始自商朝（Roberts, 1999；Eberhard, 1977；蘇湲，2007）。他們覺得 1928 年在安陽市郊出土的商王武丁的甲骨文庫藏（YH127 坑）是中國最早的信史。在這個坑裏一共出土了 17,000 件有占卜炙後裂紋（兆文）和刻有相關卜辭文字的龜板和牛胛骨。它們的內容幾乎包括了所有商王武丁在其 59 年的統治期間發生的主要事情。至 2016 年為止，已出土的有卜骨共 16 萬件，都是武丁及以後的晚商遺物。這些有刻字的卜骨為我們提供了晚商各方面的歷史記錄，主要是國家大事，如天氣、農業狀況、戰爭與締結和約，重要官員和諸侯的任命與封賜、祭祀等。這些文字也證明了一個成熟的、包括「六書」的文字體系已在晚商流行。

　　目前已認出的個別字約 4,300 個（部分可能是不同寫法和繁簡不同體裁的同一字），解讀約 1,600 字。在這些文字中，約有一半在造字理念和字形上和我們 3,300 年後的今天使用的文字基本一致，可見這個文字體系應在它們之前更早便已出現，以及經歷了其後二千年以上的演進才發展成商代的甲骨文。在這 4,300 個字中，未有發現與金字有關的字。這或顯示這個文字體系的形成時期可能是比龍山時代還要久遠的石器時代。其中一些卜辭並不是用刀刻成的，而是用毛筆以朱砂寫就。同時，甲骨文中亦有「筆」字，反映這個更便捷的書寫工具在商代或更早時已普遍存在。近年在鄭州商城和小雙橋發現了年代比安陽甲骨文字早 300 至 400 年的刻字甲骨，和同一書寫系統的朱書陶文，把甲骨文字和毛筆書寫的歷史的最早年代推前至早商。

　　因此，我們推論當時已存以筆墨寫在布帛、竹和木簡上等更容易取得、更方便和廉宜的文字載體。而這種文字記錄的數量必定遠超甲骨文萬倍以上，其所記內容亦肯定更廣泛，超乎王室問卜的事項，極可能包括了工商業和老百姓日常的事情。正如前述，因為年代久遠，這些布帛和竹木片的文字載體因其物理性質弱，多已風化不存，至今仍沒有任何發現。但

古書所言：商代「有典有冊」當為可信。上章所引的《竹書紀年》有關周代以前的夏代和商代記述，有可能是參考了 3,000 年前周王室檔案館中當時仍保存完好的帛書和竹簡文檔。後代不少其他經典，包括《尚書》、《詩經》、《山海經》等，也極有可能是源自商代的典冊。

中國近 70 年對商代眾多遺址的發掘也提供了大量出土文物。這些考古資訊，不但為我們提供了較夏代詳細得多的商朝的城市文明和城市發展的資料（陳昌遠，2001；顧朝林，1992；蘇湲，2007；陳旭，2001；顧音海，2002；許宏，2016；北京大學震旦古代文明研究中心，2014；宋鎮豪、劉源，2006；徐昭峰，2013），也印證了我國古籍對夏代和商代的記述的真確性，使我們對考古發現的解讀更能融會貫通，對我國遠古文明的狀況與發展能作出更清晰的投影。

先商人的來源與商代「家天下」的世襲王朝

一、先商與下七垣文化

古商人的發源地乃遼河流域的紅山文化。在堯舜小冰期時，因為天氣轉壞，部分人南遷。他們在東北時，已承接了北方大草原遊牧民族對馬的使用、小麥的種植和青銅技術方面的知識。在夏初時（公元前 1900 年）他們早已遷入河北省邯鄲、邢台一帶，並與本地的後崗文化融合，成為下七垣文化（侯衛東，2012）。這個先商文化以邯鄲、磁縣為核心（漳河型），分別向北（保北型）及西南（衛輝型）發展。商族由於核心領域在古漳河平原，在太行山之東，河南與河北的交界地區；而漳即商水，其族故名「商」。在上章夏代的敘述裏，商族從夏初起已被提到：商始祖契，為帝嚳之後，堯舜時為司徒，封於商。其後冥為夏水正，冥之子亥經營畜牧業，馴服牛馬，以為交通工具，往來各地作遠途貿易，因而「商人」在其他民族的理解中，亦等同「貿易人」、「生意人」。

自契起至湯滅夏建立商王朝的這個時代被稱為先商。其間共有商侯 14

位，歷時與夏代同。按《竹書紀年·夏紀》和《史記·殷本紀》所載，商侯多次在夏王朝出仕為官，並八次遷都，但七次都是位在河北省北部。最後一次在湯時才遷至鄭州，直接和夏代王畿毗鄰。這反映出先商的領地核心是在河北省北部，與考古文化下七垣文化的地域吻合。

至 2016 年，在這個廣大地區發現了約 100 處下七垣文化，顯示它在數百年間與比它先進的中原二里頭、山東岳石文化和北方青銅文化共存，並吸收了它們的優點。至下七垣四期（約公元前 1620 起）商族更跨過黃河而擴散至惠濟河流域。至湯時更把首都遷至亳（鄭州）以直接威脅夏王朝。最後湯與東夷聯手，先滅了夏的忠實庶國葛、韋、顧、昆吾等，然後敗夏桀於鳴條，並將他流放到南巢。

到目前為止，下七垣文化仍未發現城址或中心聚落，鄭州商城的早期被納入為夏代二里頭晚期。這可能反映出自報丁至湯，商族已進入定居農業階段，但仍保有一些遊牧民族的習慣，包括他們對牛和馬的馴服，以及在遠途貿易和軍事上的使用，容易遷徙，不習慣居住於城市等。

先商的 14 位領導人在《竹書紀年》及《史記》都有記載，他們亦多次被甲骨文卜辭提到（李元星，2010；蔡哲元，2016；孫慶偉，2018）。

二、商代的帝系、「家天下」與考古文化分期

中國在 1990 年代中開始的國家重點研究「夏商周斷代工程」經過多年的跨學科的考證，對商代的年期有了明確的結果。它由公元前 1600 年延至公元前 1046 年。然而經過近年的考古發現和對甲骨文及古籍的研究，可以得出一個更準確和細緻的商代帝系和商代的城市文明歷史進程。我們將這些在表 5.1 概括列出。商代共 30 王，積年 478 年（公元前 1542－前 1064 年）。由湯至雍己共十王，167 年，都以亳（鄭州商城）為國都，是早商期。由仲丁至盤庚初期共九王，89 年，五次遷都，被稱為「九世之亂」，是商中期。自盤庚東遷至殷到商亡，共 12 王（含盤庚），239 年，是晚商期。考古上早商和中商屬二里崗文化，晚商是殷墟文化，反映了城市考古和文明與歷史的緊密關係。

表 5.1 《竹書紀年》載商王王系與考古文化對應表

王名	登位時（公元前）	在位年數	都城	考古文化
二里崗時代：				
湯	1542	29	亳	二里崗一期早
外丙 +	1513	1	亳	二里崗一期早
仲壬 +	1512	3	亳	二里崗一期早
太甲	1509	11	亳	二里崗一期晚
沃丁 +	1498	18	亳	二里崗一期晚
小庚 +	1480	4	亳	二里崗一期晚
小甲 +	1476	16	亳	二里崗一期晚
太戊 +	1460	74	亳	二里崗二期早
雍己 +	1386	11	亳	二里崗二期早
仲丁 +	1375	8	隞	二里崗二期晚
外壬 +	1367	9	隞	二里崗二期晚
河亶甲 +	1358	8	相	二里崗二期晚
祖乙	1350	18	耿／庇	二里崗二期晚
祖辛 +	1332	13	庇	二里崗二期晚
祆甲 +	1319	4	庇	二里崗二期晚
祖丁	1315	8	庇	二里崗二期晚
南庚	1307	5	庇／奄	二里崗二期晚
陽甲 +	1302	3	奄	二里崗二期晚
殷墟時代：				
盤庚 +	1299	27	奄／殷	殷墟〇期
小辛 +	1272	2	殷	殷墟〇期
小乙 +	1270	9	殷	殷墟〇期
武丁	1261	58	殷	殷墟一、二期
祖庚	1203	10	殷	殷墟一、二期
祖甲	1193	32	殷	殷墟一、二期
廩辛	1161	3	殷	殷墟三期
庚丁	1158	7	殷	殷墟三期
武乙	1151	34	殷	殷墟三期
文丁	1117	12	殷	殷墟三期
帝乙	1105	8	殷	殷墟四期
帝辛	1097	51	殷	殷墟四期

+ 兄終弟及
註：早商＝二里崗一期早至二里崗二期早
　　中商＝二里崗二期晚
　　晚商＝殷墟〇至三期
　　商末＝殷墟四期

商代經歷過太甲、太戊、盤庚和祖甲四次中興。在中興時，都城、國力與器物及體制都有明顯發展。相反，由小甲至「九世之亂」是一個長達百年的衰落期，主要是因為諸王子爭王位，以致王室內亂，諸侯不服和相關的多次遷都所造成的。

商族的遊牧民族傳統，影響了它的王位繼承人體制。雖然商代繼承了中原夏代家族集權的「家天下」世襲封建王朝體制，但商氏族一直奉行「兄終弟及」，舊習未改。湯因為無弟，而只能傳於子外丙。這是早商父傳子的唯一例子。整個商代的 30 個王祚，多為兄終弟及，只有八個是父傳子，大部分是在祖甲建立嫡長子繼承制之後（表 5.1）。這成為夏代父系社會成熟期的宗法制度的又一次過渡。祖甲重建嫡長子繼承後，還建立了周祭制度，以肜祭（鼓祭）、翌祭（舞祭）、祭祭（肉祭）、酒祭（穀物祭祀）、協祭（綜合性祭祀）五種祭祀方式系統性地祭祀全體祖先。這個新體制，使自夏代起開始的「家天下」向前走了一大步。

晚商的甲骨文顯示：以長子身份繼位的王在日後的祭祀中以嫡系王身份享受較高的祭禮。在甲骨文中出現了「大示」和「小示」，即周代的「大宗」和「小宗」的世系身份，體現了父系社會中男性，特別是嫡、庶，和長子、次子的不同地位。新體制給予王室集權穩定性，避免了叔父傳位給自己的兒子而不是已成年的嫡長子（侄兒），所引起兄弟間的爭奪，後經周代的細化和鞏固，成為中國至清代一直採用的「家天下」王位繼承體制。

商王朝治國理念、疆域、制度與社會

一、治國理念：仁君

商王朝亦確立了中國王權神授的新理論，以鞏固自夏以來的家族王權。《尚書》中的〈湯征〉、〈湯誓〉，以及甲骨文的不少記載都指出了夏的滅亡是因為王室失去「天命」，而商代開國君主因行仁政而得到諸侯、百姓的擁戴，因此天授命於湯而使之得天下：「湯受天命，行仁政，敬鬼神，天

下歸心。」當了商代首五王的首相的伊尹在〈湯誥〉中明言：天子之位，只有德高望重的人可以坐，不應為一家所有，應為治天下有方的人所有。治天下者要以德及教化為本，除包括在王朝範圍內輕賦薄斂，佈德施政外，也應向外族廣施教化，以將這行為準則向四域傳播。

盤庚也曾以仁君的標準曉諭諸侯和大臣，即謹遵先王法則和行德政：「從前，先王成湯和你們祖先共同平定天下，一切法則都能遵循。捨棄這些好的法則，而不努力實行，憑什麼成就德政呢？」

武丁的甲骨卜文更詳細地述說了作為一位仁德之君的諸種職責：

1. 對農、牧業狀況以及影響它們的天氣狀況保持日常不斷的關注；
2. 定期對農、牧區的巡視；
3. 定期祭天地、祭祖先以祈風調雨順，農牧興旺；
4. 對不服的諸侯和方國征討，如發兵 3,000 人征伐共方、土方和鬼方，發兵 15,000 人征伐羌氏（圖 5.1）。

對「家天下」的高度集權的平衡，「仁君」這個重要概念和它對帝王「以德治國」、對制度的要求，在商代已逐漸建立起來了。「仁君」作為中華文明的最高行政管治精神，在商代得到進一步明確，其後歷代奉行不悖，成為中華文明的關鍵價值觀的一個相當重要部分：即以祭祀顯示奉天命；重農業、法治和民本，以體驗德治。

二、疆域構成與封建制度

（一）王國

古籍《淮南子》記載：「紂之地，左東海，右流沙，前交趾，後幽都。」考古資料說明早商的疆域大抵和夏代的二里頭地域相同，但在二里崗晚期，它已擴及山東、江西北、湖南北、內蒙古南、陝中以及河北南（圖 5.1、5.2；劉莉、陳星燦，2002；張國碩，2001；李紹連，1999；陳旭，2001；許宏，2016）。新王朝仍大致承襲夏代王朝複雜國家式的行政制度以及軍事體制，形成「國王大統，諸侯分治」的局面。其王國，或當時的「中

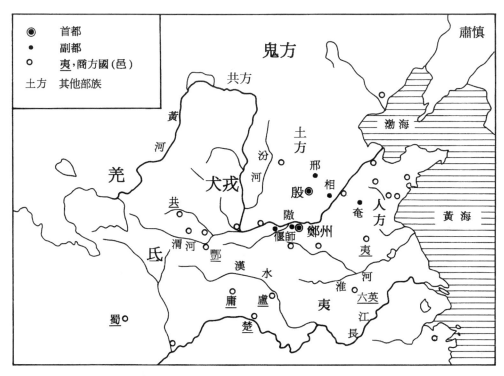

圖 5.1　商時期行政區域示意圖

國」大約分為兩個部分：

1. 畿內（首都及王畿）

包括了約 1,000 平方公里的以首都亳（考古遺址鄭州商城）為中心的王朝直屬領地，加上王室成員及子姓家族的城邑，和與王室關係密切的殖民地（圖 5.1、5.2）。這些領土（甲骨文稱為「四鄙」、「四奠」）有些離首都很遠，如湖北省的龍盤城（見圖 5.1 內的盧）。這個區域被稱為「內服」，是王朝的直轄區。

2. 畿外（商的藩屬）

包括了兩個組成部分：其一乃由商朝任命行政長官或將領（甲骨文中的田、牧和衛）領導的在新征服或開墾地區的封邑；另一類乃臣服於王朝的被稱為「夷」或「方」的「外族」的城邦，它們是封國，如圖 5.1 中的蜀等。這些畿外方國的頭人通常是商的王族、大臣、將領，或親商的和歸附商的異姓氏族領袖。從古籍及甲骨文的記載顯示，這些地方行政單位數達1,551 個。它們構成商王朝的「外服」，在甲骨文中被置於「四土」和「四方」中。它們享受高度自治，有自己的軍隊，但仍是王朝的臣民。

畿外封國的疆域和人口由商王按侯、伯、子、男四個等級界定。它們享受商王的軍事保護，接受朝觀的傳召和接受王的賞賜。此外，封國諸侯要按時納貢，派兵參與商王的征戰，為商王生產物品以及服從商王的其他命令。諸侯國新開墾的土地，也要上報和上繳中央。此大概就是後來西周的封建制度的根源。

（二）受商影響的獨立方國

有關商王朝以外的地域的城市發展情況的資料不多。然而近年在南方江西的吳城，西部四川的廣漢三星堆和北面的清澗（圖 5.3），紛紛發現了具有商代特徵的遺存，其中主要者簡介如下：

1. 吳城　位於江西省滇水邊，在龍盤城南 300 公里的吳城面積為 61公頃，是個較大的有圍牆的城市。城內道路規整，中心為一宗廟式大型建築，其台階面鋪上一層白泥。城內有一大型陶器和一大型銅器作坊區。出土了幾組有特別功能的、稱為「龍窰」的燒製高級瓷器的陶窰，其產品曾

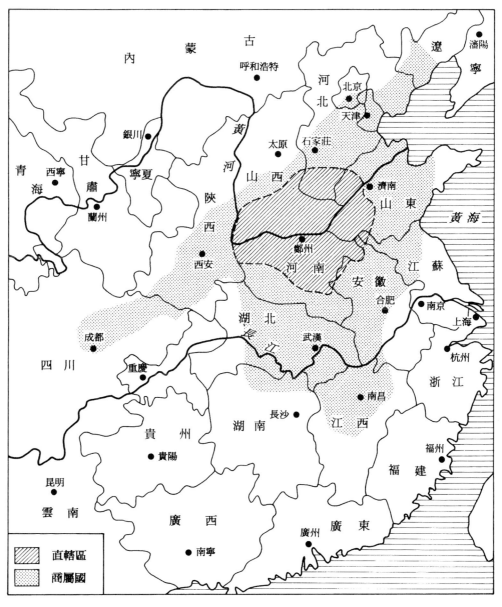

圖 5.2　商王朝統治區域與現代省市地名對照圖

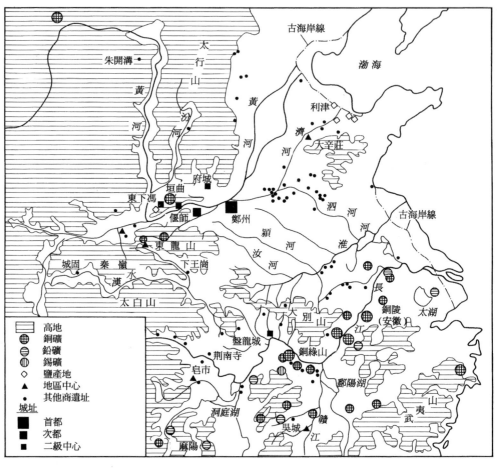

圖 5.3 　早商時代的城址、河流水系及重要的自然資源分佈

銷至商王朝各地。城內的作坊亦鑄造包括禮器的青銅器，和出土了一個晚商的大墓，內有 480 件青銅葬物。上述資料以及青銅器的器形和風格顯示吳城是一個方國的首都。其初是商的屬國，但後來成為一個獨立的方國。

2. **廣漢三星堆**　在今天成都的廣漢地區，三星堆約建於早商，似乎是商王朝的一個臣屬方國 —— 蜀（圖 5.1）。已出土的兩堵城牆為東西長 1,600 至 2,100 米，南北長 1,400 米。發現了大量的黃金和青銅製的窖藏物品，而以禮器為主。除了有一定的商代風格外，更有突出的本土特點。有學者認為這本是夏代後人在夏亡後入川建立的方國的首都。它的存在延至周初。

3. **清澗**　它是陝西東部一個面積一萬平方米的小城鎮，擁有一個方正的城牆。除了宮殿和宗廟建築外，還有一些百姓的居所。城內發現了一柄有蛇形把柄的青銅刀。有學者推斷為是鬼方（商王朝外圍的一個方國）的首都。

三、行政和軍事架構

輔助湯滅夏建立商王朝的第一國師伊摯（又名伊尹，尹是官位），姒姓，夏人，出生於有莘國。他自湯至沃丁輔政商代首五王五十多年，100 歲而終。《孟子・萬章》篇說伊尹「以堯舜之道要湯」，教湯效法堯舜的以德治天下，為救民而伐夏的方略。他為商代建立了一套建基於中原傳統的比較完整的國家機構。太甲不遵守商湯的大政方針，為了教育太甲，伊尹將太甲安置在湯墓葬之地桐宮，並著〈伊訓〉、〈肆命〉、〈徂后〉等訓詞，講述如何為政，如何繼承湯的法度等問題。伊尹子陟，亦成為中興之主太戊的宰相，執政 74 年。湯時代的政治體制與施政理念亦被之後的中興之主盤庚和祖甲所強調。伊尹父子因而為商代的穩定和發展，為原本是遊牧民族的商代能成功繼承夏代的文明並予以發展作出了重大貢獻。

由於王國的領土廣闊，行政等級複雜，商王朝亦創新了一個複雜的行政和軍事體制。據古書記述和甲骨文考證，商代中央分設管理政務的卿事寮和主持祭祀的太史寮兩大行政機構。地方用侯、邦伯加強各地的統治。太戊時的甲骨文對官制有比較詳細的記錄（表 5.2）。中央官員包括由宰相到管理百工的小官，以管理全國至地方的事務。同時也有多類史官等專業

表 5.2　商代主要官員

分類	職位	甲骨文卜辭
王朝官員		
政務官	最高政務官 一般政務官	尹、臣、巫、宰、保、卿 多尹、御、事
宗教、文化		巫、多卜、作冊
生產、經濟		小臣（稽、刈、眾、人、丘、州）、牛、牧、多奠、犬、司魚、司工、左右尹、工
軍隊	高級武官 下級武官	師、馬、射 戍、衛
地方官員	政務官 基層行政	侯、甸、男、衛、邦伯 族尹

資料來源：王貴民（1986）

技術官員，包括卜、史、司法、祭祀等。

　　商朝王室還掌握有大批武器和軍隊。軍隊大致分為兩類：1.「族」，是防衛軍，由王室及貴族子弟組成，是一支以保衛首都和王畿為主要功能的常備軍，亦是一支以氏族為主體的職業性部隊；2.「師旅」，以保衛「外服」以及對外征伐為功能。商代軍隊共有三師，每一師有兵員約一萬人，其下分為三旅。師旅兵員來自城市居民，都不是全職士兵，一些被派駐邊遠地區屯田，半兵半農。商代的基本戰鬥單位由十個步兵組成，配一戰車；後者包括馬兩匹，三個車上士兵和 15 個跟車步兵。

　　商王是最高軍事統帥，有時親自出征。王室婦女，如商王武丁的配偶婦好，也曾率軍出征。各宗族或各方國也都掌握相當數量的軍隊，但這些地方軍隊須聽從商王的調遣。武官，可分三種：馬，征戰部隊；亞，王室衛隊；衛，防守部隊（表 5.2）。高級軍事領導職務由貴族大臣和方國首領擔任，他們平時治民，戰時領兵。戰時常根據需要進行「登人」（徵兵），一次可徵發一千至過一萬人。兵以庶民為主，奴隸多擔任雜役。

　　商朝軍隊有步卒和車兵，作戰方式以車戰為主。戰車一般由兩匹馬駕挽，車上有甲士三人，居中者駕車，居左者持弓，居右者執戈。車下隨行

步卒若干人。軍隊中還有戰象部隊，象廣泛分佈於中原地區，商人馴服野象，在征伐東夷的作戰中，多次動用戰象。軍隊的武器裝備主要有戰車、弓、箭、戈、矛、刀、斧、鉞、干盾、矢鏃、頭盔、甲胄等，其中戈、矛、刀、斧、矢鏃、頭盔等是用青銅鑄造的。

四、經濟、稅制、貨幣、貿易和法典

古籍和甲骨文都記載了商代在農業和畜牧業有長足的發展。對王室或官員公有田的集體耕作（協田）是它的時代特色。考古在一些地點出土了大量的農具，印證了集體耕作的事實。這些包括了在同一地點出土超過千件石斧和一些大型的穀物倉儲。甲骨文亦記錄大群牛、馬、羊等的納貢，如武丁時代一次「致牛四百」，顯示出大型畜牧業的發達情況。多次墾闢和精耕細作的記錄亦顯示在農業管理的複雜性以及對播種、深耕，農田管理和收割倉儲，以及對新墾地的關注。

在畿內，自由民的主要稅負乃力役，即對由王室至官員封邑等各級貴族和官員所擁有農地的耕作勞動，以至在手工業和充當兵員的勞動。在畿外，稅負主要是實物，由諸侯或封國主向中央繳納，包括本地的農產品、礦產、珍寶和奴隸。畿外的貢納亦可以商代流行的貝類貨幣支付，甲骨文顯示其單位為朋（兩串共十個海貝）。除了海貝外，骨、玉和銅器乃至細陶器常在商墓出土，表示它們亦可能和海貝一樣，因為珍貴而具有貨幣功能。由於對這些珍貴物品的大量需求，包括占卜用的大型海龜甲骨，商代的遠途貿易線向南伸延至南亞和東南亞，向西則延至新疆和中亞。貿易主要由官方壟斷，但仍有小量由私人進行。商王對貿易亦很關注，並在首都設有市場，在其疆域內的重要水、陸路交通節點上建立了稱為「羈」的驛站，是中國秦代驛站制度的先行者。

《尚書》記載「惟殷先人，有典有冊」、「刑三百，其重於不孝」，《左傳》亦記載了商朝的法典《湯刑》的具體內容；《禮記》亦云：商「先罰而後賞」；《荀子》「刑名從商」等。甲骨文中記載的刑罰和罪的種類，基本上印證了古籍的有關記載。誠如周公說：周的法，源自商代的經驗。雖然至今仍未見《湯刑》的全貌，但可以說商代是中國有實證證明的已有法治的朝代。

五、冶銅技術的發展和傳播

在夏代的基礎上，商代發展成為青銅冶煉的鼎盛時代，青銅已廣泛使用於社會上的各方面。在商代遺存中，至 2000 年共出土青銅器近五千件。二里崗初期的青銅，都富有夏代的特點，但到其晚期，新器形，如鼎和盉出現了。殷墟器物的表面都飾以細緻的花紋，特別是饕餮紋，不少還有文字。在 1950 至 1986 年間在殷墟出土的青銅器中，820 件是禮器，2,740 件是兵器。

青銅禮器主要是鼎、斝、簋、觚和爵，其中最大的司母戊大鼎，重875 公斤，遠重過二里崗早期最大的青銅器（100 公斤）。商人的青銅禮器主要是酒器，以一爵一觚構成一套，以套數多寡代表主人地位，因而稱為「用爵制度」或「爵位制度」。考古學家分析，最高位的用十套。在目前已發掘的商王與貴族墓，出土五套以上的只有七墓，但一些商王大墓已被盜空。此外，體現封建地位的還包括了禮樂體制的青銅樂器鐃、鈴和鉦。從青銅器上的銘文和文字更可見器物主人的名字或其氏族族稱以及器件鑄製的作用和它的用途。其中最多是用作封建諸侯的印證和對諸侯的賞賜。

青銅兵器有戈、矛、鉞、刀和鏃。銅製工具有錛、鑿、斧、鋸和鏟。在生活用具上出現大量銅鏡，和銅製馬車及宮殿裝飾和構件等。此外還有銅面具和銅藝術品。

與此同時，冶煉青銅禮器的技術也從首都地區向外圍傳播，從側面反映出在殷墟初期，一些臣服商的方國開始顯示其「獨立」的傾向。這些邊遠地區在二里崗的時期出土的禮器都富有商核心區青銅禮器的特點，但在年代較晚的殷墟時期，它們出土的禮器都有明顯的地方特色。江西南昌出土的禮器就證明了青銅禮器的鑄造已成為地方的發展，以體現其政治上與中央王朝的相對獨立。這一現象亦在遼寧、江蘇、浙江、甘肅和陝西西部出現。商代的冶煉的進步也體現在金器加工和鐵器的出現。目前已發現四件打造鐵件。但這些鐵的來源，大概是原生隕石碎，被打造成利刃而鑄合在銅柄上。它證明了在公元前 14 世紀的中國，有關鐵的屬性的知識已存在並被利用來打製工具。

青銅禮器的空間擴散可被理解為始於商初的殖民和領土拓墾行為。這

亦是夏代王國擴張方式的伸延。但自殷墟時代始，周邊方國的獨立性明顯地加強了，這或由於商初的人口和附帶的技術隨殖民政策由中央商地向邊遠地區轉移，使本地經濟和手工業興旺起來。外圍的日漸強大，最後導致商王朝的中央封建集權體制的崩潰，催生了另一個新王朝 —— 周。

商代的城市體系

二里崗年代為公元前 1600 至前 1300 年，其早晚期的分界線為太戊就位的公元前 1460 年（表 5.1）。太戊的繼承者仲丁開始了商代的逐漸衰落。太戊時期的內部鬥爭和對外頻繁的戰爭最終導致了「九世之亂」的長期動亂。它以軍事重鎮偃師（西亳）的廢置為終結，首都亳（鄭州）亦明顯地衰落，然而在亳發現的三個青銅禮器的窖藏表示它至殷墟一期仍是商的首都（張國碩，2001）。至此（商代中期）王朝的疆域已明顯地縮小。

此時，商的不少區域中心也同樣地衰落，而文獻中開始出現了短暫商都的名字，如隞、邢、相及奄。除了隞外，考古資料仍未能證明它們的存在（圖 5.1）。陳旭（2001）認為這些都可能只是陪都，用以作為遏止邊沿地區叛亂的臨時設立的軍事重鎮，或前沿指揮所。

商代的復興始自盤庚將都城向北遷回商族的發源地，即現今河南省北部的安陽。此地古籍也稱「亳」，考古學家則稱為「殷墟」（圖 5.1）。由於中興君主盤庚的長時間的有效管治（公元前 1250–前 1192 年），商代的領土在他治下在商代晚期（殷商）達至最大擴張，它的南部包括了長江和淮河，北至河套地區，而西面達至漢水流域。

一、早商（二里崗）的城鎮體系

早商沿襲了夏代的空間發展規律，以一個四級聚落體系來管理廣袤的領土。王朝的核心地帶仍是中原，在此地夏商兩民族已經歷了多個世紀的互相糅合。這個農業生產率極高的黃河中游地區，再配上黃河主要支流的

肥沃河谷，成為商王朝強大的堅實基礎。尤其突出的是它位於中原的兩大核心城市——鄭州商城（亳）和偃師商城（西亳）（圖 5.1、5.2、5.3）。此外，早商還有三個擁有堅固城牆的區域中心，分佈在重要的交通樞紐上，以便王朝由邊沿地區向首都轉運關鍵的資源，如青銅工業所需的各種原料、食鹽、貴重器物和藩屬地區向中央朝貢的各類地區特產。這些區域中心亦成為監控邊遠地區的地區總部。與夏代相比，它們的城區面積擴大了，而且建築了堅固的城牆，比如江西的吳城和山東海邊的利津。在北方這些區域中心的設立遠至內蒙的朱開溝，而在西邊，則伸至漢水上游的城固（圖 5.2、5.3，表 5.3）。

圖 5.3 採自劉莉、陳星燦（2002）的資料以顯示早商時較大的城市聚落（不包括第四級聚落）。它們的地理位置，顯示它們與河谷平原、主要水運通道以及商代的關鍵商品如食鹽和礦產的主要產地密切相關。圖 5.4 進一步描繪了這個由四級聚落組成的早商城鎮體系在中央有規劃和組織下如何分工，以及提供溝通王畿和周邊政權的渠道。

表 5.3 列出了早商時的主要城市聚落。在下面，我們簡介其中的都城及較重要的城市聚落的主要狀況。

表 5.3　早商主要聚落

聚落	年代（公元前）	面積（萬平方米）	估計人口
鄭州商城	1600–1400	200	25,000
新鄭望京樓	1600	168	21,000
鄭州大師姑	1500	50	6,250
黃坡盤龍城	1450–1300	60	7,500
垣曲商城	1500–1300	14	1,600
焦作府城	1600–1300	10	1,160
江陰佘城	1600–1300	18	2,250
輝縣孟莊	2000–1300	30	3,750
夏縣東下馮	1900–1500	4（殘存）	
藁城台西商城	1500	10	1,250

資料來源：黃銘業（2016）

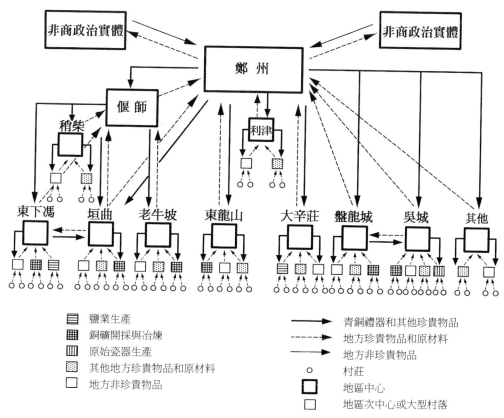

圖 5.4 　二里崗文化時期納貢模式的政治經濟系統

（一）都城

亳（鄭州商城）

亳是湯滅夏前（二里頭晚期，約公元前 1620 年）建的約 75 公頃的方國都城。在此基礎上，在二里崗一期早段（湯的晚期）加建了外城及一些夯土宮殿式建築而成為新的商王朝都城和最大聚落。它的發展跨越考古時代二里崗的全期，包括了十個王，共 167 年。商的第十一個王，仲丁，曾短暫地將首都遷至隞。然而，一般相信，在「九世之亂」的 121 年間，雖然亳的發展一直走下坡，它仍保有都城的地位。

在二里崗一期晚（約沃丁時），內、外城全面投入使用，人口急增，宮殿區出現了多座大型夯土基址，內城牆南出現了鑄銅作坊，內城北有骨作坊，內城西有陶作坊。這時亦出現了埋有全套青銅禮器的大墓。在二里崗二期早，城市進入鼎盛期，與古書記載的太戊 74 年長的商代中興期吻合。此時的宮殿區擴大，加添了眾多水井、石製畜水池和供水管道。北城垣外多了一個鑄銅作坊，城西垣外發現了銅器窖藏。內城亦出土了多個有青銅禮器的大墓。

亳是一個三重城（宮城、內城和外城）。外城是個堅固的城堡，厚厚的城牆共有 11 個城門。整個城市位於淮河進入黃河所形成的洪氾平原上。外城牆內面積約 2,500 公頃，人口估計為十萬人，是當時世界上最大的城市。城址在公元 1950 年代被發現。宮殿和宗廟區位於內城的東北部。那裏發現了多個大型的 200 至 2,000 平方米的夯土建築台階（圖 5.5）。同時也發現了很多的大石柱和祭祠坑，顯示了明顯的宗教和祭祀功能。這個區總面積約六公頃，是先朝（夏朝）國都二里頭的同一性質區域的六倍。

手工業區都在外城。在內城外的南部有個大型的銅作坊區（面積為十公頃），比外，城北有較小的銅作坊區（面積為 2.5 公頃），始建較早。但這兩個銅作坊區同樣地在二里崗二期晚段停止運作。它們鑄造的器物包括了工具、兵器和禮器。在內城的外牆腳，發現了三處有大批青銅禮器的窖藏。這大抵是「九世之亂」後期的一個王，在兵亂中將它們臨時埋藏起來。埋藏坑及禮器的年代考證為下二里崗二期晚段至殷墟一期之間。在外城的西部，出土了一個 12 公頃大的製陶區，共發現 14 個陶窰，17 間工場和 75

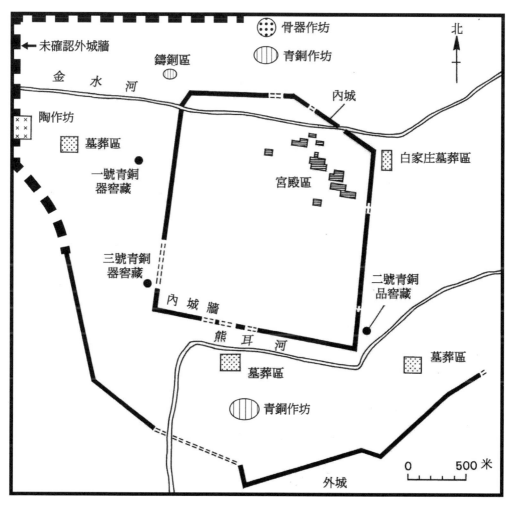

圖 5.5　鄭州商城

個工作池，證明大規模製陶已成為城市的重要功能，而且已經出現了詳細的工序和分工。外城北部還發現了一個製骨區。

內城的南部似乎發展很少，空地很多，但外城除了手工業區外，還有密密的民居和墓葬。在外城的不同地方也出土了大量石、貝殼和陶製工具，如農耕用的鐮和斧，似乎顯示外城居住了大量農業人口。相對地，城外只有為數不多的二里崗遺存被發現。因此，商代的都城很可能包括了大量的農業人口，而國都和周邊的農業土地利用亦保存了緊密的關係。這個城鄉協作的中國城市特點，一直延至清代的城市依然不衰。

在上二里崗二期早段，亳的發展達至高峰，但自二里崗二期晚段便走下坡了。這可以由考古證明：手工業區已停止運作，而宮殿亦空無一人。當然，如上述提到，有資料顯示：亳作為國都，其地位延至殷墟一期之後才被廢置。

西亳（偃師商城）

西亳在 1983 年被發現。它始建於二里頭四期，其建成時間較商的都城亳更早。它的選址很奇怪：位於商的敵人夏后族居地的中心點，距夏代都城二里頭只有 6 公里，洛陽 30 公里。自建成以來，它和都城亳（相距只有 75 公里）一直共存於整個二里崗時代。似乎西亳的建設是作為一個軍事重鎮以管理和監控被推翻不久的夏族。

在二里頭四期時，偃師仍只是個有圍牆的小聚落，城內面積只有四公頃，近似一個碉堡。它由一中心宮殿結構，鑄銅作坊和一些先商遺存所構成。不久，它擴大至面積為 80 公頃的小城（圖 5.6），其內有被考古學家認為是一個有防禦設施的巨型倉儲區，它由四方形圍牆保護起來，裏面規整地出土了一系列建築。在下二里崗二期晚時，城市進一步擴大，出現了「大城」（圖 5.6），擁有 190 公頃的面積和五個城門。這可能是仲丁時為了避開兄弟爭王位與王族的控制而遷就的臨時都城。這時宮殿區加添了六號和八號宮殿，倉儲區也被重建和擴大了。在小城外，更加添了第二個倉儲區。它同樣有一個防禦性的圍牆。

在此階段，偃師商城似乎已被賦予一些新的功能。除了軍事重鎮之外，它亦是一個都城，和擁有六萬人口的運輸、倉儲和製造中心。銅器、

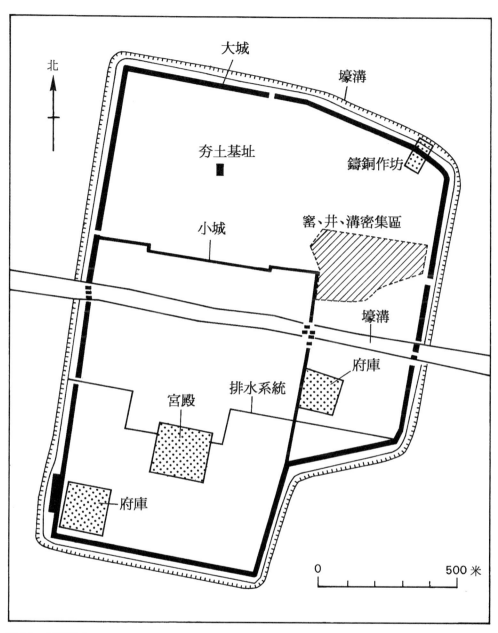

北

大城

壕溝

夯土基址

鑄銅作坊

小城

窰、井、溝密集區

壕溝

府庫

宮殿

排水系統

府庫

0　　　　　　　　500 米

圖 5.6　偃師商城

陶器和骨器的生產成為它的物流功能的派生功能，以充分利用由鄰近伊洛地區乃至山西、河南和湖北的邊遠地區運來的各種天然資源（圖 5.3）。

　　和亳（鄭州商城）一樣，西亳（偃師商城）的人口社會結構複雜，並且反映在它的城市的空間結構上。宮殿區明顯地是精英或特權階級的居住區，並且由一條約兩米寬的保護牆將小城和其他地區分隔開來。它擁有多個水井，一個細緻的總長 800 米的排水系統（圖 5.6）。區內主要建築是在夯土台階上的宮殿，如編號一至六的宮殿。在上二里崗時，二號是其中最大的，寬達 90 米。宮殿式的建築亦出現在大城的北面和小城的東南角。後者可能是為管理城市新增的生產和物流功能的精英所提供的辦公設施和居所。然而在偃師並未發現青銅禮器，顯示它並不是全面的國都，可能只是一度（17 年，公元前 1375–前 1358 年）作為臨時國都。偃師在上二里崗二期晚期達到發展高峰，自後衰落成為一般聚落。至二里崗二期晚期後段它已被完全廢棄。

（二）在都城三百公里內的區域性中心

　　在首都的腹地內有多個區域性中心，包括府城、東下馮和垣曲（圖 5.3、5.4，表 5.3）。在其上有更大的二級中心稍柴，和一級中心偃師，為首都提供不同的服務和物資供應，同時亦起了拱衛的作用。

府城

　　府城位於河南省焦作，在太行山南麓，是個方形、有城牆的聚落，但面積只有八公頃。考古發現它是在下二里崗一期始建，而在上二里崗二期晚期被廢置。城內東北角有數幢宮殿式建築，最大的夯土建築基址達 3,500 平方米，似乎是管理由山區往首都地區轉運各類物資的官員的辦公和居住地。

東下馮

　　在夏代已是個功能顯著的區域中心。至商，這一功能有所擴大，並且在下二里崗時期發展為一個有城牆和城壕的聚落。從山區運來礦產如銅和鹽在這裏短暫儲存，並且在聚落內亦有作坊功能，如冶鑄兵器和工具依然由夏代延續至商朝。同時，遺址內也發現了 40 至 50 個在夯土台基上的木構圓形建築，似乎是個大型食鹽倉儲，以儲存和轉運來自東條山大鹽池的

鹽產以供應京師地區（圖 4.2、圖 5.3）。在上二里崗時，渤海灣邊的平價鹽和中條山鹽池的衰竭導致東下馮的衰落。

垣曲

在夏代稱為「南關」的垣曲在下二里崗時擴展為一個中型的聚落（面積為 13 公頃），並加建了城牆（圖 4.2、5.3）。中心地區（約 2,000 平米）有一個由六個在夯土台基上的宮殿式結構組成的行政中心。南部則佈有製陶和鑄銅作坊。城內出土了兩個貴族大墓，內有玉和銅禮器等陪葬品，顯示商朝王室對這個交通樞紐和青銅工業中心的直接控制。此外，由於處在黃河邊上的戰略位置，它亦可能同時擁有軍事重鎮的功能。可能由於鄰近礦產資源的衰竭，它亦在上二里崗時被廢棄。

（三）沿邊地區的區域性中心

在商帝國的核心區外，即京師地區外，另有一個城鎮「次系統」的存在。它亦以區域中心為節點，組成商代外圍區域的一個行政管治網，包括了以下已發現的四個（圖 5.3、5.4）：

東龍山

這個夏代已出現的聚落在下二里崗時擴大為一個 30 公頃的中型聚落；其主要功能是銅礦石的轉運。

老牛坡

這個在西安附近，滻、灞河相交地方建立的小城鎮（只有五公頃），距離淮鎮坊 —— 一個鑄銅地區，只有 14 公里。明顯地，它是建基於附近礦產資源的轉運功能。城內的文化遺存基本上與亳內發現的具有相同特點。

大辛莊

這是已發現的二里崗文化侵入山東地區的首個例子，是個位於黃河邊上的中型聚落（面積為 30 公頃）。內中出土了由亳運來的青銅禮器，體現它和國都的從屬關係。城市的主要任務是轉運渤海灣旁利津的鹽產以供應京師地區（圖 5.2、5.3）。

盤龍城

在下二里崗時，這個夏代聚落仍只是個面積 20 公頃的以冶銅及銅的轉運為主要功能的城市。在上二里崗時，它擴展為一個面積為 100 公頃和有

堅固圍牆的大城，而且城內建築和功能分佈十分規整。中心的宮殿區面積有 6,000 平米。內中有一個陶製的排水系統（圖 5.7）。宮殿的規模雖遜於毫及西毫，但和它們擁有同一風格。它似乎是個重要王室成員的封國的首都（圖 5.3）。城外不遠處發現了 36 個大墓群，每個墓都擁有青銅禮器的陪葬品。其中四個的陪葬品中有鑄銅熔爐，可能他們就是負責冶煉和轉運銅的貴族，以供應王室在毫與西毫鑄造禮器和兵器之需。在城外發現了不少熔爐和銅水、銅屑等遺存。明顯地，這個城市乃二里崗時商代控制長江中下游銅礦的開採和初步冶煉的區域中心。和偃師一樣，它在上二里崗晚期被廢棄。

二、晚商（殷墟時期）主要城市

晚商的文化遺址主要集中在邢台—鄭州一帶，形成南北縱帶的核心區。其次要集中地帶乃山東半島上的泰山的南北地區。它的最密集地區為太行山東麓。表 5.4 顯示已發掘的這個時期的主要聚落，可見它們由核心區向四方伸延，南至兩湖地區的吳城，西南成都的三星堆，西達西安。然而晚商的歷史進程與文化特色主要體現在它的都城的發展上。我們下面就集中討論它的都城發展。

表 5.4　晚商主要聚落

聚落	年代（公元前）	面積（萬平方米）	估計人口
安陽殷墟	1300–1040	3,600	450,000
洹北商城	1400–1300	500	50,000
鄭州小雙橋	1400–1040	144	18,000
潞城	1300–1000	56	7,000
滕州前掌大	1300–1000	250	30,000
西安老牛坡	1500–1040	50	6,250
濟南大辛莊	1400–1040	50	6,250
桓台史家	1400–1040	30	3,750
鄒平丁公	1200–1040	18	2,250
清江吳城	1500–1100	61	7,660
三星堆	1500–1000	360	4,500

資料來源：黃銘業（2016）

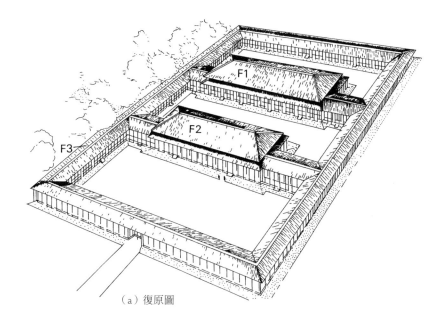

（a）復原圖

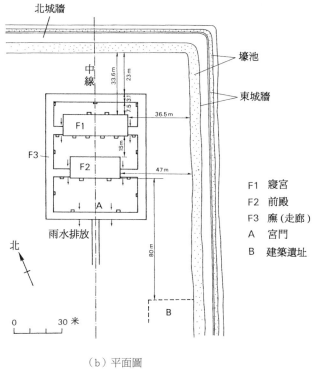

F1 寢宮
F2 前殿
F3 廊（走廊）
A 宮門
B 建築遺址

（b）平面圖

圖 5.7 湖北黃陂盤龍城商方國宮殿

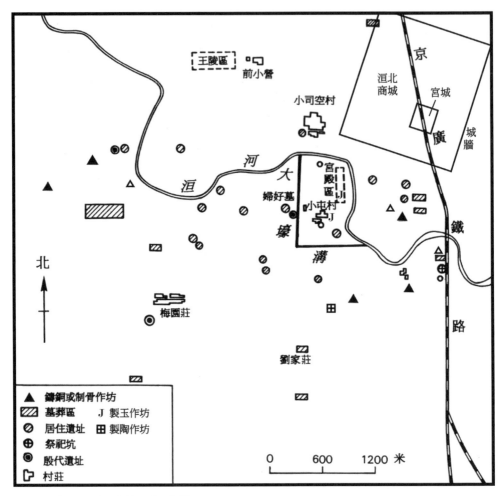

圖 5.8　安陽殷墟遺跡分佈圖

（一） 都城：殷

1. 商王盤庚在公元前 1286 年遷都至此，至公元前 1046 年商亡時共239 年，共七代 12 王，成為晚商的國都。它的考古遺存共分五個時期。在第一期（洹北花園期，即公元前 1286–前 1261 年）由盤庚遷都至小乙時，它仍只是個方形的有環壕狀護城河環繞的城，面積 470 公頃，又稱洹北商城（圖 5.8）。它是個二重城，內有一個 41 公頃的宮城，一、二號夯土基址是它的主要宮殿。洹水之南是它的近郊，有鑄銅作坊、甲骨窖穴、夯土建築群，出土了銅礎（屋宇柱座）和有銅禮器的大墓。城以西是王陵區。

2. 在第三期（武丁晚至祖甲，公元前 1239–前 1161 年），城市的總面積達至約 20 平方公里。城市中部的 70 公頃被新建土溝圍起，內中主要是夯土基址貴族墓葬，包括了武丁王后婦好的墓。城西出現了另一鑄銅作坊，和一骨作坊。據估計，在武丁時，殷的人口為 14 萬人。

3. 在第四、五期（殷墟三、四期）洹北王陵區擴大，第一個鑄銅作坊更擴大了三倍，三個骨作坊亦有擴大。整個殷，包括了洹北和洹南，總面積達 30 平方公里，在商代最後的兩個王的時期，殷都的人口更達至峰頂的23 萬人。

殷，在今天的安陽市旁邊，河南北部的洹水小平原上，是商族的傳統根據地。因為周邊有商王族的封邑和親商的封國的保護，殷可能是個不設圍牆的都城。城市的中部，在宮城之內是個 27 公頃的龐大的宮殿宗廟區（圖 5.8）。至今已發現了 53 個宮殿式建築的夯土台基。它們共分三組分佈。第一組是個 15 個建築，似乎是商王和王室的宮殿以及相關的倉庫和僕役的宿舍；第二組在其南部，共有 21 個建築和眾多的祭祀坑，應該是個宗廟區；再南，是一組 17 個建築，可能是個祭壇區。

在城外東北面的王陵區，共出土八個大墓和五個較小的墓葬。大墓似乎是國都東遷後的商王墓葬，而小墓則是王室成員的墓葬。在王陵區內，出土了 1,400 個以上的祭祀坑和不少人殉的遺存。

在宮殿宗廟區之外的四方八面，除了上述的鑄銅、製骨作坊外，還有陶器和玉石的作坊。它們與民居雜處。城郊亦有不少墓葬區，似乎以氏族為主集中分佈：每一氏族墓園均有一些貴族的大墓，和眾多的一般族人的

小墓。在其中的三大墓園中，已分別發現 3,000 個以上的墓葬。

總的來說，殷墟是中國的考古寶藏。城市本身已是個極有價值的考古遺址，而在 1930 至 1986 年間，遺址內更出土了超過 4,000 件青銅器。它們的造型、風格、紋飾和用途，都代表了銅器時代的高峰。此外，還有上文提到的大量刻有甲骨文的卜骨的出土。

（二）小雙橋

小雙橋商城於公元 1990 年被發現，是個佔地 400 公頃的大型商城。它在鄭州市東北 20 公里，位於黃河南岸的古隞地。此城建於二里崗文化與殷墟文化的時間間隙，即白家莊期的唯一遺址。當時亳在衰落而西亳已被廢置，而洹北商城仍未出現，因此，它可能就是「九世之亂」期間商王仲丁所建的新都隞。遺址只存有一層薄薄的文化遺存，顯示它的使用期很短。

城中的中心宮殿宗廟區約 15 公頃，其中有四個大型夯土台階，所支撐的建築應為宮殿和宗廟。它們四周亦滿佈二十多個祭祀坑，最大的坑出土了 30 副牛骨架。城內也發現了青銅作坊，出土了陶範和青銅器，包括禮器、裝飾品和工具。因為有青銅禮器的鑄造，隞肯定是個國都。遺址亦出土了世界上最早的青銅屋宇建築構件。此外，城內還有大型陶器、骨器、玉石器等作坊。1955 年在這裏出土了甲骨文字和在一片陶片上還發現了以毛筆寫的字。

在遺址出土了數十塊長方形、中心有空洞的石塊，這是山東省岳石文化特有的石鋤。《竹書紀年》記載了仲丁曾征伐山東的藍夷，可能是仲丁由山東帶回來的戰利品。這亦成為小雙橋是隞都的另一證明。

結論：商代已建立封建特色的中國城市文明的基礎

商王朝繼承了前朝已起步的「家天下」世襲王朝和封建諸侯的統治廣域複合國家的體制。它分封被臣服土地，和把新開墾的邊地闢為藩邦，又對王室成員，有軍功的將領、大臣和對友好氏族贈以爵位和封邑。通過這

封建諸侯的辦法，將中央王朝的管治和控制延伸至離中原較遠的四方，使中華文明能在一個廣大的地理空間傳播。商代的甲骨文記錄了和考古發現引證了古書記載的這個明確的中央和封邑、封國、方國的關係和相關的權力和義務體系。

古商族原是個半牧半農的民族，雖然自契以來已經歷了數個世紀與中原文化融合，但在王位的繼承上仍依循「兄終弟及」舊習。這個繼承制對一個廣域王朝並不合適，引致諸王子爭奪王位，而諸侯間亦因支持不同的王子而不和，成為早商與中商政治不穩和多次遷都的主要原因。世襲的「家天下」因而受到考驗。在祖甲確立了嫡長子繼承和相關的祭祖體制後，商代的政局才穩定下來。這便是宗法體制的雛型，後來被周代延續與發揚光大。

契以「天命」這新理念將滅夏合理化和建立商王權合法化，而商王在中國歷史上更首先以「帝」自稱。早商數代商王在中原賢臣伊摯和伊陟父子的輔助下，以日常朝政、禮祭，和合乎德行的行為作為「天命」的體現。其中帝王應以卜祭、巡狩，甚或征伐以顯示他對臣民福祉的關注。青銅禮器，作為行政授權以及封邑、封國的憑證，是中央和地方以及「天命」傳承的信物，更將商代廣大的地域融匯在一個統一的行政和文化體系中。它們亦是商朝君主與屬臣間的私人信物。相關人士去世之後，他們的承繼者要得到商王對他們重新的授予以保持君、臣或王與諸侯／方國的關係。這些禮器的製造與傳播提供了有關商代領土和勢力範圍的有力的考古證物。

商代社會比夏朝更形複雜。在有關官員領導之下的集體耕作，或在貴族和大臣的封地上耕作公田已成一貫習慣。自由民並不擁有私田，他們為封建主的田地耕作和提供其他勞力服務作為所耕的「公田」的地租。這些耕作和相關稅收辦法是周代體制的前身。大型的一級聚落鄭州商城（亳）、偃師商城（西亳）和殷墟（殷）體現了已經出現的複雜的社會和經濟組織。有關商代百官的記錄，首都大城內的大型和多種的作坊區，以及內城眾多的宮殿建築，印證了在這些人口達六萬至 23 萬人的大聚落內存在的多樣的非農就業狀況，亦印證了古書的記載。商代已善於建造宏偉的城，內中有宮有市。如《六韜》記「殷君善治宮室，大者百里，中有九市」；《太平御

覽・帝王世紀》記「宮中九市，車行酒，馬行炙」;《詩經・商頌》有「商邑翼翼，四方之極，赫赫厥聲，濯濯厥靈」。

為了供給這些大都市的龐大人口以及王室貴族的豪華生活，帝國需要通過一個聚落系統以在廣大的領土幅員內有效的開發、組織各種資源和管理所涉及的雙向物流。在本章內，各個等級的聚落都有不同的非農活動的分工。後者不但成為它們的主要功能，同時也反映在它們的人口規模上。在它們之下的是以採礦和農業為主要功能的非城鎮（即農村）聚落。

因此，商代的城市文明已發展至一個較高的水平，顯示出複雜的聚落大小、等級及功能體系。商朝因此已成為 Eberhand（1977）所說的「封建制度」式的真正帝國，擁有強大而有效地統御廣大領域的王朝管治體制。然而，中國有些學者認為商代是個奴隸社會，其大部分官兵和文官都是奴僕。雖然商代不少手工匠的職位是世襲的，而且自由民亦不擁有土地以及需要為王室、貴族和官員提供力役，但他們一般都擁有個人自由。當然，真正的奴隸是存在的。他們是在戰爭中被俘虜的外族，或由罪犯組成。總言之，多數學者認為奴隸只佔商代人口的很小比例，並不對其社會和經濟構成重要影響。

第六章

典章制度的成熟期：周代與戰國的發展

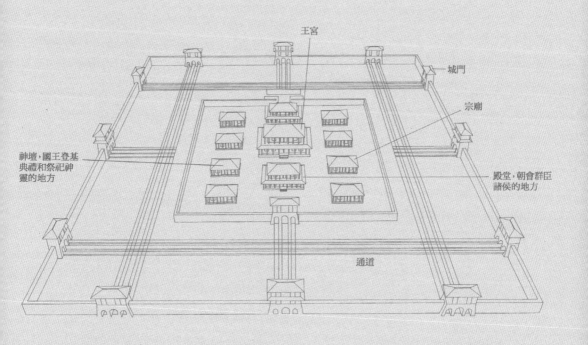

中華文明與歷史的分水嶺

　　周侯，始祖名棄，姬姓，自稱為「黃帝子孫帝嚳後」，堯時為農官，教民種稷，因而亦稱「后稷」，被奉為農神。棄之後人，至夏代，世為農官。然而有另一說法，以為周族實乃戎的一支，世代在黃土高原一帶流徙，至商代仍如是，因此孟子說：「文王，古西戎也。」古公亶父時，被其他戎狄迫遷岐山下周原，因採商制，興農業，建宮室、都邑，改戎狄俗，設立官司，成為商方國，受封為侯，作為商與戎狄之緩衝。至姬發時，原本臣服於商王朝的周侯，自稱為「武王」，於公元前 1046 年打敗了商代最後一個而又暴虐無比的君主帝辛（即紂王）。帝辛自縊而武王得以建立一個新朝代，即周。周是中國年代最長的朝代（公元前 1046−前 403 年），共 643年。它的前期稱為「西周」（公元前 1046−前 771 年），都於鎬（又稱「宗周」），共十二王，276 年（圖 6.1）。西周國力強大，四方臣服，也是世界上有最詳細、最早，而又留存至今的歷史、典章制度、文藝等記錄的封建王朝。周代因而使人們能對這三千年前成熟和光輝的中華文明有確切的了解，對中華文明和中國歷史，甚至對世界文明和歷史的後續發展，影響至大。誠如孔子所言，它是中國的黃金時代：「典章禮樂……吾從周」，認為西周是中國統治的典範，應為後世所效法。

　　夏商以來的「家天下」、仁君和德治概念、世襲王朝的封建制度等，在西周發展至巔峰。這些中華文明的主要元素，被進一步具體化，並且成熟為一個「成文化」或典籍和法規化的價值觀體系及它們的具體推行政策。它們逐步發展成中華文明傳諸後世以儒家典籍為代表的，一套具體可循的中國傳統政治和社會價值觀及其相關的管治制度。城市，作為這些價值觀和制度的節點，配合了這些制度和原則的長期實踐，在城市的性質、功能、結構上發展為成熟的中國封建城市。這些重要的發展，都和開國功臣周公旦有關。

　　周公，名旦，是周文王第四子、周武王的弟弟，輔佐周武王東伐紂王，並編撰了中華文明最早的三部經：《易經》、《樂經》和《周禮》。因其

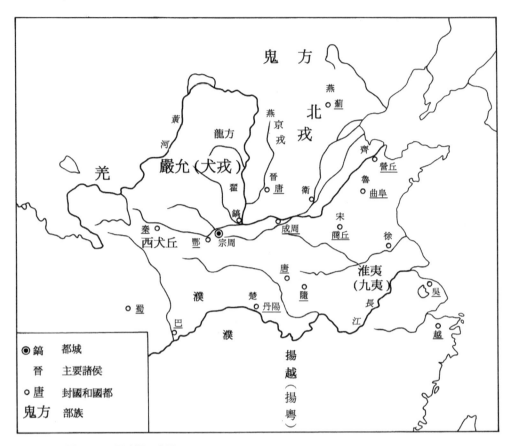

圖 6.1　西周時期示意圖

采邑在周，爵為上公，故稱周公。周公一生的功績被《尚書‧大傳》概括為：「一年救亂，二年克殷，三年踐奄，四年建侯衛，五年營成周，六年制禮樂，七年致政成王。」

　　在攝政七年間，其兄弟管叔、蔡叔和霍叔（三監）勾結商紂之子武庚和東方夷族反叛，周公奉命出師，三年後成功平叛，將周朝的實控勢力擴展至東海。周公又推行了對中華文明有定性意義的典章制度，包括了宗法制度、分封制、嫡長子繼承法和井田制。周公並在攝政後歸政成王，維護和鞏固了嫡長子繼承制。除規定了周的王位由長子繼承外，同時又把庶子分封為諸侯卿大夫，使他們與天子的關係由家伸延至國，而這亦是地方與中央、小宗與大宗的關係，加強了等級概念和中央集權，以宗法血緣為紐帶，把家族和國家，以及政治和倫理融合在一起，形成了中華文明特有的「家」和「國」觀念，把夏商以來的「家天下」推向成熟和穩定的發展。這些，不但為周族八百年的統治奠定了基礎，也成為中華文明的重要社會價值觀。在此期間，周公又營建成周（洛邑），把傳統的都城規劃置於禮樂體制之下。這些舉措使西周政治、行政、社會與經濟發展獲得進一步的鞏固。

　　在平定「三監」之亂後，周公發佈了〈康誥〉、〈酒誥〉、〈梓材〉三篇文告，其主旨是「敬天保民」、「明德慎罰」，表面上看是使殷民在連續兩次大動盪之後安定下來，從事正常的農業生產和商業活動。實際上文告在頒佈「康民」、「保民」、「裕民」、「庶民」等主要為政原則，以告誡為政者。它們指出「天命」不是固定不變的，君主要「明德慎罰」才能得天命，才能「萬年惟（為）王」。孔子一生所追求的就是這種有秩序、保民和德治的社會。由此，周公建立的家國價值觀及相關的禮樂體制，成為中華文明的重要內涵，影響了中國在周之後幾千年。

　　自共和（公元前 841 年）起，王道衰落，井田制廢，周朝國力日衰。來自北方的外敵犬戎和西面的外敵羌，屢屢對西周施以軍事壓力，周平王被迫於公元前 710 年拋棄周族傳統根據地，將國都東遷至新都洛陽成周，史稱「東周」（公元前 771－前 403 年）。東周共 18 王，享祚 367 年，但周天子直接統治的區域已由西周時約一萬平方公里，逐漸減至東周末年的 600 平方公里，變成一個小國。諸侯因而紛紛稱霸，對周天子只是表面上的尊

敬。公元前 403 年，東周正式滅亡，變成一個諸侯國。公元前 249 年，秦更將這個小國也吞併了，並於公元前 221 年統一中國。公元前 403 至前 221 年間，史稱「戰國時代」；它共有 182 年，其標誌為七個大諸侯國相互征伐。在東周時期的公元前 771 至前 481 年，是魯國編年史《春秋》所覆蓋的範圍，歷史上亦稱東周為「春秋時代」。

然而，東周的沒落與戰國的紛亂，也帶來新的社會發展動力，在中國城市文明和歷史的發展上加添了新的變化。最顯著的新動力乃工商業的勃起，及所帶來的社會和城市規模、功能和規劃上的變化。因此，自東周中期開始，中國城市文明史便處於一個發展的發展階段。

三代的理想：周王朝及其統治理念

由於周原（陝西省渭河平原西部）遼闊（約 5,000 平方公里）而肥沃，周國經王季、文、武三世而強大起來。它其後與戎狄結為軍事同盟，並連結西北、西南羌和巴蜀九族以伐商。除了周原的自然條件外，周侯能在祖、父、孫三代之內強大起來，與它成功地承繼和發展了商代的統治哲學和行政體制有密切關係。總言之，西周緊跟並發展了商代成功的管理世襲王朝和龐大的廣域國家的制度和行為習慣，而這些亦成為西周時代最具特點的成就，包括以下三大項：

一、封建制度

周侯以一個西陲小國，聯合西部諸侯，以「天命」為藉口，成功地擊敗殘暴無道的商代最後一王，一個重要的戰略上的成功，就是在周文王時，早已把商西部的拱衛諸侯黎、邗、崇等給除掉了。所以它建國後決定繼承並發展前代封土建國的一個重要目的乃「封建親戚，以藩屏周」。

封建制度乃由王室藉着土地和權力的分封，以君臣宗法關係，通過諸侯管轄諸侯國，並向周天子納貢，讓周室可以掌控王畿以外的地方。在分

封中，諸侯一面「受土」，包括山川、田地與城市；一面「受民」，即領受被天子指定隨諸侯遷往封地的移民與封地的原住民。同時，諸侯依其爵位被賞賜一定車服器物，和規定要承擔的繳納貢物、軍事保衛與服從命令等義務。諸侯國為世襲，但理論上可由周王室收回分配。諸侯在其國內可設置官員與軍隊。

周初封周公長子於奄徐舊地建立魯國，封太公望於蒲姑建立齊國，封召公長子在東北建立燕國，和分別封成王和武王之弟於殷商核心地區建立晉國與衛國，目的乃是建立五個強大的由近親控制的封國作為王畿的藩屏。另一個目的乃有效地監管眾多的商遺民和曾經與商聯盟的各氏族，特別是強大的東夷各族。

因此，與商代的封建不同，西周所封諸侯是「受土」和「受民」的。他們連同所封贈的氏族人口，需要遷往封地。如周公子伯禽帶領殷民六族和許多精通禮制的人就國，不但分散殷民實力，同時也奉命管理當地反周的東夷族。到魯煬公時魯已完全臣服當地居民，使魯成為周禮最完備的國家，在春秋時期更成為周禮文化的中心。成王弟叔虞就晉國時領有懷姓九宗人民，而當地還有唐國遺民與狄人。燕侯克就國時領有殷商大族、雩和馭族，以及微氏族、羌族和馬羌等一同北上。因此，周王朝利用封建制度建立一個新的貴族階層和有目的地遷徙商的遺民，以分散商遺民的力量。

自武王至第三王——康王，周消滅了 99 個親商的方國，臣服了 652 個其他諸侯。在他們原有的封地上周王重新封立了 71 個諸侯國和封邑，其中 15 個的領導人是周天子的弟弟，40 個是周的族人，其餘為臣服的商族——周的盟友，對周王朝提供軍事支援或朝貢的方國，以及先聖王的後代。在這些新封國、封邑內，周多以征服者的軍事基地為基礎建成新的城邑。它們的核心城市多按規劃建成，並有城牆，而城內的一般居民大多是前商的貴族和他們的隨員。周的諸侯、百官及駐軍則成為這些城市或邑的首都的上層社會或貴族階層，這就是所謂「百姓」。城中的前商遺民所構成的那部分城市人口喪失了他們的土地和貴族身份，但仍可以從事商業和手工業活動。

「封建諸侯」亦成為周公禮樂制度的一個重要部分。封建一般需要由一

些刻有有關內容文字的青銅禮器作為憑證（周以青銅食器鼎的數目作為爵位高低的標誌）。諸侯按其封國大小分成不同等級，即公、侯、伯、子、男五級；諸侯國的封賜分侯、甸（子）、男三等。不同等級的諸侯在祭祀、用禮、用樂和城市規模上都有不同的規定。諸侯亦封賜土地和人民與他們的大臣。這些采邑成為大臣們為諸侯效力的酬謝。這些封賜都是世襲的。有關封地上的「原居民」（鄙人或野人）主要是農民。他們與他們所耕的土地都是新封諸侯的「財產」。

封建還體現了內、外的關係，以及因此以親疏和在地域上以離京師遠近不同而產生的地方和中央的關係與義務等行為準則。其中最重要的乃祭祀與朝貢。簡括而言：

邦內甸服 —— 可行祭禮；

邦外侯服 —— 可祀；

侯衛賓服 —— 享禮；

夷蠻要服 —— 除納貢外，新王要來朝；

戎狄荒服 —— 除納貢外，新王要來朝。

二、國土結構與官制

周王為天子，直轄周王畿，也是中原地區眾諸侯國及外族方國的共主。王朝的核心（王畿）由兩個邑構成，即國都鎬（今西安）及以及副都成周（洛邑，今洛陽）。首都鎬的所在邑（區域）——宗周，面積約 5,000 平方公里，副都成周，則只有 600 平方公里。它們之間由一條狹長走廊連接。三個部分加起來便成為周天子直轄的約 10,000 平方公里的地區（圖 6.2），宗周鎬京及成周洛邑分別是西土與東土的政治與交通中心。王畿以外的地區則是分封的諸侯國，或是歸附的方國（圖 6.1、6.2）。

周代的聚落組織，為鄉遂制度。王畿以距城百里為郊，郊內為鄉，郊外為遂。王朝六鄉六遂，大國三鄉三遂。到春秋時期，出現了較小的鄰里與鄉黨的聚落單位。黨是由有血緣關係的百姓組成之公社，與鄉關係密切，多相連稱。周王和諸侯的都城為國，諸侯國中的大城為都，小城為

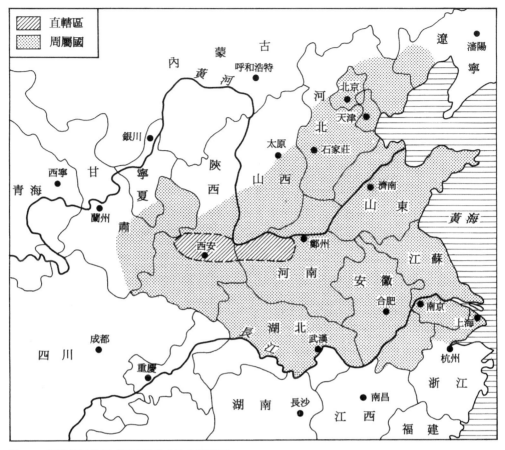

圖 6.2　周王朝統治區域與現代省市地名對照圖

邑。國、都、邑之外的廣大區域稱為野或鄙。周人與外族貴族、周人平民居住於國、都和邑，其他平民與原住民、奴隸居住於野。

周朝官制高層官員有公、卿二級。公級在早期有太保、太師、太史，後期為太師與太史。卿級在早期有司徒、司馬、司工、司寇、太宰、公族。周天子任命三公為執政大臣，總理百官。在諸侯的職官方面，設有卿、太夫、士等職級的政事官，以及由周天子派往各諸侯國的「監」。西周的公、卿與大夫等高官，採用世官世祿制（官爵世襲），又稱「世卿」，官職與俸祿都是世襲，子承父、孫承子。當封主或被封者發生變化時，要由封主再重新冊封。而被封者的子孫繼承官職時，也要由封主重新冊封。周王室的世卿巨室大多是周初東征的貴冑，不是周王親戚就是氏族後代。世官世祿制一直到了春秋末年及戰國時期，封建制度被破壞而止。

周初，王室強大，「禮樂征伐自天子出」，軍權集中於周天子手中。周王室保持了龐大的軍旅，即宿衛宗周的六師，稱「西六師」和在成周鎮儡東方諸侯的八師，稱「成周八師」。這 14 師，共有 35,000 人。分封的諸侯國，都有一定的武裝力量。大國一般不超過三軍，小國也有一軍。諸侯國的軍隊，周王都能調遣，實際上也屬於整個周王朝武裝力量的一部分。軍隊的組成，以戰車為單位。《周禮》記載：「五人為伍，五伍為兩，五兩為卒，五卒為旅，五旅為師。」因此在師之下有旅、卒、兩、伍等編制單位。各級軍官，由地位與之相應的貴族擔任。最基層的甲士，則由最低級的貴族和平民充任。奴隸則在軍隊中服雜役。西周軍隊的主要兵種是車兵。戰車一般由四匹馬駕挽。車上有甲士三人，隨車有徒卒，一般 12 人。兵器仍用青銅製造。

三、宗法制度

西周完善和穩固了自夏以來斷斷續續的以嫡長子為繼承人的制度，即宗法制度，鞏固了以家族為本位的社會和統治體系，促進了中國數千多年來的歷史和其相對穩定的進程。正室的長男成為繼承人並且是家族祭祖的代表。偏室的兒子地位較低。由於家庭是社會構成的基本，而國是其延伸。君主，作為「天子」是全體國民的嫡子，是「天下大宗」，是全體國民

和國土的泉源與代表。其下為分封的大侯國，再其下為同姓小國。天子亦是天下共主和軍隊的總統帥。在一國之內，國君為大宗，同姓卿大夫為小宗。在采邑大夫之下，同姓庶民亦按同一原則而為小宗。這些庶民享有自由民身份，不同於農奴。後者多是敵對方國的俘虜，如西羌人。在周族之外，天子之下的異姓諸侯亦是其封國的大宗，這些諸侯亦是其下異姓大夫的大宗。

在祭祀的過程中，有關的禮器、禮儀和配樂都體現了「大宗」、「小宗」的等級關係。如在祭祀中天子用九鼎，諸侯和大夫按級次分別用七鼎、五鼎和三鼎，在樂舞中，天子八佾（64 人）、諸侯六佾（48 人），卿、大夫四佾，士二佾等。

同時，商代崇拜的諸神在周代也被簡化為一個大神，即「天」或商代稱的「上帝」，其普法稱為「道」。周人對上帝與祖先都崇拜，他們認為祖先的靈魂在上帝左右，有時會來人間監護其子孫。而鬼神主要有日月星辰之神、山川之神、土神與穀神等。在周人信仰中，這些神多半是由上帝所冊封的人鬼。例如周人的穀神，就是周人的祖先后稷。天子死後亦會回歸天上，成為帝或神。天子作為天下大宗，要成為天下的典範，使國民都要跟從。祭祖與祭天因而成為遵守禮法的重要傳統。

此外，天子和所有國民都按「五倫」內（即君臣、父子、兄弟、夫婦、朋友）的等級排列，各有其權利與義務，使人際關係有規可循，以減少磨擦，促進社會和諧。因此，在全國範圍內，家庭系統、祖先崇拜與祭天地，人與人之間的應有關係結成一體，成為社會行為的規範以及行政組織的新哲學和新宗教。這個以社會和諧與人和自然平衡為主要原則的行為哲理，成為後來儒學的基礎。

四、井田制度與城鄉分別

周採用了商代以力役為主的土地稅法，即井田制。王朝的諸侯、大臣和將領的薪俸不以現銀或實物支付，而是由天子或各級諸侯大夫賜以封邑、采邑或封地。因此王朝的行政、軍事系統和功能與封建制度和宗法制度扭在一起。城市作為封建的節點以及「敬天祭祖」的新宗教活動的平台，

表面上（如土地利用、主要活動、建築和景觀等）似乎和農村有很大距離，它的經濟卻依賴農村的生產。在有限的「城市經濟」中，商業和手工業雖然作出一定的貢獻，但主要是由官府擁有和管理的；而且參與這些行業的商人和匠人的社會地位低微，都由被征服的氏族如商族所擔任。正因如此，西周並不存在城鄉之間在文化或行為上的分歧。

然而，在西周的封建體制裏，也存在「國人」（城市人）與「野人」（農村人）的分野。國人包括城邑內居住的貴族、大臣和「百姓」。他們有受教育和服務國家的權利，在 20 至 50 歲間接受軍訓，以及應召入伍。每家出一人被徵，每十家有一人在役，裝備由國家供應。應召者在 20 歲起受訓，30 歲在役，50 歲後不受訓、不在役。然而，他們大多數是全職農民，一些是工匠。「野人」指被征服的商地或商屬封國的本地居民，又或是在周王朝向南和東北擴展的新開闢的土地的原住民。他們居住於城邑以外的郊野。這些是參與井田制的主要農民。他們「九一而助」，除了耕種領主土地作為地租外，亦為領主提供其他勞役服務，但卻沒有受教育和從軍的權利。

封建以及禮樂的推行不僅把自夏、商以來在中原形成的文化和習慣向中國邊沿傳播，它們同時亦把城市文明推向較廣大的中國土地上。將商代文化較高的遺民向新開墾地區遷徙，也引發了西周城市建設的新浪潮。而這些為王朝服務的行政管治中心，都採納了以〈考工記〉為代表的「營國制度」。它是在總結夏代和商代經驗上，確立了明確的準則：即城市等級原則和城市規劃原則，以體現傳統中華文明中的「天人合一」、「敬天祭祖」、禮樂的基本要求和代表意義。在城市的空間佈局和功能佈局上使社會等級觀念、五倫的人際關係，以及城市作為人與自然和諧結合的代表意義充分發揮，成就了中國傳統城市功能和結構特點的形成，樹立了中國特有的城市文明。

典章制度與教化

　　為了配合政治上推廣分封制，周公在意識形態領域全面革新，將商以前的禮樂大規模的整理、改造，創建了一套全面的禮樂制度，把飲食、起居、祭祀、喪葬等社會各方面的活動都納入禮，使之成為系統化的政府與社會的典章制度和行為規範，形成了後世的儒家禮樂文化，使禮樂成為遍及政治、教育、信仰等領域的文化結晶。因此，周代，包括西周與其後的東周與戰國時代，是中華文明在價值觀和政治、社會及文化政策的成熟與成文化的偉大時代。

　　這些綜合夏商周以來的文化發展成果的記載文檔，經周公與孔子兩個偉大人物的努力，成為傳之後世的《詩》、《書》、《禮》、《樂》（失傳）、《易》五經。其中的《禮》與《樂》是周公所編輯。孔子其後對五經作出修訂，並對其中的《書》加添了序，對《禮》和《易》作出了解釋。在西周時五經已成為周代王子、公、卿、大夫、士的必讀課本。

　　自公元前 675 年後，周王室出現了三次爭位事件，掌國家檔案館的司馬氏流落晉國，之後這些文檔又散至衛、趙、秦三國。一部分周王朝的官吏、百工，也帶同宮廷典籍逃至楚、齊、蔡諸國，成為第一批賣知識以糊口的遊士。他們被各大諸侯招攬，如齊桓公有遊士八十，齊設稷下學宮以安置遊士數百人，掀起了養士之風，推動了五經走出官府以及對五經自由討論與發展。不同學術派別分別從富國強兵，或人與自然互動以達到和諧的角度，發揮他們對五經所代表的夏商周三代知識的理解和致用，出現了「百家爭鳴」的學術蓬勃發展，使春秋戰國時代成為中國的哲學、制度、文學與藝術的歷史高峰期。

　　基於此，我們有必要檢視五經的主要內容，因為它們是周代最偉大的文化成就，而且亦是中華文明的主要內涵。

一、五經

　　對於五經的功能，孔子曾有清楚的說明：《易》以神化，潔靜精微而不

賊；《書》，政事之紀，以道事；《詩》，中聲所止，以道志；《禮》，法之大分，類之綱紀，以道行；《樂》，致中和也，以道和。有關五經的內容和重要性，謹簡介如下：

《書》（亦稱《尚書》）

此乃周王室外史所藏虞、夏、商、周四代（約公元前 2300－前 771 年）的祭祀、戰爭、奏議、詔令等文獻，是治國者的政治課本，亦是四代的重要史料。原共有 100 篇，今存《今文尚書》28 篇和《古文尚書》44 篇，其中不少是優美的古代散文。

《詩》

由周王室的專責官員「行人」自王畿及諸侯國採集的民間及公卿大夫所獻詩篇。時間跨越西周初至春秋中約 500 年，以已十分成熟的四言詩為主。《詩》分「風」、「雅」、「頌」三部分，「風」為土風歌謠，「雅」為西周王畿的正聲雅樂，「頌」為上層社會宗廟祭祀的舞曲歌辭，廣泛地反映了當時社會生活各方面，被譽為古代社會的人生百科全書。現存的 305 篇是孔子刪減後的版本。不少詩句，在三千年來被不斷地引用，成為中華文明中的重要文學及文化成分。

《禮》

《周禮》（又稱《周官》）與《儀禮》、《禮記》統稱「三禮」。《周禮》被認為是周公所編。《儀禮》記述周代的各種禮儀，大致分為冠婚、朝聘、喪祭、射鄉等四類。《禮記》則是孔子及其門人對《禮》的解釋和論述。

西漢列《周官》於經，改稱為《周禮》，認為它是「周公致太平之跡」。它共有六篇即天官冢宰（朝政，統百官、均四海）；地官司徒（民政）；春官宗伯（宗族）；夏官司馬（軍事）；秋官司寇（刑罰）；冬官百工（營造、經濟）。它通過國家的六類官制（後來的六部）來表述以禮樂秩序、保民、育民、教民以達到德治的治國方案，內容豐富。更藉對六部之下的四百多個不同的官職的施政目的和手段的詳細敘述，以體現封建諸侯、宗法制、井田制、祭祀、朝覲、巡狩、喪葬、軍制、稅制，和用樂、車騎、服飾、禮玉等規範，和吉禮、凶禮、賓禮、軍禮、嘉禮等五禮的具體。它的精髓在於它是天子、諸侯、大夫必須遵循的等級制度，同時又着重對國人德及

禮樂的教育，以擴大周文化的影響，加強周人血親聯繫，維護宗法、政治和人倫的等級秩序，達到「經國家、序人民、利後嗣」的目的。

三禮不單是我國最早及最詳細的政典，它亦是禮樂和禮義之邦的具體說明。它被認為是中華文明的基石，我國漢唐宋明清的治國方略的根源。

《樂》

由周公整理的周王室樂譜或音樂作品，之後曾經歷代樂官修訂，但早已失傳，部分內容可見於《周禮》。

《易》

占卜之書，包括《經》和《傳》兩部分。《經》文敘述了六十四卦三百八十四爻。《傳》為解釋卦名、卦義、卦辭、爻辭的十篇，稱為「十翼」。古人認為《易》經伏羲、周文王、周公、孔子等歷代聖人編訂而成。它內容廣泛，概括了遠古的時空和陰陽概念發展成中華文明中的系統性世界觀，用陰陽、乾坤、剛柔的對立統一解釋宇宙萬象和人類社會的變化。它把人與自然看做互相感應的有機整體——「天人合一」。它同時也記錄了西周社會各方面，包含了史料、思想和文學方面的價值，被認為是群經之首。

二、教化：教育制度與內容

周時的學校按學制區分為小學、大學，按貴賤區分為國學與鄉學，如《禮記·學記》所言：「古之教者，家有塾，黨有庠，術有序，國有學」。國學由大學和小學構成，設在王城和諸侯國都城。鄉學設於州、黨、閭（里）三層地方行政區，分別名為序、庠和塾／校。國學的對象乃王子、公、卿、大夫、士的嫡長子。

大學的課程（大藝）包括禮（倫理道德、政治、歷史）、樂、射和御。它是兵學合一的教育體制，也是國野劃分的國家結構所要求的。學生具有兵士與學生的雙重身份，戰時出征、平時學術，畢業後就成為國家的禁衛軍，而野人則沒有這個資格。周朝的各種禮儀常在太學舉行，一方面是國家活動的需要，同時也讓學生熟悉、演練禮儀。除此之外，周人的學校還是養老的場所，舉行供養禮也在學校。

基層教育——小學，主要學小藝的書與數。按《周禮》的鄉遂制度，在塾的學生應是十歲之前的兒童，所聘老師也是閒居之士。十歲起入鄉黨的庠序，教學也相對正規一些。學習不誤農時，學生在農耕季節「弟子皆出就農」。《白虎通義》說：「里皆有師，里中之老有道德者為里右師，其次為左師，教里中之子弟以道藝、孝悌、仁義。」《禮記・學記》：「比年入學，中年考校：一年視離經辨志，三年視敬業樂群，五年視博習親師，七年視論學取友，謂之小成。」對於具體的教學內容《禮記・內則》說得更清楚：「六歲，教認識數字、四方位，七歲教男女有別，吃坐不同席，八歲教敬讓長者，九歲教朔望、干支記日，十歲起，到外舍讀書。十五歲束髮成童，進入大學。」

此外《周禮・地官・大司徒》亦明確列出鄉教化萬民三物：一曰六德，知、仁、聖、義、忠、和；二曰六行，孝、友、睦、姻、任、恤；三曰六藝，禮、樂、射、御、書、數。

而各級教育官（師氏）的教育目的：以三德、三行教國子：一曰至德，以為道本；二曰敏德，以為行本；三曰孝德，以知逆惡。教三行：一曰孝行，以親父母；二曰友行，以尊賢良；三曰順行，以事師長。

中華文明的禮樂與德育的基本原則與內容在西周已經成熟了。

〈考工記〉與中國城市規劃中的文明印記

現已出土的西周城市共有 56 個，但他們仍未能提供足夠資料以說明兩京的全貌，甚或一個代表性的西周城市的詳細結構。不過，成書於西周的《周禮》中的〈考工記〉（原出現在《禮記》，後放在《周禮》以補〈冬官〉之空白）提供了成周的規劃的文字記述，為中國後世的都城及城市規劃提供了一貫的原則。成周考古資料證實了〈考工記〉記錄的準確性。西周時的魯國首都曲阜的考古發現亦提供了〈考工記〉有關首都的性質和設計特點一些佐證，因為魯乃周公兒子的封國，其城市體制與西周的一般體

制應相去不遠。我們將在下面簡述〈考工記〉所揭示的西周城市規劃的主要原則。

一、規劃的原則、程序以及城市理想結構

中國最早的「營國」或城市規劃記載大抵見於《詩經》，其中提及周文王的祖父古公亶父於公元前 1552 年在岐山山腳建立城市的過程。亶父全身禮服，他首先考察四郊以選出一個合宜的位置，並用日規量出各個方位和太陽的光線與陰影，他甚至對地表水的流向也弄清楚了。對場址有了確切了解後，他還占卜以決定場址是否合乎天意。之後，他舉行拜祭上天和新址土地神的禮儀，以答謝他們。其他一些古籍，如《史記》亦對西周初期城建程序作出相若的記述。從這些早期文字中，我們可以總結出西周城市規劃和建築的四大原則：

1. 城市建設是先有規劃，而規劃是以成文落實和記錄下來的；
2. 該新城是按傳統的天地和方位概念來規劃並決定其四邊走向的；
3. 完成上述後，要舉行兩次包括獻牲的祭禮：一個祭禮是以上天及周之列祖列宗為對象，它是在新城範圍外一個臨時建成的祭壇上舉行的。另一祭禮是祈求經濟和人口興旺的，對象是新城的土地神。祭祀地點是新城內一個新堆的小土崗上；
4. 建城的工匠都預先配置，並有明顯的分工。

這些記錄也顯示出西周城市的規劃特點：

1. 城市按指針四個方位準確定位；
2. 城牆一般正方或長方形。主城門以及整個城市、宗廟、宮殿和主要建築都面向正南方。此外，主要建築在城中由北向南分佈，形成南北主軸和高低不同的序列；
3. 城市選在平地而臨近河邊；
4. 主要政治和宗教性建築（宮殿、宗廟等）都建在夯土台基上；

5. 將城市劃為功能分區：中央或宮城，通常另有圍牆，是宗廟、社稷、宮殿及貴族用的重要建築；圍繞中央區是另有圍牆包圍的外城，是手工業、商業和一般市民的住宅用地，也包括一些農地。外城圍牆外是護城河；

6. 城市建設先營宮室、宗廟，廄庫次之，居室為後。

　　第一、二、四、五及六項都有「禮」和樂的作用和重要的象徵意義，反映了由羌寨一期的「大房子」和大地灣四期的宮殿式建築演變而來的早期中華民族的世界觀。後者通過了西周的規範化和成文化，最後演化成中國的傳統儒家的禮樂思想。文王所建的成周體現了這個規範化的理想的中國城市，而《周禮》中的一些文字則是它的成文化，其代表性的三段文字節錄如下：

　　　惟王建國，辨方正位，體國經野，以為民極。（《周禮·天官》）

　　　地中，天地之合也，四時之交也，風雨之會也，陰陽之和也。然則百物阜安，乃建王國焉。（《周禮·大司徒》）

　　　匠人營國，方九里，旁三門，國中九經九緯，經塗九軌。左祖右社，面朝後市，市朝一夫……王宮門阿之制五雉，宮隅之制七雉，城隅之制九雉。經塗，環塗七軌，野塗五軌。門阿之制，以為都城之制，宮隅之制，以為諸侯之制。環塗以為諸侯經塗，野塗以為都經塗。（《周禮·考工記》）

　　這些價值觀，在儒家之外，如墨家及法家，亦是存在的。《墨子·明鬼篇下》有：「昔者，虞、夏、商、周四代之聖王，其始建國營都日，必擇國之正壇，置以為宗廟。」《呂氏春秋·慎勢篇》也有：「古之王者，擇天下之中而立國，擇國之中而立宮，擇宮之中而立廟。」（上述國皆指城）

　　這個理想化的營國圖樣可見於圖6.3及圖6.4。雖然《周禮》談的主要是天子的首都，如第三段文字所言，同一的原則與標準亦應用於次要城市

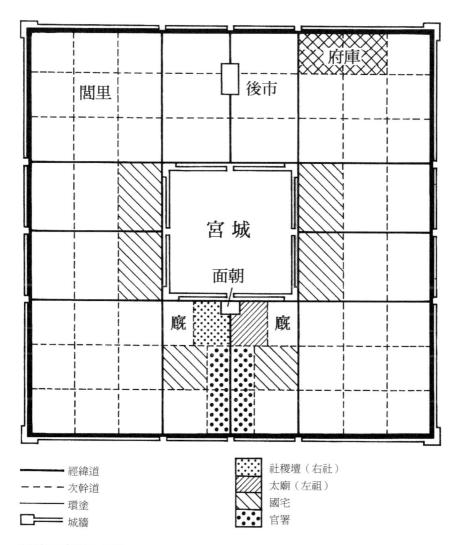

▬▬▬ 經緯道	社稷壇（右社）
╌╌╌ 次幹道	太廟（左祖）
══ 環塗	國宅
▭ 城牆	官署

資料來源：賀業鉅，1985

圖 6.3 〈考工記〉中的宮城及皇城規劃結構示意圖

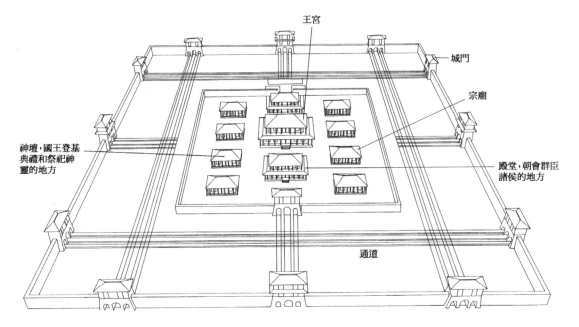

王宮

城門

宗廟

神壇，國王登基
典禮和祭祀神
靈的地方

殿堂，朝會群臣
諸侯的地方

通道

圖 6.4a 〈考工記〉中的皇城結構想像圖

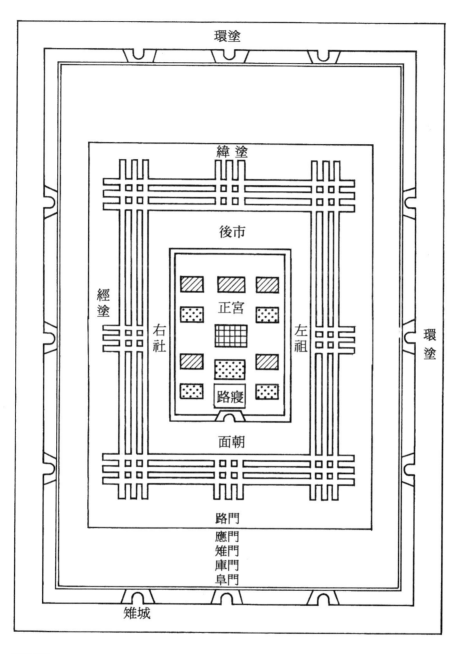

環塗

緯塗

後市

經塗

正宮

右社　　　　　　　左祖

面朝

路寢

路門
應門
雉門
庫門
皋門

雉城

 小宮

小寢

資料來源：永樂大禮，1425

圖 6.4b　按〈考工記〉想像的皇城平面圖

及諸侯國的都城等，但其城廓的大小、門阿之高低、主幹道的寬窄，按其級別要比天子的京城的同類設施矮小。因此，這些理想和標準是所有中國傳統城市都要依從的。

在上引第一段節錄可以體現傳統上中國建城的主要目的：落實封建帝王按照中國人傳統世界觀以組織及推行他的政令和管治。它包涵了三個概念 —— 執中（或中庸、和諧），秩序（或等級觀念），以及王室與平民的父子（宗法）關係，這亦是禮和樂的主要目的和指導精神。上引第二段及第三段文字對執中及父權概念有進一步的演繹：國都選在天地和諧，陰陽平衡的地點。具體而言，它是一個農業地區的中心點。在具體分佈皇城的主門、宮殿、宗廟和市場時都涉及了農業社會中人和天地關係上的代表性方位和「奉天承運」的「天人合一」的象徵意義。

總言之，《周禮》將城市定義為是一個為農業經濟服務的行政和宗教中心，因此它的市場，不但面積細小而且被放置至最不吉利和肅殺的方位，即城市的北面。按《周禮》，市場的交易場所分成三部分：位於中央的叫「大市」，日中進行，為貴族、大夫的人員採購之地；東邊叫「朝市」，早晨進行，為商賈貿易處；西邊叫「夕市」，傍晚進行，為百姓購物處，由司市總管。西周城市商貿和工業由官府嚴格管制，形成「工商食官」制度，即工是官工，商是官賈。手工業區，百姓的居所以及愈來愈增加的軍事人員，都位於皇城之外，即所謂外城。在西周，後者開始如商代一樣被圍以圍牆，雖然它是在《周禮》所言的「城」（即國）之外。

西周的確將三代（夏、商、西周）的城市文明發展至一峰頂，並規範化為日後中國傳統城市在城市功能，選點和土地利用規劃上形成了的中國特色，即反映中華民族世界觀或儒家思想的城市文明和城市規劃特點。簡言之，它們體現在：

1. **選址**　相對於人口，自然環境和農業活動的居中位置；
2. **方向**　南向，特別是主城門，因為南方是生機勃勃的方位（夏天季風及降雨的來源），以及先聖王的選向（「南面而王」）。它代表了天道和人道的蔭護和無阻的福澤；

3. **佈局** 方正，井然有序。代表禮樂的象意：有秩序地配合自然，以防止災變的發生；

4. **王宮及行政中心** 位於城的中央，代表集權以及「奉天承運」的意義；

5. **宗廟及社壇兩組祭祀建築** 代表了天子與先聖王一脈相承，以及秉受天意和與生產豐收的緊密關係。在這些建築按時祭祀，體驗了禮樂，不但將他的統治合法化，而且可得神祇的持續庇佑；

6. **城牆** 代表了天子在地上（地為方正）的治權和領土；

7. **市井（市場）** 設於最不吉利方位 —— 北方，顯示貿易與商人地位低微，和這些非生產性的經濟在農業社會中的次要位置；

8. **城市的大小及等級** 城市等級不同，大小各異，而其規劃標準也不一。

這些體現禮樂思想中的等級觀念，以及由國都至偏遠地方，在行政管治上按等級分權的實際必要。

這些特點基本上已成熟於西周，我們可從宗周和成周的規劃中窺看其中部分。

二、宗周

宗周是西周的王都，它包括了文王在西安市西南灃河西岸所建都城酆京，和其後武王在東岸所建的鎬京，合稱酆鎬，是個雙子城。在整個西周期間，它都是周的國都，至平王東遷才棄用。酆京面積 8.6 平方公里，鎬京近 11 平方公里。酆京遺址北部有夯土基址成組分佈，已發掘 14 座，最大的四號，面積達 1,800 平方米。在鎬京遺址已發現夯土基址 11 座，最大的達 2,800 平方米，建於一個面積 3,300 平方米的高台上，面向東南，平面呈工字形，主建築居中，兩端為左右對稱附屬建築。這可能是西周的大朝所在。在酆京也發現多處銅器窖藏，西北部的墓地出土了大中小墓三千多個，較大的有陪葬車馬坑。到目前為止，酆鎬還未發現有城牆，似乎是以河道和周邊水體作為防禦塹溝。

在酆鎬不遠的岐邑，是古公亶父所建的先周都城，它在西周時期一直在使用，用作都城的太廟社壇區，主要貴族居住區和手工業區。因此，岐邑或可看做酆鎬的一部分。在岐邑確認出 130 座單體夯土基址，主要集中在鳳雛。在鳳雛還發現一個 90 公頃的城市和十處大型夯土建築基址。其中的鳳雛甲組建築位於城的中心。城市可能是宮城，而鳳雛甲可能是明堂、寢宮以及宗廟（1,469 平方米）。兩組建築都形成前堂後室或前廟後寢的格局（圖 6.5）。在它的西廂房一窖穴出土了 17,000 片西周早期甲骨，二百多片有刻字。在鳳雛建築基址區內更出土了青銅窖藏 32 個，反映出平王東遷時王室貴族倉忙出走時不得不把貴重禮器埋在土中的亂象。在宮城的東北，有一個面積超過一平方公里的大型手工業區，有不同的作坊五十多處。這個手工業區由西周早期到晚期一直存在（許宏，2016）。

三、成周

作為副都，「大邑成周」是個包括核心市和廣大郊區（邑）的行政單位。核心市，即成周，總面積為 15 平方公里（約為古制方九里）。它是個雙子城，包括了王城（內城）和成周（外城）。它由周公旦在西周初年始建，但現今殘存的城牆是建於東周初年的，它橫跨了整個東周近 500 年（公元前 770–前 256 年）。王城依循〈考工記〉的標準和原則（圖 6.4）。其平面成正方，城內面積為九平方公里。它的西南部有個夯土台階區。在北面及南面亦有各一組，似乎是宮殿建築和宗廟、社壇建築。

外城 —— 成周，位於王城西面。考古學家在漢魏洛陽城下層發現西周時期建的城址，面積超過四平方公里，呈長方形，可能就是外城。在城南發現了面積達 123 公頃的倉庫區，內有 74 個倉儲建築。城中心有冶鐵遺存，但其他手工業，包括鑄銅、骨、玉及陶器作坊等都在外城的北部。按古書記載，外城亦有一支龐大的常備軍 —— 八師，以及大量的商遺民。

成周被認為是西周的王朝中心。它的建造目的及它位於周朝的地理中心點，有利於對周天子的治理，同時也可就近監控商朝遺民。其中心地理位置亦方便諸侯向中央定期朝貢。成周亦開創了內城與外城東西並列而不是同一中心的同心圓城市佈局的例子。這種規劃安排一直沿用至戰國末年。

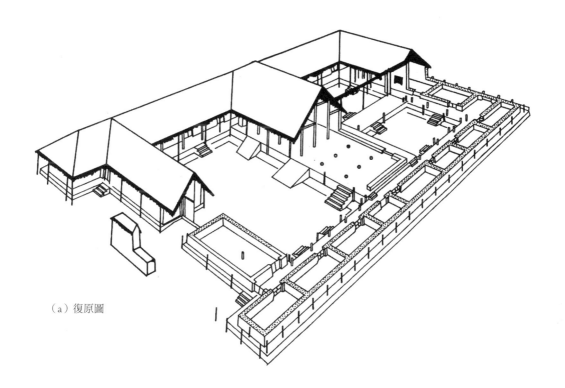

（a）復原圖

圖 6.5　宗周宮殿：陝西岐山鳳雛西周甲組建築遺址復原平面圖

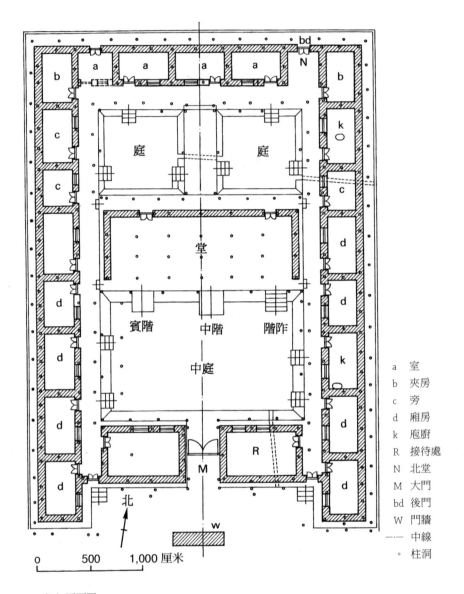

b 夾房
c 旁
d 廂房
k 庖廚
R 接待處
N 北堂
M 大門
bd 後門
W 門牆
—·— 中線
。 柱洞

a 室

（b）平面圖

戰國時代：鐵器時代開始 —— 變革也改變了封建體制

　　自從周平王由鎬京遷都至洛陽（成周）起，中原西部逐步落入犬戎手中，周朝日漸衰落。諸侯國的數目也由西周初年的高峰，即 1,773 個國家，經過不斷的戰爭和兼併，在東周初年只餘 170 個國家。在戰國初年，諸侯國更只剩下 14 個而已。

　　由於大量諸侯國的覆滅，不少貴族、大臣及各級小吏失去了他們的封邑、采地，導致土地擁有制度的變更和新社會階層的出現。在中原流行了約三百年的井田制度因而逐漸被私有制，地租變成以現金或實物交納，土地的轉換亦由封賜而逐漸被市場所替代。

　　齊桓公在公元前 685 年「相地而衰徵」；楚在公元前 594 年「書土田」將田地分為九等，按面積及質量納賦。周朝東西部的各國也相繼採納了上述變更，以致井田制在其後的 200 年內完全退出歷史舞台。如魏在公元前 445 年，「盡地力之教」，蜀及楚等國採納了新的政策以吸引百姓開墾中國西南和南部的土地，以及新被征服的領土落戶。秦在公元前 408 年，「初租禾」（按畝徵稅）及在公元前 450 年廢井田制。

　　新的冶鐵技術，尤其是鐵犁和鐮刀的普及，也導致農具價格的降低和農耕效率的提升。畜耕的推廣，以及大型灌溉工程的建造，也促使農業新的擴展。在公元前 400 年，估計新的農業技術，已能支撐龐大的約二千萬人的當時人口，並且使其中一大部分可以成為非農的城市人口。按《管子》記載：「士農工商，國之砥也」，在農民之外已形成「城市階層」——士、工、商。估計當時的這類城市人口約在 35%，比中國日後各朝代明顯高出很多。

　　從公元前 7 世紀開始，在日漸增加的總人口中出現的新階層——士，特別使人注目，因為他們主導了中國日後的歷史進程和文明演變。士階層包括了學士、策士和術士等。他們是以往的貴族中從事大臣、卜筮，以及史官一類文職的工作人員。在失去以往的職務後，他們以其學識謀生，而成為往返各國間的政客、學者、私人教師、專業人士，甚或風水師和相

命者。

與此同時，商人及手工藝者的隊伍亦在增長。不過鑄銅和鑄鐵行業仍屬官辦。其他手工業（之後也包括採鐵和冶鐵）卻容許私辦以促進生產，來應付龐大的需求。由於商族久遠的貿易傳統以及他們人口集中在成周和東方諸侯國的城市，使成周及齊國城市最早成為貿易興盛的地方。農業剩餘的增加，區域間路網的改進，和貿易稅日漸成為諸侯國的經常收入來源等原因，促使不少國家採取鼓勵貿易的政策與措施，並在主要城市開設市場和設立有關管理的機構。結果，在戰國期間，在主要的交通節點上的城市，紛紛發展成為重要的商貿和工業城市（圖 6.6），如齊的臨淄，楚的宛、郢，趙的薊，魏的邯鄲，韓的大梁，秦的咸陽等。

頻繁的戰爭和新的軍事和軍工科技也產生了新型的軍隊。弩、鐵劍和鐵冑甲的應用將戰爭的規模擴大，而戰車也成為戰爭主力。宣王伐楚、荊，便動用了三千戰車；而東周記錄的最大一場戰爭共用兵員 60 萬人。貴族對軍事的壟斷也被打破，自公元前 5 世紀起，各國普遍採用兵役制，凡適齡男子皆可以徵召，出現了徵用農民以及僱傭兵和常備軍的專業軍隊。在戰國時代，「七雄」的常備軍已十分龐大（表 6.1），頻繁和大規模的戰事，兼攻擊能力的加強成為要建造外城或城廓的其中一個重要原因。因為重要的工商城市，同時也是兵家必爭的軍事重鎮。

自東周起，百姓中的新成分或組成 —— 士、農、工、商不但被官府承認，而且成為政府城市規劃和施政的基礎。各個霸權以戰伐和權術來不斷擴大其領土和影響力，使封建慢慢解體而向一種新型的中央集權體制過渡。世襲的大臣和官員及他們依賴的封地、采邑，被領俸的新官僚取代

表 6.1　七雄的常備軍與人口數目　　　　　　　　　　　　　　　　（單位：萬人）

國　名	楚	魏	秦	趙	齊	韓	燕	總數
常備軍	100	70	45	70	30	30	30	405
人　口	500	350	225	350	150	150	150	2,000

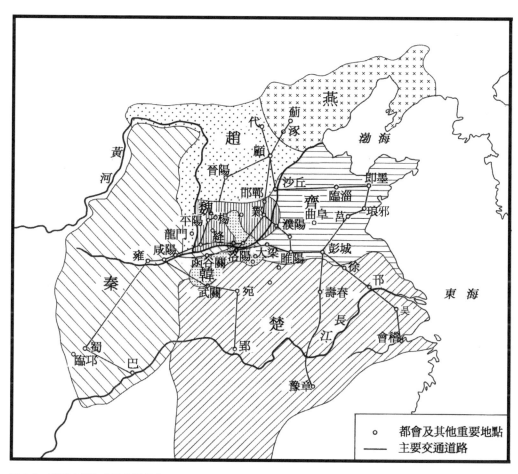

圖 6.6　戰國時期各大國交通網與主要商業都市的分佈

了。新征服的或開墾的土地直屬各國的中央政府，然後由它授權地方官員管理。齊國最早推行這個新行政區和行政管理概念。它在首都區之外（國之外）將領土分為一個四級行政系統。最低的邑有五十戶、十邑為聚、十聚為鄉、三鄉為縣。最高級的單位，人口約 45,000 人，等於今天的縣。

秦是最早地全面推行這種新集權制的大國。它在公元前 350 年推行的改革中，包括了：1. 推行縣制，「集小都、鄉、邑、聚為縣」；2. 統一度量衡；3. 按人口徵軍賦；4. 行官僚制，按才任命，給以官俸，並可隨時任免。

括言之，自東周開始，中國的社會因科技的進步和政治局面的變遷（周王朝衰落）而面對巨大的社會變遷。「禮樂征伐出自天子」這個西周的規定已被打破，封建和它所代表的以禮樂為基礎的統一王朝國家已經瓦解，「禮崩樂壞」，各國起來爭霸，促使中國歷史和文明的進程，和城市的性質和內部結構開創了新的一頁。

東周和戰國的新城市文明

周天子的天下共主地位的衰落導致各國諸侯來爭霸天下，逐鹿中原。他們紛紛嘗試走富國強兵之路以期達到問鼎中原的夢想。禮樂和它的相關的用以維持天下一統、社會和諧穩定的等級觀念，自然受到很大的衝擊。在這個背景下，出現了不同的學派，他們不但對傳統文獻和社會價值觀有不同的解讀和看法，更提出對社會和政治變革的不同方案，成為一個學術上「百家爭鳴」的年代。在東周中期，所有大國的首都在幅員上都是十平方公里以上的，都比周天子的京城成周大（指王城）。到戰國時代，七雄的首都，面積更在 20 至 30 平方公里間，明顯地違反了《周禮》的規定。

然而，這亦是個眾多新城市被建成和城市化進一步發展的年代。莊林德和張京祥（2002）以歷史記錄為依據，發現在東周時期，在較大的 35 個國家中，共有 600 個城市，推斷當時中國範圍之內的總城市數目約為 1,000 個，其中 85 個是東周時新建的。在戰國時代，新建的城市亦有 47 個。單

在河南省，西周初期有城市 30 個，至戰國，已增至 130 個。至今，考古已出土西周城址 56 個，東周 192 個，戰國 387 個。基於上述，由東周至戰國是個城市急劇增長期。除此之外，這時期的城市還體現以下的八個特點：

1. 城市的大小突破了禮制規定的不可比周朝都城大（10 平方公里）的準則，產生了逾制建城的現象；

2. 在新形成的地方行政單位建立了以行政功能為主的治所城市（郡縣城），形成「國、郡、縣、鄉（鎮）」四級行政中心；

3. 在各國邊界的保衛城牆上出現了不少軍事重鎮（這些城牆日後被連為長城）；

4. 主要的城市同時成為新的工業和商業中心；在戰國時代共有 20 個以上此類城市；

5.「廓」，即有城牆的外城普遍出現。《左傳》提到廓的最早出現是公元前 648 年，即東周中期。並且，當時的主要的城市都設有多個「市」，後者成為城市手工業及以商業為基礎的居住里坊的核心，這些「市」多建有圍牆並且主要是建在外城（廓）中；

6.「城以盛民」，成為一個新的概念，超過了之前作為統治者的行政、禮教和其從屬的手工業中心的較單一性質，出現了新的城市群體。特別是在外城中出現了的以非農活動為主體的「真正」的城市社會（或市民社會），這是中國城市發展上的首次。這些非農活動在工業和藝術外包括了教育、文化和各種娛樂。廓內也出現了以戶籍為基礎的鄰里結構及管理體制 —— 里及閭；

7. 城市一般座西北、向東南，因為宗法概念以東為大，王權和天以南方為代表，體現了王權的衰落，但家仍是政權、軍隊和社會的核心；

8.「宮」、「廟」在商、周時多為一體，是互稱，都在宮城之內，至春秋戰國，「宮」、「廟」分別營建於不同地方。

在中國城市文明發展史上，春秋戰國時代是在城市功能上強調了軍事

和工商業功能的重要性，因而在營造城市上，也反映出在「城」之外，大量的市民和工商業活動也以防衛性強的牆包護起來，成為「外城」，出現了「廓」。《吳越春秋》所記的「鯀築城以衛君，造廓以守民，此城廓之始也」。大抵是指這個時代恢復了夏代之前龍山時代中後期，大邦國都城都建有外城的現象（見第三章）。商代和西周因為中央集權，軍力強大，在王畿內的都城都沒有建外城，因此〈考工記〉亦沒有提及外城及外城的規劃。自東周開始，王朝權力衰落，諸侯紛紛爭霸而相互攻伐，諸侯都城的防衛設施又再成為必要。而這時外城的名稱亦正式定為廓，其主要功能為守民，正式開始了其後歷代的城廓體制。不過秦代和西漢都城，因為強大的國家力量，是國都沒有外城或廓的少有案例（見下一章）。

齊國都城臨淄是戰國時代的最大城市。《戰國策・齊策》印證了其中重要的新市民階層和新出現的城市文明景象：「臨淄之中七萬戶⋯⋯甚富而實，其民無不吹竽、鼓瑟、擊筑、彈琴、鬥雞、走犬、六博、蹋踘者；臨淄之途，車轂擊，人肩摩，連衽成帷，舉袂成幕，揮汗成雨。」魯國首都曲阜卻以最吻合〈考工記〉的規定而著名。這兩個城市的城址及城內一些遺存的詳細考古發掘現已公佈，下面我們以他們為代表，以揭示春秋戰國時代的城市的特點：

一、臨淄

這個戰國時代人口最多的城市，當時人口有七萬戶，約 35 萬人。這個齊國的都城位於山東半島，面積約 20 平方公里，成正方形。它存在於整個東周戰國時代（公元前 860–前 221 年），並作為齊國首都有六百多年的歷史，同時也是當時最大的工商業城市。

臨淄是個雙子城。小城（宮城）在大城（廓）之外，與其並列（圖6.7）。其初，宮城建於西周，是在大城之內。新宮城建於戰國，其原因可能是為了加強防守能力以及將宮室宗廟和行政中心與日漸增加的城市人口分開。新宮城面積為三平方公里，有城牆和護城河，城牆開五門。宮殿區在城的北部。大城一直使用至漢代，有八門以及各四條東西和南北走向，並互為直角交叉的幹道。舊宮殿區可能在中央幹道交叉點以北。

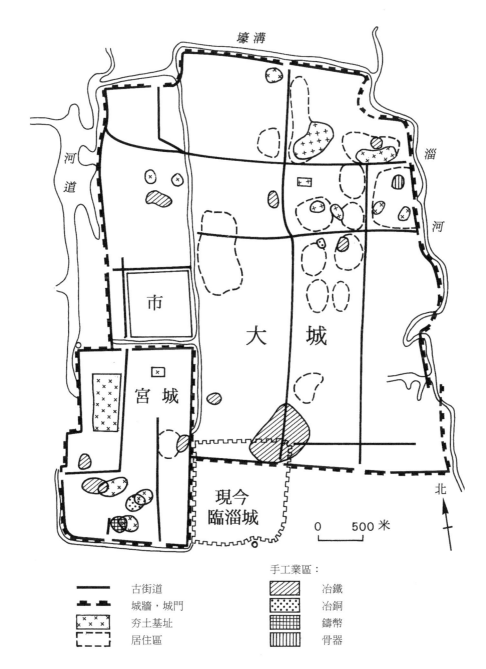

壕溝

河道

淄

河

市

大　城

宮　城

現今
臨淄城

北

0　　500 米

	古街道	手工業區：

古街道
城牆，城門
夯土基址
居住區

手工業區：

冶鐵
冶銅
鑄幣
骨器

圖 6.7　春秋戰國時期齊國都城臨淄平面圖

廓城（外城）有大量作坊遺存，如北面的鐵、銅器作坊，西面的鐵器作坊。鐵器作坊遺址達 40 公頃，在各國都城少有，反映臨淄是全國鐵工業的最大中心。在小城北部偏西有一大型的市。這些引證臨淄作為戰國時代大型工商業城市的地位。在小城的南部也有鐵和銅的作坊以及一個鑄幣廠；齊國也是中國鑄幣最早的國家。小城中的作坊應為官辦和直接為王室服務的。在大城之內出土了很厚的文化層，顯示出高密度的城市居住狀況。

雖然城市的主體土地利用和功能區分並不規整，市場的位置和新舊宮城區的區位和方位仍體現出〈考工記〉的規範原則，但城市規模的「逾制」，工商業的重要和大量的民宅用地，都顯示出戰國城市與西周的不同的特點。

二、曲阜

曲阜乃周公兒子的封邑，因此它比較依從〈考工記〉的規定而建造。城市一直作為魯都而沿用了七百多年。至今仍未發現西周時是否有城牆。已發現的是建於東周初的大城城牆以及漢時的城牆（圖 6.8）。

考古資料顯示，東周時城牆為長方形，有十一門（南邊只發現二門），城內面積為十平方公里。南牆或可能再有一門，以合〈考工記〉十二門的規定。東西牆間有三條東西幹道連接。城中偏北處有東西約兩公里，南北為一公里的宮殿區。此應是東周時的宮城，但至今未見宮城的城牆。宮城之內有一個有圍牆的 0.25 平方公里的小區，估計為宗廟區。宮城北面是個龐大住宅區，市可能就位於其中。大城的東及西北部有其他住宅區，城中也發現十個不同的作坊區。另外，在宮城以南出土了一個大型的鐵器作坊區（圖 6.8）。在大城的西北部也發現了西周至東周時的大型墓地。

總言之，曲阜的宮城在中，以及主要建築依明顯的南北中軸線排列，以及坐北向南，前朝後市等安排，都與〈考工記〉一致。此外，它亦證明了宗廟、社壇與宮室的分開佈置的現象。

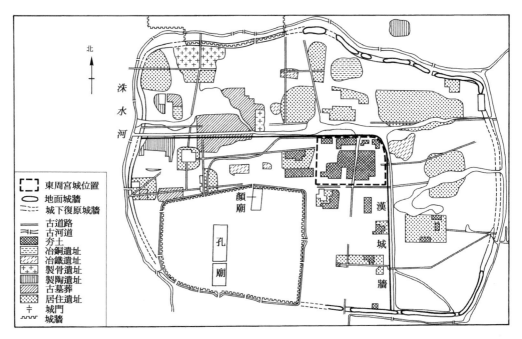

圖 6.8　春秋戰國時期魯國都城曲阜平面圖

結論：中國城市文明新階段與城市的禮樂代表意義的定型

　　周代繼承了夏、商的遺習，在取得中原的中央政權時，仍禮待前朝王族，賜予封國，容許他們保有祖廟與社壇。周清楚表明自己是承繼大統，而且不少政策都是在前期基礎上繼續發展的。因此，周代以西戎之後，經過近千年時間，逐步融入中原文明，與商代由東胡一支亦經數百年而融入中原以取代夏代的統治，實出一轍。這便是中華文明自龍山時代起，以中原為核心，向中國的地理空間擴散，逐漸形成一個多民族的文明共同體──夏商周三代的封建世襲王朝式廣域國家。

　　西周時也出現了重要的新發展動力，包括了比前朝完善的宗法、封建和禮樂制度和完備的典章制度，導致社會和城市化出現了革命性的改變，代表了封建制度的成熟和高峰期。這時的中國城市的主要功能為行政中心，而城市也嚴格地按照祭天地和祖先崇拜的禮樂和教化規定而建設。但分封制卻是難以行之久遠。周初的五個主要封國，在東周初已成為尾大不掉，成為挑戰中原中央政權的主力。歷史正呼喚新的政治體制的改革。這在戰國時已具體體現在各國的土地、稅收、地方行政的改革上，為秦始皇全面廢封建為郡縣的中央高度集權開路。

　　由於技術發展，導致鐵器乃至鋼的出現，社會的變革也令一個新的「士」階層，以及新的官僚和常備軍的興起。這些動力衝破舊的「禮樂」和「宗法」觀念對城市的規模和工、商業的限制，使城市工商業功能擴大，改變了傳統城市的性質。新的社會階層也推動了新城市的出現和在空間上的擴散，出現了城廓的概念，使城市加添了促進工商業經濟的「守民」功能，而「市民」的觀念也不單是以前的官作坊內的工匠和從屬人員，也包括了大量的私人工商業者及附屬人員。因而，以「閭里」或「里坊」制管理城市住民，也在廓城出現。這些，使中國城市化和城市文明進入了一個新階段。城市文明向比夏商和西周的更闊的地域拓展。同時，封建的衰落和多元政治的現實也使城市首度急降，形成分散在各大國中的多個大型的都會。

在秦國的權謀和不斷的征伐下，另一個新的中央集權體制也在戰國後期逐步形成。位處中國核心的華夏文化區的邊沿和邊遠地區的方國和封邑等小型政治實體，在這過程中也被新的中央政府轉變為郡、縣、鄉等次級行政單位，促使中華文明和中華民族在更大的地理空間作更深度的融合。然而，在新的工商業等經濟發展的浪潮中，作為中國城市文明的特色，即城市的行政、宗教功能和有關的主要功能區的分佈，對周邊農業地區的中地式（central place）服務和緊密生態關係等仍保持不變。戰國時代的城市不但印證了這個中國特色，在其後的中國城市發展中，亦是如此。

第七章

秦漢：創建統一大國集權體制
與行政型城市

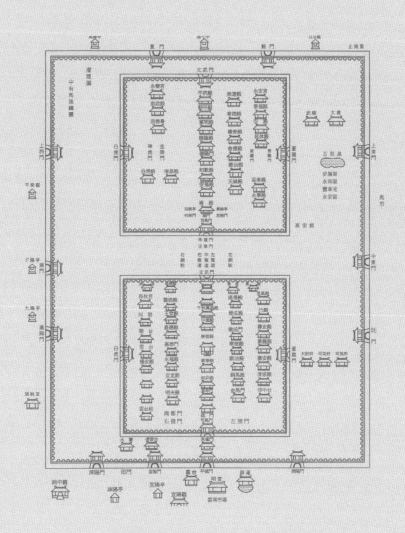

秦開創新型王朝及奠定了中國的概念

公元前 221 年，秦王將最後一個霸主滅亡後，成功地結束了自東周以來五百多年的紛亂局面。雖然新建立的統一王朝只延續了短短的 15 年（公元前 221-前 207 年），新皇帝 —— 秦始皇卻為中國及世界的歷史翻了一頁：一個建立在一個新「民族」之上的新國家。這就是我們今天理解的中國，而秦王亦基於這個理解而自封為「始皇帝」，即第一個真正以全中國為版圖的廣域國家的君主。

這個國家的疆域由北面的長城，東面的海岸線以及南面和西南面的山嶺為明顯的地理界線，它不但將夏、商、周以來的不同的民族融合為一個新「民族」，並且以中央集權的力量將各地方文化統合為以中原主體文化為核心的統一文明，這就為它的繼承者漢朝打下了基礎，使它成為一個以儒家思想為文明基礎的新的統一國度。漢朝在它長達 426 年（公元前 206 年-公元 220 年）的成功統治中，承繼和強化了秦開創的「國家」和「民族」的概念。延至今天，這個新「民族」仍沿用漢代的名稱 —— 漢人（即漢朝的臣民）。

在秦朝統一中國之前，以中原為地盤的「中央」三代王朝，對各諸侯國實行懷柔的封建制度，對它們以及臣服的各方國並未加以強力控制。實際上，兩者的關係有些近似以往（新石器時代）的酋邦聯盟。在政治危機和有喜慶之時，諸侯就響應天子勤王或朝覲的號召，他們包括了周朝勢力範圍外的被後世稱為「少數民族」或「蠻夷」的地方政權。事實上，周和秦的先代亦屬於這些位於中原以外的蠻夷或化外的民族，即北方的戎和狄，以及東方、南方的夷和蠻。在北方，他們原都是草原上的遊牧民族。秦的先祖經歷了四百年的時間而變為以務農為主的民族。和三代（夏、商、周）的傳統一致，秦以應「天命」為藉口而征伐了中原這個三代的文明基地，並且將其有效控制區推廣至四川盆地及中國的西南和南方。在此後的二千多年，這個新版圖基本上沒有很大的變化（圖 7.1）。

在這個新版圖裏，秦始皇建立了一個新的帝國式的中央集權體制。他

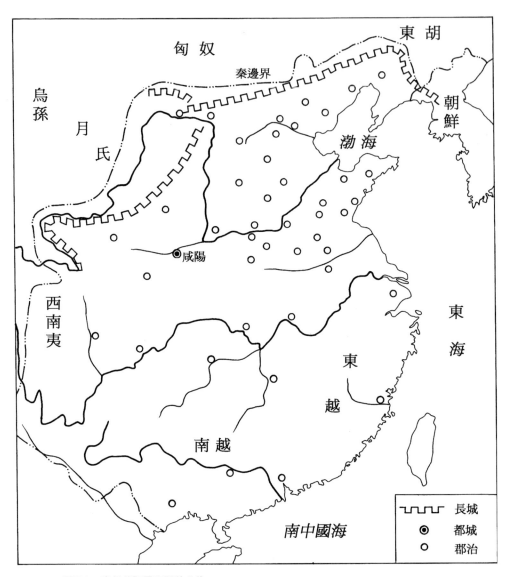

烏孫
匈　奴
東　胡

秦邊界

月
氏

朝鮮

渤海

咸陽

西南夷

東海

東越

南越

南中國海

└┐┌┘	長城
◉	都城
○	郡治

圖 7.1　秦代的版圖和郡的分佈

廢除了諸侯和方國，代之以一個由非世襲和領皇餉為生的官僚管治，形成了新的中央地方行政體系。這個體系包括了中央政府、府（州）、縣、鄉等四個層次。它們的治所成為國家新的城市體系的基礎，同時，它們也鞏固了中國以行政為主要城市功能的傳統。

秦朝採用中央集權的辦法，將多元的和多民族的新被征服的國家整合為一個統一的大國，包括了在新國家內推行統一文字（書同文），統一度量衡，統一車軌（軌同寬）和貨幣。此外，由首都至全國各主要地區，建設了包括在西南和南部地區的八條馳道，以及連結東西和西南部的運河，方便人員、貨物和軍隊在全國的運輸；其中最大的工程乃北築長城。秦動員了 40 萬人力將戰國時的長城連在一起，成為長 2,250 公里的「萬里長城」。長城自此成為以後歷代保護中國的最重要防線，也首次將中國版圖內的農墾文明與遊牧文明作出有效的分隔，形成了「漢」與「非漢」的分野，導致了長城之內的以三代農墾文明為核心的新「民族」的出現。

自此之後，長城內的以中原為核心的中央政權與諸民族，對塞外的民族漸有不同的看法，並以之為蠻夷的化外之民。因此，自秦漢起在中國歷史上，第一次出現了「漢族」的版圖，和「漢」民族的概念。這些概念由於漢、唐二代的領土擴張以及殖民政策而推展至中國的邊區和影響其少數民族的「漢化」。在這個新的中國空間裏，中國的城市文明被賦予新的內涵，其有關特色延續至今。

統一大國下的新行政和經濟

秦每滅一國就「廢封建，行郡縣」，將地方置於軍事將領管治。郡的治所都是當地的最大城市。有秦一代共設 48 郡，其下共 800 至 900 個縣，形成了一個三級城市體系，即首都、郡治和縣治。

漢代以光武帝為界分為西漢（又名「前漢」，公元前 206 年－公元 25 年，共十三帝）和東漢（又名「後漢」，公元 25-220 年，共十二帝）。漢

的創建者高祖（公元前 202–194 年）鑑於秦代「廢封建」的極端而導致國運短暫，採納了郡縣與封建並行的體制。他將有功的將領和王室至親分封了不少郡國。「列侯所食縣曰國，皇太后、皇后、公主所食曰邑，有蠻夷曰道……凡郡國一百三，縣邑千三百一十四，道三十三，侯國二百四十一。」

在西漢初年的 54 郡，其中 39 郡為封國、封邑，朝廷直屬的只有 15 郡。因此郡國的權力後來成為中央的最大威脅，出現了景帝和武帝削藩的行動。至武帝（公元前 140–前 87 年）經過了兩代的努力，藩國已名存實亡，各郡縣的管治實際上已由中央委派的官吏負責。公元前 138 年起，對於新征服或歸化的領土，漢朝亦一概由中央派員治理。至公元前 106 年，加上在北部和西部邊域開拓的疆域，西漢共有 100 個郡，將中國版圖和中華文明推至廣闊的空間（圖 7.2）。

秦始皇以其無堅不摧的戰功，達到極端的權力集中，開創了新的皇帝制度。他自稱曰「朕」，用印名「璽」，其命曰「制」，其令曰「詔」。以後各朝都繼承了這個體制。因為他的自信，對於傳統的都城建設原則很少依從，因此秦首都咸陽，鮮有〈考工記〉的痕跡。同時，為了體現集權與一統，秦對各國的都會大肆破壞，成為歷史上著名的「墮名城」，並強遷六國的貴族及商人 12 萬戶到咸陽，又命令各地將領毀六國郡縣城。

漢高祖劉邦出身於長江流域的平常農戶，他認為儒家的「天命」以及「以德治國」的說法有利於鞏固其統治。武帝更起用「布衣」公孫弘為相，打破封君為相的慣例，又以儒者董仲舒、田汾為相，提出罷黜百家、起用儒士，建立一個以讀書人為主體的新官僚階層 —— 士。武帝又將儒學獨尊和提升至國教的地位，以建立國家的新行政體制。國家與儒學家出身的官員相配合，重新發現、編校、出版了不少儒家經典，又開設太學和全國郡學，以宣揚儒學。中央政府通過各郡國推舉「孝廉」、「茂才」、「方正」、「文學」等，即通達儒家道德標準和經典的人士，來選拔各級官員。這些「士」，因為深受儒家的主要理論影響，都有強烈的責任感和對社會穩定的要求，成為最合適的官員人選。

對於皇帝的無上權威，董仲舒亦提出了「君權神授」的理論，又以儒家的綱常名教以維護社會穩定。他又以三種合乎「天理人心」的辦法制約

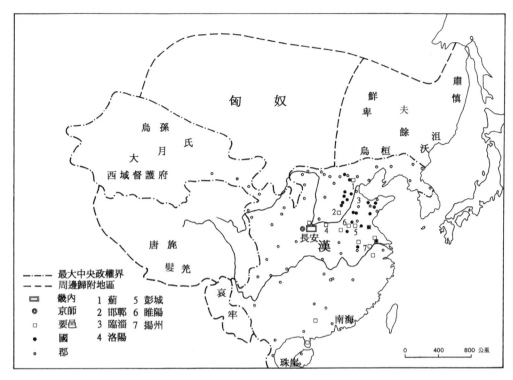

圖 7.2　西漢時期全圖

皇權，要求皇帝履行三種任務：

1. 執行天意，按時祭祀，並成為全國的道德榜樣；
2. 按時執行耕禮與蠶禮以順地祇；
3. 辦學施教以為民本。

新王朝的治國哲學，加上龐大帝國對有效率官僚的需求，對自東周以來逐步形成的「士」階層以及儒家經典所推崇的禮樂及道德標準的復興，使傳統的儒家價值觀成為社會主流。漢代行政型城市的空間佈局為新朝代的這些佔統治地位的原則與禮樂提供了必需的實施平台。

高祖之後的惠、文、景三帝為了使戰後經濟和社會復原，推行了約 70 年的休養生息、無為而治的政策；對北方的匈奴亦採取和親政策（把公主許配給匈奴單于）和開放邊貿，以懷柔和教化以緩解邊境衝突。繼之者乃武帝 54 年長的有為大治，他征服匈奴，打通西域，拓展了西北領土，導致了漢代發展的高峰。秦時的運河建設，即連通長江與珠江流域的靈渠，此時也開始顯露其積極作用，拓展了中華文明在南方拓展的地理空間。

農業新技術大大地提高了生產力，如在黃土高原推廣作物「間作」，在黃河谷地用豆和食糧「輪作」，在新墾低窪地使用「條耕」，和利用坡地遍植竹果，發明水車以助澆灌和加工農產品等。自公元一世紀起，旱稻的種植已推廣至華北，而牛耕亦成為犁田的主要辦法，同時已普遍地應用鐵製農具。漢初減收農業稅（三十而稅一）以及降低工商稅，並且開放山林川澤以供私人開發，都促進了商業性生產。

基於上述，西漢人口自公元前 206 年的 1,400 萬人，增加至武帝時（公元前 120 年）超過 4,000 萬人。至西漢末，人口更達 5,950 萬人。王莽「篡漢」所引起的叛亂（公元 10–25 年）導致人口急降。因此在東漢建立時（公元 57 年），全國人口只有 2,170 萬人。此後，社會轉趨穩定以及新技術持續發揮作用，人口亦隨着增加，至公元 157 年時，人口已達 5,810 萬人（表7.1）。

西漢繼承了秦代重農抑商的政策，將商人劃為社會最低階層，即

表 7.1 秦漢的人口估計

朝代	年份	人口（百萬）
秦	公元前 207 年	20.0
西漢	公元前 206 年	14.0
	公元前 162 年	31.2
	公元前 120 年	40.2
	公元前 65 年	35.8
	公元 2 年	59.5
東漢	公元 57 年	21.7
	公元 105 年	54.4
	公元 157 年	58.1

資料來源：趙文林、謝淑君（1988）

「士、農、工、商」的最後一級，而且將商業活動限制在縣級以上城市中的官設「市肆」，並予以嚴格的規管。漢高祖初年「令賈人不得衣絲乘車，重租稅以困之」；孝惠帝時，「市井之子孫亦不得仕宦為吏」；武帝初年，只要一入市籍，三代即喪失自由，並在對外用兵時，首先將他們謫戍邊疆。但由於希望與民休息，使經濟盡早復原，實質上，政府對工商業很少作重大干預，各類手工業都以民營為主。

直至武帝中期，國家基於年年對外戰爭，國庫空虛，對工商業才實施較大控制。這時，城市中的「市肆」制度進一步嚴格。「市肆」都包以圍牆，只開設二門，每日晨鐘暮鼓，按時開放。市中設市樓以便「市長」對貿易進行監察。市長不但規管攤位分佈，也對價格、質量進行監控。所有商販要登記並按額納稅。這些稅收按城市是否直屬中央或是分封國邑的治所而成為皇帝、王侯和貴族的直接收入，因此很受他們重視。至東漢，「市肆」稅才統歸國庫。雖然如此，出於政治歧視，武帝規定了五品以上官員不得進入市場。這些規定至宋為止仍然為歷朝沿用。因此，雖然「市」沿自商代，但自西漢起才出現明確而嚴謹的城市「市肆」制度，成為中國傳統城市結構和城市文明內涵的一個特色。

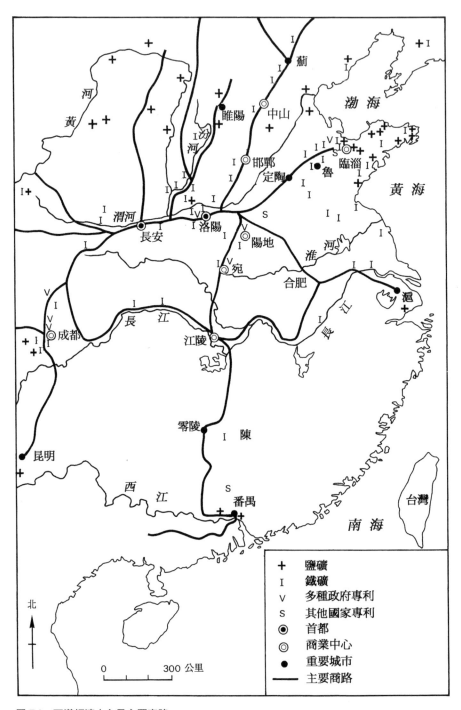

圖 7.3　西漢經濟中心及主要商路

為了充實國庫以應付對外軍事擴張，特別是對北部和西部的領土拓展和臣服傳統外患——匈奴、東胡和月氏（圖 7.1），武帝推行了對重要的工商業的壟斷政策，同時亦藉以打擊漢初因鹽鐵私營而造成的豪強。武帝元狩四年（公元前 119 年）推行鹽鐵專賣，在產鹽區設鹽官，募人煮鹽，產品由鹽官販賣；同時亦以鐵官直接控制鐵製品的生產和流通。全國共設鐵官 49 處（於 40 郡），鹽官 35 處（於 28 郡），這些都位於鐵和鹽的重要產地。這些經濟官僚控制了郡內的有關生產企業。每企業平均僱工達 100 至1,000 人，大者更達 10 萬人。不少這些企業的集中地成為急劇城市化的地區（圖 7.3）。

　　鹽鐵之外，鑄銅、鋼鐵、織造乃至製瓷業都部分納入了官營。官營企業的產品亦多由朝廷信任的官僚地主承包。通過了這些安排，大量的有關產品從淮河流域沿運河等水路和公路流向中原，在糧食之外，形成了全國的貿易和物流網。之後，在東漢時代，這個貿易網更擴大至長江流域。因此，雖然西漢表面上是抑商以及社會上奉行儒家的價值觀，工業和貿易仍然旺盛。在武帝的文治武功，和拓展北疆和西疆政策，以及對少數民族的「和親」懷柔手段下，大量的朝貢物和王室的賜予亦在中原與邊境間流動。後者包括了大量的絲綢和瓷器，收受者更將他們轉賣給中東乃至地中海的羅馬帝國。因此在漢朝京都長安和中亞地區之間，出現了在貿易節點上建立的小城邦，它們依靠這條「絲綢之路」而繁榮起來。

漢代的城市與城市化

　　秦始皇進行「墮名城」，將六國都城摧毀或削弱以作為他統一中國和中央集權的手法之一。這對中國城市化和城市的發展造成了一次大災難。城市數目減少而不少大都會也因此消亡。然而，以中央集權為核心的行政功能以及等級化的中國城市體系特點卻得以在全中國更嚴謹地建立起來。漢承襲了秦的城市化和城市概念，城市成為王朝的有效率的行政工具。儒家

被獨尊而且（秦代的極端反孔只行了 15 年）成為國教，其主要思想被確立為政府與人民共同的價值觀和行為規範，成為漢代文明的主題及城市化和城市結構演變的動力。

城市被進一步確立為全國性的治所或行政節點，其功能乃為當地的農業經濟提供組織上的支援，包括稅收、發佈中央的行政命令，推行教化、司法，以及救災和養老、濟貧等社會福利和服務。這些以周邊農業地區為對象的中地式功能，成為漢約 400 年的城市文明和城市性質的主體。隨着皇權向南和西南邊區，以及跨越長城北進，中國式的城市化和城市文明，通過了夏、商、周三代長期的漸變，已在漢代成熟定型和在東亞的最大的地理空間上建立起來了。這不但體現在城市的性質上，也體現在城市已分佈於中華文明的每一重要區域內。

由長城，東部海岸線以及南部和西南部的喜馬拉雅山脈和其延伸所界定出來的廣大地理空間，已成為一個確切的地理和有統一文化的區域。在這區域內，一個高水平的以儒家思想為文化基礎的新「民族」——「漢族」，已經形成。這個新的民族身份，通過漢代及以後歷代的與「中國」（這個區域）之外的非「漢族」的蠻夷民族相比而漸受認同。就在這個新的地理區域文化和心理的框架之內，中國的城市文明繼續它的有別於其他世界文明的自我演進。

表 7.2　漢代的城市化

時期（年份）	郡	縣	平均治所面積 （建城區，平方公里）	城市化比率 （%）	城市人口 （百萬）
西漢 （公元 2 年）	103	1,484	70	27.7	16.48
東漢 （公元 140 年）	105	1,075	70	27.7	14.02

資料來源：周晨山（2001）

我們將這個歷史時期的中國城市文明的突出地方簡括為以下五點：

1. 城市化的基本動力為行政需求；
2. 城市大小分佈及其功能金字塔與行政體系的重要性和等級序列相對應；
3. 城市的主要服務對象是其直接腹地，即它所處的農業區，其目的乃是使地區農業經濟穩定發展，以提供國家所需的農產品及稅收。因此，城鄉關係非常緊密，並且是互補而不是相對立的；
4. 工商業是城市重要產業，但不是其主要功能，處於輔助性地位，而且相當部分為官營或由政府嚴格規管，並不存在工商業者的獨立地位和在政治上有重要影響；
5. 城市的土地利用分佈和功能結構反映出不同功能的重要性序列，以及儒家的綱常名教和等級等禮樂觀念。

中國首個全國性行政城市體系是由秦始皇始建的。他以 36 個郡和約 800 個縣為基礎，營造了一個約 800 個城市的全國城市體系。其後，在北邊的新征服土地上新增了 44 個城市，在帝國的南、東南和西南亦出現了同類發展（圖 7.1）。全國的郡增至 48 個，而縣增至約 900 個。漢武帝的武力擴張使漢代郡的數目在公元 2 年時增至 103 個，縣增至 1,484 個（表 7.2）。武帝更下詔將行政功能和城市發展連在一起：所有郡治和縣治都被定性為城市，並設有「市肆」。因此，他為以後歷代開創了中國行政型城市體系的指導原則。後者直至清王朝在 1911 年覆亡時才出現新的變化。

叛亂者王莽所建立的短暫的「新朝」以戰爭和經濟危機為其終結。其間，旱災與水患頻仍，黃河下游決堤，以致入海口遷移數百公里。凡此，使東漢初年人口銳減七成，而城市數字亦減約半，至半世紀後，情況才有改善。公元 140 年，城市回增至 1,180 個，但仍然遠少於西漢末年（表 7.2）。

括言之，漢代的城市分佈與帝國的政治和宏觀區域發展吻合。在西漢，城市可分為三等：

1. **首都** 長安，城牆內佔地面積為 36 平方公里，人口為 50 萬人；
2. **郡治** 城牆平均長 3,000 至 5,000 米，城內面積平均 3.5 平方公里，人口為五萬人；
3. **縣治** 城牆平均長 1,000 至 3,000 米，城內面積為 0.7 平方公里，人口約一萬人。

在北部邊疆也有一些級別更低的軍事要塞，一般城牆長度在 1,000 米以下，軍民總數在數百至數千人之間。漢代城市已在西、南和西南邊區出現，沿「絲綢之路」上，亦出現了不少新城，如河西的四個郡治和西域的 12 個國際城市（圖 7.2）。

長安自然是全國的首市，然而一些郡治也發展成為重要的商貿城市。其中洛陽、臨淄、宛、邯鄲和成都為全國大都會，江陵、壽春、滬、番禺等為區域性商業中心，或一方大都會。在這些商業中心間有跨區域的大道相連（圖 7.3）。後者顯示中國在西漢已形成了八大經濟區。

王莽篡漢導致長安以及首都地區的衰落。在這個本來是全國最城市化的東西 300 公里，南北 100 至 200 公里的地區，原本有 40 個城市。自光武帝起，漢朝首都遷至洛陽。歷東漢 200 年，洛陽一直是它的首都。在東漢初年，整個中原地區不少人口南遷至長江中下游，導致北方人口減半。總言之，南中國人口在這期間增加了 900 萬人，城市的分佈和城市化亦因而向南方傾斜。最明顯的對比乃：北方八郡在西漢公元 2 年時有城市 115 座，總城市人口為 161 萬人，但在東漢公元 140 年時，城市減為 71 座，總城市人口為 52 萬人。在此期間，南方的城市數目佔全國的比率由 23.5% 升至 29.3%。

前述的技術與管理進步令南方農業經濟蓬勃，而遠洋貿易和本地商業亦很發達。東南亞、印度和中東地區，經由印度和波斯商人為媒介，與南中國發展蓬勃的貿易關係，導致長江下游沿江和東南沿海的一些城市的興起，如會稽（紹興）、丹陽、豫章（南昌）、番禺（廣州）和合浦等。

漢代的城市結構

　　秦始皇重法家而貶儒學。他對自己的軍力的自信使他不為其都城築牆，而他的宮殿和別苑則散佈在渭河兩岸的廣大地區上（圖 7.4）。為了報復六國抵抗他的軍隊，以及體現其獨裁和大統一的哲學，他採取了「墮名城」的政策，即毀滅六國都城而將體現城市文明的財富和人才集中於他的京城。漢初，對被破壞的舊城的重建顯然不是朝廷的施政重點。高祖劉邦只利用秦朝的長樂宮以為新都長安。其後才加建了未央宮（圖 7.5）。至此，西漢京城仍未建有城牆。15 年之後，在漢惠帝時，長安才始建城牆。漢初諸帝，包括文、景均依從道家策略，「無為而治」，對主要城市的發展有重要的影響，因此，西漢城市相對戰國時代，規模縮小很多。京城長安擁有 36 平方公里的面積，則是個例外。一般而言，西漢城市的大小和重要性已脫離戰國七雄競爭的格局，其規模大小和功能、結構，逐漸與新的行政級別相對應。

　　另一個特點乃漢代城市，包括京城長安，只有一道城牆，使內城與外城合而為一。不過，事實上，整個城市只是「內城」，而城牆變為內部安全的設施，並不為「全城」，特別是一般市民和工商業，提供對外的防衛。因此，漢代城市之內，環境擠迫，人口密度很高，而戰國城市之內，特別是在廓城，仍有大量空地和農業活動。在漢代，只有在很特殊的情況下，才可看到兩重城牆的影子：在京城長安，天子的大朝與寢宮和宗廟社壇分離，並且分別建有圍牆。

　　以下，將簡介京城長安以及全國性大都會洛陽、臨淄、宛、成都和邯鄲。

一、長安

　　漢長安城遺址的考古發掘始於 1956 年。現已基本印證古籍對於它的土地利用結構的記錄。城址距今西安市只有十公里，在渭水南兩公里（圖 7.3）。它保衛着函谷關以西的廣大地區，在秦的故宮基礎上，自公元前 206

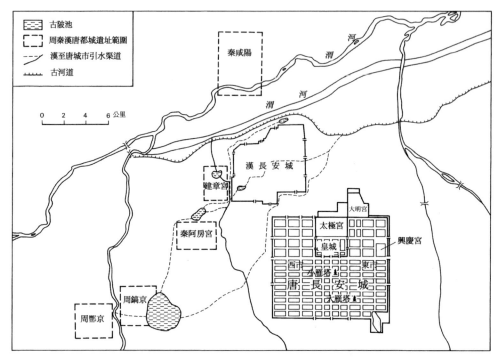

圖 7.4　漢唐兩朝長安城選址比較

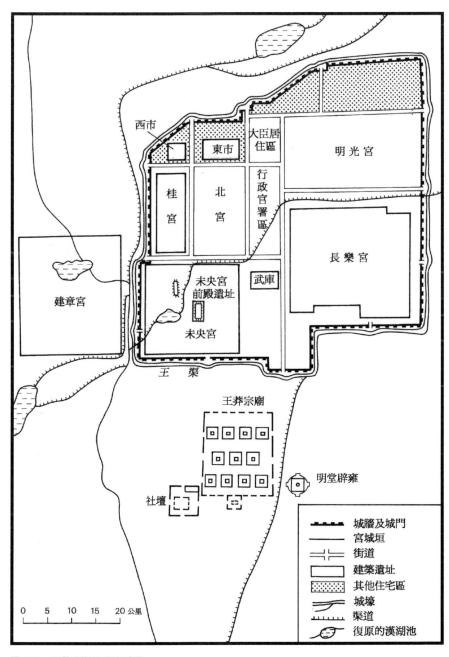

西市

大臣居住區

東市

明光宮

行政官署區

桂宮

北宮

長樂宮

未央宮前殿遺址

武庫

未央宮

建章宮

王　渠

王莽宗廟

明堂辟雍

社壇

	城牆及城門
	宮城垣
	街道
	建築遺址
	其他住宅區
	城壕
	渠道
	復原的漢湖池

0　5　10　15　20公里

圖 7.5　西漢時期的長安城圖

年起被改成西漢的首都。但新的擴建卻始於公元前 190 年，共花時 20 年。如圖 7.5 所見，長安城大約見方，四邊城牆分別開三門；主幹道都直通城門。城的正門和宮殿正門均向南，兩市都位於城的北部。這些都與〈考工記〉規定吻合。在它的 36 平方公里的總面積裏，宮殿佔了三分之二。未央宮位於城內最高部分，是大朝所在。天子大朝更建在高 15 米的夯土台階上。因此，它雖不是全城的地理中心，卻以其高度而握控全城。城中還有大型武庫以及中央和首都地區官員的官署。城北住宅區有官邸、侯王及外國駐京的府宅。在西市邊是大型的官營作坊區，包括紡織和瓷手工業和一個佔地一平方公里的鑄幣區。兩市合共佔地 2.66 平方公里。

其初，宗廟和社壇都位於城牆內。王莽將他們遷至城的南郊，其規模和華麗情況更勝以往（圖 7.5）。在公元 2 年時，城牆內人口約 24.6 萬人，僅次於臨淄。之前，在武帝時（公元前 120 年），高峰時人口達 50 萬人，成為全國最大城市。此外，武帝遷各地豪強大戶至京師，以便於監控他們，形成了稠密而富裕的郊區人口。其中一個郊區縣 —— 茂陵，在武帝時人口達 28 萬人。

長安是中國首個幾乎完全按照預先規劃並在空地營建的皇朝帝都。它雖然嚴謹地依循〈考工記〉的規定，但由於地形的影響，在外觀及土地利用佈局上難免稍有偏離。

二、洛陽

城址南北為九漢里，東西為六漢里，合乎《易經》「九六」的至尊要求。它位於今日的偃師市，東距東周的洛陽 15 公里。城牆之內的面積為 9.5 平方公里，共有 12 道門，東西牆各三門，但北牆只有兩門，南牆有四門（圖 7.6、圖 7.7）。這是按照道教學說而對〈考工記〉規定的修改：北方煞氣大，少開一門；南方乃生氣之源，多開門以迎之。此外城坐北朝南，北有靠山，而南有環水聚氣，有明顯的陰陽五行指導原則，亦為後世所依循。城中中軸線明顯，主要幹道和重要功能區依它排列，體現出儒家主流原則：秩序、中庸和等級等禮樂觀念。這亦是在中國早期首都規劃中比較明確地應用這些原則的例子。圖 7.7 按古籍記錄將主要建築標出以體現中軸

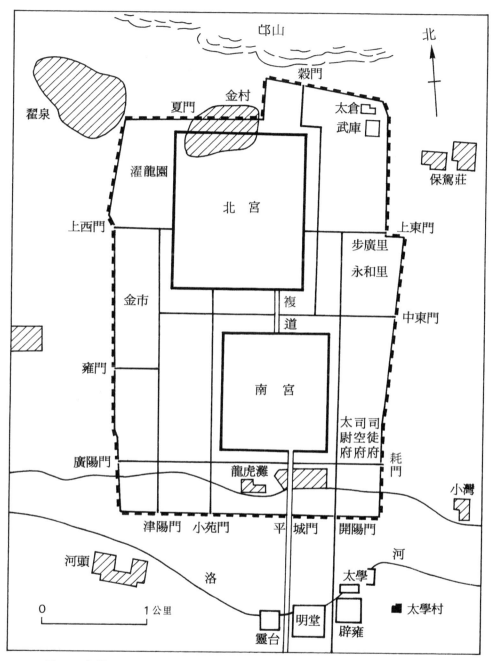

圖 7.6　東漢洛陽城平面圖

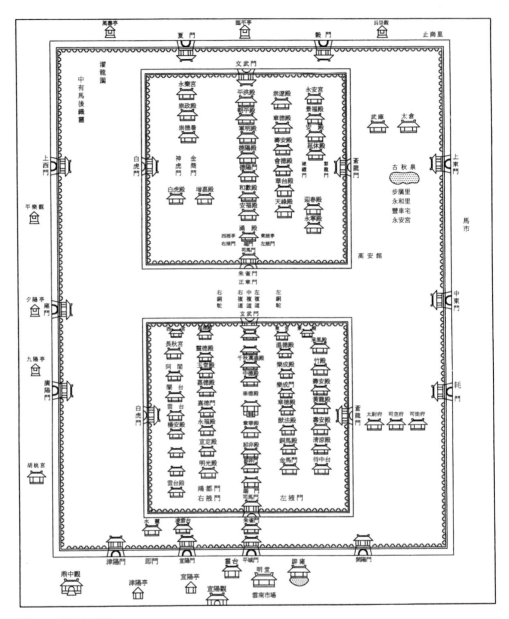

圖 7.7　東漢京城圖

線的明確性。

在全城面積中，宮殿區佔了約三分之一。洛陽的三市，只有一市（金市）位於城牆內，亦是漢代抑商的一體現。圖 7.6 的洛陽市亦是個變相的「內城」，因為主要人口和經濟活動都在城牆之外。

洛陽在西漢初只剩戶口五千多個，經西漢 200 年的發展，到西漢末增至五萬二千多戶，成為長安之下的五大都會的第二位。

三、臨淄

漢代的臨淄承繼了它戰國時的二重城牆的格局，其內的小城是侯王的「宮城」。「大城」或外城是百姓所居，以及工商業所在。臨淄雖然比前縮小，卻仍覆蓋 15 平方公里，並在西漢初年擁有 50 萬人口，比國都長安還大。那時，它的主要功能為區域工商業中心。在西漢時，它有六個鑄鐵工場，兩個冶鋼工場，兩個造幣廠，四個骨製品工場，以及絲織等其他官辦手工業。事實上，它是西漢最大的鑄鐵中心。

四、宛

宛是南陽郡的郡治和著名的鑄鐵中心，位於江、河、淮、漢之間，具水陸四通之便。它的人口自西漢至東漢一直在增長，是黃河以南的最大商業中心，人口有 4.75 萬戶，因為它所在的郡、人口增長很快。由於南陽盆地鐵礦藏量豐富，鐵礦開採點星羅棋佈，人口由西漢時的 194 萬人增至東漢時 243 萬人，是全國最大的郡。宛的城牆約 6,000 米長，並有護城河。除郡治功能外，它主要是鐵官所在。1959 年在城內出土一個龐大的作坊區，面積為 2.8 公頃，包括熔鐵爐座四個、水井四眼、水池三個。此外銅冶煉區南北長 60 米、寬 52 米，鑄造車馬、馬飾物和日用銅器。製陶遺址 1.8 公頃，擁有四座漢陶窰。

五、成都

此城由老城和新城組成。新城建於西漢初年以安置從中原遷徙來的五萬名秦人。較小的老城是郡縣治，也主要是本地百姓居住區和商業區。

新城亦是蜀侯、相和郡守的治所，但鹽鐵官、市官及市長、丞啬均位於老城，以便管理主要商業和民居。自武帝拓展西域起，城市有較大發展，成為長安與西南夷的貿易樞紐。此外，城中還有重要的官營專利，包括城南的官營蜀錦紡織、金銀器製造。

六、邯鄲

原趙都邯鄲的宮城在秦軍攻破時被全部燒燬，是有名的「墮名城」案例。其北城，即外城，卻延續使用至西漢。由於它位於重要交通幹線交匯點上，在漢代仍是一個重要的工貿中心，是王莽時全國的五大都會之一。劉邦曾封其子趙王於此，並在北城西北部建宮城。景帝時，趙王參加了「七國之亂」，趙王城破，城被毀壞。其後，劉秀時亦受兵禍。然而漢代對於邯鄲的記述不多；自東漢中期後更是很少聽聞，代之而起的是 40 公里外的鄴城。

結論：行政型城市主導了統一帝國的城市文明

秦漢二朝的四百多年的中央集權和地方行政改革，加上連通全國的馳道和商業幹道的開通，創建和鞏固了中國大一統的帝國和國民身份。至東漢末，儒家思想經過四個世紀的復興與獨尊已成為傳統中國的主流思潮。它的政治哲學和社會價值觀以天命、禮樂、教化和德治為核心，崇尚秩序、穩定與和諧，因而切合新統一王朝的全民認受性的要求，使它得以繞過宗法制的血緣至上的觀點。

而王朝的穩定也不再建立於封建諸侯及「尊王攘夷」的舊制上。帝國的權力牢牢的掌握在皇帝的手裏。對全國的管治，皇帝要靠一個直屬中央和主要官員由皇帝直接委任的「郡縣體制」來實現。這個新體制因而需要一個忠於皇帝，而又有效率、公正，和建基於公開考試和道德行為的新官僚體系予以推行。儒家提出的忠君、仁愛、齊家、治國、平天下的方略

正配合大統一帝國所需。「罷百家、尊儒術」因而是新帝國對強大管治人才需求的適時回應。在一個領土廣袤的農業大國，這個以儒士和儒學為主體的管治新班子，才是政權穩定的最佳保證。士，或儒官，成為新的官僚骨幹。城市作為士或儒官活動的平台和對周邊農業腹地具有服務機能的中地，自然在功能分區、結構和性質上體現出基本的儒家觀點。

　　是以自漢以來，中國歷史和城市的發展，及城市文明的演進，與士階層和帝國的行政需求互相配合。城市的大小序列、主要功能和空間佈局逐步向儒家的原則靠攏，並通過交通網絡的支撐，覆蓋了長城以南的中國三大河流流域的廣闊的地理空間，形成了傳統中國城市文明的特點。

第八章

唐代：儒家模式的黃金期

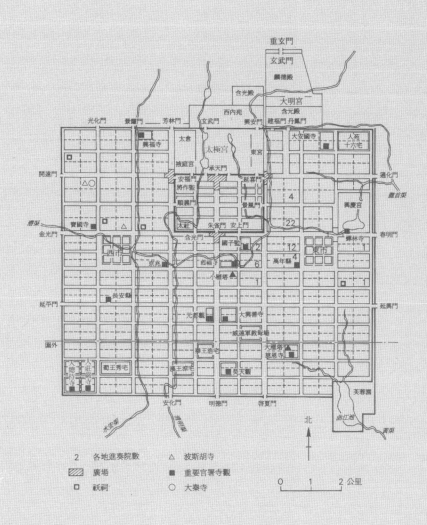

圖例：

2　各地進奏院數　　△　波斯胡寺

▨　廣場　　　　　　■　重要官署寺觀

▢　祆祠　　　　　　○　大秦寺

0　　1　　2公里

北

魏、晉、南北朝的分裂至隋唐的大統一

　　王位繼承的內爭和外戚與宦官之專權最後導致漢室的衰落。旱災和水患亦相繼令帝國的農業經濟瘡痍滿目，農民起義此起彼伏。其中的黃巾和五斗米道蔓延至廣大地區，令各地將領和侯王自保，或如曹操等「挾天子以令諸侯」，最終起而問鼎，漢家天下從此四分五裂，開始了公元220至280年的三國分立（圖 8.1）。晉朝（或西晉）在公元265至316年間短暫地統一了中國。然而，西晉不久被越過長城而來的北方民族匈奴、鮮卑、羯、氐和羌的侵略而棄守中國北部。這些北方民族在中國北部建立起新的朝代，並且日漸漢化。自公元304至384年，他們在中國北部一共先後建立了16個小朝廷或小國。晉朝同時退守淮河流域以南的南中國至公元420年，史稱「東晉」。

　　隨着晉室南遷，儒家文化的核心也跟着南移，有賴於只控制半壁江山的「漢族」王朝：即東晉、宋、齊、梁和陳（公元316–581年）。與此同時，北方的小國逐步被強大的北魏所吞併。北魏的先祖是東胡的分支（和商族同源）──鮮卑中深受漢化的拓跋氏。拓跋氏提倡胡漢通婚、尊孔崇儒、復興禮樂，並將「漢族」的士族門閥制度推廣，將胡漢士族定為九等，根據家族名望任官。北魏國都平城的建設，也嚴格地依循〈考工記〉。北魏這種採納儒家理論以及以漢代為典範的士族官僚體系，導致高效率的行政，因而日漸強大。在北魏統治的後半期，王室更遷至洛陽，以之為新都。

　　括言之，南北朝的對峙說明了萬里長城並不能將民族分隔，「漢」與「非漢」的政權與分野只是觀點與時代的角度問題而已。正如前數章所述，在東亞大陸上，文化與民族的融合從未間斷，而農業和畜牧經濟的地域分界線也從來是模糊的。五胡十六國時代說明了北方的民族在採納儒家的發展過程中，不斷地融合到中華民族的大家庭中，逐漸歸納於中華文明之中。

　　在南中國，儒家思想亦和道家思想與「進口」的佛學融合，為中華文明史增添了新的內容。此時，道家已世俗化而成為道教──一個本土宗教。然而一些南朝君主，特別是梁朝的皇帝更篤信佛教。單在梁朝首都建

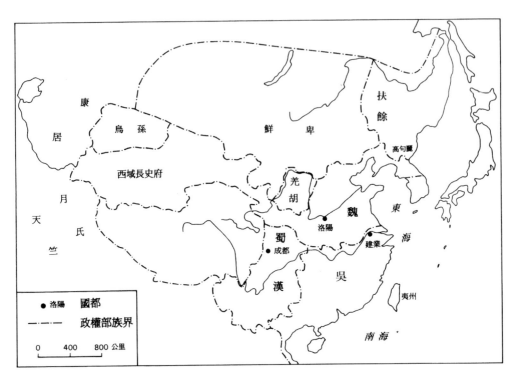

圖 8.1 三國時期全圖（公元 262 年）

康（今南京）便建有 480 所佛寺，有僧侶十萬人。在北朝，少數民族建立的政權亦往往推崇佛教，以避免過分依重儒學。遺留至今的雲岡和龍門佛教石窟，顯示出當時北方學佛的興旺。

在南北朝的分裂和戰亂時代，中國總人口從西漢時的峰頂跌至公元 221 年的最低 —— 1,410 萬人。北魏較長期和有效率的統治曾使北方人口在公元 476 年回升至 3,240 萬人，在相近的公元 464 年，南中國的人口仍只有 470 萬人。後者似乎沒有包括蜀國的約 200 萬人（表 8.1）。

在公元 581 年，楊堅迫周靜帝下詔禪位，自立為帝，建國號「隋」，是為隋文帝。在統一北方之後，文帝滅了南方的陳國和西面的蜀國，結束中國自晉末以來的分裂局面。在隋的統治下，即公元 581 至 618 年間，兩代君主的文治和武功都是歷史上少有的。煬帝努力安定邊疆和拓展版圖，多次征伐吐谷渾、突厥和高麗、越南北部，和重開絲綢之路。此外，他們還

表 8.1　魏、晉、南北朝、隋、唐的更替與人口變化（220-907 年）

	朝代	時期	人口（百萬） （括號內：人口年份）
	三國	220-280 年	14.1（221 年）
	西晉	265-316 年	20.9（280 年）
中國分裂	北方：十六國	304-384 年	
	南方：東晉	316-420 年	
	北方：北魏	386-534 年	32.4（476 年）
	南方：四代	420-581 年	4.7（464 年）
	隋	581-618 年	46.0（609 年）
	唐	618-907 年	20.6（640 年）
			45.9（713 年）
			60.0（752 年）
			38.4（813 年）
			39.0（907 年）

資料來源：趙文林、謝淑君（1988）

完成了巨大的基建。其中最重要的包括了長 300 公里的廣通渠，將潼關和首都大興（西安）連接，以及長 2,800 公里的連接杭州、洛陽和涿郡（北京）的大運河（圖 8.2）。這些運河的建設有效溝通了黃河和長江流域的廣大地理空間，除了促進南北經濟互補和共同發展之外，亦加深了中國的戰略縱深，加強了中華文明的持久力和韌性。

然而建設這兩條運河動用了 360 萬名民工，即全國人口的十分之一，傷害了隋朝的經濟元氣。除了這兩大項目外，還有修築長城和建設新都城大興等，使本來在慢慢恢復元氣的農業經濟受到了嚴重打擊，引起廣泛的農民暴動，縮短了隋代的統治。不過這些巨大工程卻使後代得利，特別是它的繼承者——唐代。隋代還恢復了傳統的禮樂制度和漢魏以來的官制，使君主專權的三省六部的中央機構得以確立；而對沿用府兵制和對軍隊的指揮系統和兵役制度作了調整，使皇帝權力擴大；又開始科舉考試和貢士，放棄「九品中正」體制，以及建立了縣佐必須迴避本郡、任期三年、不得連任等規定，使用人制度走上了新的一頁。這些都被唐代繼承。

唐代的開國君主李淵是有鮮卑血統的關隴大族出身，其祖父為北周八柱國之一，死後封唐國公。在隋時李淵為太原留守。隋煬帝被殺後，李便建立唐朝（公元 618-907 年）稱帝。在唐的文治武功下，中國政治統一，國力強盛。開元天寶之際，其疆域東起安東（朝鮮），西至安西（中亞），南起日南（越南），北至單于府（蒙古），計有邊區少數民族的羈縻府 856個，本土郡府 328 個和縣 1,573 個（圖 8.3）。在唐一代，不但開創了中華文明中儒家文化為主導的黃金時代，而且還通過對外交往把中華文明向亞洲乃至歐洲推廣。

其實在很多治國體制上，隋是唐的先行者，而唐卻使他們得到落實。比如，唐如隋制，在國內重要城市建設官倉，官立學校、法典，以及將傳統的禮樂制度發展至歷史的新高峰、通過了禮樂制度，明確了不同身份的人的不同社會地位。唐代所定的貞觀、顯慶，和開元禮，涵蓋範圍遠超三代的禮制，由君主到百姓都要了解禮和行禮，改變了早期「禮不下庶人」的局面。通過了真實意義的「禮治」格局，從天人關係、君臣關係、官吏之間的關係，以至中國與周邊國家的關係等申明了統治的合法性。

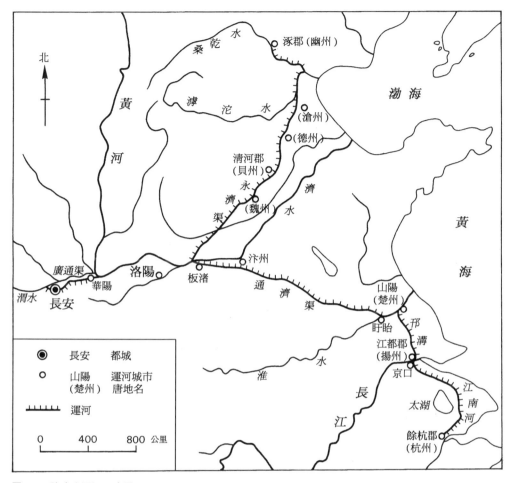

圖 8.2　隋唐大運河示意圖

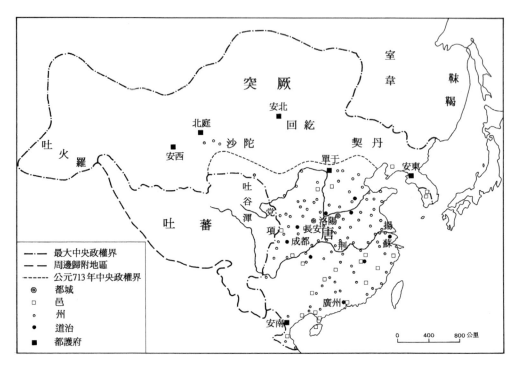

圖 8.3　盛唐時期（太宗之世）全圖

官學體系和科舉入仕的體制更在大儒孔穎達和顏師古的官定五經正本及其解釋，即《五經定本》及《五經正義》的基礎上建立起來了。它對儒學的影響比漢武帝罷黜百家，獨尊儒術更為重大。儒家思想和行為規範不但成為社會主流，科舉制度亦徹底打破了大氏族和貴族壟斷仕途的局面。到玄宗時，中央和地方的高級官職已主要由科舉出身的新官員出任。不過，唐代的崇儒並不構成對佛、道的排斥，後兩者更往往受到皇帝的大力支持，多次資助和鼓勵高僧出國以求佛經（圖 8.4），使佛道兩家在唐代進入全盛時期，顯示出儒學的包容性和實用性，在中國形成了佛教四大門派（包括在本土形成的禪宗）。按公元 854 年的統計，唐代有佛寺 4,600 間，聖地四萬處，僧侶 26 萬人。

西方學者認為唐代是東亞的政治和文明核心，為周邊地區，包括日本、新羅、南詔、吐蕃、越南、回紇等學效。以日本為例，它自公元 4 世紀已開始積極與中國交流，傳入了灌溉農業、製鐵技術、漢字、行政管治體制、宗教與漢學。在唐代時，更積極和主動的向唐朝學習，在公元 630 至 895 年的二百六十多年間，奈良時代和平安時代的日本朝廷一共任命了 19 次遣唐使。使團成員除了正副史等官員外，還包括了卜部、陰陽師、醫師、畫師、樂師、譯語、史生、造舶都匠、船師、船匠、木工、鑄工、鍛工、玉工等各行工匠，以及留學僧、留學生等。遣唐使帶回唐代的文明，推動了日本社會的發展。日本的「大化革新」，就是由留唐學生和學問僧參與策劃下進行的一次重大改革，對日本文明與歷史進程的影響比 19 世紀的「明治維新」更深遠。以天皇為中心的中央集權制，即律令體制，就是以唐制為藍本的。

通過絲綢之路，唐文明亦傳播至地中海沿岸。在盛唐時（公元 752 年），中國人口回升至 6,000 萬人（表 8.1），其主要原因除了國家的大統一外，還要記功於儒家禮教統治的推行。

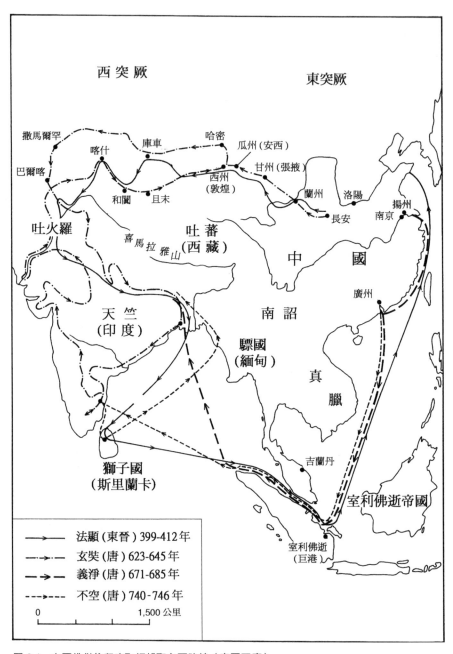

圖 8.4　中原佛僧往印度取經朝聖主要路線（東晉至唐）

唐代政治體制與社會

　　唐太宗說：「為君之道，必先存百姓……國以人為本，人以衣食為本，凡營衣食，以不失時為本。」確定了以儒家思想治國的總方針：「偃革興文，佈德施恩，中國既安，遠人自服。」唐朝的皇帝因而有遠見地將儒學提升至國家宗教的高度，又大力推廣教育，不但提高百姓對統治者的認受，也為國家培養忠心、可靠和高效的官員。它也使國家避免過分地倚重軍人，同時也削減了高門大族的影響。

　　第二任皇帝太宗在公元 630 年召命天下普建孔廟，又令地方官員定時祭孔。十年之後，太宗躬親祭孔以樹立天下表率。公元 647 年，太宗更下令將儒家 22 名先賢列為聖賢並立石於孔廟之內，接受拜祭。自此，該習慣延續至今。祭孔之外，祭天地和祭祖先亦奉為皇帝和主要官員的重要職責。這些禮儀，使王室家族擴大成為包括主要大臣、官員的融會傳統天人（包括人地）關係，祖先崇拜以及儒家等級宗法觀念的「大一統」的「政治大家庭」。這就成為「以民為本」、「以文治國」的「禮治」的具體寫照。城市是這些禮儀的展示平台，因而「禮治」所包涵的考慮就成為城市功能和其主要土地利用區劃的原則。

　　唐承隋制，強化了中央集權式的官僚體制。中央機構主要有三省、六部和九寺，三省是：中書省、門下省、尚書省；六部是：吏、戶、禮、兵、刑、工；九寺是：太常、光祿、衛尉、宗正、太僕、大理、鴻臚、司農、太府。另外，設立御史台以為中央的最高監察機關。在地方政府方面，基本上是州（府）縣兩級制。

　　因為「以文治國」，國家的主要功能乃通過皇帝和各級官員身體力行地推廣儒家道德觀點和教育百姓。在中央和地方層次，唐代建立了一個教育網絡。中央在國子監下設六學（國子學、太學、四門學、律學、書學、算學）二館（崇文館、弘文館），收皇族、大臣、官員子弟約 8,000 人。地方州縣設官學，學生達六萬多人。同時，政府亦「任立私學」。這些學校的畢業生，通過公開考試（制舉、常舉）而出仕為官，使士（或儒家知識分子）

替代了名門望族的血緣關係，成為人才選拔的主要辦法，是世界上最早全面落實文官制度的國家。

　　上述是唐代儒家統治模式的主要內容。以儒家思想為代表的中國傳統價值觀和行為準則因而完成了它的第二次歷史性的復興。隨着唐朝版圖的擴大，以及寬容的外交政策，這一儒家統治模式亦為周邊國家所景仰和模仿。正如前述日本的「大化改革」（貞觀十九年，公元 645 年），基本以唐朝的體制為依歸，它奠定日本至今的文明主流的基礎。

　　由於王室有鮮卑和蒙古血統，因此，在文職和軍隊中任用非「漢族」的少數民族亦成為唐代的種族和文化特點。不但邊區的都護府如此，朝廷中亦有不少少數民族官員。是以唐朝不但對外來文化包容，而本身亦是東亞社會的典範：一個雙向的開放的社會。

　　唐初，突厥是亞洲最強大的民族，管治了回紇和鮮卑等北方少數民族（圖 8.3）。公元 582 年，唐兵破突厥，使之分裂為東、西突厥，並於公元 657 年完全消滅了西突厥。唐朝對朝鮮半島（靺鞨）、西藏（吐蕃），西部回紇的征伐都取得了勝利，將不少邊境地區建成「羈縻府州」，歸中央管轄。又或賜姓封王，使來朝貢，承認唐朝的宗主國和皇帝的天可汗地位。然而唐版圖和影響力的擴大，並不只靠武力，還依靠傳統的懷柔政策——「和親」。唐太宗曾經對大臣說，對待寇邊的少數民族政權，無非有兩種對策，一是征兵討伐；二是「遂其來請，與之為婚媾，朕為蒼生父母，苟可利之，豈惜一女！」唐王朝近 300 年先後與突厥、吐谷渾、吐蕃、契丹、回紇等八個邊界民族共計「和親」28 次。

　　最著名的案例乃文成公主入藏。文成公主入藏時帶去了包括錦帛、珠寶、生活用品、醫療器械、生產工具、蔬菜種子等大量物品，還有釋迦佛像以及經史、詩文、工藝、醫學、曆法等書籍，推進了藏族社會的發展。文成公主還親自在藏區推行漢族的先進耕作方式，使糧食產量得到提高；教藏族婦女紡織和刺繡，使吐蕃家庭手工業迅速發展；她還向藏民傳授建築技術，設計和協助建造了大昭寺和小昭寺。自文成公主入藏後到松贊干布去世共十年的時間內，吐蕃從未與唐朝發生軍事衝突，有利於兩國人民的來往與經濟發展，使中華文明的地理空間擴闊至西藏和新疆地區。唐帝

國亦因而西越蔥嶺，與中東和印度國家建立了友好關係。

　　初唐行使府兵的民兵制。適齡男丁出當兵役，三年揀點一次，21歲入役，60歲免役。府兵是均田制下的農民，平時種地，農閒時操練。玄宗以後，由於年年戰爭，加上均田制敗壞、人口流失，遂用募兵以替代府兵，並將沿邊分成九區，各由一節度使領兵。其後節度使又被授以地方政治和經濟大權，發展成為強大的割據勢力。唐代武功的關鍵之一乃唐初皇帝對戰馬的喜愛和建立了強大的騎兵。國家在北和西北邊區建立了大型戰馬養殖場，在7世紀時的高峰期，共養馬70萬匹，包括了阿拉伯和吐蕃的良種馬。其後由於吐蕃和突厥多次的侵犯，破壞了這些養馬基地，導致馬匹流失，最終削弱了唐軍的攻擊能力。

　　在農業方面，南方的發展，特別是一年兩造（早熟）稻米，以及插秧（即先育秧苗，到長大至某程度才正式種下田裏）的普及，使稻米增產，可達每畝年產400斤。北面的黃河平原田地，糧食產量也比以往增加四分之一，雖然畝產只有103斤。由於中央政府、軍隊和大部分人口都集中於北方，大規模的南糧北運成為帝國的必要工程（表8.2）。南北大運河成了溝通長江流域稻米主產區和中國北方的糧食通道（圖8.2）。公元735年的記錄顯示，在之前的三年，大運河共運輸糧食700萬石。運河上繁忙的交通，也促進河兩岸城鎮的手工業和其他商品的生產和貿易，包括與外國的進出口活動。

　　此外，唐朝亦將前朝的馳道擴充為一個總長五萬公里的全國驛道系統。這個以長安為軸心的幹道網，每30公里路程便設一驛，駐有官員以檢

表8.2　唐代人口的空間分佈　　　　　　　　　　　　　　　　　　（單位：百萬人）

年份	北方	南方	邊區（東北＋西北）	總數
640年	7.0	9.2	3.5	19.7
752年	30.5	22.9	3.8	57.2
812年	12.3	19.4	4.2	35.9

資料來源：見表8.1

查往來人員、貨物以及收納關稅（圖 8.5）。全國共設驛站 1,643 個，中央和地方政府亦向合資格人士發給通行護照。安史之亂（公元 755–763 年）後，中國往中東和印度的陸路重新阻塞，南中國沿海的商港因而興起，成為新的中外貿易門戶。

安史之亂（以邊區藩將節度使安祿山和史思明為代表的地方軍事叛亂）再一次導致人口南遷，不但削弱北方豪門世族的影響，也加速了南方農業的擴張。當南方的貿易與文化發展至高峰時，中唐（公元 780–850 年）亦倚重於南方。朝廷因此在南方建立了數個專營事業，其中鹽的專營提供了國庫年入的一半，而茶葉專利則貢獻了年納的十分之一。大量的商品流通和貿易活動導致在 9 世紀末「櫃坊」和「飛錢」的出現。這都是最早的支票。商人在京售完貨物後，可將現款交給進奏院，而在回鄉後憑進奏院的「公據」取款。此外，還有私辦的「便換」，都具同一功能。而自中唐以後，南方一些大城市，如廣陵（揚州），商貿活動已衝破坊門，開始沿街設店，同時也出現了夜市和城外的定期集市 —— 草市等。商業的繁榮使自周代以來對城市基層住民和工商業活動的嚴格管理的行政體制 —— 坊市制度，開始崩潰。

唐代的城市化和城市發展

中國城市作為行政中心以及為農業地區服務的中地，自然也隨着人口南遷和南方農業的擴張而在南方長足發展。在中國的西部、北部和西北邊區，節度使的設置以及羈縻府、州的建立亦促使當地城市化，促進了中華文明在中國廣大的地理空間的擴充。我們可以通過漢、唐兩代南方城市的數目和密度的比較體會出來（比較圖 7.2 和圖 8.2）。表 8.3 亦將東漢和中唐的城市空間分佈作相應比較：

中唐的城市比東漢時增加了約 500 座，新增城市主要集中在南方的長江和珠江流域，特別是在嶺南道，即現今廣東省珠江三角洲。在公元 740

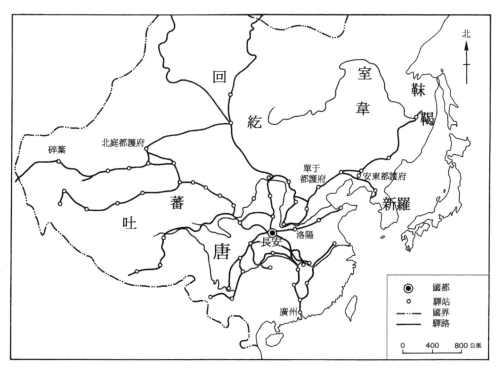

圖 8.5　唐朝驛道圖

表 8.3　漢代及唐代城市分佈情況

朝代	年份	黃淮地區		長江—珠江地區		西北		總數	
		數目	%	數目	%	數目	%	數目	%
東漢	140	700	59.3	383	32.4	98	8.3	1,181	100
中唐	740	615	37.5	964	58.8	60	3.7	1,639	100

年時，該處共有 314 座城市，是北方總額的一半。唐代的城市化顯示出如下的新規律：

一、南方湧現新型大都會

他們即建康（南京）、江陵（荊州）和益州（成都）三大都會，和京口（鎮江）、廣陵（揚州）、壽春（睢陽）和番禺（廣州）五大港口城市。中唐時，益州和廣陵的稅收，包括鹽、茶等專利收益佔了全國歲入的九成。

二、運河城市

自隋統一中國後，中國的政治和軍事中心遷回北方，隋唐的人口增長也隨之以北方為重。運河的興建，特別是貫通南北的大運河，解決了南北之間的人口與農業生產的地域不協調的矛盾。大運河亦成為延至清代而不衰的新增長帶，使兩岸的城市都繁盛起來。在中唐，這些城市包括了四大都會：楚州（淮安）、廣陵（揚州）、蘇州和杭州，七大商貿城市（華州、隋州、汴州、宋州、泗州、潤州、常州）以及 28 個州治（圖 8.3）。

三、長江沿岸城市

水利和灌溉之利是長江沿岸重要城市發展的主因，特別是在長江與大運河交匯的那一段。中唐時，這些重要城市包括十大城市和 20 座州治。較出名的有江陵（荊州）、成都（益州）、南京、廣陵和潤州（鎮江）。

四、東南的海港城市

自六朝以來，中國東南沿海的海港城市因應與東南亞的貿易發展而興起。中唐時，吐蕃與突厥一度阻斷了絲綢之路，使印度及中亞商人被迫由海路而來，開通了海上絲綢之路，使東南沿海城市如廣州、潮州、泉州、福州、溫州和明州（寧波）發展為海港城市。一位阿拉伯商人於公元879年記載：廣州城內有12萬名阿拉伯人、猶太人，以及基督教和祆教人士。

在長江口的北岸，也有重要海港城市如揚州、蓬萊（德州）、明州、盧州和平州。

五、行政及軍事重鎮

正如前述，大部分城市都是各級行政區域的治所。但在邊區，卻設有行政和軍事功能的11個鎮。唐代的省級區域府和州約等於漢代的郡。這個最高層次的區域的總數在唐代有明顯的增加，特別是在淮河以南（圖8.3）的。在以少數民族為主的邊區，一些較低的聚落被提升為羈縻府或州以強化邊區的防衛，因此它們的數目很多，甚至比一般的府和州多。如在公元740年，後者只有317個，而前者卻有856個。

中唐以後，一些在城市之外，或農村地區的販賣農、林、牧產品的「草市」，由於貿易和人口較大而被提升為縣，並成為縣治。政府在這些地方設有管理機構。這是中國最早的基於在交通便利的地點上商貿發展所形成的城市。因而商貿活動首次在中國成為城市化以及建市的新動力，並且使這類活動不受城中官「市」的限制，而在大街兩旁設欄店，甚或離開「城」的局限而沿大道、運河和大河的兩旁伸延。後面的案例，即唐末的揚州，見證了這些新發展。

唐代的城市結構

儒學的第二次復興對中國城市的結構自然產生了明顯的影響，使漢以

來已經慢慢演化出來的中國城市特色在唐代得以鞏固：

1. 城市空間的佈局體現了秩序、等級和統一性等禮樂原則；
2. 由城市主幹道形成的南北中軸線貫通全城，體現執中和規律性的禮樂原則；
3. 宮殿（大朝和皇寢）形成一個專區，與城市其他地區分隔，並位於全城北部的中央，顯示皇權的至高無上；
4. 由於宮城位於北部，「市」被移至南部的住宅區內，使傳統的「面朝後市」被倒過來；
5. 宗廟和社壇兩個重要的儒家禮樂建築仍按傳統，即「左祖右社」，在皇城內分佈；這個新位置使有關禮樂活動成為公眾可見的活動。

上述的佈局使宮城和市民的距離拉遠。不過跟隨周至漢代的抑商傳統，市民更受坊里制約束。除了三品以上的高官外，住宅皆不能在坊牆開門。城市的商貿活動亦由官方嚴格控制，並只准在「市肆」內進行，而「市肆」亦只許人口過三千戶的州縣治開設。商貿以及手工業的蓬勃使同一類商品在「市肆」中某一區集中，同時同類商販也結集成行會。唐代記載共有 220 行。行的頭人負責商品質檢以及監督買賣合同的執行，也協助「市肆」負責人——市長對商品質量分級和定價。晚唐時，在一些大城市中，夜市也出現了。

唐代一些城市也特別為蕃商專門設市，體現唐代對外貿的鼓勵和它的包容性的城市文明。宗教建築，包括道教、佛教和西方一些宗教的寺廟成為長安、廣州和廣陵的城市特色，尤其是高聳的佛塔。不過在北朝時仍保留外來文化特徵的佛塔，在唐代終於被中國化而成為寶塔，充滿着新時代的理性邏輯和形態，為原本較為平坦的傳統中國城市的天平線加添了節奏感。

在較小的城市，上述的特點有些明顯的變化，但依然堅守儒家的有關原則。如城市的核心乃官員的衙門，而附近更有官學和考場。這些主要的功能建築都是南向的。城的南北幹道形成軸線，並穿越核心區。軸線兩旁

分別佈置了文廟（孔廟）和武廟。在下一節，我們先簡介魏晉南北朝時的三個案例，鄴城、洛陽和建康，然後討論唐代的首都長安和最大工商都會揚州，以體現不同時期的城市化演變和城市文明。

一、曹魏都城鄴城

鄴城在邯鄲南 40 公里，漢時為魏郡治。曹操在公元 204 年建為國都。鄴的規劃除了傳統〈考工記〉的原則外，因應東漢以來豪強世族和莊園經濟的社會背景，而強化了封閉式和門第相隔的形態。依據儒家思想的傳統特點被保留下來：宮城居中，左右對稱，棋盤式路網（圖 8.6）。但森嚴的居住劃分是其新特徵，如圖內中央宮殿區的西邊是苑囿（冰井台、銅雀台和金虎台），右邊為貴族戚里（木蘭坊和秋梓坊）。全城大約呈長方形，面積為 3.6 平方公里，符合九六之數。宮城設計是前朝後寢，宮城和廓城中軸線明顯。

二、北魏（北朝）都城洛陽

公元 493 年，北魏將首都從平城（大同）遷至洛陽，實行漢化政策以控制「漢族」為主的北方。新城由「漢人」李忠規劃，因此重建的洛陽亦大體依照儒家的傳統。它為三重城（但仍未發現外城牆），面積共 20 平方公里，人口約 50 萬人。新城強化了中央集權意識，將「前朝後寢」合為宮城，並位於北部中央位置，南向全城（圖 8.7）。由宮城正南門往南延伸的是全城南北主軸：銅駝大街，它的兩旁分佈官署和宗廟及社壇（左祖右社）。全城亦為棋盤式街道，皇城開十三門。全城共有四市，三個在廓城，一個在皇城。後者在皇城北部，一如〈考工記〉要求。南部的四通市為外商貿易之所，其南的八坊主要是外族所居。鄴城的嚴謹等級及規整比漢代長安更貼近儒家精神。

此外，洛陽城中普建佛寺共 1,367 座，是北朝的重要佛教和商貿中心。

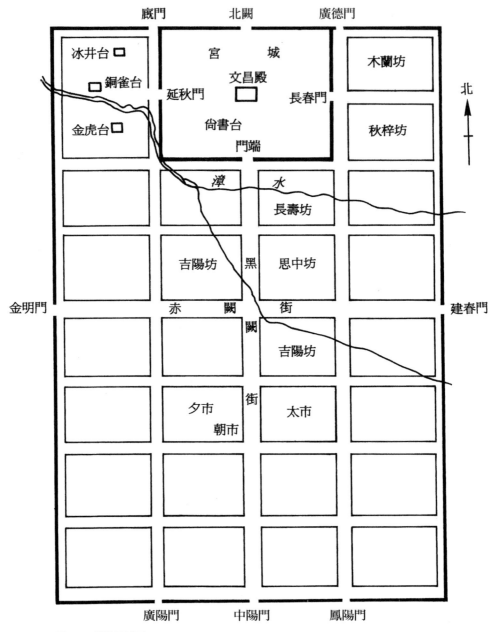

圖 8.6　魏鄴都城圖

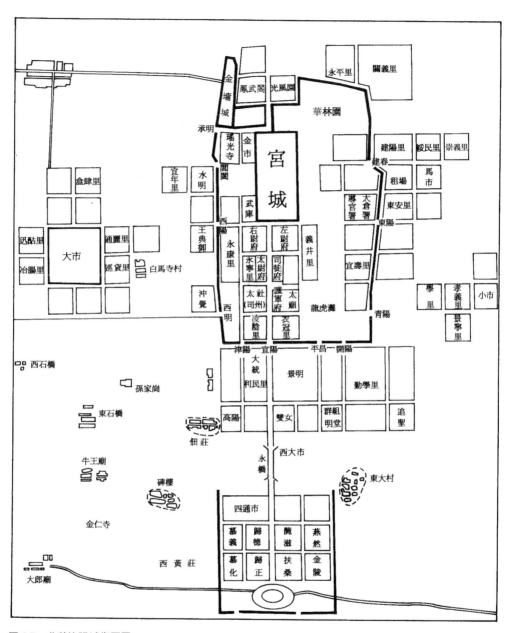

圖 8.7　北魏洛陽城復原圖

三、六朝（南朝）建康

三國時稱「建業」，原稱「金陵」、「秣陵」，即今南京。「金陵」之名的起源，可謂眾說紛紜。其中有一種說法是，昔日秦始皇為了鎮壓其「虎踞龍盤」的帝王氣勢，將一金人埋於城中，後因城市荒廢，成為野草叢生之地，始改名為「金陵」。南北朝時，它自偏安南方的東晉改稱為「建康」後，便歷吳、東晉、宋、齊、梁、陳為六朝國都（公元 211–589 年）。

建康在長江南岸，三面環山，正是「山圍故國繞清江，髻鬟對起，怒濤寂寞打孤城，風檣遙度天際」，一派居位優良的氣象。

六朝時的建康基本保持了東吳孫權時的格局：宮城居中偏北，佔全城四分之一。御道成為南北長七公里的中軸線，兩旁分置官署。但「左祖右社」設在廓城，而其佈置亦左右倒置。它亦是三重城，廓城開十二門，南北牆各四，東西各二。城內的市和坊亦嚴謹規劃和管理。由於戰術要求，城郊廣設軍事堡壘，如石頭城、越城等。梁朝時，有人口 28 萬戶，約 100 萬人。當時亦是中國南方的佛教中心，有佛寺 480 座，僧尼約十萬眾（圖 8.8）。

四、長安

自隋（公元 582 年）至唐末（公元 904 年），長安成為統一的中國的首都達 322 年。它的衰落來得並不偶然。公元 736 年時它被吐蕃洗劫；公元 883 年被黃巢叛軍攻破並嚴重地破壞；最後唐叛將朱溫在公元 904 年時將全城居民逼遷洛陽。自此，長安從未恢復其為統一中國的首都這一地位。

唐代長安建基於隋的大興城。它是首個中國國都將大朝、皇寢和中央官署放在一起，形成首都的核心 —— 宮城（圖 8.9）。唐初，大朝位於太極殿，自公元 634 年起，它被移至大明宮（圖 8.10、圖 8.11）。後者位於俯覽全城（但在城外）的戰略高崗，但也由於這樣，全城本來大約方正的外形被稍為改變了。

唐代長安也將「三朝」體制確立下來：內朝，是皇帝處理日常事務的寢宮，即位於大朝後的皇寢；中朝，即大朝，是皇帝和百官商討重大國政以及舉行重要國事活動之所；外朝，即宮城正門 —— 承天門外的廣場，是

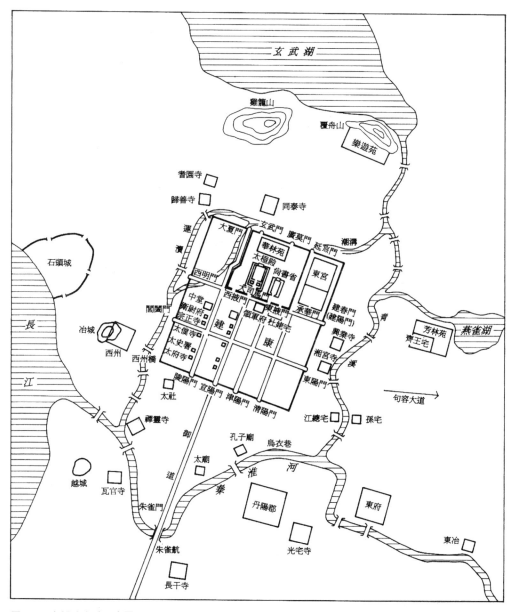

圖 8.8　六朝建康城示意圖

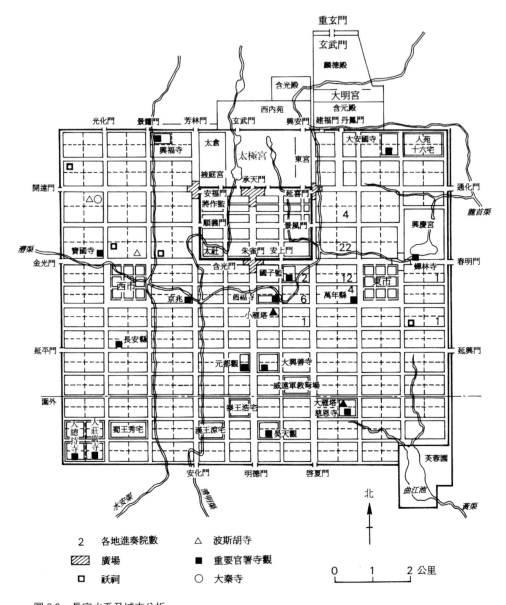

重玄門
玄武門
麟德殿
含光殿
大明宮
含元殿
西內苑
玄武門　興安門　建福門　丹鳳門

光化門　景耀門　芳林門
興福寺
太倉
太極宮　東宮
披庭宮
承天門
安福門
將作監
延喜門
順義門
景風門
大社
朱雀門　安上門
含光門
國子監
薦福寺
小雁塔
元都觀
大興善寺
威遠軍教駕場
秦王浩宅
蜀王秀宅
漢王涼宅
昊天觀

開遠門
寶國寺
金光門
西市
京兆
長安縣
延平門
圍外
人總持寺　人莊嚴寺

大安國寺
人苑
十六宅
通化門
龍首渠
興慶宮
春明門
蟬林寺
東市
萬年縣
延興門

重玄門
安化門　明德門　啓夏門

大雁塔
慈恩寺
芙蓉園
曲江池
滻渠

北

4
22
2
12
6
1
4
1
1

2	各地進奏院數	△	波斯胡寺
廣場		■	重要官署寺觀
□	祆祠	○	大秦寺

0　1　2 公里

圖 8.9　長安水系及城市分析

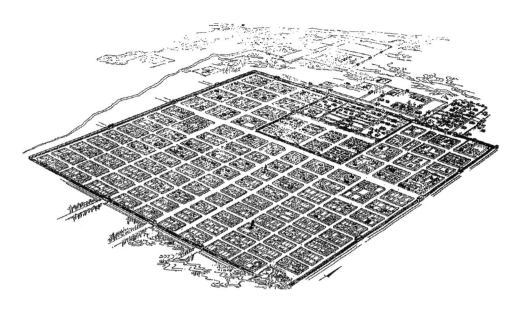

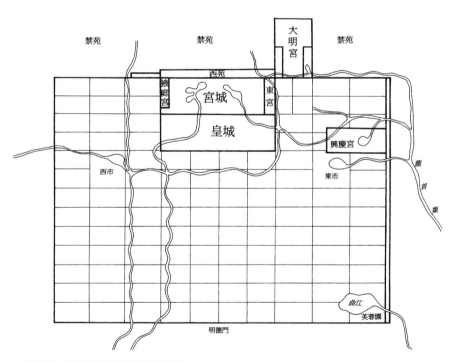

圖 8.10　唐長安城復原圖及平面圖

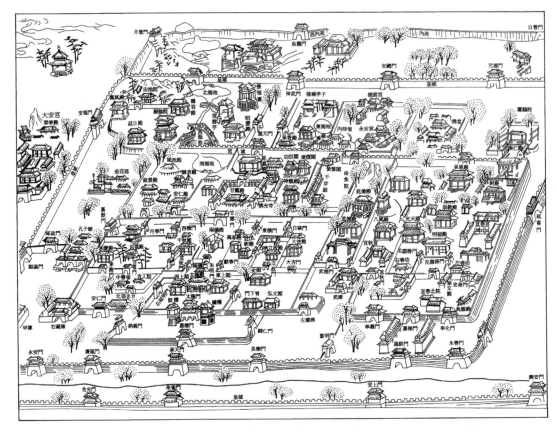

圖 8.11　長安宮城及皇城圖

大型集會和慶典活動舉行的地方，如慶祝新年、慶祝戰爭勝利等。這些安排，嚴格跟隨了〈考工記〉的「前朝後寢」規定。「前朝」的原則也在空間上在宮城外隨中軸線南延，形成承天門至王城正門朱雀門間的御道兩旁的各部官署。而宗廟及社壇就在御道兩邊分置（圖8.9）。

　　長安城的路網也按照等級規律地安排。作為中軸線的御道最寬，為150米。其他幹道都是南北或東西走向，形成規格嚴謹的棋盤狀，路寬按其等級為40至70米不等。

　　外城或廓城在三面圍繞皇城，本身亦有城牆。漢代都城只是宮城和皇城有牆，大部分市民住在城牆之外。外城共十二門，每邊牆各三門，但北門中央無門，這是按道家學說：煞氣來自北方，因而避之。城內設109坊，分別是方或長方形，有坊牆分隔的居住小區。傍晚時擊街鼓八百後便關坊門，五更二點時再鼓而開坊門，依漢制形成一個規整的城市居住管理系統。

　　兩大「市肆」，東市和西市也設在外城，各佔兩坊，即約一平方公里大小。市內設市局及平準局管理，半天交易，即日中至日落。市內有四條南北或東西向的街道將坊分成九區，區內四面店舖臨街。兩市共有220行。此外一些店舖及工場亦散落臨市的各坊。西市是外商，主要是印度（天竺）和波斯（大食）商人交易的地方。因此其鄰近坊里多酒樓及胡女。

　　隋唐長安的工整和等級觀念，比漢魏及南北朝更為嚴格。它是在統一國家的首都中，最早完善了三朝制度的，成為成熟的中華城市文明和城市結構的典範。日本的奈良時代（公元710–784年）是主動地輸入唐代文明的極盛時代。除了典章制度、哲學、生活習慣（如主要節日）、科技文學和文字外，當時的新都建設也完全仿照唐式，甚至一些主要宮殿（太極殿）和街道（朱雀大街）的名稱也一如長安（圖8.12、圖8.13）。

　　唐代對外來文化和非儒家思想的包容也可以從長安城的各類宗教建築上看到。據公元640年的統計，長安城內有佛教寺廟106座、道教寺觀36座、波斯拜火教寺兩座、大秦寺（基督教）4座。部分重要寺廟見圖8.9。當年城內共有外國人約十萬名，其中8,000人為留學長安的學生，包括波斯、阿拉伯、突厥、朝鮮、吐蕃、日本和越南等。

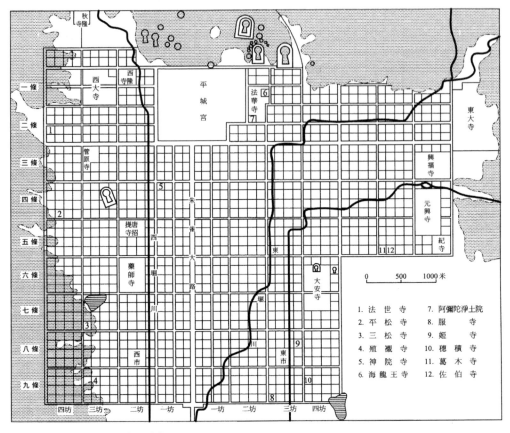

圖 8.12　日本平城京

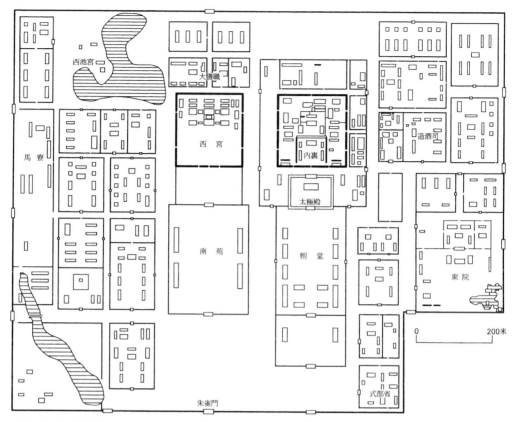

圖 8.13　日本平城宮

在這個當年世界最大的城市（面積為 87 平方公里），城牆內人口達 100 萬人，另在城外郊區，還居住了約 100 萬人。它成為當時最大的按預先規劃而建成的城市和最大的有城牆的城市。此外，長安和歐洲稍後的中世紀城市相比，更是一個自由和開放的城市，各種民族、文化、宗教和商品在此受到包容和禮待。儘管如此，長安的里坊制顯示了它仍是個管理嚴謹的城市。與西方不同，中國的儒家傳統認為：個人的自由要求諸荒郊而不是在繁盛的市俚。（Schisohaven, 1991）

五、揚州（中晚唐）

揚州地處江淮平原南部，臨近長江與東海。春秋戰國時它是吳國的都城，始建城牆，秦時為廣陵縣，漢時為封國 —— 廣陵國。隋代開通大運河後，使它成為長江、運河和東海水運的交匯點，成為漕米、海鹽、茶葉、瓷鐵和絲綢等產品的集散地。唐代中期，為揚州州治，並設鹽鐵轉運使駐揚州，成為全國最大的工商城市，諺稱「揚一益二」，揚是揚州，益是成都，與益州合稱朝廷最大的稅收來源地。

每年通過揚州北運漕米達 400 萬石，它也是淮河盆地海鹽的集散地。又因通海，加以唐開大庾嶺道，外商在廣州登陸後，可沿此道及沿江至揚州，因此外來商品亦極盛，並推動了它的造船業和手工業。唐代中葉時，揚州設有十個造船廠。當時到來經商的日本、朝鮮、東南亞、波斯及大食等商人多至數千人。

唐中葉時，揚州人口比唐初增五倍。盛唐後城市的坊牆被拆去，築高樓和店面街，與作坊及商業連成十里長街，市井相連，更出現夜市。如圖 8.14 所示，小市及大市已不再單獨或隔離地存在，而是連為東西及南北向的穿城的十里長街。城市內亦有大面積的作坊和近城牆的倉庫區，都與運河支河相通。

杜牧詠揚州云：「街垂千步柳，霞映兩重城。」子城，即行政中心，位在戰略高地羅崗上，羅城為廓城，為工商及住宅區。全城總面積約 20 平方公里，人口達十萬人。

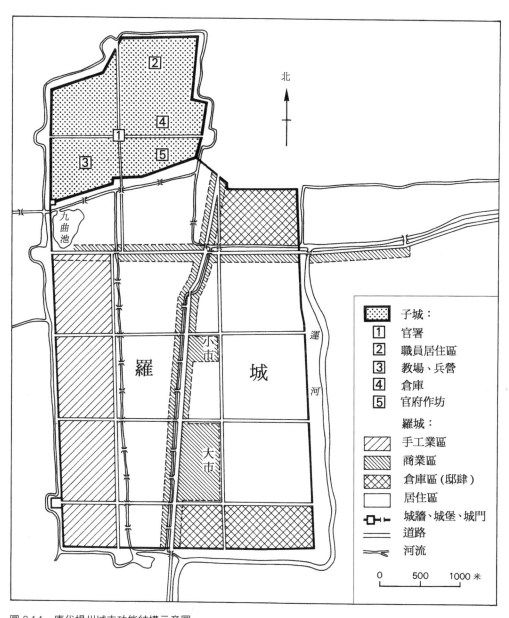

北

子城：
1 官署
2 職員居住區
3 教場、兵營
4 倉庫
5 官府作坊

羅城：
手工業區
商業區
倉庫區 (邸肆)
居住區
城牆、城堡、城門
道路
河流

0　　500　　1000 米

圖 8.14　唐代揚州城市功能結構示意圖

結論：唐代體現了中國大統一下的城市文明的特點

魏晉南北朝時，北方紛亂，人口大量和多次南遷，使以儒家文化為主導的中華文明和農業經濟在南方得到前所未有的發展。而城市化和傳統的儒家城市文明更向南方擴散。南北朝的政治和軍事背景，將漢末以來的門閥和莊園式的自給經濟強化了。在城市的結構上，也成熟和完善地體現了宮城居中和三重城、中軸線等中國都城的特點。

大統一的唐朝以皇帝大力的推崇，將儒家的文明推向新的高峰。新王朝亦展示了對外來宗教、文化與民族的寬容，特別是對佛教的扶掖。唐代的武功當然有助於儒學的空間擴張和對外傳播，但它的發展主動力來自科舉制的推行。活板印刷的發明更使教育廣被和使文學流傳。後者以唐詩為朝代的代表。更因為源於「德治」與「禮儀之邦」的睦鄰傳統，不少鄰國主動地以唐朝為治國教化的榜樣，因而我們認為唐代是中華文明的儒家模式的黃金時代，它的影響廣被整個東亞地區。

唐代的城市反映了唐代的歷史進程與社會脈搏。它在魏晉南北朝的基礎上，在城市結構和規劃上，都比漢代更符合傳統的禮樂和等級秩序的主要精神。同時，它也引入了不少外來的因素如佛塔等，體現了新的國際價值觀和視野。在城市的規劃、城市的等級體系和行政等級相配等原則上，均成為鄰國如朝鮮和日本的城市化和城市規劃的藍本。

對於隋唐的中國，我們認為有兩方面的重要發展：

1. 新的基建，如全國性的馳道網、運河網，以及高效率的官僚架構，使中國的地理空間一體化，亦促成了一個巨大的文明核心區的形成；

2. 中唐以後，由於連接核心區和中亞的陸路交通中斷，使本來正在漢化的邊境鄰國連繫斷絕，導致中國向南發展的態勢，最後引致經濟、人口和政治核心南移至長江流域，而中國也更關注海洋貿易，使海港城市成為這一輪城市化的另一個特色。

唐朝的覆滅，使一個偉大城市長安以及一個偉大朝代成為歷史，也終結了中國對海洋發展的努力和凌駕於邊境遊牧和半遊牧民族的自信。然而，這一時代的儒學復興，卻為下一波的文人社會和中國傳統城市文明的演進打下了新的基礎。

第九章

宋代：推動了工商業發展與新城市文明

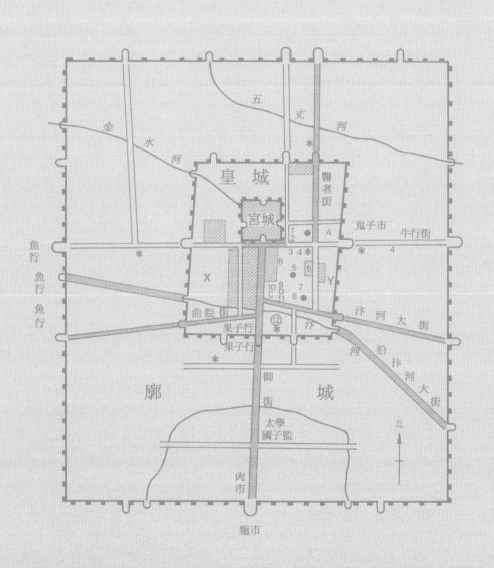

中華文明的又一高峰

　　Goodrich（1962）說過，北宋盛時的中國文明冠蓋全球。雖然北宋領土
（圖 9.1）只及盛唐的一半，但它確是當時世界上最富有、最文明和最城市
化的國度。這是因為唐末混戰及五代十國大亂之後的中國式的文藝復興，
造就了一個嶄新的新世界。正如 Gernet（1980）說：

> 　　和唐帝國的貴族和半封建社會相比，宋代在政治風氣、社會
> 習慣、階層關係、軍事取向、城鄉關係以及經濟發展上都很不相
> 同。擁有現代中國的基本特色的新世界已在北宋出現了。

　　這些學者所說的「新世界」是指建基於中國歷史上的第三次儒學復
興的中國社會。最突出者乃理學的到來，以及一個新的士大夫階層的形
成。這些被簡稱作「儒」或「士」的人士多來自城市裏的富有家庭。他們
除了有豐富的知識和獨立思考外，更以行為道德，以及為國和為天下任為
標榜。與這些發展相配的是一個新型的商業社會和新型的城市化。這些發
展一起地推動了中華文明的一個新時期和新一輪的中國城市文明和城市化
發展。

兩宋社會的特點

　　李唐的覆滅，使中原政權出現了另一次全國範圍的大混亂。在宋之
前，北方的黃河流域出現了五個政權，即所謂「五代」，在時間上共延續了
53 年（公元 907–960 年）。同時，南方地區亦先後出現了九個政權，加上
北方河東地區的北漢，它們被稱為「十國」。這些地方割據政權都是由唐末
藩鎮割據演變而成的。北方由於長期戰亂，城市被破壞，促使人口南遷，

土地荒蕪。

南方地區雖然政權分立，卻因為沒有獨大的軍事力量，大體相安無事，使地區經濟恢復和發展，形成了數個繁榮的區域經濟，使全國經濟重心再度從黃河流域南移至長江流域。北宋初年統計：北方人口只有一百多萬戶，而南方共有 250 萬戶。南方諸國因為經濟繁榮和社會穩定，而興禮樂、設百官、立制度、促文教。因此，在 10 世紀前半期，巴蜀及南唐，已成為中國的兩個文化中心。活版印刷的發明，製茶和喝茶的推廣，「詞」的普及，更使「十國」成為兩宋新文明或中華文明進一步發展的基礎。

一、抑軍政策

後周是五代的最後一個政權。太祖郭威推行一系列新政，恢復生產、發展經濟、招賢納能、改革兵制，加強了中央的軍事力量。其養子柴榮繼位後，遂開始了統一全國的計劃。可惜世宗柴榮突然病死，由七歲的幼子繼位。公元 960 年，後周軍隊譁變，將「黃袍」加於趙匡胤身上，擁他為王，推翻後周，建立宋朝。趙繼承世宗志，利用外交與軍事力量，分別擊破巴蜀和南方諸國，到他逝世的公元 976 年，除了包括現今河北、北京和天津的「燕雲十六州」和北漢、吳越、西南的南詔外，統一了中國。其弟太宗後來興兵征討燕雲十六州，不幸失敗。自此宋代版圖失去了長城和十六州的拱衛，不斷受到來自北方的遼、金和元的軍事威脅。加上西北亦被西夏佔據，失掉了大型牧馬基地，更削弱了宋軍的戰鬥能力（圖 9.1）。

因此，宋代的政治和軍事形勢非常複雜。在兩宋的 319 年間，北宋共經歷了九帝，為時 167 年，南宋有九帝，為時 152 年。與兩宋共存的有多個地方政權，其中三個（遼、西夏、金）最為強大，控制了北方地區及不少「漢族」人民（表 9.1，圖 9.1）。

遼朝（公元 907–1125 年）是當時東亞最強大的政權，統治着北亞的大部分，包括中國北方，並且曾是五代的太上皇（圖 9.1）。它的 30 萬騎兵使北宋無法收復燕雲十六州，而只能接受侮辱性的和約「澶淵之盟」，每年向它納貢白銀 10 萬兩，絹 20 萬匹。約在 1005 年，羌族的一支 —— 党項，在甘肅建立西夏政權。初期，它是北宋一個屬國，但後來成為敵國。遼和

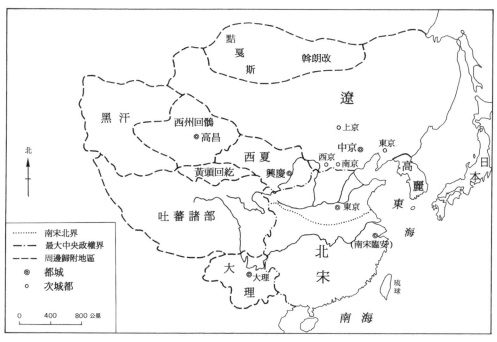

圖 9.1　遼及北宋時期全國版圖

表 9.1　兩宋和並峙的政權

政權	統治民族	領域	統治時期
北宋	「漢」		960–1127 年
南宋	「漢」	淮河以南	1127–1279 年
遼	契丹	黃土高原、太衡山以北	907–1125 年
西夏	党項	甘肅、寧夏	1038–1227 年
金	女真	替代西遼，延至淮河一帶	1115–1234 年

西夏雖然是少數民族政權，卻非常「漢化」，而且其統治範圍內包括了大量的「漢族」農民。它們採用了漢、胡分治的雙軌制，以部落方式管治本族人民，而隨唐制管治「漢」民。

　　兩個北方政權的中央統治機構和首都規劃大抵跟隨儒家思想，因此，它們是中華文明地理共同體的一部分，應被看做中國的一部分。

　　在東北地區，女真族（後稱「滿族」）在 11 世紀後期強大起來。不久，它建立了金政權（1115–1234 年）。金其後打敗了遼，令其餘族逃至中亞，建立西遼。1126 年，金大敗北宋，搶掠了首都汴梁（開封）。宋室被迫南渡，在南方立足而為南宋（1127–1279 年），並與金在 1164 年議和，以淮河為界（圖 9.1），保持長久的相對安定。因此南宋版圖約是北宋的三分之二，明朝的三分之一，和清朝的五分之一。

　　金朝統治淮河以北的土地，估計此地有「漢」民 4,000 萬人，而南宋的人口在 1131 年時為 4,500 萬人（表 9.2）。就以民族和人口計，金和宋不但是一家而且勢均力敵。

　　由於幅員與人口的細小，兩宋缺少了大一統朝代，如漢唐的軍事力量。它在西北和西面的擴張受制於吐蕃和西夏，在北面先是受制於契丹的遼，後是女真的金，而西南又被南詔所約束（圖 9.1）。

　　導致北宋採取「守內虛外」的政策還有兩大原因：1. 唐後期的藩鎮割據和五代十國的大分裂；2. 因宋太祖由「黃袍加身」軍隊譁變而得位，對軍人權力持有戒心。因此，兩宋除了將政、財、司法、軍事大權集中於皇

表 9.2　兩宋的人口

朝代	年份	人口（百萬）
後周	959 年	16.7
北宋	970 年	21.1
	1003 年	28.1
	1020 年	39.9
	1060 年	45.4
	1110 年	85.6
南宋	1131 年	44.4
	1180 年	48.5
	1234 年	51.3
	1274 年	42.2
	1275 年	29.5
	1279 年宋亡	

帝一身外（雖然在決策過程中表面上退居第二線），在軍事上更往往採取守勢，而且將軍隊的指揮權交由文官代理。宋代的常備軍比以往龐大，由宋初的 37 萬人增至徽宗（1110 年）時的 140 萬人，但卻很少進行積極的戰略進攻，南宋初時的岳飛北伐是個例外。

　　宋代因而在軍事和外交上以保守為基調，即：務求穩定和和平，沒有如漢、唐兩代一樣尋求領土的拓展，使宋在軍事上成為一個積弱和苟且偷安的朝代。然而數目龐大的軍隊卻成為宋「積貧」的重要原因之一，因為軍費開支竟佔了北宋政府財政的 70%，和南宋財政的 60%。不過，兩宋卻因上述這些政策達到了相當長時期的內部穩定，避免了軍閥割據和國家再度分裂。

二、文人官僚政治的形成和儒學的復興

北宋建立後，「興文教、抑武事」，尊重知識，提倡讀書，大力改變唐末和五代的重武輕文傾向，重建和完善了以儒學為基礎的科舉制的選拔文臣任要職的體制。宋太祖一朝，先後的九位宰相全為文官，在其中科舉出身的佔六人。在兩宋主要大臣中的 724 位樞密使、樞密副使（掌軍隊的主要官員）中，文臣佔 659 人。科舉制度在公平、開放和實用上達到新高峰，不再像前朝只考詩賦、帖經、墨義，而以經義、經論、時務策為主。官俸亦大幅地增加以求養廉。門第觀念因而更形淡薄，使宋朝成為中國古代公務員式的官僚制度走向成熟。Roberts（1999）指出，在 1148 至 1256 年間，六成進士的家庭背景顯示：他們以上的三代從未被任命為官。科舉考試和地方州縣學校考選，已成為士大夫進入官場的必經之路。

皇帝亦對大臣放權，將自己放在決策的第二線，由中書和門下（南宋神宗後改設為門下、中書、尚書三省）制訂經濟和稅收政策，樞密院控制軍隊。皇帝只在政策上交由六部推行前加以審核。當然，一如前朝，御史道對官員進行監察和直接向皇帝負責。這些文官從國家利益出發，制訂了一系列包括限制和約束皇帝權力的制度和章程，形成了皇帝與士大夫共治的新中央集權政體，職業軍人不但喪失了以往的權力，社會地位也隨之下降。

文官政治和儒學的復興直接相關，其中司馬光和朱熹的學說更具代表性。他們不但重申儒學的基本思想是治理國家的主要原則，而且使這些原則和理念上支持了君主權力的合理性，以及個人在道德修養上重視通經致用，專注現實的實踐，使儒學向新儒學 —— 理學邁進。司馬光的政治理想為：明君在位、國泰民安。他主張任官以才，「懷民以仁」，恪守「祖宗之法」。朱熹主張窮理格物，先知後行，知行合一；而他所格的「物」乃天理、人倫和聖言。

理學對儒家經典的新解讀成為科舉的基礎。這些較開明的治學態度，也促進了士大夫在哲學倫理與文學之外對藝術、科技、自然、數學、政治、社會，甚至城市規劃的新興趣和看法。通過了富裕的士家庭的增加，活版印刷的推廣，閒暇時間的增多，以及官辦學校和私立書院的蓬勃（有

記錄的私人書院至少有 124 家），理學得以廣泛傳播。簡言之，這是一次中國式的「文藝復興」，一個新的和全面的知識年代的展開。正因如此，兩宋在經濟、文學、藝術和科學發展上，都達到了歷史高峰。宋代的詞、小說、瓷器、山水畫、絲綢、製圖、造船、家具以及室內設計都成為中華文明的經典。

兩宋社會還加添了另一重要的新成分，包括以商店主和手工藝者為主的新階層，和在城內形成的，如店員、奴僕，和其他僱員（販夫走卒）等的城市低下階層。這些新階層在人數上佔了城市人口的多數，而他們的喜好和日常生活亦與上層人士（士大夫、貴族和官員）明顯不同。為了迎合他們，城市中產生了大眾文化和娛樂，包括了說書、弄刀、賣藝和其他城市娛樂活動，構成了宋代城市中的勾欄和瓦子等新的土地利用和城市功能，使宋代的城市文明出現了新的景象。

三、商業國家

北宋經過了開明宰相如范仲淹（989–1052 年）和王安石（1021–1086 年）的改革後，農業生產大增。長江下游的圍墾造田和在南中國坡地推行整修梯田，使耕地面積比唐代倍增。南中國也普遍地種植經濟作物 —— 茶，在廣東和福建亦引進棉花。以往以農地計算和實物及役力為主要繳付辦法的「租調」，或農業稅制被以產量估值、現銀支付的辦法取代。因此，貨幣經濟開始向農業覆蓋，促使農業商品化以及農產品大量進入貿易渠道，步向農業的資本主義初階。

在非農經濟部門，如商業和手工業，宋代也以零沽的商業稅和產品稅代替了對市場和產品價格的控制，以及對手工藝的直接控制。當然國家仍通過專營，直接成為一些關鍵產品的生產者和商人，為軍隊籌措經費，如英宗時，各類官辦礦冶所達 271 所。官營手工業仍佔主導地位，但它們的工匠主要是招募而來的僱匠，對官府和私人坊主的人身依附關係再進一步削弱。

在中國的歷史上，宋代也是首個積極地推動海上貿易的政權。除了對東南亞和南亞派遣貿易代表團外，南宋在秀州（上海華亭）、密州（青島

附近）、明州（寧波）、泉州和廣州專設對外的海上貿易管理機構 —— 市舶司，依市舶法對外商進行管理。南宋時，設有市舶司的港口貿易城市有臨安（杭州）、明州、溫州、秀州、江陰等。兩宋期間，與中國保持貿易關係的國家有五十多個。市舶司的進出口稅收約等於貨值的 10% 至 40%。按 1189 年的記錄，該年的稅收達 6,500 萬串（或稱貫，每串 1,000 錢），比北宋初年的 500 萬串增加超過十倍。Cotterell & Morgan（1975）認為，兩宋的海上貿易總額已超過歐洲的總和，是世界最大的貿易國。

用國家財政收入估計，在北宋的經濟中，非農與農業經濟各佔一半，因為政府來自商業稅和專營的收益和農業稅的收入相等，至 1077 年（熙寧十年）更達 70%。商業稅和專營稅大部分來自城市，它們在南宋時，一直超過了來自農村的收入，佔國家總稅收三分之二以上。因此，宋代經濟可稱為「新經濟」，亦可稱為「貨幣經濟」，因為其中的支付手段，和前代不同，已經由現銀取代了實物。大量的現銀交易亦使貨幣的種類增加，除了以串（1,000 個錢）為單位的傳統銅錢，大量純銀也進入流通渠道。北宋（1073 年）時，鑄錢 600 萬串，但流通量卻有幾十倍，達二億串（Gernet, 1985）。其背後的原因乃新貨幣的出現。

1024 年起被成都商人採用的私人銀票，發展成為州政府推動區域間貿易的「飛錢」，以便利大額跨境貿易和減低現銀交收和運輸的風險。這些不同形式的「代幣」至南宋（12 世紀）時發展為「官鈔」（會子），即印刷的官方貨幣，其流通量達四億串，是北宋銅幣高峰期流通量的兩倍。南宋紙幣的影響更是國際性的，它成為了不少亞洲國家，如韓國和日本的通貨。

圖 9.2 將北宋時官營專利，主要城市的商業稅收，和經濟作物稅收（只包括茶葉）的分佈顯示，以說明北宋商業經濟的空間分佈和由它所導致的城市等級體系。它印證了在南中國，包括四川的在兩宋時商業和城市的蓬勃發展。由於圖 9.2 的資料並不涉及大量的沒有稅付的私人貿易，它並沒有充分反映宋代商業社會的全貌。

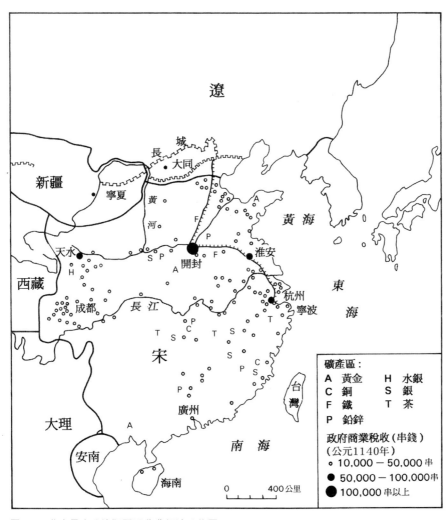

圖 9.2　北宋最大政治版圖及非農經濟分佈圖

宋代城市文明的新動力

一、城市的工商業發展

耕地的開拓、新技術的應用以及農業稅的改革導致生產率的提高（特別是水稻）和經濟作物的推廣。它們亦使土地市場形成，導致農地的兼併和大莊園的出現。在 11 世紀時的北宋，14% 的人口擁有了全國 77.5% 的耕地面積（Roberts, 1999）。因而不少農民失去土地，被迫流入了工、商及服務性的行業，促進了非農經濟和城市化的發展。這個發展也同時改變了以往工商業依賴王室和官僚的傳統，由以製造和營銷奢侈品為主，轉向以大眾消費品如食品、日用品等為主，引致工商業的擴張和普及。

國內和對外貿易亦得益於全國已完備的五萬公里水路網、新海船的設計和導航以及航海工具如定向舵、指南針和新航帆的出現和推廣。紙幣和金融機構的出現，也使貿易因利便和風險降低而擴張。上述的技術和政策因素，配合社會上新儒學的實用和理性主義，促使了新的城市革命。括言之，兩宋的技術和社會誘因，使社會的發展水平達到歐洲國家相當於 18 世紀初的資本主義初階時期。

正因如此，雖然宋代人口由初期（970 年）的 2,110 萬人增至 1110 年的 8,560 萬人（表 9.2），農業人口的比率卻在下降。農業的高效率使糧食年產三億石（1 石 =103 斤），即約達人均三石。單大運河就每年漕運 700 萬石。「十國」時代，南中國的區域間貿易已很蓬勃，至南宋因而更盛。如圖 9.2 所示，當時出現了區際的經濟分工，如河北盛產鋼和鐵；太湖地區產稻米；福建產茶和甘蔗；四川和浙江造紙；成都和杭州印刷和出版；湖北、湖南和浙江產漆器；開封（汴京）和浙江產瓷器等。當時的國內貿易以一般消費品為主，而外貿則集中在奢侈品，如香料、珠寶、象牙、珊瑚、犀牛角、藥材、沉香、絲和上等的茶和瓷器等。

城市經濟的發展使社會和文化出現新變化，特別是在城市發展上出現了新動力，也改變了城市的傳統性質和土地利用結構。漢唐的行政型城市至此時已轉型為商貿和娛樂型的新城市。正如前述，繁華的工商業在這些

城市中培育出了一個新的城市居民階層——「市井之徒」。與城市經濟繁榮和規模愈來愈大的趨勢相適應，兩宋在戶籍制度上更把居住在鎮、寨和城市中的居民定為「坊廓戶」，向官府繳納房產稅和地基稅，承擔勞役等。首次出現了城市地租和新的戶籍身份，與農村戶籍明顯不同。

二、商業鎮與草市的出現

此外，晚唐以來商業中心的興起至兩宋而大盛，更促成中國歷史另一個城市發展的新起點，即商業鎮的出現。北宋人高承將鎮定義為：「民聚不成縣，而有稅課者，則為鎮，或以官監之。」這些縣以下的鎮級聚落的發展，主要依托於自身的經濟功能而不是行政功能。它們其中一些是唐末廢置的軍事型鎮所，但大部分卻是不設城牆的，在交通交匯處以手工業或貿易發展起來的小城市。當他們發展至一定規模時，政府便賦予他們新的城市行政身份。

在 1080 年時，在全國的 1,135 個縣中，共有 1,810 個此類鎮，其中23.5% 設有稅館（馬瀾潮，1971）。不少鎮是在大型商貿城市周邊出現的，如在開封府便有 31 個鎮，河南府有 22 個鎮，大明府有 20 個鎮，成都府有 19 個鎮。在鎮下，在農村地區邊沿也出現了更低層次的商業點——「草市」（即墟市）。它們為農副產品提供了定期的墟市交易場所。政府亦在「草市」設官收稅，其中一些「草市」甚至被升格為鎮。

三、沿河、沿海和沿邊的空間分佈

國內貿易和商品經濟的蓬勃，特別是奢侈品如絲、茶、瓷器，導致利用本地產品和進口的奢侈品的交易，產生了外貿。宋代對外貿的鼓勵以及它的造船和航海的發達，使興旺的海港成為當代城市化的另一動力，加添了另類城市。在唐代，廣州是唯一設有市舶司的城市。在北宋，這些城市便有六個。在南宋，更加添了三個，即：鎮江、溫州和江陰。大部分海港城市位於南方，鄰近出口產品的主要產地（圖 9.2）。

在空間分佈上，經濟興旺，人口眾多的城市集中在長江沿岸和沿海。在陸上的重要通道口，亦得利於政府的邊貿政策，如茶、馬市，出現重要

的商貿城市，如天水等（與吐蕃和西夏相接，圖 9.2）。在北宋，人口超過十萬人的大城市超過 40 座，而唐代只有十座。因此，兩宋城市規模已超越中世紀時期的歐洲，它擁有當時全世界最大的十座城市中的五座。圖 9.2 更明顯表示南中國的城市在數目增加和重要性上均領先中國北部。在以下表 9.3，我們以南部四州和北部河南為代表的兩級城市數目在唐代和宋代的變化以資證明：

表 9.3　唐宋府（州）、縣治數目的變化

	府（州）治數	縣治數
南方：四府（州）		
唐	35	170
宋	48	243
北方：河南		
唐	18	132
宋	17	99

　　北宋末年，黃河流域的北方出現了大量人口南遷，而南宋與遼和金的連年戰爭也使北方人口和城市受到摧殘。明顯地，城市的數目在南方出現了強勁的增加，而北方則在下降。

新市民社會的出現

一、新的城市資產階級

　　農村生活的艱苦以及城市工商業的繁榮，營造了大量人口由農村向城市遷移。兩宋的官僚體制也規定了官員們要隨着任命的轉變而不停地遷徙。廉價而便利的交通，眾多而功能多樣化的城市聚落，以及城市累積的財富和豐富的娛樂，成為新的城市向心的動力，打造出兩宋新的城市文明。

由大小商人所構成的新城市資產階級，不但人數眾多，而且在財富的影響力上更勝「士」階層。他們的生意不再仰賴於對王室、貴族和官僚的供給。他們的市場來自出口的大量需求，和廣大百姓的需求，甚至在奢侈品上，因為這個新資產階級的自身需求亦十分龐大。他們廣建雅緻的園林，並且在內中陳設講究的家具和藝術品擺設，衣着奢華，而且追求美食。所有這些成為了中國新城市文明的一部分 —— 城市內舒適和高水平的生活環境。

與此同步發展的，有暢旺的城市大眾表演藝術，以及新城市民眾需求所孕育出來的民間專業藝人，包括風水師、面相師、說話人、戲曲師、棋藝師、傀儡戲師、影戲師、雜技師等；同時還有大量的酒樓、茶藝館、妓院、浴堂、酒肆和賭場內的僱員等。

二、龐大的城市普羅大眾

城市民間技藝和娛樂事業的崛起亦和政府對城市的新概念和轉變了的城市管理模式有關。五代末期，周世宗在即帝位前曾經做過商人，故即帝位後，對城市商業採取較為自由的政策，如在首都開封的汴河上允許建立邸店。宋太祖繼承了周世宗的政策，即位第六年（966 年）就正式在京城弛夜禁，准許開夜市：「詔開封府，令京城夜市自三鼓已來，不得禁止。」在中國城市發展史上，這是個劃時代的巨變，意味着傳統的市場管理模式的消除。至北宋中期，封閉型的坊市制度已全面崩潰。商業的經營方式和城市的空間格局向開放型轉變，形成許多繁華熱鬧的商業街和新型的服務和娛樂行業（如浴堂、茶坊、勾欄等），令商人、小販、賣藝者及他們的客人 —— 城市居民成為城市的最重要部分。

在中國的城市發展史中，北宋開封是首個以大量市民商販、娛樂所需而構成了主要土地利用和功能分佈的都城例子。這些以大眾需求為目的的綜合性土地利用被稱為「瓦子」。「瓦子」以一個或數個有遮蓋的表演場所「勾欄」為核心，周邊有眾多的販賣各種商品或占卜、醫療服務的攤檔，街頭戲曲或雜技，酒樓、茶館、食肆和妓院等。當時的開封市共有六個「瓦子」，其中最大的「瓦子」有 50 個勾欄（圖 9.3）。南宋的首都臨安（杭州），

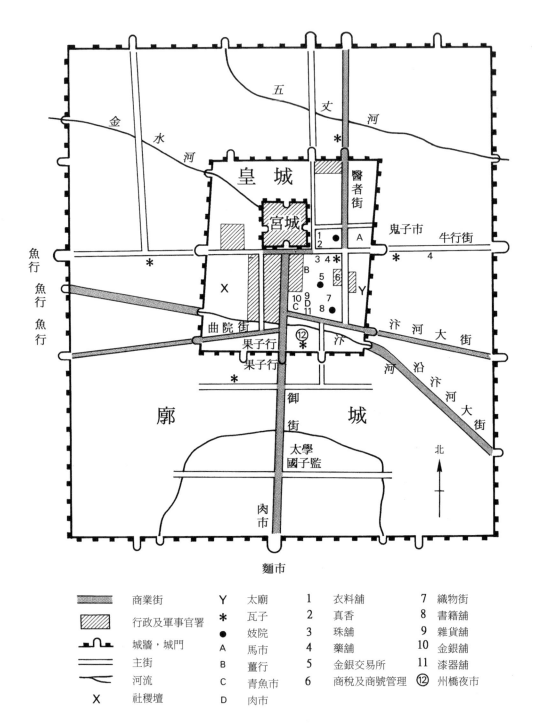

圖 9.3　北宋末年，東京（開封）三重城結構及主要行市分佈

有 12 個「瓦子」（圖 9.3）。不少「瓦子」是通宵達旦、24 小時營業的。因此，兩宋的城市生活和市民大眾的文化和空間的習慣，明顯地與前代不同，在狹義上說，他們是生活在一個新的城市文明之中。

三、城市功能與城鄉關係變化

在兩宋的城市中，由商貿、製造業、娛樂和服務業所孕育出來的新城市文明，凌駕於傳統的行政功能，為中國傳統城市文明在性質、內容和空間格局上加添了新的內容。有了新發展的兩宋城市文明自然地引致新的城鄉關係。漢唐的行政型城市是對周邊的農業地區具有服務功能的中地（central place）。在兩宋的商業社會中，城市與農村的分別變得明顯：包括了不同的生活節奏、內涵、方式以及不同的人的素質和追求。

兩宋城市亦相對地較為獨立：富有者不一定是農村地主，貧賤者亦多與農村土地脫離關係；而城市的繁華主要建基於國內外貿易，就算是工業生產，也不以地區市場為主要營銷目標。因為這些獨立性或與傳統的地域脫離，在市民階層中人與人之間的互助成為心理和實際的必要。以鄉土、貿易、製造業行業組成的行會和同鄉會成為當時城市的另一特色。同樣，各宗教亦成為新城市文明的內涵之一。

對兩宋的城市和城市文明的演變，我們可以簡括為如下九點：

1. 居住里坊的瓦解，代之以開放式的街巷；
2. 對居民的嚴格時空管制轉變為市民在生活和活動上的自由；
3. 嚴格管理的封閉式「市肆」，變為 24 小時營業和開放式的商業街和社區；
4. 居住和商貿、服務活動採取線狀或帶狀式，沿主街、河道和交通交叉點分佈；
5. 城市居民的戶籍定為「坊廓戶」，其義務與農村戶籍不同，首次出現了「城市居民」的概念；
6. 巨大的城市生活的改變：豐富的文娛和演藝活動，而且主要由私人作營利性的提供；

7. 因為城市的規模、密度和加快的生活節奏使火災危險度大大提升，
   開設了城市防火滅火的官方機構；

8. 對城市路旁、沿河植花樹等「綠化」措施的重視，並且成為規劃和
   建設城市的基本原則之一；

9. 戰場上的攻擊性火器改變了城牆的防衛性設計；城牆改由石砌或鋪
   以磚，替代夯土牆，並且建有敵樓、箭樓和深邃的城溝。

然而在城市的空間格局上，宮城仍是首都的中心，在各下級城市中，
官署仍佔有他們的核心位置。

以下，我們以兩宋的都城和主要大城市為例，印證此一時代的城市文
明，包括城市化和城市結構的新形態。

（一）開封

開封是北宋首都，亦稱「東京」，或「汴京」（960–1127 年）。唐代它
被稱為「汴州」，城牆於公元 781 年建成。它位於大運河與黃河的交接處
（圖 9.2），是自隋唐以來，南中國漕糧支援京師大興和長安的戰略要地。公
元 918 年後，它成為五代的首都。後周將它擴充，建設了第二重城牆。新
牆包括的土地面積，比舊城或內城大三倍。

由於開封處於十里平川的黃河谷地平地，無險可守，因而需要建有多
重堅固的城牆以為防守之用。因此它擁大高牆和深濠（圖 9.3），以抵禦新
的熱兵器（火炮）和來自北方的鐵騎。

圖 9.3 顯示，城的平面近方，總面積約 32 平方公里，是一個擁有三重
城牆的大都城，中心為宮城。

宮城，亦稱「大內」，格局為「前朝後寢」，是天子辦公和居住的禁地。
皇城，亦即內城，約等於唐時汴州的範圍，面積 4.5 平方公里。由宮城正南
門開始的御街是皇城和全城的中軸線。兩旁分列文、武官署，是全國的行
政中樞。在皇城南部，按〈考工記〉「左祖右社」分設有宗廟和社稷壇。簡
言之，宮城和皇城基本承繼儒家規定的都城的佈局和性質，以「奉天承運」
的「天人合一」和禮樂為原則，並以行政為主要功能。

工商貿、娛樂型大都會

然而北宋的開封，其皇城內亦商肆和娛樂場所林立的。圖 9.3 顯示了醫者街、御街、曲院街等主要商業和由奢侈品到日常用品集中的主要商業區（如珠寶、金銀舖、雜貨舖），和六個「瓦子」及三個妓院區。皇城內汴河上的州橋一帶（圖 9.3 的註 12）更是全市最大的夜市。黃河四條支流流過開封，其中汴河的商貿最為繁忙。河上的貨運量，佔了首都水運量的九成，主要是米和鹽，以供應王室、官府和軍隊的龐大需求。單米糧一項，每年運量便達 300 至 700 萬石。城內東南角的兩條沿汴河大街是全城最繁忙的倉儲和商業區，因為漕運是由此入京師的。

《清明上河圖》便是按沿汴河大街為其實景繪成的，圖 9.4 顯示它的城市中局部城市景觀。在唐時，汴州府城（即北宋內城）只設有兩個封閉式的市場，至北宋中，他們已被開放式的商業街和商業區取代。後者多沿大道及河道兩旁作線狀分佈，亦有時和居住區混在一起。為了便利稅收，官府在城中重要商業中心設稅局和商貿管理機構（圖 9.3 的註 6）。開封當時的商業稅領先全國，主要是進城的商品稅和倉儲稅兩大類。在 1015 年，開封的兩稅全年稅入為 40 萬串，至 1085 年增至 55 萬串。另外，官辦工貿專營還僱有很多人，為政府提供另一財政來源。單是為王室和貴族製造奢侈品的工藝師便有八九千人，還有專門生產兵器的工匠 3,700 人。私營的製造業多在廓城，也是十分繁盛。

全城道路以宮城為核心，作棋盤式的向外延伸。其南門外的御道為主軸，寬 300 米，亦成為主要商業街。其他道路多是 15 至 20 米，比唐代窄。全城有六大娛樂區 ——「瓦子」，分佈在內城和廓城不同地段（圖 9.3）。商店和酒家、食肆遍佈全城（除宮城外），以沿汴河和主幹道最為集中。這些「瓦子」和商業街，成為開封一大特色，也是中國國都和城市文明自北宋以來才有的新元素。

開封也是北宋的文化和教育中心。據 1102 至 1106 年的記錄，城南的太學有學生 3,600 人，此外還有其他官學和私學，除了教授儒家經典外，還授武術、醫術、法律和數學等科。開封還具國際化的宗教氣氛，城中有各類宗教寺廟 913 座，道佛等宗教專業人士 25,000 人。

圖 9.4 　《清明上河圖》（臨摹局部）

新的管理體制

坊制自從被破壞後，以往的坊牆變為開放式的街道，不少住宅和商舖開向臨街，同時多層式樓宇也出現了（圖9.4）。增加了的樓宇高度和密度，以及混合了工、商、住等三種功能，使自後周起的城市滅火組織發展得更為完備。開封城的內城被劃為14個消防區，外城則為八個，分別在450米的距離設置一個消防站。站內有瞭望樓，救火設備和消防員值班。全市共有3,400個士兵充任消防員，全職防火和救火。

取消舊坊制後，內城被分為十個城區，即廂，共轄121個分區（坊）。廓城分為四廂十五坊。1021年時，宮城共住了35,550戶，皇城62,200戶，而廓城10萬戶。加上約40萬人的軍隊和官員，全城人口約100萬人，是當時世界上最大的城市。

如前述，自後周起，開封採取了城市綠化政策，在運河和幹道旁遍植楊柳和花樹。北宋晚期，在宮城外東側更加建了皇家園林，即600×500平方米大的「艮嶽」，其內遍佈從太湖等南中國地區運來的奇石和花木。「艮嶽」建設的奢侈和豪華雖開創中國城市園林特色，但亦是導致北宋滅亡的原因之一：醉生夢死的城市生活。

（二）臨安（杭州）

臨安是隋代杭州的治所。「十國」時，它是吳國的都城。至北宋，它是南中國最大的絲織、釀酒和印刷中心，是個重要的工商都會。989年，朝廷在此開設市舶司以管理海上外貿。自1129年起，它成為南渡宋室安居之所，為偏安的南宋的國都，改稱「臨安」——「臨時安居之所」。

臨安與歷代國都有兩大分別：1. 城市外形不規則，成新月狀，而不是正方或長方形；2. 整個城市北向，包括主城門、大朝、宗廟等也是北向（圖9.5）。除了受到西湖、錢塘江和南面高地的影響外，政治是個重要考慮因素。城市的新名稱顯示了朝廷對重返中原舊京，收復故土的強烈願望。

與舊京開封比，臨安面積細小，只有十平方公里。它亦只是個二重城，包括皇城和外城（圖9.5、圖9.6）。皇城約等於宮城，在城南高地，依靠鳳凰山而北向。外城或廓城包括一般皇城內的官署和宗廟、社壇等建築，還有宋代興起的各級官學。外城牆十分堅固和富有防禦設計，但其城

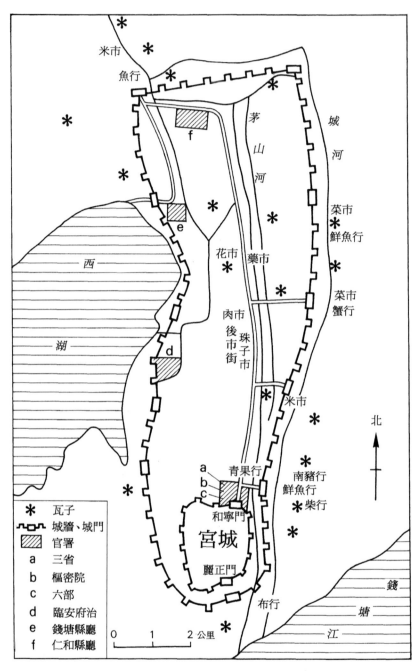

米市

魚行

茅山河

城河

西

湖

菜市

鮮魚行

菜市

蟹行

花市

藥市

肉市

後市街

珠子市

米市

青果行

南豬行

鮮魚行

柴行

和寧門

宮城

麗正門

布行

錢

塘

江

北

0　1　2 公里

✱	瓦子
▥	城牆、城門
▨	官署
a	三省
b	樞密院
c	六部
d	臨安府治
e	錢塘縣廳
f	仁和縣廳

圖 9.5　南宋臨安（今杭州）行政及商業功能分佈

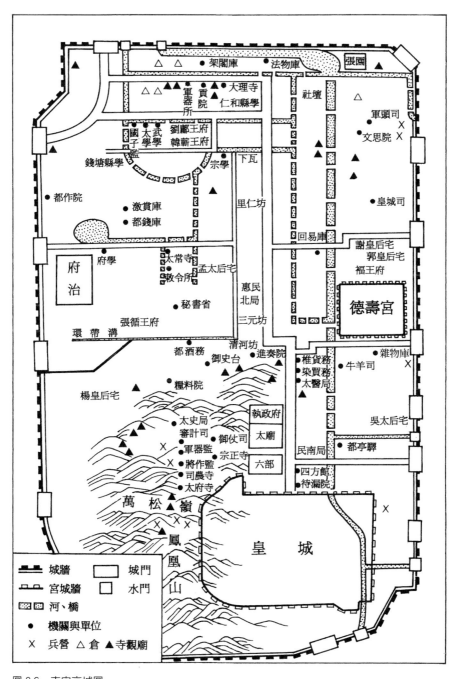

圖 9.6　南宋京城圖

門數目及分佈與〈考工記〉規定的各三門有很大出入。

由於城市細小，不少人口和活動越過外城城牆發展至西湖和沿運河的郊區（圖 9.5）。估計城內人口有 70 至 80 萬人，在與城內面積十平方公里相若的郊區，也有同等人口。因此城市的實際總人口達 150 萬人。

和開封一樣，工商業和娛樂事業遍佈全城，特別是沿河和主幹道的兩旁，大小店舖「連門俱是」。工商行業，比北宋更多，共有「行」414 個。大型的農副產品市場則集中在主城門外，如菜市、鮮魚行、柴行、蟹行等。城內不少建築採用臨街而不是四合院方式。空間的狹小也導致建築物向高空作多層式發展。城內外共有 24 個「瓦子」和不少街頭藝人，是個繁盛的工商貿和消費城市。圖 9.5 顯示出其中 12 個「瓦子」，其中城北的眾安橋「瓦子」最大，內有勾欄 13 座，包括說話、相撲、雜技、影戲、舞番樂、諸宮調、雜劇、傀儡戲等表演。

（三）平江（蘇州）

平江（今蘇州）是戰國至西漢時期江南唯一的都會。在唐時，仍是江南最大的商貿基地，比杭州繁華。北宋熙寧十年，平江收納商稅達 7.7 萬串。1113 年，改蘇州為平江府。在 1130 年時，南宋被金兵入侵，平江大部分遭毀，經半個世紀才逐漸恢復。

南宋經濟中心南移，促成平江與臨安同為天下兩大都會和文化中心。江南糧產，多經平江集散，城內因而工商繁盛。南宋紹定二年（1229 年）市政府刻成《平江圖》（圖 9.7），是中國最早的城市地圖。城為南北向長方形，面積十餘平方公里。治所稱「子城」，位於城市中心，是府衙所在。子城南為官署，多為行政功能，其北多為住宅。城內分許多坊，但只是小區名稱，實際上並沒有坊牆，都是沿街設店。主要商業區在城西北。由於平江地處水鄉，城內河道縱橫，有橋共 398 條，形成水網，水路交通與陸路交通同等重要因而被稱為「東方威尼斯」（水城）。圖 9.7 中見貢院、文廟等，反映其重要的文化教育功能。

（四）明州

明州（寧波）是兩宋的重要海港城市。自唐代起，它已開放外貿。城市位於餘姚、奉化和甬江三江匯合處，並與大海相接，利便集散和出口廣

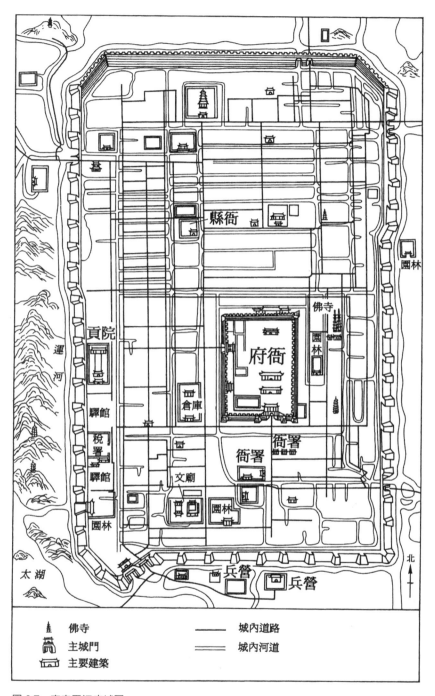

縣衙

貢院

驛館

稅署

驛館

文廟

園林

倉庫

府衙

佛寺

園林

衙署

衙署

園林

運河

太湖

兵營

兵營

園林

北

🌲 佛寺 ——— 城內道路

主城門 ═══ 城內河道

主要建築

圖 9.7 南宋平江府城圖

大腹地（包括安徽、浙江、江蘇）的絲綢、茶葉、瓷器和鐵器。在北宋，明州已是一個繁忙的國際貿易基地，城中設有高麗和波斯等國的使館，以及對外貿和外來船舶管理的機構，如市舶提舉司、市舶務廳事，以及大型船廠等（圖 9.8）。北宋哲宗時，明州與溫州每年各造官船 600 艘，佔全國 2,900 艘的約 40%，居造船業首位。明州更是以製造大型海船以供應高麗和南洋而著名。

（五）西夏、遼和金的城市

宋代周邊政權如西夏、遼和金都先後採用了唐代的行政體制，是中華文明的一部分，特別是在他們治下的以「漢人」為主的地區。如金就將國家分為 179 個州和 862 個縣，因而形成以州、縣治為實的 1,350 座城市的城市體系。他們也採用了科舉辦法以選拔「漢人」和契丹人。金朝引入唐制度，目的是將他們的統治合法化。最後，他們更將國都遷至中都（今北京）。作為金朝 60 年的國都中都嚴格地按〈考工記〉規劃，並採用了開封的三重城制。該城面積為 22 平方公里，但其內部沒有宋都城的繁盛的工商和娛樂事業，因而城牆之內不少是空置的土地。這個表面龐大的都市，主要是個行政和軍事重鎮，人口只有 20 萬人。西夏都城興慶府，情況和中都大致一樣。

結論：概念與制度創新促進了城市文明發展

唐末五代十國的紛亂所產生的統一政權宋，雖然在軍事上和領域上遠遜於漢唐兩代，然而卻自領風騷，成為中國又一偉大時代。其背後有三大原因：其一乃被 Roberts（1999）稱為「中世紀經濟革命」的過程，它締造了一個和 18 世紀歐洲近似的商業社會；其二乃一次中國式的「文藝復興」，導致理學的興起和一個新的人文社會的形成（Gernet, 1985）；其三乃城市居民，即「坊廓戶」的出現。它所涉及的居民身份和房產稅，是城市和農村分離與出現不同性質的開始。雖然兩宋的城市仍擁有重要的行政功能，但

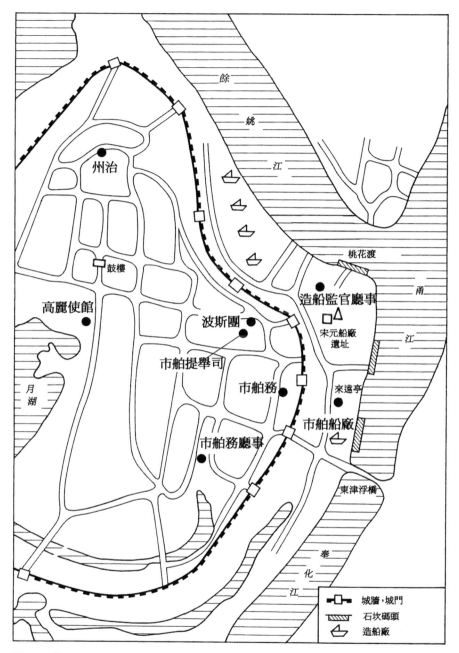

州治

鼓樓

高麗使館

波斯團

市舶提舉司

市舶務

市舶務廳事

月湖

餘

姚

江

桃花渡

造船監官廳事

宋元船廠遺址

甬

江

來遠亭

市舶船廠

東津浮橋

奉

化

江

	城牆, 城門
	石坎碼頭
	造船廠

圖 9.8　北宋明州（寧波）市舶遺址示意圖

上述三個社會過程卻打破了自商周以來的傳統中國的封閉式城市的兩大體制：里坊（或閭里）制和官辦「市肆」。

兩宋的城市居民享受到前所未有的從事工業製造、貿易、營商和演藝娛樂的自由。這些自由在兩宋城市內幾乎是不受時間和空間的限制。但同時它們也導致城鄉之間的分別，使城市漸漸和其所處的農村地區出現分歧。它們創新了中國城市，使他們在性質、功能、土地利用和空間結構上開拓了新的境界。上文有關開封和臨安的介紹，體現了大型和繁忙的工商貿易活動沿主街和河岸伸延，而大型的「瓦子」亦印證了新的城市化動力——一個新的城市文化和一個新的市民群體或社會的出現。「城市」這一名詞，因而在兩宋出現了新的涵義，而近似西方或資本主義式的城鄉分離亦開始在中國產生了。

因此，西方自 19 世紀以來所說的城市經濟、城市社群和城市化動力，自兩宋以後已開始成為中國城市發展和城市文明的一部分。因此兩宋在儒家思想進一步向前發展的前提下，並沒有對工商業的發展造成障礙；相反，我們見證了在〈考工記〉的原則下，傳統的行政型城市，擁抱了新的工商發展動力和市民階層的形成，成為新階段的中國城市文明。而這個「新」，與儒家思想並不相背。在士大夫、私人工商業者和新的市民階層中，兩宋主流的價值觀：理學，仍是源自傳統的儒家思想。同時，兩宋務實和開明的治學與做人態度，更推動了藝術、建築、文學（宋詞、話本）和科技的發展。在科技的創新，更達至世界頂峰，成就了古代三大發明：活字印刷術、火藥和指南針。它們不但是中華文明在兩宋階段又一標誌性成果，更為人類進步與世界文明的發展，特別是歐洲的「文藝復興」能夠出現與成功，作出了重大貢獻。

第十章

明代：中華城市文明的重建

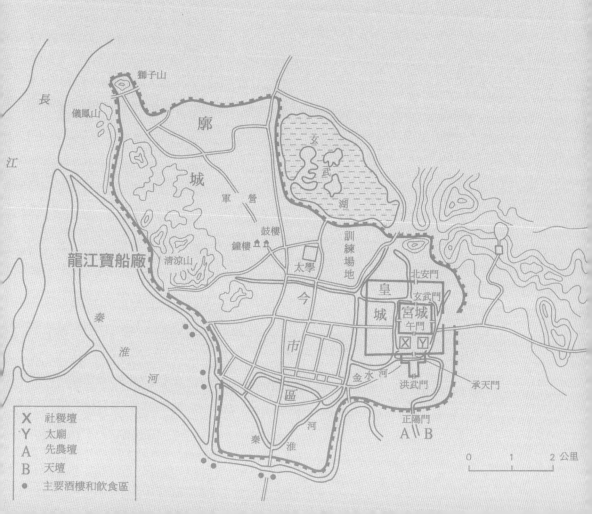

X　社稷壇
Y　太廟
A　先農壇
B　天壇
●　主要酒樓和飲食區

0　　1　　2 公里

元代是中國城市文明的黑暗時代

　　蒙古是古東胡族的一支，原居於今天的東北地區。他們與鮮卑和契丹同種同語，最早在中國史書出現時約在公元 6 世紀，時名「室韋」。在南北朝和唐代，鮮有有關他們的記載。突厥稱他們為「韃靼人」（Tatar），因而成為西方對他們的稱呼。世界對他們的認識約始於 1206 年，當時鐵木真統一了蒙古各部，自稱為「成吉思汗」，建立了大蒙古國。蒙古建國後，首先征服了最弱的鄰國西夏，1234 年又滅了金和朝鮮。之後，其子窩闊台領蒙古軍多次西征，在 1210 至 1240 年先後征服了中亞、斡羅思、波斯、東歐，直達愛琴海，震撼亞歐。窩闊台的弟弟蒙哥繼承大汗位，命侄兒忽必烈南討南宋和南詔。忽必烈在 1260 年繼大汗位，稱「天可汗」，於 1279 年滅南宋。

一、元宋朝代更替，中華文明延續

　　1234 年蒙宋聯軍破蔡州，金哀宗自殺，金朝亡。蒙古鐵騎慣用兇殘的策略，對抗拒他們的城市定必劫殺一空，以作為迫降的手段。起初，他們在中國北部亦採用同一策略，甚至一度建議將中國北方變成一個大牧場。由於金降臣耶律楚材的勸喻，窩闊台汗才採納一些儒家的治國辦法，並於1238 年舉行科舉，為統治華北帶來不少儒學人才。1246 年窩闊台兒子貴由即位。1251 年，蒙哥繼承汗位，推行中央集權，在漢地、中亞與伊朗等直轄地設置行中書省，以其弟忽必烈管理漢地。忽必烈任用了大批漢族幕僚和儒士，鞏固了華北地區。1258 年蒙哥南征南宋，隔年在合州戰死。忽必烈停止南征，北返奪位。1260 年忽必烈在部分宗王和蒙漢大臣的擁立下成為蒙古皇帝（又稱蒙古大汗）。

　　忽必烈登上大汗位後，採納了劉秉忠「馬上取天下，不可馬上治天下」的勸告，廣攬文學之士，免儒戶賦役，修繕燕京文廟，採用漢法，整理政治和經濟。1260 年設立中書省，1263 年設立樞密院，1268 年設立御史台等中國歷朝傳統的國家機構；又設置大司農司提倡農業；尊孔崇儒，並大力

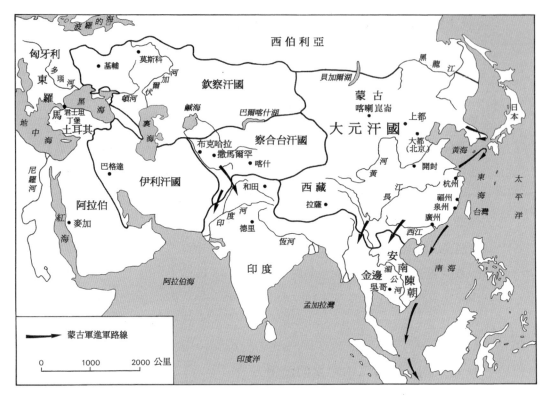

圖 10.1　1294 年的蒙古帝國版圖

發展儒學和推行漢法等政策。忽必烈更為了成為中國皇帝，於 1267 年遷都中都（今北京市），在 1271 年公佈《建國詔》，取《易經》中「乾元」之意，宣佈新王朝為繼承歷代中原王朝的中華正統王朝，將國號由大蒙古國改為大元，建立元朝。之前，窩闊台已採耶律楚材的建議，建立太學，忽必烈更設立第二所太學，並於 1306 年在大都建成孔廟（圖 10.2）。

元朝第四至六任皇帝仁宗、英宗和文宗亦大力推行「以儒治國」政策。仁宗將《大學衍義》、《貞觀政要》和《資治通鑒》等書譯為蒙文，令蒙古人與色目人誦習。1312 年元仁宗將其儒師王約特拜為集賢大學士，並在 1315 至 1335 年恢復科舉制度，以程朱理學為考試的內容。1320 年太子繼位為元英宗，繼續以儒治國、加強中央集權和官僚體制，並於 1323 年頒佈元朝法典 ——《大元通制》。元文宗於 1329 年設立了奎章閣學士院，掌講經史之書，考察歷代治亂。

忽必烈的重農政策以及南宋城市少有抗拒蒙古兵的情況，使南中國的城市文明和地方經濟，在有元一代得到保持和發展，成為元代經濟和文化最發達的地區。在區內，瓷器和絲織業非常旺盛。忽必烈也將大運河重整，並且開通了 250 公里長的會通河和 164 公里長的通惠河，使大運河延伸至大都。經濟的發展使元初的人口由最低的金國時期的 5,530 萬人增加至 1351 年的 8,760 萬人（表 10.1），雖然如此，這比金宋兩代時全中國的高峰期總人口的一億人仍有所下降。這 8,760 萬人口絕大部分（91%）集中在淮河以南的地區，在中國北部和四川則分別只有 400 萬人和 140 萬人。

到 1270 年，蒙古帝國的版圖已經橫跨亞歐，包括了元帝國和其四個汗國（圖 10.1）。這個龐大橫跨亞歐的帝國以及完善的以大都為中心的驛道系統，促進了亞歐的陸上交通。當時的驛道東連高麗，東北至奴兒干，北面達到吉利吉斯，西通伊利，欽察汗國，南接安南和緬國，並擁有驛站總共 1,500 處，規模超越前代。中國的重大發明因而在 13 世紀和 14 世紀都紛紛傳往歐洲，包括了羅盤、船舵、風車、水磨、機械鐘、冶鐵爐、火藥和武器製造，以及活版印刷術、拱橋建造法和紙幣制度等。中國也從西方傳入高粱、蘿蔔、葡萄、棉花以及煉糖和玻璃製造等技術。

雖然大蒙古國在 1230 年已統治中國北部，但自 1271 年建立元朝起，

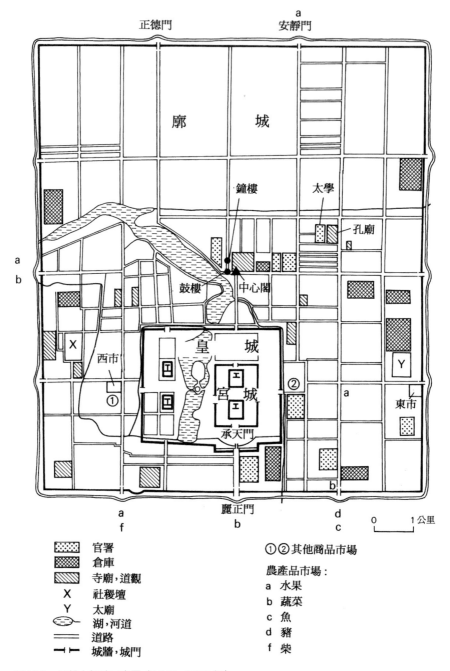

圖 10.2　元朝大都城示意圖（1341–1368 年）

正德門　　安靜門　a

廓　城

鐘樓　　太學

孔廟

鼓樓　中心閣

a
b

皇　城

西市

宮城

①　②

a

東市

承天門

Y

X

麗正門
a　　　b　　d
f　　　　　　c

0　　1公里

官署
倉庫
寺廟，道觀
X　社稷壇
Y　太廟
湖，河道
道路
城牆，城門

①②其他商品市場

農產品市場：
a　水果
b　蔬菜
c　魚
d　豬
f　柴

表 10.1　元明兩代的人口

朝代	年份	府數	縣數	人口（百萬）
元	1279–1368 年			
	1279 年	392	1,127	55.3
	1330 年			61.8
	1351 年			87.6
明	1368–1644 年			
	1368 年	399	1,144	63.8(57.4)*
	1381 年			67.8(59.9)
	1398 年			71.8(63.4)
	1491 年			92.0(81.0)
	1552 年			96.2(84.6)
	1660 年			98.3(86.2)
	1626 年			100.0(87.3)

* 只包括政府人口登記冊所記錄的人口

資料來源：趙文林、謝淑君（1988）

至 1368 年，經歷十一帝，共 98 年便滅亡了。

二、蒙古優先的民族政策：傷害文化與經濟發展

　　總的來說，元代的統治階層對漢文化不甚積極。雖然中央政府表面上採用了一些漢、唐乃至宋代的治國體制和儒家禮儀，但基本上保留了民族傾斜政策，自視與中原主體文化和民族有別。這是元朝不能真正達到民族融合、百姓歸心，睦鄰友好，以致國家不能持久的主要原因。為了防止漢化，它同時採用西亞文化與漢文化，提倡蒙古至上主義，並且一直在法律與政治上執行種族歧視政策。這在元代的文武官制上，以至科舉考試上都

明顯地體現出來（分成「蒙古、色目」和「漢人、南人」兩場分開的考試）。

元以蒙古人為優先，硬將全國各族人民分為四等：

第一等──蒙古人，即「國姓」、「自家骨肉」；

第二等──色目人，除漢兒、高麗、蠻子外，皆為色目；

第三等──漢人（漢兒），包括「漢」、契丹、女真等淮河以北原金國內人士，以及雲南、四川、高麗人士；

第四等──南人（蠻子），新附的原南宋境內人士。

從這四等人的分類中可見元朝對蒙古以外的民族的考慮是以政治及地域為先，種族為次，因而將金國、高麗、雲南、四川等諸民族統稱「漢人」，而把原來中原南遷的人士，歸為「蠻子」（以表視歧視）。在元代，「漢族」一詞因而並非指一個民族。更甚者，在「自家骨肉」為先和「敵對」力量為次的歧視下，「諸蒙古人與漢人爭，毆漢人，漢人勿還報」，中央和地方官，「其長則蒙古人為之，而漢人、南人貳焉」。又不准蒙古人和「漢」、南人通婚；「漢」、南人又不准經商。

因為如此，商業貿易成為蒙古貴族、官僚、色目商人和寺院豪奪民利的工具。最厚利的鹽、鐵、茶、酒、醋、農具、竹木等由政府專營。但瓷器則為例外，多由私營，致使製瓷成為最蓬勃而遍及全國的產業，單景德鎮就有 200 至 300 座民窯。外銷瓷器亦因而成為最大宗的出口生意。

在宗教上元朝提倡藏傳佛教，把它放在儒教與道教之上，在政治上大量使用色目人，使儒者的地位下降，更長時間沒有舉辦科舉。這些舉措，使唐宋以來的士大夫文化和有效率的公務員體制式微，但卻使屬於中下層的庶民文化迅速抬頭。這個現象在政治方面是重用胥吏，在藝術與文學方面則是發展以庶民為對象的戲劇與藝能，其中以元曲最為興盛。

三、城市化天秤傾向南中國

城市化在元代的發展是處於低潮期。元滅金時，北方人口十減其六七。對於較繁盛地區的城市人口，元特設官署管理，稱為「府治」。在中國北方，有 24 府，南方則有 77 府，其中浙江一地共 30 府，反映出北方的衰落和人口流失。元代不但城市數目較前代少，而且個別城市的人口大小

也遜於以往，可從當時的城市四級的大小體系中見證：

1. **首都**　大都，人口約 50 萬人；
2. **重要都會**　杭州和平江，人口 20 萬至 30 萬人；
3. **重要商貿城市**　如湖州、廣州、福州和臨清，人口 5 萬至 15 萬人；
4. **第四級城市**　如嘉興、松江、江陰，人口一萬至五萬人。

　　約言之，元代城市商業受制於不合理的政策，未能達到兩宋的水平，對城市的發展造成阻礙。不過，元代海運和大運河的漕糧運輸，以及海上和陸上對外貿易的暢通，亦造就了一些城市的發展，如江蘇劉家港（太倉）、直沽（天津），以及山東的窰州（諸城）、登州（蓬萊）等港口，沿大運河的淮安、臨清、東昌、直沽，對外海港泉州、廣州和上海縣的松江，絲綢之路上的甘州（張掖）、肅州（酒泉）、哈密力（哈密）、別失八里（奇台）、阿力麻里（霍城）等。

　　元大都的規劃體現了忽必烈的漢化傾向。由「漢人」劉秉忠和阿拉伯人也黑迭兒負責規劃和修建的新都城，受〈考工記〉的影響很深，體現出「左祖右社」、「前朝後寢」，中軸對稱，三套城牆，城牆方正和各牆三門，「南面而王」等合乎禮樂和「天人合一」的傳統原則（圖 10.2）。不過，大都也加插了一些道教原則，如北牆只有二門，缺中間一門，以防止大城受北方煞氣影響。

　　此外，大都也反映出元是個多民族國家，宮城內有若干蓋頂殿（瓢狀）、畏吾爾殿、棕毛殿等。殿內裝飾亦富於蒙古的「氈帳」色彩。與唐宋都城不同，大都的文、武官署亦較分散，而市場數目和規模亦遜色。大都的商貿只由約 2,000 個色目商人經營。元朝對宗教容忍，大都內各種宗教建築很多，但以喇嘛教最多。

　　大都是唐代之後最後一個平地而起的全新建成都城。在這個當時世界上最大的都城裏，面積有 49 平方公里，但其高峰人口只有 50 萬人（包括官員和軍隊），因而它的北廓城有大片空地。

明代：重拾自信與中華文明的復興

一、軍事大國與版圖的鞏固

忽必烈於 1294 年去世，成宗即位。此後的 39 年間，帝位更迭六次。元代沒有採用中華文明的宗法制度而依循他們自己的民族習慣。蒙古族沒有一個明確的繼承制度，加上新帝即位都要大賞宗親，造成財政負擔，導致多次內亂。在蒙古、色目和「漢人」、南人之間的巨大鴻溝，也是社會不穩定的原因。至 1344 年起，黃河多次潰決，災害頻仍。於是由白蓮教始導的農民起義最後令其中的紅巾軍能迅速在各地建立了數個政權。其中朱元璋一支滅了勢力最大的陳友諒和張士誠，着手北伐和統一中國。北伐成功後，朱元璋在洪武元年（1368 年）即帝位，定國號為大明，以應天（南京）為首都。

明代由 1368 至 1644 年，共 276 年，歷十六帝。它是又一次的中國重建，穩定和繁盛的朝代，顯示了自元之後中華文明的新活力，以至清朝不能不在明的堅實基礎上，繼續以儒學精神來統治中國（Schirokauer, 1991）。

Gernet（1985）將明朝分做三個階段。洪武至永樂年間的 56 年（1368-1424 年）為明代軍事重振以及經濟重建階段。自 1355 年的紅巾之亂起，元朝雖然表面上專崇儒學，但它對中國農業經濟和平民百姓的管治卻偏離中華文明的「德治」和「以民為本」的準則而徹底失敗。天氣與其他災異，加上行政腐敗，蒙古和色目官員對百姓的盤剝，財政失調，導致紙幣通貨膨脹等，在在顯示元朝已經失去了「天命」。朱元璋因而得以提出：「驅逐胡虜，恢復中華；立綱陳紀，救濟斯民」，挾「天命」和民意而奪回大都，將元帝逐回漠北，統一了中國。其大將繼而平定山西、陝西、甘肅、寧夏、遼東、雲南、安南、戈壁，並在青海和烏思藏（西藏）設行都指揮司，將它們歸入中國版圖（圖 10.3）。

簡言之，在 1406 年，明代以其軍力將中國的版圖擴大至由西起哈密到東邊的松花江流域，包括了庫頁島，其南疆跨雲南而包括了今天的越南。若將蒙古外逃所建立的瓦剌、韃靼和亦力把里政權計算在內，明代的幅員

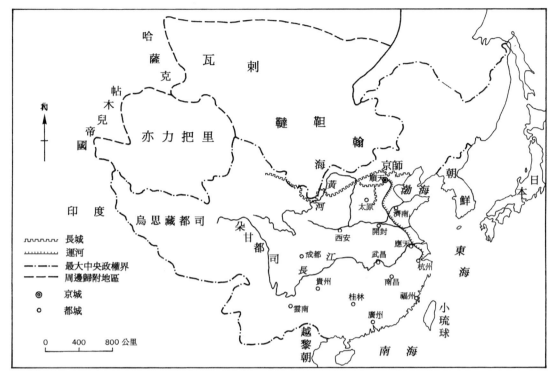

哈薩克瓦剌

帖木兒帝國

利

亦力把里

韃靼

翰海

印度

烏思藏都司

朵甘都司

京師
順天

渤海

朝鮮

日本

黃河

太原

西安

開封

應天

成都

武昌

杭州

東海

江

貴州

南昌

福州

桂林

長

雲南

廣州

小琉球

越黎朝

南海

長城
運河
最大中央政權界
周邊歸附地區
◎ 京城
○ 都城

0   400   800 公里

濟南

圖 10.3　明朝時期全圖

實際上比唐還大，就是不計上述地方，它也比漢代大。永樂帝更派鄭和率領龐大船隊（最大規模一次共有船 317 艘，27,870 人）七下西洋，所到之處包括東南亞、印度、中東、東非，和最遠達至好望角。自中唐以來便失落了的中國中原地區的武功和自信又在世界上重新展現。

1449 年「土木堡之變」的軍事失敗後，積極的邊防措施開始弛廢。明自洪熙和宣德皇帝起對來自北和西北面的蒙古等外患，改而採取了「息怨和邊」的安撫政策，「下西洋寶船」也停擺了，更放棄了交趾布政使司。在沿海，自 16 世紀起，葡萄牙和西班牙人，加上後來的日本海盜（倭寇），不時搶掠沿海地區，威脅該區的安全，明代因而自中期至明末採取了海禁政策。明代在北邊的長城工程，始於 1405 年，時期長達 200 年而從未停止。在沿邊亦建設了九鎮以為防禦，也使明代加添了一種特殊的邊境城市。

二、禮儀之邦、德治與教化的重建

明代的政治以皇帝的中央集權為主。自 1426 年起設立了內閣，由皇帝直接掌控以代替以往的院部行政機構的決策。不過朱元璋依循中華文明傳統，將禮樂政治與文官政治視為主流政治，盡力拉攏儒士出仕。這個傳統的政治理念，既包含對君主權威的肯定，同時也要求士大夫以道統為原則，通過「三公論道」參與君主政治體系。這裏隱藏了對皇權的重大制約：即士大夫以「道」或「德」或「天命」，即「公」天下的理念來制約王權。自明初洪武起，儒學亦已成為官（國）學。萬曆年間的東林黨，從儒家以「天下為己任」的道德責任出發，謀求改變皇帝和內閣專權，以實現廣大範圍的士大夫參政，正體現這種「公天下」的傳統儒學治國精神。

雖然中明至晚明的皇帝多專制和無能，導致宦官和外戚干政，但中明卻是宋以後的新「文藝復興」期，出現了中國歷史上重大的經濟、社會和思想上的轉變。特別是 1575 至 1582 年間，重臣張居正對教育、科舉、稅收和官制的成功革新，使財政好轉，國庫銀糧豐足，而百姓又能休養生息，達到儒家治國的理想狀況。神宗（1572–1620 年）時，皇帝四十年不上朝，任由宦官弄權。因此不少官員感到不穩，對中央失去信心，並自暴自棄而成為貪官。政治的腐化卻形成了一個以改革為主題的時代特徵。王

守仁從正人心出發，對儒學大旨作出新闡釋，形成新儒學又一階段，或「陽明學」。他的兩大命題為「致良知」和「知行合一」，反映了儒士在明代時代背景下進行思想學術探索的心路，推進社會教化，以注重自我、實學、不受傳統藩籬為特色。

自明初設國子監和在各府、州、縣設立學校後，全國各地生員可通過科舉入仕，恢復了科舉及官學生致仕的公務員體制。中央一級的進士科，有明一代共考了 89 次，成為進士者有 280 人。每年在國子監就讀的學生達 8,000 至 10,000 人，最高記錄為一年 50,000 人。國子監畢業生可免科舉而直接出仕，成為文官的另一重要來源。各級官學的普及，使識字率提高，遍及出身貧寒者。

明代教育之外，永樂帝更在 1420 年建大殿以祭天地，並把朱熹的解釋定為科舉經問的標準，用儒臣編成朱熹的理學精義：《五經四書大全》和《理性大全》。永樂五年（1407 年）編成的《永樂大典》，共 22,877 卷，是當時最大的類書。

活版印刷的發明和推廣，帶動了出版以及彩印的普及，還有科學、民間文學和文藝的發展。明代承繼了宋元的大眾文學，出版的庶民文學，如章回小說《水滸傳》、《三國演義》、《西遊記》和《金瓶梅》等都受到廣大平民階層歡迎，成為中國的四大奇書。戲曲亦進一步向前發展，創造了崑曲，成為今天京劇和越劇的前身。

科技進步方面則有李時珍的《本草綱目》（1578 年），內含 1,892 種中藥以及 8,160 種藥方，成為中醫藥的經典，包括了天花、傷寒的療法。對後世中國人口的增加，有一定的貢獻。

三、經濟新發展

明初亦是中國經濟自元代之後的重建時期，其經濟發展和物質繁榮達到兩宋的高峰。史書記載：有明一代是積極有為的朝代，其可數的大型工程共有 40,987 項，包括了灌溉、在南中國和西南低窪地及沿海建造梯田和圍墾、種植了十億棵樹的長期綠化工程、為 564 個城市的城牆改造為磚牆、自 1403 年起改造和延長了長城，使之直達河西走廊、修建及加深了

大運河和加建多處船閘以便大船能在其上通航等。復修後的京杭大運河替代了元末的海上漕運，使北京和東北邊境守軍每年的 400 萬石米糧得到保證。大運河由杭州至北京，全長 1,500 公里（圖 10.3）。單是漕糧每年便需船 10,000 艘，兵衛 12 萬人。自 1522 年後，每漕船可私帶 16 石免稅商品，並自行買賣，令運河沿線成為重要的商道。這些基建的努力，促成社會太平，農業和工商經濟復蘇，人口繁衍，以致明代中葉社會和平和穩定（表 10.1）。

明代農業科技並沒有明顯的進步，但明初普遍採用深耕和早稻品種，使收成增加。全國七成的糧食來自稻米，它的增產穩定了農村經濟，也支持了人口的增長。中至晚明，中國從新大陸引進了玉米、花生和蕃薯，但它們對人口增長的作用卻要到清初以後因被普遍推廣，才顯露出來。

在農村最明顯的變化乃棉花的普及。在官府大力推動下，棉花成為輪種的作物之一。在長江三角洲，棉花更成為主要作物，佔有總耕地面積的七成，致使當地要由外地調入稻米。棉花亦促進了一個新的農村產業 —— 棉布手工業，以及使棉織品成為重要的城市商品，其大量的貿易亦影響了明代城市體系的結構。

明代是個以農為主的經濟，政府的稅收也以農林土地稅和鹽稅為主，因此官府需要進行土地普查以及設法防止農民流失。明初制訂了限制城市化的政策。洪武十四年（1381 年）編製賦役黃冊，將百姓分為民戶、軍戶和匠戶等三種。各類人戶以籍為斷，世代相襲，不許擅自更易或遷徙。離開原地 100 里以上就要官府批准和給以「路牌」。

承元代制，明初的手工業多為官辦。登記匠戶有匠人 30 萬名，助手 150 萬人。自明中葉始，戶口制開始崩壞，富戶和官員併購土地，地租又改以賦役或現銀支付，貿易和私辦手工業的興旺等亦衝擊了戶口制。不少民戶因失卻土地而流入城市工作或成為佃農。

由於官辦手工業的沒落以及賦役的貨幣化使私營手工業興盛，特別是棉紡業；手工業的貿易量也隨之擴大，促成中國的「第二次商業革命」和專業工商城市的出現。這次「革命」表現為以下特點：

1. 區域間糧食貿易的增加；

2. 經濟作物的增長；

3. 貨幣的普遍應用；

4. 主要製造業出現了詳細的工序分工，如景德鎮單官窰每年就產瓷器 443,000 件，經流水線分工序生產：「共計一杯工力，過手七十二，方克成器」；

5. 大量的工業製品出口，如瓷器，每年達 4,430 萬件；

6. 出現了雄厚的商業資本，最著名的乃徽（安徽）商和晉（山西）商，他們主要經營鹽業、糧食、木材、茶葉、文具、藥材以及資本出貸業。雖然這些商人有些富甲一方，但商人在明的地位仍低，不少商人通過子弟科舉入仕以提高地位，被稱為「儒商」。

但晚明仍未能步入資本主義時代。其中最大原因乃它的生產技術的改進採取了漸進而緩慢的方式。同時，由於非常發達的商貿網絡及大量的廉價勞工的供應，也使生產不存在瓶頸現象，缺少了將手工業推向資本性大型工廠和機器生產的動力。

明代末期的五十多年間（1590–1644 年），君主的獨斷和不理朝政事務，宦官弄權，而朝臣無休止的相互攻擊，使國家成為政治泥潭。雖然如此，在士大夫的影響下，明社會仍保持相對的穩定。明末的動亂，如果不是以下兩大原因，亦不致出現危難而結束了明的統治：1. 全球經濟大衰退影響了中國茶葉和瓷器的出口，令進口的白銀大減；2. 錯誤地長期對高麗用兵，大傷國力。

明代的城市化

和漢、唐和宋代一樣，由於行政體系和城市體系緊扣，明代的政府亦主導了城市化的進程。明代共有四級行政單位：

1. **兩京和十三行省** 北京和南京，其後行省加至 15 個；
2. **府** 明有 140 個（宋有 30 個）；
3. **州** 明有 190 個（宋有 254 個）；
4. **縣** 明有 1,138 個（宋有 1,284 個）。

府和州可視為同一級（等同漢代的郡），約等於今天的地級。府多是邊地單位，擁有軍事功能。在府州之上有道，以監察府與州的行政。各級的治所，成為它所依托的城市，是城市體系中最清晰的指標。南中國持續的經濟繁榮亦成為府州的南北分佈不平衡的主因：南方有 849 個，而北方只有 138 個。這亦因為明代疆域向西南的擴張，將雲南、廣西和貴州也納入了中國版圖。

明代於 1370 年進行了一次全國人口普查，為對明代的人口作出合理估計建立了基礎（表 10.1）。在 1368 至 1552 年間，人口由 6,380 萬人增至一億人。其間，北方人口也增加了 3.4%。然而在 1430 至 1450 年，人口增長受到了黃河氾濫、蟲禍、疫症和對女嬰的殺害等因素而變得遲緩。

自 15 世紀初至明末，中國出現了不少工商城市，其中主要者由 33 座增至 52 座，官府在它們內設「鈔關」以負責收稅。同時，國內逐漸形成了四大工業區，達到一定的工業分工：即紡織工業區，包括松江、潞安等；蘇州、杭州則形成了絲織區；以及蕪湖染布區和宣山製紙區。

區域性的手工業專業化自然也促進了區際貿易，而這類貿易中心一般依托於鄰近產品產地和交通交匯處的行政治所。這些中心包括了四大明顯城市組別：

1. **紡織城市** 如南京、杭州、蘇州、潞安、成都；
2. **糧食貿易城市** 如開封、濟南、常州、蕪湖、荊州、武昌、南昌；
3. **漕糧轉運及商業城市** 如揚州、淮安、濟寧、臨清、德州、直沽；
4. **沿海的外貿城市** 如福州、泉州、廣州、寧波等。

除了上述主要的工商業城市外，中明以後亦出現了不少較低層次的工

商業市鎮。其中，在南中國，共有這樣的市 166 座、鎮 205 座。這些市都是規模較小的，人口 100 至 300 戶，鎮的人口較多，約 1,000 戶，一些如景德鎮，更達一萬戶。江南地區自南宋以來已是中國經濟最發達的地區，人口、農業生產、商品經濟、稅額都佔了全國很大的比例，甚至在人文、政治上都起了導領全國的作用。

由於江南商品經濟的發展，出現了資本主義萌芽；而工商市鎮的迅速發展，成為各具特色、專業分工明顯的市鎮。其中絲綢市鎮有南潯鎮、烏清鎮等，棉布業市鎮有楓涇鎮、魏塘鎮、南翔鎮等；米業市鎮有楓橋鎮、平湟鎮、長安鎮等；還有窰業市鎮千家窰鎮，冶鑄業市鎮爐頭鎮，鹽業市鎮新場鎮，木竹山貨業市鎮唐行鎮，煙業市鎮屠甸鎮，榨油業市鎮石門鎮，製革業市鎮章練塘鎮，刺繡業市鎮光福鎮，和交通業市鎮乍浦鎮等。

明在北面修長城，置九鎮，以防被逐出中國版圖的蒙古（北元）南犯。在東南沿海則建築了「衛」、「所」等軍事聚落以防倭寇，形成了以軍事為主，商貿為輔的新型沿邊城市聚落，有些更發展為相當大的城市（圖 10.3）。明代的城市在數目和規模上都超過元代。明代最少有五個城市的人口超過百萬，即兩京，商貿都會有蘇州、杭州和開封，而 30 至 50 萬人口的大城則比比皆是。

明代城市案例

一、南京

南京是三國時（220–280 年）吳國都城，元時稱為「集慶」。朱元璋於 1356 年時將它改名為「應天府」，但由於他原屬意以開封為都城，因而稱應天府為「南京」。府城先由劉基等卜地和規劃。1378 年，南京改稱為「京師」。南京城規模宏大，為四重城，即包括了應天府城、外廓城、皇城和宮城（圖 10.4）。外廓城約 90 平方公里，依山帶江，利用自然土坡疊成城垣。應天府城約 43 平方公里，是當時世界第一大城。皇城和宮城見方，依〈考

工記〉有規律地佈局。

　　宮城在皇城中央，正門為南門（午門），與皇城正門（洪武門），廓城正門（正陽門）成全城中軸線。宮城「前朝後寢」，午門外「左祖右社」。中央機構設在洪武門內中線兩側。應天府城在皇城西邊，只有部分城牆可辨。廓城作不規則形狀，主要包括防衛性的高地堡壘，如石頭城。秦淮河流貫應天府城郊區，在廓城之內。然而兩組重要禮儀建築，先農壇和天壇，則建在廓城正陽門外（圖 10.4、10.5）。

　　自兩宋起，城市的工商業已脫離嚴謹的〈考工記〉限制。應天府城東部是市區，西部是軍事區。市區工商業雲集，秦淮河穿城而過，其兩岸商業極繁盛，有 13 個大市場，舖戶貿易有 103 行（每行有 10 至 20 間小舖）。南京手工業發達，有織造、印刷、造船和建築等四大部門，有官府匠戶 45,000 人。定淮門外近長江的「龍江寶船廠」（圖 10.4）是全國三大造船基地之一，每年能造海船 200 艘。鄭和下西洋的海船，大部分都是在這裏造的。

　　南京也是全國教育和文化中心。有官辦的太學、府學、縣學和私營的書院。國子監學生達 9,000 人，包括高麗、日本、暹羅等國的留學生。

　　明初時南京人口約 28 萬人，至 1367 年，包括王室、官員和軍隊，總人口達 78 萬人。中明時，人口又增至 120 萬人。

二、京師（北京）

　　明將徐達攻克元大都後，改大都路為「北平府」。明代第三位皇帝 —— 成祖，於永樂元年（1403 年），升北平為「北京」，改府名為「順天府」，並於永樂四年（1406 年）起大規模營建北京。永樂十九年（1421 年）正式遷都，始稱北京為「京師」。新北京依托元大都的東西二牆，但將其舊南牆南移約二公里，因原大都城北空虛，廢北牆，在其南建新北牆（圖 10.6）。新北京城規模巨大，建設花時約 20 年，動用民工 30 萬人。在建城前，明政府先打通大運河至京的水運，以漕給新京師。

　　北京是按〈考工記〉和南京的定制以及中央集權精神而規劃的：宮城（紫禁城）居中，所有主門都南向，「左祖右社」、「前朝後寢」。它的中軸

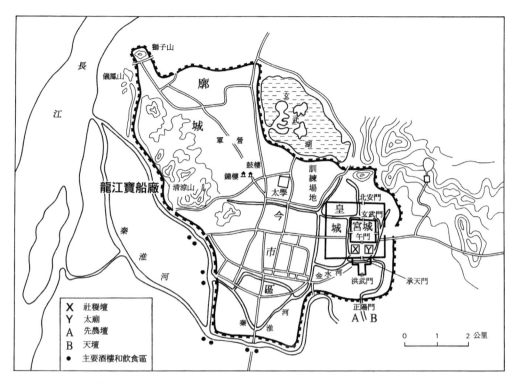

圖 10.4　明南京城圖

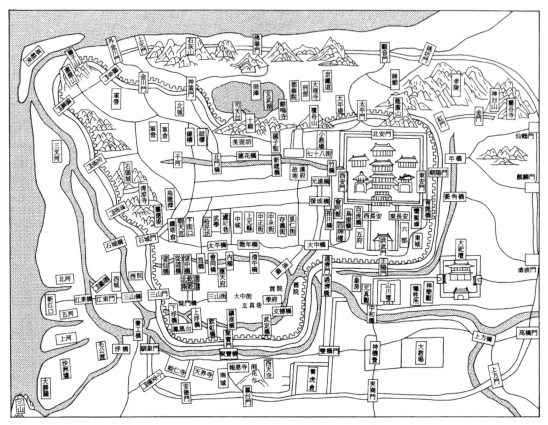

圖 10.5　明南京城圖

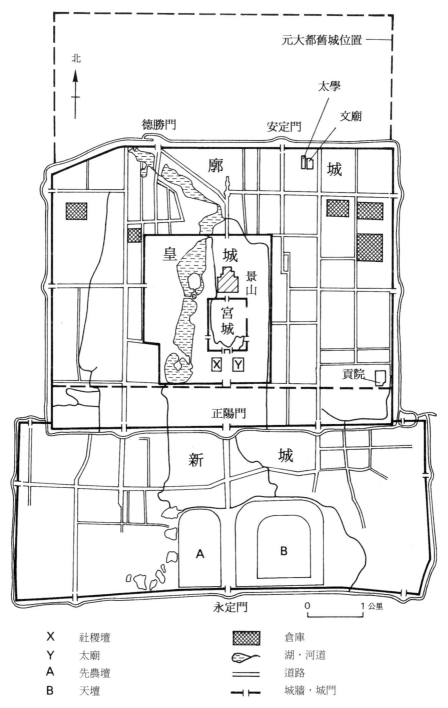

北

元大都舊城位置

太學

文廟

德勝門　　　　　　安定門

廓　　　城

皇　城

景山

宮城

X Y

貢院

正陽門

新　城

A　　　　B

永定門　　　　0　　　1公里

X	社稷壇		倉庫
Y	太廟		湖，河道
A	先農壇		道路
B	天壇		城牆，城門

圖 10.6　明代北京城建示意圖（1573−1644 年）

線由鐘鼓二樓經午門南向延 7.5 公里至廓城南門。新北京原為三重城。宮城是大朝和皇帝寢宮，其佈局法象天子的至高地位，處於陰陽相交，生氣勃然的位置。受到道家的影響，規劃師特挖取北海泥沙造成中南海，將淤泥疊成宮城北面的人工山——煤山以為鎮山。此處原是元大都大朝所在，一以封壓着元的氣運，二乃成為宮城鎮山以擋北方煞氣。

宮城內的內金水河和皇城內的外金水河形成兩重保護，使在交泰殿陰陽相交所生的生氣，能留於宮城和皇城之內，令風調雨順、國運亨隆。皇城以行政和禮樂功能為主，因而亦是三院六部的官署以及宗廟和社壇之所。廓城是其他次級行政機構、軍隊駐地和百姓居住地。它亦擁有多個市場以供應三重城的居住者所需。這三重城按其高低等級，由內至外，有序地分佈。北京的規劃因而體現了自夏代以來逐步形成的〈考工記〉規律以及滲有道家原則的其他城市規劃標準的完善境界。

自 1403 年起，永樂帝從各地和南京遷入 20,000 戶富豪以及 45,000 個匠戶。在明代的中晚期，北京人口一直保持在百萬人左右。1553 年，北京始建第四重城牆，將天壇及山川壇兩組禮儀建築以及南郊的繁盛商貿區和人口包起來。由於蒙古軍隊的威脅以及資金不足，這重城牆只能草草建就，只及原來計劃的南面部分。這個新羅城因而只建有廓城之南一段，造成北京城整體上的「呂」字形面貌。到清代，新羅城仍多空地，證明第四重城的不必要。舊城和新城一起共有面積 62 平方公里，至今仍然存在，特別是其核心——宮城，仍保留明清時的原貌。

三、臨清

臨清是有明運河城市的例子。城牆用磚做，建於 1449 年，長約九里。城內約四分一的面積為糧倉，可儲數百萬石。磚牆外有 20 里長的石牆，其內乃工業和商貿區。由於詔令要求每漕船運 40 片磚或瓦至京師，在大運河沿岸有 30 公里長的官窰區，有 384 個窰製造磚和瓦以供應王室。在工業區內亦有七十多家皮毛，73 家棉紡，32 家絲織作坊，都是為宮廷服務的。在晚明，臨清有三萬戶和龐大的流動人口，是一個數十萬人的大型城市。

四、大同

它是九個邊鎮之一，建於明初。原址為遼代的五京之一，亦是金代的陪都。1372 年，明代大將徐達將之建成軍事重鎮。

城牆見方，用磚砌，有眾多防衛設計（圖 10.7）和深濠。城牆長 6.5 公里。洪武的第十三子——代王的宮殿位於城的中央北部（圖 10.8）。兩條南北幹道交匯於城中，並與四城門連通。在代王府西是總兵衙門。城內亦有府衙和縣衙、倉庫、教場等。在高峰時（1403–1424 年），城內駐兵 13.5 萬人，和馬騾共 51,000 匹，約是全國兵力的十二分之一。

城北於 1450 至 1457 年加建北城以供駐軍之用。1457 至 1464 年，加建了小東城和小南城，以便自 1438 年開放邊貿以來，茶市和馬市發展之用。

結論：中華城市文明的重建

明初顯示出軍事能力和將蒙古勢力逐出中國的成就，相當地贏回了漢唐時代的大國自信。然而明代的皇帝基本是內向的，導致明代在中國的地理空間內謀取安全與穩定，對外主要是採取軍事守勢。它的治國目標是將注意力轉到大運河的修通和農業灌溉等促進農業經濟的工程上，甚至有時對外國人採取了迴避態度。明初七下西洋的壯舉也只在宣揚天朝「禮義之邦」的德治和文化，而不奪取外國一寸土地或一個臣民。這與元代因日本與爪哇國不稱臣而動用大軍跨海征伐明顯不同。

在明代的 276 年間，人口緩慢地增長，達到了最高的一億人。然而，這亦只是南宋和金高峰時的中國南北兩部分加起來的總人口。因此，中國人口在宋至明末的 500 年間並沒有任何增加。原因之一乃以當時的技術，中國農業經濟的發展已達到飽和。同時，自晚明以來，新的外來作物以及新醫藥和衛生的發展，要到清代才體現其對人口的影響。雖然如此，中明以來，城市化的步伐在加快。這是由於戶籍制度限制的崩潰，新的稅制使

圖 10.7　明代及以後的軍事重鎮多以磚砌城牆及有眾多防衛設施

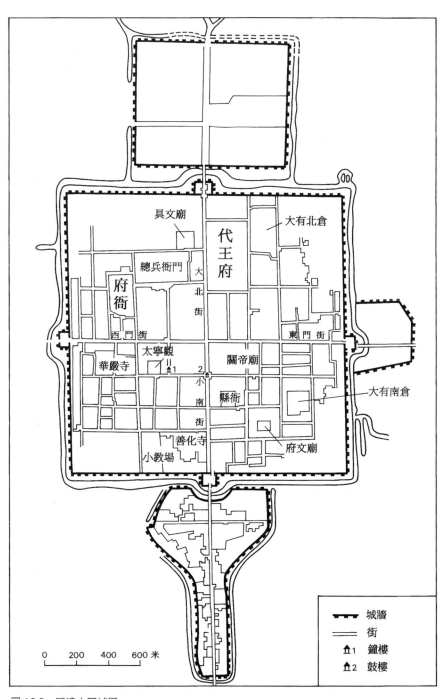

圖 10.8　明清大同城圖

城牆
街
☖1　鐘樓
☖2　鼓樓

0　　200　　400　　600 米

代王府

府衙

具文廟
大有北倉
總兵衙門
大北街
華嚴寺
太寧觀
關帝廟
縣衙
大有南倉
善化寺
府文廟
小教場
西門街
東門街
小南街

百姓對土地、戶口和地區的依附關係變得鬆弛。雖然沒有確切的統計，中明的城市化水平，應和兩宋相當。

　　長期的和平以及經濟作物的普及，特別是棉花的種植，成為貿易和私營工商業的新發展動力，促使新工商城鎮的出現。雖然如此，主要的工商城鎮多是府縣或邊鎮治所。這個現象從另一角度體現了明代的政治現實和中華文明的傳統。中國傳統城市所體現的儒家精神：執中和有序性，因而亦在明代主要城市發展至高峰。這可以從兩京和大同的城市規劃和功能結構得到驗證。

第十一章

清代：由新儒學到西力東漸

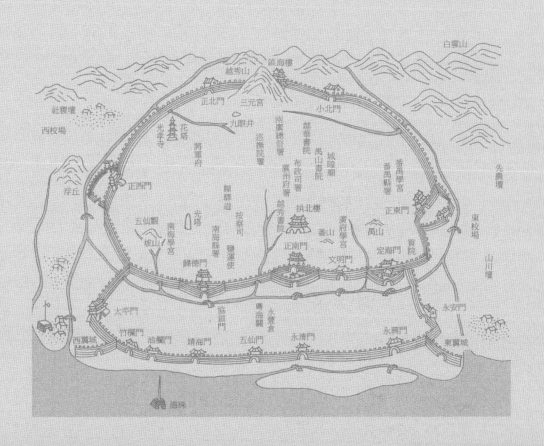

白雲山

鎮海樓

越秀山

社稷壇　　　　正北門　　三元宮　　　　小北門

西校場　　　　　　　九眼井

　　　　　　光孝寺　花塔　　　　南廣總督署
　　　　　　　　　　越華書院

　　　　　　　　將軍府　馬山書院　城隍廟
　　　　　　　　　　　　布政司署

　　　　　　　　　　　廣州府署　　　　番禺學宮　番禺縣署　先農壇

浮丘　　　　　　　　　　　　　　　拱北樓　　　　　　　正東門　　東校場

　　　正西門　　　　　臬轉道　越秀書院
　　　　　　　　　　按察司　　廣府學宮
　　　　　　　光塔　　　　　　　　番山　　禺山　　　　山川壇
　　　五仙觀　南海學宮　　　　　　　　　　定海門
　　　坡山　南海縣署　　正南門
　　　　　　　體運使　　　　　文明門　　貢院

　　　　歸德門

太平門　　　　　　　　　　　　　　　　　　　　　　永安門

竹欄門　油欄門　靖海門　　五仙門　　永清門　　永興門

西翼城　　　　　　　　　　　協鎮門　　永豐宮　　　　　永清門　　東翼城
　　　　　　　　　　　　　　　　粵海關

海珠

清代：中國城市文明又一分水嶺

一、女真：邊族繼承大統又一例

清代自 1644 年至 1911 年，歷十帝（表 11.1），是中國較長的朝代之一。王室是滿族，源自東北的女真。自新石器時代以來，中國東北就是中華民族發源地之一。古商族、肅慎、挹婁、勿吉、靺鞨、女真各民族一脈相承，是居住在中國東北地區的滿族的祖先或其鄰居。自商以後，在遼金元時期，先後有居住在東北的民族在中國北方建國，如契丹族建立遼朝（907–1125 年）；女真族入主中原建立金朝（1115–1234 年）。這對於東北民族與中原和嶺南的各民族的融合和發展，對中華民族和中華文明，乃至東北地區的社會經濟文化發展，都產生了積極和深刻的影響。

明朝時，滿族稱女真，分為建州、海西和東海（又名野人女真）三大部。永樂元年（1403 年），明朝在東北正式設置建州衛，任命當地首領為指揮使，賜漢名李思誠。從此，明王朝逐漸在黑龍江、烏蘇里江流域成立了131 個衛，其範圍東南起日本海，包括庫頁島，西至鄂嫩河，南接圖們江，北抵外興安嶺，把黑龍江中下游和遼河流域大片土地正式納入了明朝版圖。

永樂九年（1412 年）正式開設奴兒干都司，為明政府管轄該地最高地方行政機構，受遼東都指揮使司統轄，其首領受明政府冊委；其屬民若要遷徙到新的住牧地區，都須呈報明政府批准；其軍隊聽從明廷徵調；各級首領每年都要到北京朝貢。各衛還與內地通過互市，以其馬匹、人參、貂皮、松子等土特產換取內地的服飾、糧穀、鐵鍋以及耕牛、農具等。自明開拓東北起，歷二百多年，女真各族更加漢化。

明萬曆二年（1574 年），女真首領王杲自稱建州右衛首領，並以明朝斷絕貢市、剝奪女真生計為由，舉兵進犯遼陽等地。明遼東總兵李成梁將王杲誅殺，不過在戰亂當中，努爾哈赤的祖父和父親也被明軍誤殺。努爾哈赤因而發誓要替祖父和父親報仇，推翻明皇帝。明政府承認錯誤，對努爾哈赤賠償及封官。努更成功隱藏仇恨，表示「忠於大明，心若金石」，換取了明遼東主管三十多年的信任，贈他領建州衛，因而使他坐大。他開始

表 11.1　清代的分期和清代人口

時期		年號	年份	人口數（百萬）
前期	統一	順治三年	1646 年	88
		順治十八年	1661 年	91
	穩定與繁榮	康熙元年	1662 年	91
		康熙六十一年	1722 年	124
		雍正元年	1723 年	124
		雍正十二年	1734 年	131
		乾隆六年	1741 年	159
		乾隆四十年	1775 年	263
		乾隆六十年	1795 年	302
後期	統一	嘉慶元年	1796 年	298
		嘉慶二十五年	1820 年	380
		道光元年	1821 年	381
		道光二十年	1840 年	418
	半殖民地	咸豐二年	1852 年	440
		咸豐十一年	1861 年	412
		同治十三年	1874 年	360
		光緒二十四年	1898 年	396
		宣統三年	1911 年	409

逐步統一女真各部，建立「八旗制度」的軍政、兵民一體制，以及創建文字，並於 1636 年稱「汗」登基，建「後金」國。

　　努爾哈赤的兒子愛新覺羅・皇太極（1627-1643 年）繼位後，於 1636 年改國號為「清」，是為太宗。其改國號的背後原因乃他迷信易學，因「明」為火，火剋金，以「金」為國號不吉；「清」為水，水剋火，因此可以剋明，反映出滿族深厚的「漢化」思想。他們不但服膺儒學，並且大量起用「漢人」做文官和將領。這是得益於明代對東北的教化政策，因為明規定該地官員的主要任務之一乃廣辦官學，推廣儒家教化。正因如此，滿族比他們的先

祖女真，更為「漢化」，實際是中華民族和中原文明的一部分。女真族內的「包衣」（家奴）多是俘獲或購買來的「漢」人（山東和河北人士），他們數代為滿洲貴族服務，最後成為滿洲朝廷和宮裏的可靠助手，幫忙管理大型官辦作坊，和出任皇帝的特使和顧問等。

二、為明君父復仇、天下一統、華夷一家

明崇禎帝於 1644 年在李自成的農民軍攻破紫禁城時在景山（煤山）自縊身亡。當時清朝有滿洲軍 278 隊，蒙古軍 120 隊和「漢軍」（包衣）165 隊，並擁有「漢人」提供的現代火炮，不過在入關時，它的總兵力只有 18 萬人。但明朝寧遠總兵吳三桂手握重兵，在山海關鎮守，而福王朱由崧亦於南京稱帝。導致大局轉向對清朝有利的乃當吳三桂正欲「歸順」農民軍的李自成時，得悉父親在京師被李自成的叛軍迫贓受刑，愛妾被李部將所奪，只得轉而降清。

此外，叛軍闖王李自成建立的大順政權往往殺戮明遺臣、將領，也使他們傾向清朝。因此清軍打着「為爾等復君父仇，所謀者惟闖賊」以及「天下一統，華夷一家」的口號，拉攏明官明將和地主階層。同時，順治帝在入京後昭告天下：「本朝定鼎燕京，天下罹難軍民，皆吾赤子」，並為崇禎皇帝發葬，答應減免賦稅，以及滿漢平等，積極禮聘明遺臣參與軍政大事，以及立即重開科舉。

康熙親政後，訂立國政「三大事」：三藩、河務、漕運。並將這三件事寫下來，掛在宮中柱子上，夙旦謹念。其中兩件就是與農民和農業有關的。誅除鰲拜後，更親詣太學，向孔子牌位行二跪六叩首禮。由此可見，滿清一如漢、唐、宋、明等代的開國帝皇，以儒家道統，中原制度的「天命」繼承者自居，而並不是以一個外族的征服者的姿態出現。而且，在國家政治體制上，清代基本上沿襲明制，甚至在清初時，仍沿用明代官服。

因此，中國北方在幾乎沒有征戰的情況下歸順了清朝。在南中國，明遺臣在不少地方進行抗拒，其中史可法堅守揚州，最後城破，清軍入城十日殺害軍民共 80 萬人，史稱「揚州十日」。這些明遺臣的抵抗約於 1661 年被大致平定，而且是由吳三桂和東北三降將（都是明的總兵毛文龍三個養

子，因養父被袁崇煥擅殺而投清）帶領入關後召募的 60 萬名「漢」人綠營兵的征戰功勞。四人中有一人戰死，因而由「四藩」變為「三藩」。其後對清統治的威脅就主要來自這三個原為明降將的藩王：「三藩之亂」（1674-1681 年）。

三藩乃平南王尚可喜，平西王吳三桂和靖南王耿仲明，他們在清初為滿族掃清明遺臣遺老的分裂和反抗，得以被清廷賜地封王。到康熙時，清政府怕他們權大而開始撤藩削權，引致「三藩」作亂。「三藩」統治的地區富鹽、銅、金礦，更是清朝擔憂的原因之一。另外，明遺臣鄭成功在福建和台灣的反清活動，也嚴重打擊了沿海貿易，直接導致清政府 1644 至 1683 年的長期海禁政策，以及將外貿限制在廣州的十三洋行代理的公行（1757 至 1840 年）。但因為民眾覺得「三藩」是明、清兩朝的叛臣而不予以支持，加上他們集團內的不和，不久便被清朝消滅。

三、重農、德治、教化

清代在中國城市文明發展史上的重要性在於清初將新儒學帶引至高峰，把其中關鍵的傳統觀念強化了，如「德治」、教化、順從和高度中央集權（Gernet, 1985）。其中的具體概念還包括了天子的集權，以及他治國的主要任務乃通過增加耕地，農田水利，推行拜天敬祖的禮治教化，使以農民為主的平民百姓安居樂業，贏得他們的歸心。此亦是自漢唐以來，帝皇「德治」的核心內容。清代在這些方面都嚴謹地跟隨前朝，如廢除明末的「三餉」，和推行新的有利於農民的新政策，包括：「更名田」、「攤丁入畝」及「今後滋生人口，永不加賦」等。對保留北京城和繼續以之為國都便是其中最具象徵意義的：清代的皇帝和明代的皇帝（自成祖起）使用同一的大朝和同一的寢宮。

由於清以為明復仇，承繼明的「天命」為號召，明清的朝代交替並沒有太大的軍事動盪和社會經濟政策的變更。在清代悠長的歷史中，由第二個至第四個皇帝，共 135 年的統治可以說是基本上天下太平而且經濟十分繁榮，此可稱為「清代前期」（表 11.1）。在一個重農政策，高效率、廉潔、進取和中央集權的政府下，亦即新儒學治國的框架下，晚明所引進的新作

物以及它的醫藥衛生的發明，都開始產生作用，促進了農業、工商業和人口的發展，使中國成為當時世上最富有，貿易和製造業最興盛的國家。國家直接管理的幅員也達到最廣大的地域，即 1,150 萬平方公里（圖 11.1，目前是 974 萬平方公里），和約三億的人口（佔世界總人口的三分之一，約等於歐洲的總人口）。可以說，中國達到了前工業化的歷史時期最大的發展。反過來，新儒學作為一個價值體系和統治思想亦達到了它的高峰。Catterell & Morgan（1975）並且相信：清代因以儒家理想治國，也不幸地將晚明的「內向」策略誇大，演化成極端的「閉關」主義。

當中國建基於新儒學的開明君主，在中國封閉的地理大環境裏，達到內部統一、安定和經濟繁榮時，地球的另一邊，西方世界已從 16 世紀的地理大發現進入了 18 至 19 世紀的「工業革命」、「法國大革命」，和新一輪的全球性擴張。歐洲國家自從在這些社會改革過程中冒起後，已擁有新技術、財富，新的慾望和問題。在軍事方面，海權成為了他們向全球擴張的壓倒性的優勢。當我們將西方這時期的特徵比對前工業化社會的中國時，就特別襯托出清代中後期的經濟發展缺乏新的動力，和嚴重軟弱的海事力量和保守的經貿和科技政策等。因此，在列強來華慾望加強了之後，晚清便掉進了一個可悲的新命運和歷史軌跡。

從 1840 年英國人發動對華第一次鴉片戰爭起，外力便強行加入中國的歷史進程，正面挑戰中華文明，中國國家安全和領土完整，迫使它接受一個半殖民地的現實。作為一個社會過程，中國的城市文明進程歷史也首次出現了二元化發展。新的「條約港」以及「租界」體現了在中國境內外來的城市文明營造力，激發起國人對傳統文明失去信心，在治國與社會發展方略上產生了的向西方文明的求索。

因此，清代中後期是中國歷史和城市文明進程的一個轉捩點。在整個清代盛時，新儒學達到峰頂，而中華文明也覆蓋了包括西藏、新疆、蒙古和滿洲的整個中國地理大空間。但在晚清，西方影響以前所未有的規模進入中國的城市文明，造成了前從未見的文明衝突與傷害。

清代前期的城市化：傳統中國的城市文明

一、城市動力

正如前述，清代基本上採用了明代的治國理念和政治體制。但在一些重要關節上，仍有明顯的民族歧視，即「首崇滿洲」精神。清初期在內閣和六部之上，加添了議政王大臣會議，體現滿洲貴族的政策特權，其後轉為軍機處。二者都設在宮內，由皇帝控制和主導。各政府機關實行滿漢複職制，軍隊又分八旗軍和綠營（漢軍），而綠營將領每三年便更調一次，使滿人能操控政軍大權。除此之外，以儒家的治國標準來看，清代確比明代貼近理想：重視農業，獎勵墾荒，減免賦稅，興修水利，使農業生產增加，農民稅收負擔減少。又為了防止官僚貪污，清代採用了「高薪養廉」、「寬嚴相濟」辦法，嚴厲執法、嚴肅吏治。康熙帝更廢止「遷海令」，勤學儒家經典、尊孔崇儒，開博學鴻儒科，修《明史》，以緩解民族矛盾，揭開了政治清明、經濟發展、道德恢復、社會穩定的「康乾盛世」。

康、乾任內還修編了兩部大圖書：《古今圖書集成》和《四庫全書》，以及《康熙字典》和多種百科全書，對中國傳統學術的保存、傳播和發展做出劃時代的貢獻。因此，清代前期的「康乾盛世」，贏得了士人以及農民的支持。全國耕地由乾隆十八年（1753 年）的 7.5 億畝，到乾隆五十九年（1794 年）增加至九億餘畝。18 世紀時，蕃薯、玉米和花生等作物得到推廣；經濟作物如棉花、桑葉、甘蔗、煙草、茶葉、花卉、蔬菜的種植面積都擴大了。著名產棉區長江三角洲和東南沿海，棉花地佔了耕地一半以上。

在「康乾盛世」，不但滿洲併入中國，新疆、內蒙古及西藏亦併入中國版圖。但對於這些以少數民族為主的邊疆地區，清朝「因俗而治」，採用了軍轄區（東北）、盟旗（蒙古）、將軍管轄和伯克制（新疆）、駐藏大臣領導下的黃教政教合一（西藏），和土司制（西南）等（圖 11.1）。在這些新合併的領土上建立的地方機構所在地，有效地將它們適度的城市化，並融合至全國的城市體系中。這些城市聚落的主要功能為地方行政，其具體內容乃促進周邊腹地的農業，在天災時賑災和提供福利服務，以及成為它的教

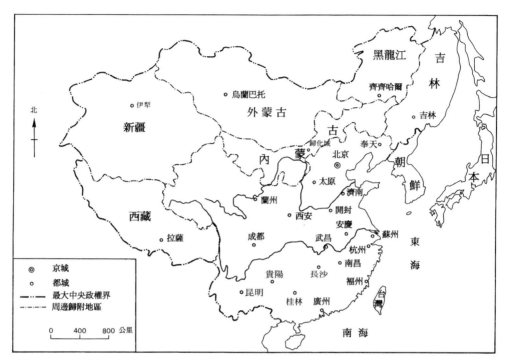

図例

◎　京城
○　都城
—‥—　最大中央政權界
—‧—‧—　周邊歸附地區

0　　400　　800 公里

地名標注：

伊犂　烏蘭巴托　新疆　外蒙古　齊齊哈爾　吉林　蒙古　歸化城　奉天　北京　朝鮮　日本　太原　蘭州　濟南　西安　開封　安慶　成都　武昌　蘇州　杭州　南昌　東海　貴陽　長沙　福州　昆明　桂林　廣州　南海　西藏　拉薩　內　古　黑龍江

北

圖 11.1　清代中國版圖（19 世紀初）

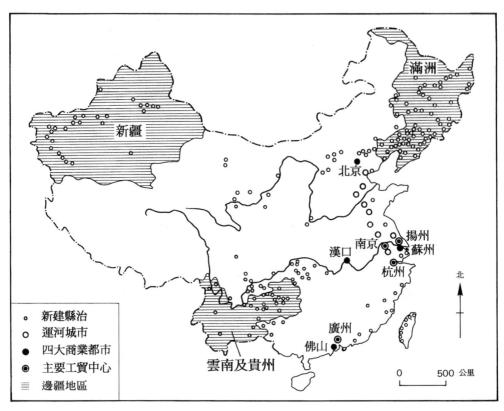

圖 11.2　清代主要城市分類

育中心。在一些軍事戰略地點，這些聚落也成為駐軍之地。在滿族的東北故鄉，一共設立了 59 座新縣治。在新疆，也新添縣治 30 座，西南則有 40 座（圖 11.2）。隨着清帝國的擴張，城市化也因而向邊區伸延，覆蓋了整個中華大地的自然地理範圍。

二、區域間貿易與城市類型

正如上述，清代承繼明代的經濟發展趨勢，棉花種植、棉紡、棉織業、製茶工業等都十分繁榮。總的結果乃在全部農業產品中，有 20% 至 30% 成為遠途貿易的商品，一些更出口到外國去。

以下一些大約的年均數字說明了大量區域間貿易的普遍性：由滿洲海運去上海的豆麥為 1,000 萬石；浙江通過河運由湖南和四川輸入大米 1,000 萬石；江浙由安徽、江西輸入大米 500 萬石。此外還有大量的豆麥和米糧分別由東北及南方輸往京師。光是這些遠途運輸量每年便共達 3,600 萬石，約為明代高峰時的三倍，其中商品糧為 3,000 萬石，亦為全國糧食商品量的 21.6%。其他主要的商品如棉布，單蘇州和松江兩地便每年向全國供應 3,000 萬匹，其中 1,500 萬匹供應京師和東北，1,000 萬匹供應廣東（其中約一百萬匹出口外國）。估計遠途貿易的全國棉布量每年為 4,500 萬匹，約等於全國年均總產量的 15%。

自明代起日漸完善的以山西晉商、安徽徽商為主要經營者的銀號和銀票的全國性資金流通制度和網絡，利便了大量的遠途貿易。這些商業和資金流通活動也成為行政和軍事功能以外的城市發展和城市化的新動力。由商人組成的行會、幫會等行業性和地域性商人組織，亦成為主要城市內在官府機構之外的標誌性城市組織。富有的商人的奢華府第和生活，成為城市多姿多彩的地區文化特點。

在空間分佈上，清代的商貿發展也深受明代城市化的空間分佈影響。圖 11.2 揭示了其四大空間分佈及主要城市分類：

1. 四大都會（時稱「天下四聚」） 包括了國都北京，全國貿易和輕工業軸心蘇州，長江航運中心漢口，和南方新興起的製鐵和瓷器重鎮

佛山。後者得到鄰近廣州這個唯一的對外通商口岸的支持；

2. **八大工商業城市** 在四大都會之外，再加南京和杭州，這兩個自宋代以來在蘇州之後的全國最大的絲織中心和區域商貿中心，最大外貿中心廣州，和自唐宋以來的主要大運河上的商貿城市揚州，便是這八大工商業城市；

3. **沿大運河城市** 圖 11.2 標出杭州、蘇州等上述城市之外的沿大運河城市，它們每年處理全國 21.6% 的糧食運輸以及由蘇州、杭州和揚州出口的絲綢的一半；

4. **其他工業城鎮** 包括景德鎮、宜興和德化，都是以瓷器手工業為主要職能的。

三、新的全球化因素

全球經濟一體化也成為清代城市化動力之一。在康熙時，海禁自 1684 年被取消，使設有通商口岸的四個城市 —— 廣州、漳州、寧波、上海，又進入經濟繁榮期。之後，在漫長的 1757 至 1842 年間，廣州又成為唯一的對外開放商埠；然而，這些城市的出口限制很多，如茶葉每年不許超過 50 萬擔，生絲每船土絲 5,000 斤、湖絲 3,000 斤，和禁止糧食、金、銀、銅、鐵、鉛等礦物出口。然而和歐洲的貿易發展，並未因這些限制而不前。

作為全球最大的紡織業國家，中國的生絲或絲織品以及棉布，在歐洲有大量需求。它們和傳統的瓷器一樣，成為中國大宗的出口。自 16 世紀喝茶傳入歐洲後，在 17 世紀已成為西方上層社會的生活習慣，促使自 17 世紀中起，中國大量茶葉出口至歐洲。以價值計，在 1683 年，茶的出口為 260 萬英鎊；至 1762 年，便增至 2,330 萬英鎊。

中國貨品的大量出口對本地就業和經濟的貢獻，自然遠大於政府的關稅的收入（年均為 50-180 萬兩）。歐洲對這些產品的大量需求，造成中西貿易的不平衡，需要歐洲每年輸出一千萬兩白銀至中國以為支付。這時期的中西貿易對全球流通的巨大影響可以以一些簡單數字予以說明：1571 至 1821 年間，由南美洲出口的四億兩銀子，最少一半是被歐洲挪用來支付上述貿易赤字的。

表 11.2　清代的財政收入

年份	土地及賦稅	鹽稅	商業稅	其他	總額（百萬兩）
1653 年	21.3（8.7%）	2.1（9%）	0.1（4%）	0	27.5
1683 年	27.3	2.8	0.1	0	30.2
1725 年	30.1	4.4	1.4	0	35.9
1766 年	29.9（73%）	5.7（14%）	5.4（13%）	0	41.0
1850 年代 *	30	5–6	4	1	40.5
1890–1895 年 *	32	13	38（23%）[+]	5	89
1900–1910 年 *	33	13	53（39%）[+]	4	103

* 估計年平均值
[+] 括號內為關稅
資料來源：Gernet（1985）

　　至於中國在全球生產和出口上的巨大功能，如何影響了它的城市和城市化，不但資料缺少而且亦鮮有人研究。不過，在上述四大海港城市中，廣州在整個清代都是對外開放的，全球經濟一體化對它的城市結構甚為明顯，我們將在本章後段再討論之。

四、新儒學的城市文明

　　自 19 世紀中中國被迫打開國門後，更多的西方學者對中國產生了研究的興趣，包括研究中國的歷史和城市文明。其中 Row（1984.4）卻認為：「在中國，從來未出現過真正的城市，因為城市存在的前提 —— 即市民社會，從沒有在中國成型。」他的兩大原因是：1. 政治上，中國的城市直屬於中央政府，並不存在城市自主；中國城市的主要功能乃「王室的居所」或有效的行政管治；2. 城市精英以集體行為和郊野的田園生活為其價值觀構建基礎，不利於真正市民階層的形成。這些觀點指出了新儒學的城市文明與西方學者如 Web 所標示的西方城市文明明顯地不同。

　　事實亦如此，至清代前期，中國城市文明體現出如下特點，與西方經

驗迥異：

1. 城市功能
   （1）行政功能為主 —— 為周邊農業地區提供中地服務；
   （2）軍事為次要功能 —— 一些城市成為邊防重鎮或駐兵之地，推動帝國的擴張。
2. 城市主要特色
   （1）地方政府的治所，即衙門（官署）所在地；
   （2）地方官學（縣學、府學），國子監，科舉考試試場，孔子廟（文廟）等和士大夫、科舉考試、儒家思想和價值觀傳播的機構的集中地 —— 儒家教化中心；
   （3）清代城市多了民族隔離的特點，在主要城鎮中，八旗軍與八旗子弟佔據城的一面，稱「滿城」，和城市其他部分分隔；「滿城」並有防禦圍牆。這個民族隔離特點在北京和重要行政、軍事中心，如廣州、西安都存在。反映出「漢」滿人口的極端比例 100:1，以及由此產生的滿族人的缺乏安全感。

清代後期的雙軌城市化：半殖民地城市的出現

一、西方霸權的入侵

自 1840 年在中英鴉片戰爭戰敗之後，清朝飽受外國的侵擾；西方對中國的政治、經濟和社會的影響因而日漸加劇，直至清代於 1911 年滅亡時，仍然如此。

自 1775 年後乾隆皇帝的專權跋扈以及他對貪官和珅（1750–1799 年）的寵信，打擊了清皇朝的統治效率。乾隆大興土木興建有「萬園之園」美譽的圓明園等皇家園林，以及六次南巡江南，加上對新疆和西藏的多次用兵，花費了大量國家財富。國庫儲備在 1786 年的總額 7,000 萬兩，被逐漸

花光。和珅及其黨羽，貪污索賄，賣官鬻爵，不但造成政治腐敗的局面，也促成對農民盤剝，成為他們的沉重負擔。和珅死後被抄出家財共一億多兩。

貪贓的官員更對農田水利以及河道的經費挖空，使基本農業設施廢弛，是導致 1798 至 1820 年間在全國的七次大水災的主要原因。官家既沒有按儒家利民思想辦事，社會矛盾自然容易激發，導致了白蓮教、紅巾等下層民眾持續的起義。

在上述的「改朝換代」的常發問題之外，乾隆以來的「閉關拒外」政策（只開放廣州作有限度的外貿）亦逐漸成為中外矛盾衝突的導火線。中國歷來「閉關」的時間並不長，但清中期以後近乎長期閉關。雖然如此，外貿仍然對國計民生產生巨大利益，直至 1820 年代仍如是。但對外貿的自然需求的過分壓制，導致非法的走私活動，特別是鴉片的走私。這是由英國東印度公司發明的解決西方對中國貿易嚴重入超的陰險辦法。中國進口鴉片由 1729 年的 200 箱（每箱 140 磅，64 公斤）增加至 1829 年的 16,257 箱，導致大量白銀由中國流出，使中國變為入超國（表 11.3）。

外貿的轉變因而成為清廷的經濟和外交大事，加之大量白銀的流出也使中國錢幣貶值，如一兩銀在 1820 年可兌 1,000 錢，但在 1845 年，則可兌 2,200 錢。由於國稅是以白銀繳納的，銅幣的貶值直接地打擊了農民和一般民眾。對於列強走私鴉片的不法行為，軟弱的清朝海軍卻無法制止，反使中國變成他們魚肉的對象，往往藉故挑起中外海戰。總言之，中華地理空間上的東部沿海，主要是三條大河的出海三角洲的平原地區無險可守，對京師及主要工貿城市而言，亦缺乏戰略縱深。因此，歐洲強大的海上軍事力量，加上西方文明的掠奪性，改變了中國數千年的傳統戰略優勢。在清後期，列強因而能輕易地從海上進犯，以武力打開了中國的大門，將它們的政治和經濟要求強加於中國，使它淪為半殖民地。

二、列強主導的城市化

在西方海洋文明下的西方列強（包括後來的跟隨者日本），特別是英國、西班牙和荷蘭，自 17 世紀起，通過一連串的征伐，在亞洲建立了一系列殖民地，將他們的影響擴展至東方（圖 11.3）。它們一個重要策略乃在戰

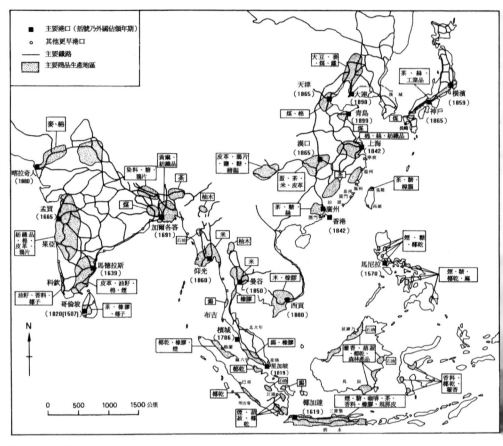

圖 11.3　西方列強在亞洲建立殖民地及其掠奪的資源分佈

表 11.3　清代對外貿易（1828-1904 年）

年份	1828 年	1867 年	1884 年	1904 年
出口總額（百萬英鎊）	24	19	19	36
生絲（%）	11	30	27	26
絲製品（%）	6	4	7	5
茶葉（%）	47	64	42	12
其他農產品（%）		0	0	6
棉製品（%）	4	1	1	10
其他（%）	28	1	23	41
總比率（%）	100	100	100	100
進口總額（百萬英鎊）	25	22	21	51
鴉片（%）	46	50	35	10
紡織品（%）	14	25	37	51
米、糖（%）	0	3	1	7
煙草（%）	0	0	0	1
火油（%）	0	0	0	8
棉花（%）	22	×	×	×
白銀、銀票（%）	6	×	×	×
金屬（%）	4	×	×	×
其他（%）	8	22	27	23
總比率（%）	100	100	100	100

× 表示沒有數字，或包在「其他」內。

資料來源：Meyer（2000）。表格中數據的小數點後數位省略。

略性的亞洲大陸沿岸，建立起一系列的「條約港」（treaty port，中國文獻一般稱「對外通商口岸」）。關於這些特別的港口城市，Murphey（1969）介紹了他們的性質和功用：

所有西方在亞洲建立的殖民地或半殖民地港口，是他們外來系統的灘頭堡。這些港口對本地的對外貿易擁有半專利性質。他們亦擁有機械化生產、銀行、保險和資本市場和遠途貿易。同時亦建立了最早的技術和普及教育，開設了全國性的新聞傳播業；促進了知識界的發展和激勵了亞洲民族主義的抬頭⋯⋯

這些城市的國際性以及中西方的混雜令人關注到他們一個新的功能，即通過海上貿易，以及作為推動國家統一的新核心，成為遲來的中西方衝突的交接平台⋯⋯

只有兩個龐大的大陸帝國 —— 中國和印度 —— 仍保有其傳統的內陸國都。不過，就算在他們的國度裏，其最大的城市和現代化程度最高的中心，都是這些殖民地和半殖民地的港口，即加爾各答、孟買和上海。

和 19 世紀、20 世紀初的其他亞洲國家相比，外國對中國主權的蠶食最初是依賴 18 世紀和 19 世紀初的非法鴉片貿易。其後，他們通過了 1842 年的《南京條約》和 1843 年的《虎門條約》和《五口通商章程》，確立了鴉片貿易的合法，和他們在中國的治外法權，開始了「條約港」、通商等權力。但在這些條約中，中國對廣大的農村國土和農業行業仍保有其主權。其後 1895 年的《馬關條約》使外國的影響擴大，深化了中國的半殖民地化。Schirokauer（1991）對不平等條約體系對中國主權的剝奪和侵佔性質與過程有如下簡約的描述：

1. 強迫中國開放部分港口：《馬關條約》前共 43 個，中國自行開放的 29 個，《馬關條約》後再加 26 個；
2. 從它身上索取大量戰爭賠償；
3. 控制它的關稅管理並將之凍結在平均 5% 稅率的低水平；

4. 在中國境內取得 26 個租界，數個殖民地和治外法權；

5. 取得中國無條件授予最惠國待遇，以使每一列強取得的利益，其他列強可自然分沾；

6. 在條約港內可建外國教堂及醫院，以及外人有在中國傳播宗教的自由；

7. 將鴉片貿易合法化。

在 1841 至 1900 年的 60 年內，中國一共繳付了 7.43 億兩條約賠款，等於 1840 年的全國全年財政收入的 20 倍，或等於 1900 年代的八年財政收入。合法的鴉片貿易以及低關稅率亦造成了一種不利於中國本地經濟的新的中國外貿形態，令大量白銀流出國外，造成本地幣值下降，加深了農民的不滿，動搖了儒家的以農立國和相關的「民為本」、「天命」的理念（表 11.3）。

為了平衡財政，清政府在 1853 開始了新的內貿通過稅 —— 釐金，對本地手工業和農戶造成進一步的經濟打擊（表 11.2）。這更使一直比進口同類產品更有競爭力的本地棉布和照明用桐油等，受到進口產品排擠，因為後者除了低關稅外，亦免付釐金。同時，清軍在海上和陸上更被日軍大敗，其相關的停戰條約 ——《馬關條約》（1895 年）亦成為另一個新的對清廷的沉重打擊。新條約使列強取得了在中國內地的開礦、製造業、建築業，商貿和運輸的新權利，造成列強對中國全面的盤剝。

嘉慶年間開始的由白蓮教和天理教領導的農民起義延續了約半個世紀，使清朝耗用軍費達二億多兩。之後大型的太平天國起義又在 1851 至 1864 年間席捲了約半個中國。單是太平天國之亂，就直接導致 2,000 萬人死亡。持續的農民與苗、捻和回等邊區少數民族在 1851 至 1878 年的動亂，相繼地動搖了清朝儒學治國的根本。

三、列強影響下的新城市類型

在清後期，一些沿海沿江城市在不平等條約的規範下被納入列強的直接或間接管治／影響範圍（圖 11.4）。它們可分成三類：

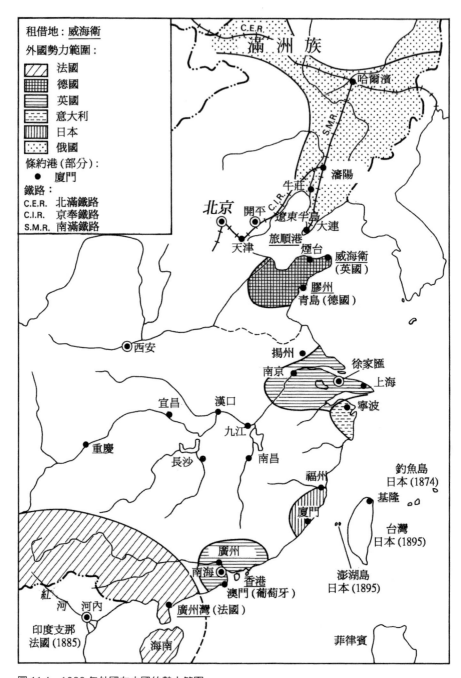

圖 11.4　1900 年外國在中國的勢力範圍

1. **直接管治型** 包括了四個割讓地區（如香港，及 1895 年後由列強直接控制的東北城市；六個租借區，如旅順、大連和青島；七個由外國鐵路公司控制的鐵路城市，以及三處由法國和德國佔用的地區。
2. **設有租界的「條約港」（通商口岸）** 一共包括 11 個城市中的 26 個租界，除香港的新界外（1,000 平方公里），上海擁有最大的租界（46 平方公里），其次是天津（15 平方里）和漢口（2 平方公里）。
3. **其他** 在沿海和沿江的共 70 個「條約港」（通商口岸）。

對於以「條約港」為概括的清後期，西方列強對中國城市和城市文明所造成的影響，應如何評價，已成為一個重要的學術命題。不少西方學者認為「條約港」對中國的政治、經濟和社會的現代化作出了重大的貢獻（如Bergere, 1981；Henriotm, 1993）。相反，亦有人指出他們對中國的農村和農村經濟的滲透不足，因而對整個中國社會影響並不大。有的如 Murphrey（1969）甚至認為，「條約港」所代表的列強影響，導致中國在 1949 年後重新推行閉關政策：

> 「條約港」代表了依循西方模式的一種新的和大體上局限於一些城市的現象。同一時間，中國其他地方仍以農村經濟為主體，而他們的城市亦迥然不同，反映出和他們所處的農業腹地之間的互相依存的生態關係。「條約港」在法理上的嚴格區別也在其他各方面一致……沒有一個「條約港」在其租界外擁有行政和政治功能……這些明顯地與亞洲其他地方的「條約港」，甚至中國本地的傳統城市都大不相同。上述印證了他們和中國整個城市體系的分離，以及解釋了為何他們的辦事模式向外擴散的失敗。

「條約港」的「失敗」自然和中國幅員廣大，其農村經濟的自給自足，以及中國傳統經濟和商人的高效率有關。當時，內地的主要商品，仍如過往一樣以傳統的辦法生產，販運和交易。Murphrey 覺得「條約港」的「示範效應」（demonstration effect）是消極而非積極的，足以說明為何清代以

後的歷任政府對他們的經驗一致地予以否定。不過，他們無可否認的是在中國傳統的城市系統上加添了一個新的子體系，形成某程度的中國城市空間和城市化過程的二元性。「條約港」因此代表了一個海洋性和侵略性的外來動力，影響了其後的中國城市的性質，城市化過程，城市文明的歷史進程，以及其體系的空間優先次序，並且延續至 1949 年中華人民共和國成立之後。

四、其他現代城市和城市化的空間分佈

在 1865 至 1895 年間，清政府推行多個現代化計劃以圖自強，特別是建造鐵路，設立現代軍火和機器等重工業，以及現代採礦業等。私營的相關活動亦得到官府鼓勵。無錫、南通、瀋陽、濟南、長沙、鄭州等現代工業城市因而興起。主要現代礦業城市如唐山、陽泉、撫順、本溪、萍鄉、鞍山，和鐵路城市如徐州、石家莊、哈爾濱等亦相繼出現。

考慮到列強的外來動力以及清朝本身的對現代化的訴求，我們覺得史堅拿（Skinner）所陳述的 1843 至 1893 年的中國城市化地區分佈並不可盡信（表 11.4）。史氏的分析只包括了 40% 的中國國土面積和擁有縣治以上的行政單位的城市。自明代以來，在主要城市附近的特殊功能鎮的增長十分迅猛，景德鎮便是一個例子，它已成為一個中等人口的城市。在長三角以絲和棉製造業為功能的特殊鎮數目則更多；有些靠糧食等農產品的加工，或成為主要商品的市場，或處於主要交通交匯點上，而發展成為相當規模的城市。他們作為城市，與所屬的行政地位無關。史氏沒有將這些城市加進他的分析，因而導致了比現實較低的城市化比率，比如他說全中國在期內的城市化比率只有 5.1% 至 6.0%。不過表 11.4 亦顯示了農民起義和太平天國動亂大大降低了長江中下游的總人口。

總而言之，至清末（1900 年），中國的城市化分佈大約如圖 11.2 所示。不過，在圖 11.2 之上我們應加添「條約港」和現代化動力所營造的新型工、商、礦城市；部分這些非以傳統行政功能為主的城市已納入圖 11.4，其他一些在文中亦有提及。

表 11.4　清代城市化的區域人口和都市統計*（1843－1893 年）

大區	面積（1,000 平方公里）	1843 年				1893 年				變動（1843－1893 年）	
		城市人口（百萬）	城市數目	百萬人口城市	都市化比率（%）	城市人口（百萬）	城市數目	百萬人口城市	都市化比率（%）	總人口	城市人口
中國北部	747	112	416	4.7	4.2	122	488	5.8	4.8	+	+
中國西北	771	29	119	1.4	4.9	24	114	1.3	5.4	−	−
長江上游	424	47	170	2.0	4.1	53	202	2.5	4.7	+	+
長江中游	700	84	303	3.8	4.5	75	293	3.9	5.2	−	+
長江下游	193	67	330	4.9	7.4	45	270	4.8	10.6	−	−
東南沿海	227	27	125	1.5	5.8	29	138	1.7	6.4	+	+
嶺南	430	29	138	2.0	7.0	33	193	2.9	8.7	+	+
雲貴地區	470	11	52	0.4	4.0	16	81	0.7	4.5	+	+
共計	3,956**	406	1,653	20.7	5.1	397	1,779	23.5	6.0	−	+

* 它排除滿洲、西藏、青海和新疆，包括縣治或更高行政級別的城市。

** 這應該與中國的總面積 9.74mil×9.74 mil km² 比較。

資料來源：Skinner，商（1977）

城市案例

在此節內，我們以案例顯示清代前後期不同城市的特點和其背後的發展動力。

一、廣州

廣州作為一個重要城市始於秦代，當時建有細小的任囂城，位於今城的中西部（圖 11.5）。漢至唐，城市規模仍很小。只是到了宋代，因為發展海上貿易，廣州城市才興旺發展。現存舊城牆建於 1380 年，規模比唐城大數倍。明起，城市向南在珠江岸邊發展，也向東西郊伸延，並在南部加建新城牆，形成新城（圖 11.5、圖 11.6）。

清代，廣州依然是嶺南的行政和軍事中心。它是兩廣總督衙門和番禺、南海兩縣縣衙所在（圖 11.6、圖 11.7），亦駐有嶺南、廣東巡撫將軍指揮使司的總部以及有常駐旗兵 47,000 人。後者以及其家屬集中在舊城西，形成和廣州城其他部分有牆分隔的「滿城」，體現清代城市民族分隔的特色。

除了行政和軍事功能外，城市經濟、特別是城市的文化，由集中居住在城內的嶺南一帶地主和對外貿易公行的富戶以及科舉及第的士人形成的本地顯貴所主導。與科舉入仕和教化有關的官、私學、考試院和文廟成為城中突出的機構。此外慈善和福利事業也相當眾多。這些文教和福利單位多在舊城的東區。

因為廣州在清代一直是個對外通商的口岸，而自清中葉至 1842 年間更是唯一口岸。官准的十三公行（有時增至較多，最多 50 家）每年可和外商在廣州直接交易九個月。這個特殊外貿區成為廣州一個外向型的城市功能區，位在新城外的西南邊，接近沙面（珠江上一小島），而沙面其後亦成為英佔地（圖 11.7）。十三公行對外貿易的利益，吸引了眾多各地商人。因此在其周邊亦建立了潮州商會、寧波商會等。富有的商人亦促使鄰近地區出現眾多的福利機構，如廣仁善堂及愛佑善堂等。他們亦在鄰近的西郊和珠江對岸的河南島北岸廣建園林大宅。因為外商不能帶眷以及交易完便要離

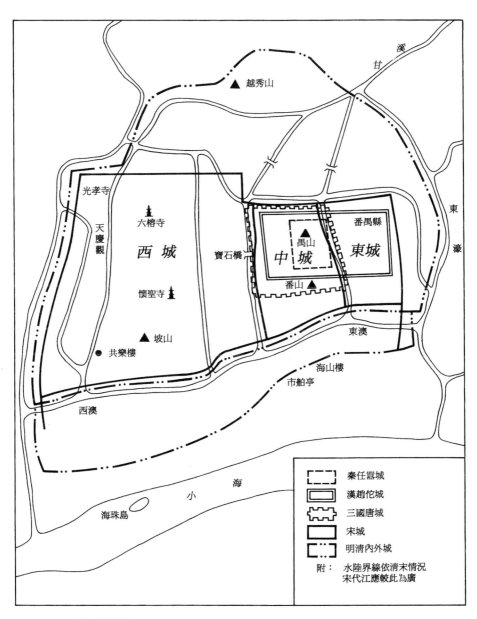

越秀山

甘溪

東濠

光孝寺

天慶觀

六榕寺

西城

寶石橋

番禺縣

禺山
中城

番山

東城

懷聖寺

坡山

共樂樓

東澳

海山樓

市舶亭

西澳

小　海

海珠島

秦任囂城

漢趙佗城

三國唐城

宋城

明清內外城

附：水陸界線依清末情況
　　宋代江應較此為廣

圖 11.5　歷代廣州城址圖

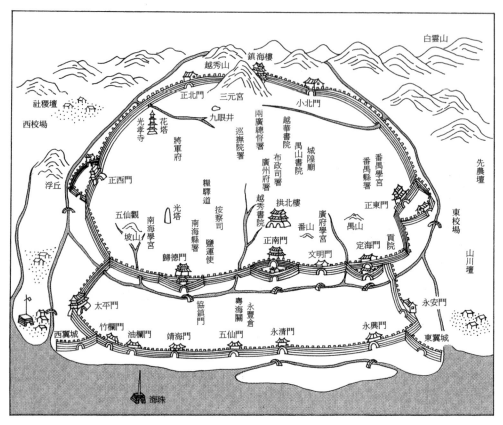

圖 11.6　清代廣州城圖

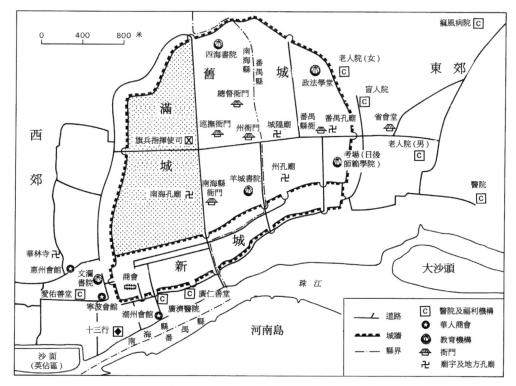

圖 11.7　1895 至 1911 年的廣州城

開，每月只能到城內其他地方旅遊三次，因此他們和他們的眷屬並不直接影響到城市的土地利用和社區結構。當然，在 1861 年後，這個情況有所改變，沙面便是首個主要是外國人居住的英、法佔領區。

估計廣州在 1840 年的人口為 87 萬人。

二、西安

唐都城長安在唐末毀於兵火。宋代，在舊皇宮原址上建了新城。在明代，它是邊防九鎮之一，由朱元璋子秦王領兵駐守。秦王將新城擴大四分之一，並以之為他的封國的首都。明西安城當時面積為 12 平方公里，今天的鐘樓即是當日城市南北和東西大街的交匯點。新建的宮城位於全城的東北部。

在清代，明的宮城被改為「滿城」，是一個四周以城牆隔離的設防城堡，以便和「漢族」居住區分離（圖 11.8）。一些較重要的地區中心城市內部都設「滿城」，而西安的「滿城」，佔全城面積三分之一，是清代最大的（北京除外）。明宮殿已被拆去，成為八旗兵的校場。「滿城」共駐有騎兵五千，以及眷屬二萬人。大城四門外各設一關以強化西安的防禦能力。城的南和西部乃「漢城」，駐有府、縣行政長官官署、貢院和更多的軍事設施。

西安的「滿城」和「漢城」最代表清代以少數民族統治統一中國的不安，因而在有眾多滿洲官民的城市採用民族分隔的城市結構和管理措施。這些措施，使市內交通和商貿活動不便，降低城市經濟的發展效率以及阻礙市民階層的形成。

西安是個有代表性的以行政和軍事為主要功能的內陸城市。他們在清後期和沿海的外力分隔，成為其間二元城市化中的傳統城市體系的代表成員，和「條約港」和新工商城市比較，發展緩慢，甚至倒退。西安在 1937 年時的人口減為 15 萬餘人，不及它在 1843 年的一半。

三、漢口

漢口代表了清代前期傳統農業經濟和清代後期海外力量兩種城市營造力量的交叉。漢口在明清為漢口鎮，位於長江和漢水的交匯處。明代起，

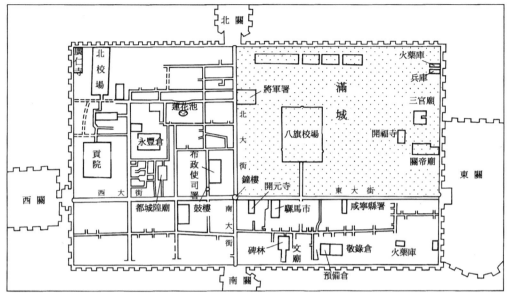

圖 11.8　清代西安城區城建示意圖

中國逐漸形成全國性的跨區商品交流。漢口鎮「地當天下之中」，素稱「九省通衢」，利用便利的水路，成為四川與東南數省的商品轉運樞紐。明代設漢口監司，清代增設仁義、禮智兩司，並移漢陽府同知於此以提高其行政地位。在清代中葉，估計有行業數千家，中以鹽、典當、米、木材、花布、藥材等六種最盛。據估計，乾隆年間貿易額達一億兩，戶口二十餘萬個。

漢口是在 1858 年開放的第二批「條約港」，其後並設有租界（圖11.9）。因此對外貿易以及隨之而來的金融（銀行）業亦成為漢口的城市經濟發展動力。城市的發展因為長江和漢水的水道便利，並沒有如清後期其他非沿海傳統城市一樣進入衰落。在漢口，強大的傳統工商業社團依然在內，外貿和製造業上亦相當活躍，反映在圖 11.9 內所標示的湖州、山西、陝西、浙江寧波和廣東會館，體現出漢口在全國遠途貿易的重要地位。此外，圖中亦顯示了「外力」在城市結構和經濟上的新影響。城東北沿江的租界，以及其內的英、美、俄國的領事館，說明了這個傳統城市已經參加了當時的「全球化」。漢口的租界，面積為兩平方公里，亦是在租界中較大的。受到外力影響，漢口現代工業亦有長足發展，是 1930 年代全國三大現代製造業中心之一。1937 年，外國在華設立的銀行 84 家，其中約佔十分之一，即九家設在漢口。

Row（1984）對 1889 年的漢口做了詳細的社會和經濟研究。他認為當時的漢口工商界已經發展了相對的自主性，加上城市中的現代產業工人階級亦相當多，二者推動了市民階層的成熟發展。他覺得一個以城市為基礎的「漢口人」的身份已在當地出現。商人們的財富以及他們的商會組織，使他們在社會和政治議題上成為一股力量，並且在一些事項上擔當了政府或半官方的功能。這正吻合西方以商貿和商人為基礎的城市化過程。漢口被認為在這方面已從傳統的中國城市化和城市文明，走出了朝向西方現代城市發展的第一步。

四、上海：「國中之國」的半殖民地

自北宋以來，上海因長三角的農業和以農產品原料為基礎的手工業發

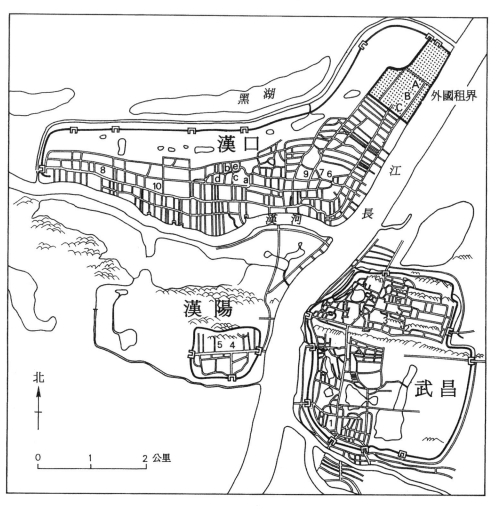

圖 11.9　1865 至 1890 年的武漢市

展而逐步成為一個商貿中心。南宋時（1267 年），上海設鎮。元時，它屬華亭府，亦是數個對外貿易港口之一。上海地處長江口，正是長江和沿海航道的交匯處，又享有對外貿易港口的地位。因此，自北宋起，內貿和外貿同樣發達。但在明中期，因為海禁而有所倒退。

1684 年，清朝在上海設江海關，對外貿易重新開放。雖然自 1757 年後，清朝將外貿局限於廣州一港，但上海的內貿仍然繁盛。在清代形成的全國性商業網絡中，上海的貨運量已居沿海港口之首，成為蘇州的外港。1840 年代，上海人口已超過 20 萬人，其中相當部分已擴散至舊城牆（圖 11.10）之外。一位外國學者（Lindsay）曾對 1830 年代的上海作出以下評價：上海已是全球主要海港之一，它的貨運量已超越 1830 年代的英國倫敦港。

上海是 1842 年不平等條約指定要開放的首五個「條約港」之一，並且在 1845 成立了最早的租界。其後租界逐步擴張，達 46 平方公里，成為香港新界之外的最大的租界。加上列強非法的以「界改築路」方式的擴張，其實際總面積更達 70 平方公里以上。圖 11.10 顯示出舊城和不同時期的租界範圍。不過，隨着上海城市經濟的發展，租界外的中國管轄的上海城市擴張亦很迅速。

因不平等條約開埠後，上海的外貿發展迅速。一些原在廣州貿易的主要外商遷移至上海，以更貼近主要出口商品的產地，並且避開原有的廣州行政干擾，使成本降低。因此在 1846 年，上海出口的生絲便超越廣州；六年後，茶葉出口也超越廣州。同時，上海的進口額也超越廣州，成為中國第一大對外商埠。1890 年，上海進出口已佔全國的 45.5%；1894 年，它更佔全國的 57.5%；在 1936 年，仍保持在 55.5%。

外貿不單帶動遠洋航運、碼頭和倉庫業務，將上海和世界主要海港連通，也促進了現代金融和工業的發展。1935 年，上海有 28 家外資銀行、11 家信託投資公司，一家郵政儲金匯業局，佔全國這些企業的可運用資金的 47.8%。1891 年成立了「上海股份公所」以進行外股交易。基於上述，它是全國最大的金融中心。上海也是全國最大的現代工業基地。在 1933 年，上海的現代工業產值佔全國的 46%，工人數目 31.3%，資本額 39.6%。上海

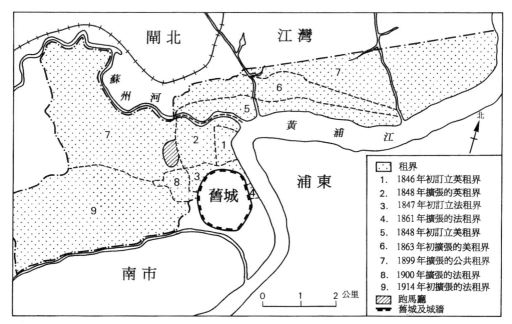

圖 11.10　上海租界擴張示意圖

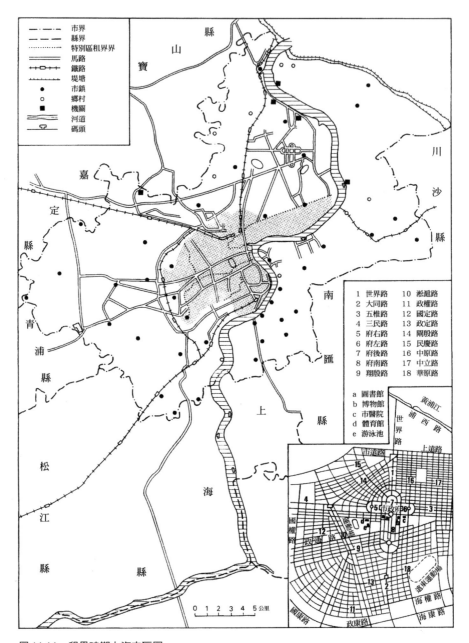

圖 11.11　租界時期上海市區圖

的現代工業行業包括了紡織、印刷、製藥、捲煙，飲食和公用事業如自來水、電力、煤氣等。外資的「示範效應」亦使上海成為現代民族工業和中國金融業的最大集中地。

作為「國中之國」的上海租界，不受中國傳統官僚政策的干擾，其發展動力主要來自資本主義市場經濟。因此，上海租界不但在城市規劃，管理和基本建設上採用西方模式，形成以中心商務區（central business district）為核心的地租圈層和土地利用功能分佈，在建築風格和城市面貌上亦與中國傳統城市迥異（圖 11.11）。當然，在「國中之國」中，由於不同租界的背後的列強不同（如英國、法國、日本）亦做成交通線路不銜接，規劃標準不一等矛盾和問題。

在外力強迫中國開放的情勢下，外國資本、技術、市場首先大規模和全面的對中國一些沿海（包括沿江）城市的經濟和城市發展造成重大影響。中國亦因應對外開放已成必要，因而也致力在這些城市中，和部分內陸城市中，發展現代貿易與工商產業。這些城市亦成為中華文明與西方文明交匯融合的平台，成為中國在 19 至 20 世紀全球化的前沿。沿海城市上海正是這個發展趨勢的最大得益者和最「洋化」的城市，也就成為中國進入現代社會時期時的一個最大的工商城市。

1852 年，上海人口增至 545,000 人。在 1880 年，它已是一個擁有 100 萬人口的超大都市。

結論：中華文明與西方文明的衝突

一、清初的新儒學

直至 19 世紀初，中國的城市化體現了一個以農業作為全國經濟與社會組織的基礎的廣域國家的特點。在這個「傳統中國」之內，擁有城市性質的聚落大抵都是「中地」（central places）。在一個有效率的儒家理想管治下，中央集權的王室，膺「天命」，以及「以民為本」的儒學治國精神，使

防洪工程和農田水利得以正常運作和維修，令農業有所收穫以養民，並且以輕徭役和低賦稅以取得民心。全國各地的縣治或地方政府，分層分級負責落實中央的這些政策、對地方施以教化和當出現天災時予百姓以救援。因此，就算出現一些地區性的天氣反常和自然災害，導致農業部分失收和人命財產的損失，所在地的「中地」中的官員亦能及時地提供適當的救援。這樣，整個國家便能保持穩定與繁榮。

因而，在這個以農業為基礎的國度裏，城市體系和行政體系混合為一個有機體，以保持人與自然的大平衡。括言之，在新儒學的理念下，城市是中央政府為民服務的中介，負責在地方層面推行中央的各種政策，特別是教育、文化、法治等以端正民風，維持社會秩序與穩定。在實踐上，這些功能體現為禮樂（通過各種祭祠和儀式）、官學和科舉，以及各級衙門的稅收，專營和負責河道、水利工程的有司等上。

簡言之，數千年的實踐顯示，在中華文明裏，傳統中國城市的主要功能，或換句話說：皇朝的主要職責，乃在中國這個廣大的地理空間內，發展農業經濟，理順人與天地或人與自然的關係，形成中華文明之下的命運共同體。這本身就是儒家的主要思想：「順天時」、「民為貴」、「盡人事而聽天命」等理念。在宋明理學的發展下，新儒學亦加深了「務實」與「理性」的色彩，對科技和與外國交往持積極和鼓勵的態度。因此，新儒學並不是「封閉」和反科學的。宋明的科技進步以及鄭和的七下西洋就是很好的說明。

在宋代，司馬光已經明確地指出治國之道為貫徹禮的原則，主張「懷民以仁」，「明君在位，國泰民安」。清初時，儒士黃宗羲（1610–1695 年）和顧炎武（1613–1682 年）在總結明亡清起的經驗時說：「天下之治亂，不在一姓之興亡，而在萬民之憂樂」，「我之出而仕也，為天下，非為君也；為萬民，非為一姓也」；更將儒家的經國致用和法治觀念大力推崇：「崇實致用」，「凡文之不關於六經之旨，當世之務者，一切不為」，「有治法而後有治人」。因此雖然清朝是由少數民族滿族建立的統一政權，但上至皇帝、朝臣，下至朝外的儒士和老百姓的基本理念都是一致的：「得天命者得天下」，而「天命」的體現就是百姓的福祉。

因此，清朝的「滿洲為先」的用人政策的及主要城市內的「滿城」式

的民族分隔只是「末」而不是「本」。清王室與滿族的統治觀念和其最終目的，實與儒家思想一致。然而，清朝因少數民族「入主」，是的確有些信心不足，使他們在政權穩定後趨於保守。乾隆寫給歐洲英國皇帝的信裏，表現出自以為天朝物產豐盛，反對外貿。他對西方的進口。包括銅版刻印技術，也只是用於歌頌他的武功，而不在乎經世致用。他反而將龐大的國庫儲備用於個人的六下江南和大規模的王室園林建設。這不但有反新儒學的精神，並錯過了以中國成功的農業剩餘價值，投放於科技和國防的發展，使中國在乾隆末年開始逐步落後於西方，也使新儒學的正當發揚受到掣肘。

一些城市中的手工業、商貿，以及邊鎮的防禦功能，可以說是中國這個廣域農業大國因應地區性的特點而出現的微調。當然，在一些分裂和戰亂的年代，這些功能對中國的城市化和城市發展的作用會更為重要和被誇大。總體而言，這些被西方奉為主要的城市功能，和用以界定真正城市聚落的標誌，對中國而言只是在整個城市體系中一些附屬性的因素。一個清楚的例證是：中國歷代的國都在經濟上都不單純依賴其周邊腹地，也並不靠工貿活動來支持其繁榮。其實所有省、府、州城市大都如此，他們基本上是地區行政中心，其他發展是次要的。它們是中華文明的命運共同體上的地理節點。

在本章及以上各章中，我們陳述了中華文明的主導價值觀 —— 儒家思想，自唐以後出現的一些變化，因而自宋以後，我們稱之為「新儒學」。雖然如此，中國自秦漢以來的歷史進程、城市化動力和空間分佈形態基本保持不變，而城市的結構和樣貌亦一貫地依循禮樂和「天人合一」的傳統觀念。

二、中華文明的警鐘：西方海權使中國失去地理縱深

自西方工業革命後，西方列強對中國城市和城市化、城市文明的演變等都逐漸產生影響。這個「外力」相對於歷代周邊遊牧民族融入，甚或「入主」中原，是完全不同的。後者往往在中原朝代更替周期的低潮時被吸引而來，而其成功者往往是已相當「漢化」，並且是重用「漢人」的支派。在「入主」中原後更以儒學的價值觀為施政原則，務求這個農業經濟達到人與

自然的和合，因而他們都是中華文明的繼承者和發展者。

　　清後期代表了中國城市文明史的另一個分水嶺。傳統的農業經濟不但已發展至超飽和，而且出現了重大的、不可持續的危機。和新興的現代工業化的列強相比，當時中國正處於一個傳統農業社會和現代工業社會的矛盾，而不是君主與民主體制的矛盾。其實，新儒學的賴以支撐的傳統農業，在清代中葉已經發展至其盡頭，在沒有新的農業技術下，本身已很難支撐下去。清廷因為過分保守和對「漢人」不大放心，往往壓制思想，防止他們和外國接觸。在農業技術不前的前提下，人口壓力已在道光年間出現。

　　順治末年至乾隆末年，耕地從五億畝增至九億畝，但人口卻由八千萬人增至三億人，以致人均耕地在乾隆末年只有 2.25 畝，剛好達至自耕自足。按此數，中國只可養活三億人。由此至道光中期，人口已增至四億人，亦即有一億人無地可耕，或難以通過中國的傳統農業以自給。由此導致的田地、米糧的自然漲價，使新儒學的「民為本」的統治目標難以落實。農民起義自然是新一輪朝代興替，「天命」爭逐的體現了。在被掣肘的新儒學和引入新技術、新思維之間，如何選擇？其目標卻是一致的，即在於回應以下問題：如何在新時代使人與自然重新達到平衡？如何使新儒學向前發展，達到其「經世致用」的基本目標？

　　一些學者認為，中國在南宋或明朝前期理應進入工業化時代。若如此，則中國的工業化會比歐美在 17 世紀末的起步早很多。中國並沒有這樣做，其部分原因乃新儒學面對了專制皇權的效率和朝代周期的慣性作用。正如前述，清代以少數民族而入主中原，對如何統治這個龐大的農業國家自然是信心和經驗不足。故此，謹守新儒學中的對傳統農業和農村的維護，將其慣性作用推延，亦合乎邏輯。這樣不但得到晚明遺臣和士大夫（如黃宗羲等）對他們的統治的認同，更進而可籠絡廣大士階層和老百姓。也由於這種自信不足，謹小慎微的心態，清朝不但故步自封，反對開放，也大力壓制言論。清代的封建保守更可體現在它對新思想和科技的抗拒比晚明為甚，而且其閉關鎖國的時間比明代更長和更嚴。

　　不過，全球局面在變，西方的船堅炮利，及他們在全球爭奪殖民地的

主流思想，把一種單向的全球化和西方文明強加於世界各地，中華文明在19世紀亦面對這個新挑戰。中國自明朝中期以來對海洋的忽視和海上防衛的落後，使東部沿海地區成為容易受外敵入侵的地方，失掉了自然地理上傳統的戰略縱深。同時，中國內部的變革也是要來臨的。但不幸的是內外因素同時起作用，加劇了中華文明在全球化時代的危機。「不平等條約」和「條約港」自19世紀中起已形成一股干擾中國發展的新力量，對清後期的政治、經濟和社會起了重大作用。城市發展和城市化，作為主要的社會過程，自然亦深受其影響，一些學者並將這些影響歸納為圖11.12，成為中國近代城市一個空間結構新模式以別於明清時期的以行政和禮教為主的城市結構（如圖11.13的南通城）。這種新動力，在新儒學要求與時並進而謀求變革之外，對下一個「朝代」——中華人民共和國的人與人和人地關係的新策略與新形態，也必然是一個重要的因素。

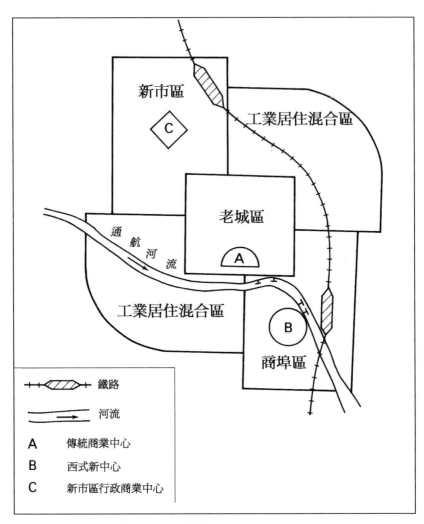

圖 11.12　中國近代城市空間結構的基本模式

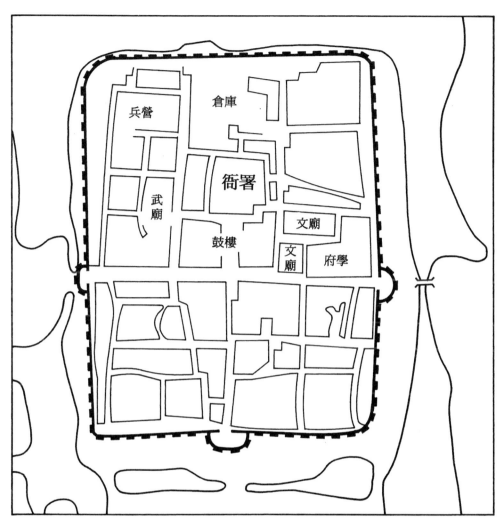

兵營

倉庫

衙署

武廟

文廟

文廟

鼓樓

府學

圖 11.13　南通城的禮制佈局

第十二章

現代中國：中華文明的社會主義探索

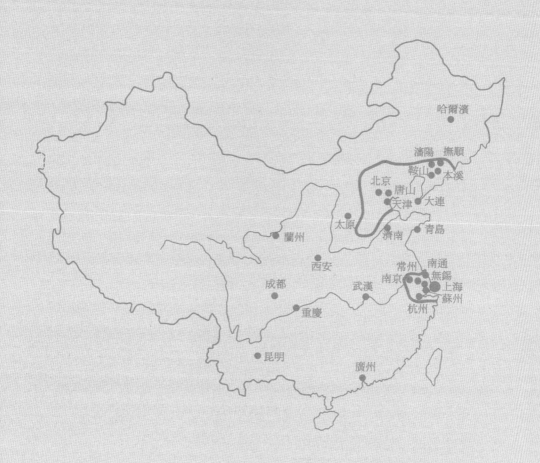

哈爾濱

瀋陽　撫順

鞍山　本溪

北京　唐山

天津　大連

太原　青島

蘭州　濟南

西安

成都　常州　南通

武漢　南京　無錫

重慶　上海　蘇州

杭州

昆明

廣州

在中華文明之外尋找中國問題的解決

一、外力下的民國過渡

　　Gernet（1985）對於 19 世紀中至 20 世紀中這一百年來的中國有以下的評語：「1850−1950 年間，中國嚴重地缺乏安全感，它的恐懼來自外力的壓迫以及內戰的紛擾。」這些，對老百姓來說，顯示了清朝失掉了「天命」，加上清政府屢敗於列強，割地賠款，自然災害頻繁，導致了農民起義遍及全國。影響最深遠的乃太平天國起義（1851−1864 年），它所建立的政權維持了十年之久，國土達清朝的近半壁江山。但和以往的中國歷史經驗比較，今次的「逐鹿中原」比以往的朝代替代更為複雜，並明顯地有西方思想或力量的參與。

　　太平天國的壯闊波瀾更勝秦末的陳勝、吳廣和明末的李自成起義。不過與歷代農民起義不同，太平天國領導人洪秀全不但打出西方基督教招牌，以「拜上帝會」為起義組織與宣傳機構，在起事初更得到列強的包庇與暗中的支持，而且打出自己的耶穌「天弟」的旗號，自認是西方天主教的主神耶和華（即天父）的第二個兒子，作為「天命」所授。這是一個結合東西方文明部分傳統以解決中國問題的首個案例。列強的影響在中華民國的國父孫文的革命歷程中亦極為明顯。孫是華僑子弟，曾在夏威夷和香港受「洋」教育，並且歸依了基督教。最初，英國為他在全球塑造成中國最主要的革命黨領袖。之後，日本人支持和幫助他成立同盟會，甚至「中山」這個名亦是日本人給予的。日本、德國、法國依次地在背後支持他顛覆清朝的活動。李鴻章亦曾多次和英國暗中聯絡，後者在甲午戰爭之後曾希望他能在南中國立國。這在在都顯示在西方文明衝擊下，中國一些有志之士尋求政治和文化出路的一些爭取「外力」援助的舉措。

　　列強的壓力以及內部軍閥的分裂勢態，因清政府飽受太平天國之亂而日益加劇。清帝位繼承的多次出現問題，導致慈禧太后（1861−1908 年）的專權，以及她對 1898 年清帝「百日維新」的變法運動的扼殺。慈禧其後在 1901 年利用「義和團」以宣洩她極端反對西方和反對洋人的怒火，最終

引致八國聯軍對清廷的干預。其善後《庚子條約》的大量賠款和其他的喪權辱國的條款，嚴重地傷害了中國經濟與軍事能力，更清楚地向老百姓揭示了大清「天命」的喪失。

這些發展令袁世凱在 1901 年承繼了李鴻章的中國軍事強人——北洋軍閥的地位，並利用手上的兵權，與地區性軍事領袖妥協，將辛亥革命的果實據為己有，使孫文領導的辛亥革命得以在 1911 年取得「成功」。袁能夠在這過程中迫使孫文退讓，成為中華民國第一任總統，背後亦是因為列強，特別是日本和英國的支持。中國當時的外債達二億兩，袁和新成立的中華民國政府不得不繼續向列強屈服。日本在 1915 年貪得無厭的「21 項要求」，把年輕的民國推向深度半殖民地化和內部動亂的深坑，亦使剛自立為中華帝國（1915–1916 年）皇帝的袁世凱及他的新帝國，在盡失民心下憂憤而一起滅亡。

袁世凱下台前任命了一批都督，成為獨霸一方的地區勢力，直接促成了 1916 至 1928 年的軍閥割據局面，其間北京的中央政府虛有其位，並不能號令全國。然而這些南北各地的軍閥，背後亦各有列強在控制着。因不得意於西歐及美國，孫文於 1923 年投向了蘇聯，並在蘇聯的大力援助下，於 1924 年在廣州改組了國民黨，以「聯俄容共」及「三民主義就是共產主義」為口號，利用蘇聯提供大量的軍械、高級將領和財政支援，成立了黃埔軍校和組成了國民革命軍。

孫身亡後，蔣介石，一個在日本軍校畢業及曾在蘇聯訪問學習過的孫文門徒，承繼了孫的實權與蘇聯的支持。在富有經驗的蘇聯紅軍將領帶領下，蔣介石在 1927 年成功地進行北伐，收復了多個重要城市，包括南京和上海，控制了南中國。在美國和上海、江浙的資本家的支持下，蔣主動與蘇聯斷交，並和中國共產黨分裂。國民黨的前盟友中國共產黨，在蘇聯的指導下，在江西和福建山區建立了蘇維埃式的紅色政權。經國民黨多次討伐，毛澤東只得帶領紅軍離開根據地，進行迂迴的長征，逃避國民黨的圍剿。

二、俄美矛盾使成中共取得政權

　　1931 年，日本製造藉口佔領了整個中國東北，並建立了以清遜帝為首的傀儡政權滿洲國。1937 年日軍又藉口侵佔北平（北京），對中國展開全面侵略。三年後，華北、華中和華東絕大部分落入日軍手中。1939 至 1944 年，國民政府退居四川，以重慶為臨時首都。1945 年，美軍在日本投下兩個原子彈，日本宣佈無條件投降。

　　1936 年西安事變解決後，國共重新合作，而蘇聯更成為國民黨的最重要支持者，對國民黨提供大量軍援，並在國共爭議之時，往往偏向國民黨。然而，在二次大戰剛結束，因為國民黨不同意蘇聯紅軍在東北強要的撤軍條件，以及向美國透露了中俄談判的詳情，令蘇聯失去信心，並懷疑國民黨會聯美抗俄。因此，史太林將東北的日軍裝備交給中共，支持毛澤東在軍事和政治上解放大陸。

　　經過一輪失敗的談判後，共產黨和國民黨在 1947 年起展開了爭奪全國治權的內戰。最後，蔣介石被逐出大陸，中國共產黨終於在 1949 年 10 月 1 日成立了中華人民共和國，取得了在大陸的治權。至今，「中華民國」只被少數小國承認，其管治範圍只剩下台灣。

　　在 1850 至 1950 年的百年間，不同的新動力在中國形成，無論是農民起義，清政府的洋務運動，以及部分士大夫提出的「師夷長技以制夷」、「中學為體、西學為用」，都多少包涵和取納了一些西方政治模式和價值觀。1872 至 1890 年間，中國派出多批學生留學歐洲和美洲，學習西方的新知識，特別是工程、策略和科學。1900 年起，不少城市中出現了現代式的學校。外國的科技、政治、哲學、歷史等學科被譯成中文在這些學校中採用。因此，當時的社會特點乃「西學」的興起與士階層的衰落。其中一個重要標誌乃清朝在 1905 年取消科舉，使儒士徹底地失去了進仕的途徑和在政壇上的影響力。

　　民國時的南京政府對於由列強傳入的「西學」自然無力抗拒。民國的弱勢的一個主要標誌乃其龐大的外債，如 1922 年，外債便達八億美國銀元。同時，民國財政的一個主要來源：關稅，仍由外國人代收，是清末的半殖民地的延續。在中國悠長的歷史中，儒家經典和儒士首次失掉了他們

傳統的用以應對中國問題的地位。在中西文明的碰撞中，中華文明處於明顯弱勢。

自鴉片戰爭起的約一個世紀，國勢衰弱、國門大開、權利盡失、西學東漸，不但使為官的士大夫階層，甚至在民間的仁人志士，都在努力尋找使中華民族與中華文明自強與發展的良方妙藥。這個求索成為一個時代的「中國夢」（薛浩然，2017）。在中華人民共和國的 70 年的歷史，我們看到這個夢正逐步成為現實。簡言之，共和國的發展正是個圓夢過程，通過了不斷地更新應變，共和國的領導者把中華城市文明推向了一個新的歷史階段——世界命運共同體的新型全球化策略：「一帶一路」創意。

在論述 1949 年後的發展前，我們需要指出共和國承繼了 1850 至 1950 年間的兩大發展趨勢：1. 在發展空間上背離沿海，那代表一個世紀來列強欺凌的地方；2. 在發展的指導思想上謀求傳統的儒家思想與由西方進口的新主義的結合。這很大程度上決定了中共領導人毛澤東的治國與發展策略的走向。

中華人民共和國特色的社會主義（1949–1981 年）

一、毛澤東領導中國人民重新站起來

要理解中國在這個時代的巨大變遷，有必要先介紹新中國政府的意識形態和思路，即毛澤東思想。

毛澤東（1893–1976 年）出身於湖南一個富農家庭，小時曾下田耕地，當過兵，做過小學教師。小時接受傳統儒家教育，學習四書五經，喜歡古代傳奇小說，亦特別選讀歷代治國經典《綱鑑類纂》、《史記》、《漢書》等。他對商鞅變法尤其推崇，曾說：「懲奸宄以保人民之權利，務耕織以增進國民之富力，尚軍功以樹國威，剗貧怠以絕消耗。此誠我國從來未有之大政策。」是他後來的治國方略的雛形。

毛其後廣泛地涉獵了 18、19 世紀歐洲社會科學和自然科學書籍，包括

亞當‧斯密的《原富》、孟德斯鳩的《法意》、盧梭的《民約論》、尊‧梅拿的《梅拿名學》、赫胥黎的《天演論》和達爾文關於物種起源等西方文明的經典，還讀了俄、美、英、法等國的歷史、地理書籍，及古代希臘、羅馬的文藝作品。這些都成為他能融合東西方文明的基礎，並促使對傳統的天下觀新的解讀。他認識的天下已超越中國的自然地理空間，而包括了五大洲和七大洋的整個世界。

基於此，他解決中國「三座大山」問題（帝國主義、封建主義和官僚主義）的方法，自不局限於在中華傳統中尋求。毛後來的團隊，不少都曾在外國留學，如周恩來、鄧小平等。在當時世局中，1917 年的俄國革命成為中國這批志士仁人的借鑑，因為它是反帝國主義的。而且俄國在革命前的狀況與中國亦非常近似。俄共的成功靠的就是庶民階層，即工人、農民、普通士兵的聯盟。這個聯盟在列寧組織的新型的政黨的領導下，取得政權。

毛曾經批評辛亥革命，認為它只是由留學生、哥老會和新軍部分士兵所造成的，與民眾的大多數，毫沒關係。他在 1920 年時就表明接受馬克思主義，走俄國革命的道路。但中國亦有它的特色。他認為國內問題，基本上是農民問題，提出建立農村根據地，以農村包圍城市，最後奪取城市之戰略思想。通過參考俄國經驗，他在領導革命時總結出三大方針（統一戰線、武裝鬥爭、黨的建設）。

在 1950 年後，毛澤東落實革命承諾，將農田分給農民以鼓勵生產，但不久便推出了農業合作化，使農田成為集體所有，防止了中國歷史上屢屢出現的土地兼併，並能將小農生產轉向規模生產。同時又對工商業進行了社會主義改造，達到今天仍存在的國有與集體所有制企業在重要行業上佔主導地位的社會主義特色。

不過他和他的同志明白：經過清代中期的失誤和近百年的戰亂，要達到國富民強，急需工業化與現代化。要達成這目標，需要從外國引進大量資金與技術。在這關鍵上，毛選擇了蘇聯。它是明智的和可能是唯一的選項。這時「冷戰」正在形成，全球多數國家以美國和蘇聯作為核心，形成了兩大敵對陣營，中國因為地緣政治原因，沒有可能成為美國盟友和爭取

到西方的資金和技術。

蘇聯在韓戰中對中國的軍事援助，不但讓中國挫敗了美帝國主義及其 16 國聯軍，幫助中國穩定國內局面，而且讓中國能站起來。在 1950 至 1960 間，蘇聯給予中國約 14 億美元貸款，讓中國購進了大批設備、原材料和能源以幫助經濟恢復和工業化、現代化建設。這些進口品的價格比蘇聯同類出口的平均價要低，而且所有技術轉移都是不收費的。中國因而在短短十年內建成了較全面的軍事工業、現代交通系統、基礎設施和製造業體系，為中國後續發展打下基礎。

在國際關係上，毛根據不斷變化的國際形勢，推出「和平共處五原則」，聯合世界上一切可以聯合的力量，反對美帝國主義政策。在中俄 1960 年代交惡後，又逐步提出「第三世界」看法，並和美、日等國家建立友好關係。這和中國傳統的國與國的睦鄰原則吻合。

毛對中華文明的最大貢獻在於解決了中央權力的繼承問題，和治國班子的延續和效率問題。毛指出這條新路能讓中國跳出朝代興替（天命轉移）及士大夫朋黨誤國（近似現在的議會制的政黨輪替）的周期率。這條新路，就是把國家專政及治國班子放在中國共產黨身上。他提出共產黨要「執政為民」，奉行「民主集中制」，和要不斷自我更新及接受人民監督等。「只有讓人民來監督政府，政府才不敢鬆懈；只有人人起來負責，才不會人亡政息。」為此，要有廣泛的來自各社會階層的黨員，所以今天的黨員數目已達九千萬人（約十個成年人就有一個黨員），令有能力的公民都直接參加國家大事和成為治國的幹部團隊。

可以說，毛澤東的基本治國理念是源於中華文明的傳統價值觀，但亦採用了馬克思、恩格斯、列寧和史太林的一些概念和政策，結合了中國和世界當前實際，形成表面近似蘇聯「社會主義」的一套新中國治國和處理國際關係的策略 ——「毛澤東思想」。這套理念與政策影響了中華人民共和國的城市文明和歷史進程。

二、城市是新社會主義文明的載體

研究 1970 年代末改革開放前的中國學者一致認為中國有自己的特色，

並不屬於一般的社會主義（即蘇聯和東歐式），或第三世界（發展中國家），或西方的模式（發達資本主義）。他們強調中國城市化比率低這一特點，認為中國採用了「非城市化」的策略。中國政府被認為對城市化嚴格控制，特別是限制大城市的發展。與此配合，政府成功地和大力地促進農村發展，將農村人口留在原地。持有這種看法的學者包括馬潤潮（1926）和 Tawney（1996）。這兩人認為中國政府採用了「反城市文明」（anti-urbanism）和「非城市化」（anti-urban）策略。

然而 Kirby（1993）卻持不同的看法。他覺得中國政府在經濟和區域發展策略上利用城市化來促進工業化，城市被視為工業發展的有效載體。陳金永（1993）認同這看法，並進一步提出：中國的發展策略是「城市偏向」的。政府嚴格地使用戶口和配給政策使城鄉隔離，並在這過程中以農村的農副業的剩餘價值作為城市工業的投資本錢。同時，在城市的發展中則盡量削減消費性的服務行業的投資，以期集中精力和資源使工業化高速發展。

在城市化道路方面，現代中國的策略根源可追溯如下：

1. 馬克思和恩格斯的觀點：城市是醜惡的；工業的佈點要鄰近原料以避免污染，以及就近農業以防止大城市問題；

2. 史太林的觀點：現代城市為社會主義企業提供最有效率的平台；在社會主義建設中，發展一定大小的新城市以及更快速的城市化是有積極作用的；但城市的發展要依從平等、高效率和公有制主導等基本原則。

在研究蘇聯和東歐的基礎上，Bater（1980）認為社會主義國家的城市的主要功能為發展工業。此外，它們被賦予兩種輔助性原則：盡量減省城市基本設施（或消費性活動）；作為社會主義的宣傳基地。

考慮了社會主義國家的一般原則和中國於 1850 至 1950 年的屈辱性情況，毛澤東等在制訂新中國的城市化策略時，在 Bater 已列出的原則之外，還加添了三點：1. 國家安全的考慮；2. 中國是個發展中國家的現實；3. 快速進入共產主義發展階段的理想要求。簡言之，在中國政府的策略下，城市的主要功能是以經濟和政治共存為立足點。毛澤東曾明言新中國的城市建設工作必須為社會主義工業化服務，而只有當城市的生產恢復和發展了，消費型城市轉化為生產性城市，人民政權才能得以鞏固。

三、社會主義城市的任務

簡言之，中國政府的策略包含了以下的要點：

1. 改變過往空間分佈的不合理性，即現代產業過分地集中在沿海的「條約港」（圖 12.1；1949 年的現代工業，基本上集中在北京、天津、唐山和長江三角兩處沿海地區）以求達到工業城市更均衡的分佈，和使工業生產鄰近內陸的主要原料產地（圖 12.2），這樣也合乎國家安全的要求；

2. 將帶有嚴重剝削性的消費型城市改造為生產性城市；城市應成為工業中心或以基本經濟活動為主要功能；

3. 城市要促使「三大矛盾」（或稱「三大差別」）的消滅；「三大矛盾」乃城鄉之間的矛盾、體力勞動和智力勞動之間的矛盾，以及工業和農業之間的矛盾；

4. 在文化和政治上，城市的屬性應是社會主義和民族主義的。

此外，中國政府力求在城市內，通過自給自足的鄰里小區設計，達到城市人口在住房、交通和服務上的平等。共和國初期的中國城市還包括了以下的社會主義特點：固定的居住與工作地點的關係，生產與服務企業以公有制為主；城市中心點再不是資本主義的中心商務區（CBD）或傳統的官署（衙門），而是蘇聯模式的中央廣場，以供公眾集會和群眾政治活動，以宣示社會主義及中國共產黨的統治。

改革開放前的毛澤東式社會主義城市化（1949–1981 年）

一、對城鎮的定義和有規劃的發展

1955 年，通過了市和鎮為中國在省、州、地、縣之外的基本行政單位，和設市、設鎮的標準的法律。這是繼 1909 年《城鄉地方自治章程》，

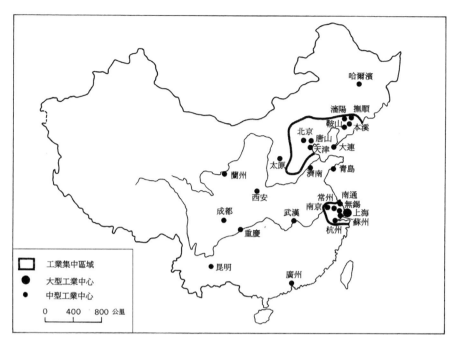

圖 12.1　1949 年以前的中國工業分佈

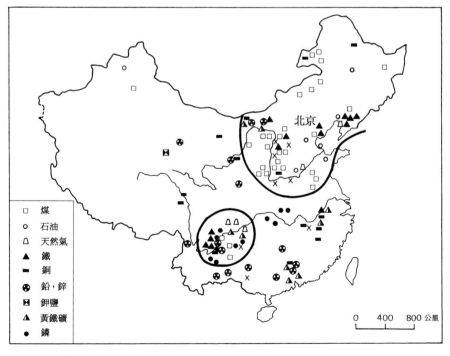

圖 12.2　中國主要礦產資源分佈圖

1930 年《市組織法》（前身是 1928 年《特別市組織法》、《普通市組織法》），一改歷史傳統，引入西方觀念，將近現代中國城市作為地方行政建制。1955 年的市和鎮的設置標準為：凡常住人口兩萬人以上的居民點被列為市；2,000 人以上而同時非農業人口佔 50% 以上的居民點列為鎮。1965 年，設市標準提高至人口為十萬人，鎮則必須具有 2,500 人以上和 75% 以上為非農業人口。除了人口和非農業人口比例外，省會及縣政府所在地，和重要工礦基地和軍事、交通要地可保留市、鎮的建制。

在中國歷史上，這是首次在全國層面上將城鎮定為獨立的行政單位和空間單元，同時亦是擁有和農村地區有別的經濟和政治功能的獨立行政單位。這些市鎮也成為新中國政權界定的中央與地方關係的基礎，以及成為中央規劃式的工業化的載體。自 1955 年後，中國推行的五年計劃以及國家的城市發展策略都建基於這些市鎮單位。1958 年的國家城市發展策略就是明顯的例子，它包括了以下三點：

1. 合理發展和新建中型城市（即人口為 20 萬至 50 萬人以下）；
2. 控制大城市（即人口為 50 萬人以上的）的發展規模，以及在特大城市（即人口為 100 萬人以上的）周邊建設衛星城以疏散過密的城市工業和人口；
3. 減低農村人口流入城市，降低人口出生率，以及組織大規模的城市職工「下放」，以控制和減低城鎮人口增長率。

然而，1949 至 1981 年間的經驗顯示，中國政府缺乏一貫的城市化政策，而且經驗和信心不足，使它在多種國策考慮的前提下 —— 即快速的經濟增長，發展上的區域性平衡，和社會主義的政治要求下，經歷了多次和巨大的城市化政策的波動。我們可從這時期的不同歷史階段予以說明。

按照 1930 年的《市組織法》，1949 年全國有市 136 個。1955 年的設市標準實施後，至 1957 年，全國城市增至 179 個，其中 71 個是新設的。新市大都位於內陸省份，是依賴本地資源並以第一個五年計劃的新建工礦企業為依托的新建城市，如包頭、克拉瑪依、白銀、蘭州、大同等（圖

12.3）。在沿海地區，有 23 個原城市被取消了城市地位。這些發展體現了新政府由沿海轉入內陸的新的工業化空間政策，形成城市發展動力在空間上出現變化。1949 至 1957 年間，城市化的速度因應快速工業化和戰後經濟恢復的需求，是十分高速的。中國城市化比率亦由 10.6% 升至 15.4%。

二、「大躍進」的影響

在三年「大躍進」期間（1958–1960 年），國家為了加快工業化建設，使城市過急地高速發展。在誇大式規劃和對建設成績虛報下，新建城市達 44 個，至 1960 年總城鎮人口急劇增長，使城市化水平達 19.7%，成為城市化新高峰（表 12.1）。不久，升虛火的「大躍進」失敗了。特別是全國範圍內的大煉鋼，浪費了資源和大量勞動力，國民經濟損失慘重；農業亦受到 1959 至 1962 年自然災害打擊，經濟全面下滑。政府因而推行全面策略調整，包括通過行政指令使已擠進城鎮的四千萬人返回農村，以解決城鎮糧食短缺問題，這約等於當時 25% 的城鎮人口。設市的標準亦進一步地提高了，要求人口在十萬人以下的聚落撤市。

按 1960 年城鎮定義計算，城市化比率在 1965 年下降為 14%，出現了中國式的「逆城市化」，而城市數目因撤市而減少了 33 個。然而，這時期冶金部的「三大、五中」，即鞍山鋼鐵、武漢鋼鐵、包頭鋼鐵；太原鋼鐵、重慶鋼鐵、馬鞍山鋼鐵、石景山鋼鐵和湘潭鋼鐵都發展起來，促進了相關城市的發展。同樣地，另一批城市如西安、哈爾濱、瀋陽、洛陽、成都等，亦得益於機械工業的建設（圖 12.3）。

總言之，在 1949 至 1965 年間，中西部的蘭州、太原、西安保持最快的增長速度。沿海以輕工業城市為主，內地和東北以重工業城市為主的空間格局亦已出現。

三、「文革」的影響

1966 至 1976 年是「文化大革命」時期。這時在全國範圍內出現了激進的政治運動，「階級鬥爭」和國防建設成為政策重點，而國民經濟發展卻受到嚴重的干擾和破壞。這時最大經濟和城市建設特點為「三線建設」（指

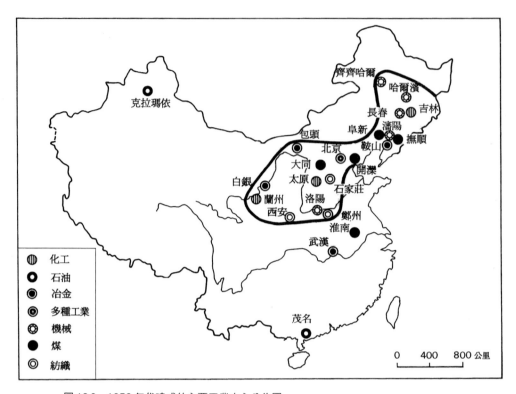

圖 12.3　1950 年代建成的主要工業中心分佈圖

表 12.1　中國總人口和城市化比率（1948–2004 年）

年份	總人口（百萬）	城市化比率（%）
1949	541.7	10.6
1952	574.8	12.5
1955	614.7	13.5
1958	659.9	16.3
1961	658.6	19.3
1964	705.5	18.4
1967	763.7	17.7
1970	832.9	17.4
1973	892.1	17.2
1976	937.2	17.4
1979	975.4	19.0
1981	1,000.7	20.1
1986	1,075.1	24.5
1991	1,158.2	26.4
1996	1,224.4	29.4
2001	1,295.3	36.7
2004	1,299.9	40.5

資料來源：《中國統計年鑑》

自 1964 年開始，在西部地區 13 個省、自治區進行以戰備為指導思想的大規模國防、科技、工業和交通基本設施建設）。「三線」地區，即內陸省份的山區，成為 1965 至 1975 年間的重點投資地區，佔了其間全國總基本建設投資的 43.5% 和總工業投資的 47.7%。

在「三線」地區內，工業企業的佈點以「山、散、洞」（靠山、分散、進洞）為原則。大量沿海技術人員、設備，甚至整個企業被遷移至「三線」地區。由於選點不良，遠離市場和相關行業，有關企業效益很低，很多沒有形成生產力，並拖慢了沿海的工業發展。「三線」的建設也伴隨了「文革」的左傾政治運動：知識青年「上山下鄉」、幹部「下放」等。估計期間因這些運動由城鎮向農村遷移的人口達 3,000 萬至 3,500 萬人，它們都是政治遷移，而不是一般的經濟遷移。

當時，城鎮人口的年均增長率 1.3% 比年均人口自然增長率 1.75% 低很多，形成第二次「逆城市化」。不過，「三線建設」亦促進了一些地方工業的發展，和在這些地方新建了一些城市。圖 12.4 顯示出兩片重要的「三線」地區，其中新工業城市如酒泉、攀枝花、六盤水、西寧、漢中、貴陽等都始建或擴建於「三線」時期。

「四人幫」的過激政治在 1976 年 10 月被中止了。鄧小平的務實派掌握了政權，並於 1978 年推出了「改革開放」新發展策略，邁出了「社會主義市場經濟」的內部經濟體制改革，以及利用經濟全球化和市場的動力，以發展經濟的新方向。

毛澤東時代（1949–1981 年）出現的城市文明

由於新中國政府的價值觀融合了中華文明與西方文明部分特色，與過去有所不同，而它亦面臨戰後重建、經濟現代化，和西方資本主義國家對它的敵視等實際問題，中國城市文明在毛澤東時代走向了一條全新的道路，成為有中國社會主義特色的城市文明，我們將它分四個方面予以敘述。

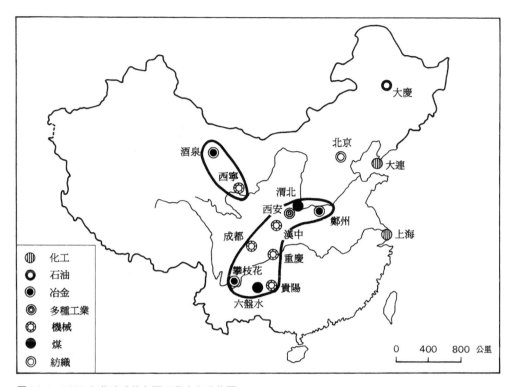

圖 12.4　1960 年代建成的主要工業中心分佈圖

一、戶口控制與大規模的人口遷移

在建國初年，中國城市文明出現了城市內的經濟企業，城市設施、服務，以至城市房產的快速國有化過程。因應戰後重建和恢復經濟，在1949至1957年間，城鎮人口以年均7%的速度增長。然而，自1958年起，城鎮人口的增長受到政府嚴格控制。通過「戶口登記」和生活必需品（食品、衣料等）的配給制度，毛澤東時代的中國城市文明進程基本上是由官方控制的。城鎮的發展緊密地依附於政府的工業化政策和政治發展進程。它們導致兩種全國性的大規模的人口遷移：

1. 由城市到城市的遷移，主要是由沿海大城市遷移技術、產業工人和管理人員到中西部和「三線」地區支持新建城市或原城市的新建工礦發展；

2. 有組織的由城鎮至農村的人口遷移，用以解決中央規劃的失誤（如「大躍進」的失敗）和工農業間的發展不平衡，也包括在政治上達到「工農兵的再教育」和消滅「三大矛盾」。中國此時的人口大遷移，無論從其規模之大，目的性的特別等角度來看，也是世界罕有的。

客觀上，上述的人口遷移，使中國的城鎮分佈在空間上達到較為均衡（圖12.5、圖12.6）。以大城市和特大城市來說，除了三個省級行政單位外，在1981年每個省都有一個人口過百萬的特大城市，而在1953年全國只有九個省單位擁有一個特大城市。同時，沿海與內陸的發展差距，亦因擁有技術和知識的人口向內陸和農村遷移而使後者達到較高的文化水平和經濟發展，減低了區域間發展的不均衡（圖12.7）。

二、「先生產、後生活」

然而從個別城市的人口結構的微觀層面上看，中央規劃下的人口遷移造成了不少畸形城市，如第一、第二個五年計劃和三線建設下的新城市。這些城市的人口增長特點：一是快，二是以機械增長佔絕對優勢。如1958年開始建設的廣東省石油城市茂名，在1958至1960年間，人口年均增長

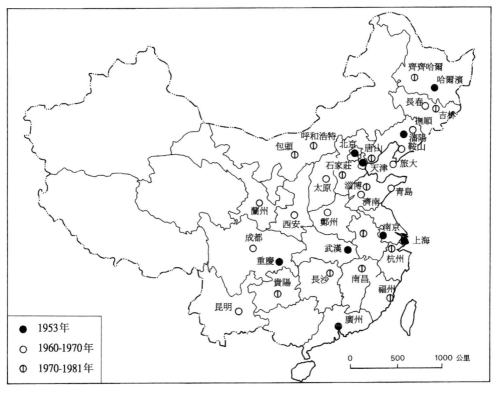

圖例：
- ● 1953年
- ○ 1960-1970年
- ◑ 1970-1981年

比例尺：0　500　1000 公里

圖 12.5　一百萬人口以上城市分佈圖（1953-1981 年）

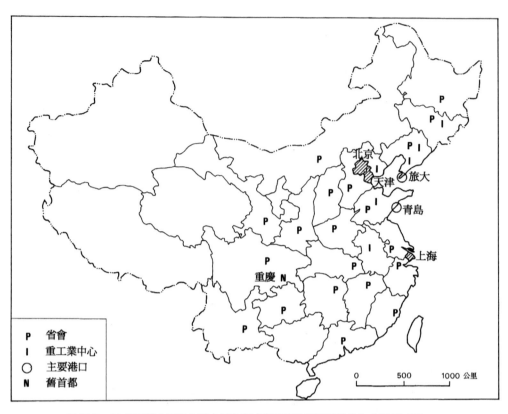

圖 12.6   34 個百萬人口以上城市按主要城市功能的分類及其分佈（1981 年）

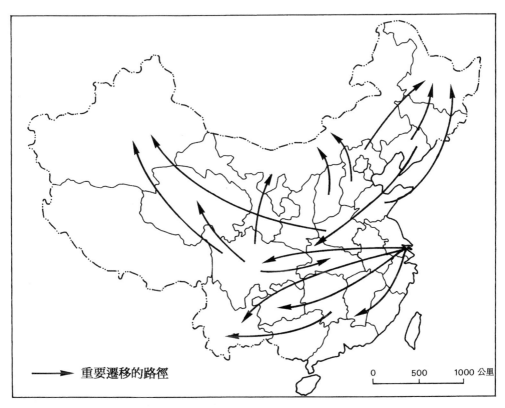

重要遷移的路徑

0 500 1000 公里

圖 12.7 省際人口遷徙圖（1966–1997 年）

79.6%，其中 99.7% 為機械增長，又如第一個五年計劃期間開始大規模建設的株洲，1953 至 1960 年間的人口年均增長率為 37.1%，其中 95% 為機械增長。

這些城市的人口年齡構成亦具明顯特徵。圖 12.8 的四個城市的人口金字塔，除了舊城江門屬正常之外，其他三個新城市的表現均使人震驚！在這些新城市中，勞動年齡組比例特別高，由於政策上不容許職工帶眷，使老年人和少年兒童的比例都十分低。此外，人口性別亦嚴重失衡，男多女少，一般比例為 6：4，更甚者為 7：3。若從不同年齡組來觀察，則勞動年齡組的失衡更為嚴重（表 12.2、圖 12.9）。茂名雖然是 1958 年已開始建設，至 1979 年已經歷了較長的發展，但是由於是個以煉油為主的城市，男女比例仍是極端的。汽車城十堰，由於同時擁有地方行政功能，男女比例稍好。新城市中的男女失衡現象，會因應城市工業的主體不同而有差異：重工業城市渡口，女工只佔全體職工 12.2%；湖北輕紡工業城鎮嘉魚，則以女工為主，是一個「女人城」。總的來說，新城市多以重工業為主，城市男子職工中，有 40% 至 60% 難以在本城找到配偶。

這時期片面地貫徹「先生產，後生活」，對新城市的社群的正常家庭生活造成很大的困擾，成為毛澤東時代另一典型的城市化和城市文明特點。

三、對城市功能的社會主義改造

正如前述，中國政府將舊中國城市定性為「消費型」城市，其目的是要將這些城市改造為社會主義的「生產型」城市，即以工業為主要功能的城市。因此，毛澤東時代的城市發展動力明顯地是計劃經濟之下的工業化。固然，在這時期，城市亦成為全國性或地區性的發展中心（Growth Center）。由於自 1953 年起，城市經濟已逐步國有化，城市內的投資和發展項目皆來自中央計劃經濟體系的安排和調撥。這一現實將城市體系和行政體系緊密結合，近似傳統中國。不同者乃在傳統中國，城市主要為周邊的農業經濟服務，而在社會主義中國，城市是為規劃經濟中的工業化服務；而城鄉關係在新時代中亦是反過來的，主要地是由農業和農村支援城市的工業化。

年齡組(歲)

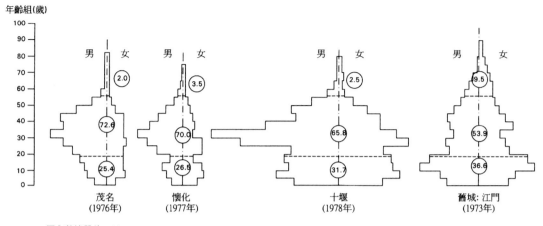

圈內數據單位：%

圖 12.8　新城市年齡構成（舉例）

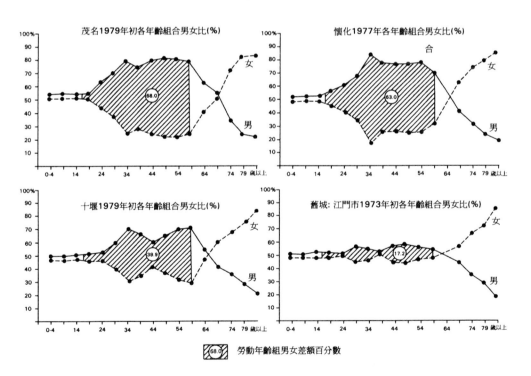

圖 12.9　新城市當年人口的各年齡組性別比

表 12.2　新城市人口男女比例（舉例）

類別	名稱	性質	年份	總人口		勞動年齡組		老人組	
				男	女	男	女	男	女
新城	懷化	鐵路樞紐地區所在地	1977 年末	66.5	33.4	73	27	30.5	61.4
	茂名	石油化工	1979 年初	66.6	33.3	72.7	27.6	41.3	58.7
	十堰	汽車製造地區所在地	1978 年末	58.0	41.9	62.5	37.5	30.6	69.4
舊城	江門	輕工機械工業	1973 年	51.6	48.3	54.7	45.2	32.6	67.3

表 12.3　1953–1975 年中國的人口遷移（估計）

年期	性質	人數（百萬）	資料來源
1953–1957	農村至城市	8.0	Chang（1968）
1957–1958	「下放」（幹部接受勞動改造）	2.6	R. W. Lee（1966）
1958–1964	城市勞動下鄉	20.0	
	「上山下鄉」	20.0	
1968	「上山下鄉」	15.25	Current Scene（1969）
1969–1975	「上山下鄉」	12.0	Peking Review（1976）
1957–1975	城市至農村總數	54.6	

資料來源：Sit（1985）

一般而言，重工業集中在省會城市、地區及副省級城市多發展較全套的城市經濟和服務功能，而縣市集中了「五小工業」，即為農業提供農具、化肥、排灌和防洪設備等為農村服務的製造業。亦因為如此，一些省會城市擴展成為百萬人口的特大城市，正如圖 12.6 所顯示。中國實行自給自足的發展策略，也使能源和原材料工業成為工業化的主力。反映在城市建設中，乃這類新城市的建設。在 1949 至 1981 年間，在統計的 94 個新建工業城市中，44 個為電力工業城市，24 個為鋼鐵工業或採鐵城市，12 個是採油或煉油工業城市，八個是林業城市，四個是以水電為主要產業的城市。

　　1981 年的全國最大的 15 個城市的就業情況，充分說明了中共對舊中國城市的社會主義改造的成功。這批城市的總人口佔全國人口的 5%，但他們貢獻了全國 36.3% 的工業產值和三分之一的國民收入。他們在全國經濟的影響也可從其中最大的三個城市（北京、上海、天津）反映出來。三者對全國的工農業總產值的貢獻為 16.6%，單計工業總產值則是 21%。他們三者對一些重要的工業產品的生產亦佔全國領先地位（表 12.4）。

四、城市社會的失衡

　　在城市人口的結構中，可將按人口是否屬於就業年齡分為勞動人口和被撫養人口。又從城市發生、發展的觀點出發，按勞動性質，將勞動人口分為基本人口和服務人口。因此，一個城市的勞動構成就是指基本人口、服務人口和被撫養人口的比例。對城市的生產性改造，就是要提高基本人口（主要指就業）的比率。城市建設中的「骨肉關係」的「骨」乃指工業，即生產功能，而「肉」是指消費服務功能。

　　毛澤東時代的城市建設指導思想是「先生產，後生活」，即基本人口比重要高，服務人口和被撫養人口比重要低。這種城市性質的轉變，無論是特大城市或小城市，如圖 12.10 所示，都是如此。在上述全國最大的 15 個城市，基本的工業就業佔總就業的 52.8%。服務行業，包括批發與零售、餐飲、旅店和個人服務等的就業比率 —— 一般被認為是資本主義「消費性」的，只佔 7.9%。這個「骨」與「肉」的失衡更在這 15 個城市的固定資本投資體現：生產性和非生產性的住房，和服務行業的 1981 年度的投資比例

表 12.4　三個特大城市對全國主要工業產品的貢獻　　　　　　　　　（%）

工業產品	上海	北京	天津	三市總額
電力	6.6	3.2	2.4	12.2
鋼	14.2	3.4	3.5	23.1
燒鹼	12.2	4.1	10.0	26.2
橡膠車輪胎	16.5	3.6	4.7	24.8
塑料	21.2	32.4	6.4	60.1
乙烯	27.6	49.4	0.2	77.2
機器工具	16.7	6.8	1.9	25.4
鋼船	22.5	不詳	不詳	–
電視機	22.3	7.8	6.8	37.0
照相機	43.2	不詳	不詳	–
化纖	29.8	5.1	2.7	37.6
棉紗	12.6	2.2	3.4	18.1
棉布	11.7	2.0	2.9	16.7
自行車	23.4	0.9	18.9	43.2
縫紉機	23.2	5.3	5.4	33.9
手錶	32.4	5.2	8.7	46.3

資料來源：Sit，1985

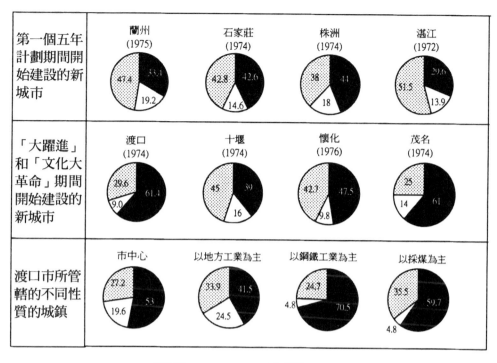

<table>
<tr><td>第一個五年計劃期間開始建設的新城市</td><td>蘭州
(1975)
47.4 / 33.4 / 19.2</td><td>石家莊
(1974)
42.8 / 42.6 / 14.6</td><td>株洲
(1974)
38 / 44 / 18</td><td>湛江
(1972)
51.5 / 29.6 / 13.9</td></tr>
<tr><td>「大躍進」和「文化大革命」期間開始建設的新城市</td><td>渡口
(1974)
29.6 / 61.4 / 9.0</td><td>十堰
(1974)
45 / 39 / 16</td><td>懷化
(1976)
42.7 / 47.5 / 9.8</td><td>茂名
(1974)
25 / 61 / 14</td></tr>
<tr><td>渡口市所管轄的不同性質的城鎮</td><td>市中心
27.2 / 53 / 19.6</td><td>以地方工業為主
33.9 / 41.5 / 24.5</td><td>以鋼鐵工業為主
24.7 / 70.5 / 4.8</td><td>以採煤為主
35.5 / 59.7 / 4.8</td></tr>
</table>

■ 基本人口　　□ 服務人口　　▨ 被撫養人口

數據為所佔人口的百分比

圖 12.10　新城市人口勞動構成（舉例）

為 100：70：43。上海的住房投資更只佔全市總的 16.1%，是 15 個城市最低的。

「先生產，後生活」的傾向，造成城市住房嚴重的短缺，和對大城市勞動人民的不公。當時這 15 個特大城市的人均居住面積只有三至四平方米，遠差於中小城市和農村。「後生活」的傾向亦導致城市公共交通不足。在 1981 年，這 15 個城市每一萬人只有公共巴士 2.32 至 6.51 輛，和亞太區同類城市的每萬人 10 至 26 輛比相差很遠。這也解釋了當時中國的城市居民為何追求擁有自行車了。

不過，這 15 個城市有 7.5% 就業人口被僱用於教育和醫療這兩類服務，比率遠遠比亞太地區的同類大城市高。這個現象反映出這 15 個特大城市在它們所處的區域的中地功能。以高等教育而言，北京、天津的收生是面向華北和東北地區，甚至是全國的。可以說傳統中國的中地功能，在社會主義的新中國仍然在這些方面被保留下來了，並在計劃經濟中得到強化。

五、工農協調發展的城市區域（city-region）

自 1958 年起，為了逐步消滅「三大矛盾」，以及使城市的蔬菜和農副產品能從周邊地區得到供應，中國政府將很多特大城市和大城市的行政範圍擴大，以包括周圍的郊縣，形成新的以城市為核心的行政單元：城市區域。由於物資短缺，交通運輸困難，以及中央部門規劃與調撥的行政繁複和容易失誤，中央將不少特大城市周邊的縣納入市政府的直接管理，名為「市轄縣」，使城市能較易地從就近地區解決糧食、副食品、食水等供應問題。此外，這些特大城市亦需要空間以從其核心區疏散過密的工業和常住人口。同時，市轄縣亦可得到就近的城市市場，和從城市取得化肥和農機等農用生產要素，包括在舊中國時由城市取得的農用有機肥 ——「夜香」（城市糞便）。因由如此，在上述 15 個特大城市中，只有哈爾濱沒有市轄縣。

在空間上，城市區域形成一個同心圈層體系，它包括了大小不同的城市聚落和農村（圖 12.11）。市，或核心市，有一個外圍的以工業和附屬居住區組成的郊區工業組團（或衛星城市）/ 帶。這些都是以工業為功能，

附以自給的服務性功能。在其他郊區，農村景觀很濃，它們亦主要是城市的蔬菜及農副食品，如牛奶、肉類食品、蛋等的生產和供應基地，亦是主要環城綠化帶。市轄縣形成遠郊，除了縣城和鎮所在地外，一般是農村地區。市轄縣的城市化比率很低，如圖 12.12 的南京的例子，則只有 6.5%。市轄縣的城市聚落，成為整個城市區域「城市體系」的第三層。遠郊不但是核心市的主要食品來源，同時亦是多數「下放」幹部接受勞動和再教育的地方。

城市區域將城市和周邊農業腹地以行政方式結合為一個經濟和生態系統，將城市與農村的隔膜打破，形成一個互補和積極性的城鄉關係。雖然在性質上，這個新組合仍是為了促進社會主義工業化，與傳統的以農業為基礎的中地性服務不同，但中國傳統上的城鄉一體和互補的城鄉關係，因而亦在毛澤東時代以這特殊形式體現出來。同時，中國的城市概念亦因而是一個大單位概念，一如在舊中國，因為在明清時，蘇州往往就包括了整個蘇州府而不單是城牆內的蘇州市。

六、社會主義的城市規劃和城市空間（土地利用）結構

1949 年後的中國城市，除了跟隨新政府的社會主義指導思想外，還直接受到在 1954 年由蘇聯派來指導城市規劃和城市建設的專家的影響。這些可從北京的 1957 年規劃大綱乃至 1980 年代初的多次修改大綱體現出來：

1. 重視基本人口和非基本人口的規劃。兩者比例為 1：1；

2. 採用以下嚴格的土地利用標準：

　　工業用地 —— 每千工人 7 公頃；

　　居住用地 —— 人均 100 平方米；

　　服務行業用地 —— 每千人 10 公頃；

　　高等教育用地 —— 每千學生 10 公頃，另加每教職工 150 平方米；

　　全市用地 —— 人均 147 平方米。

此外，城市發展被嚴格地控制在「規劃市區」範圍之內，並作緊湊的同心圓方式佈局。1986 年，「規劃市區」約等於全市（包括市轄縣）面積的 4.5%，但其人口為全市的 82%。在其範圍內有全部的全國性和市屬行政

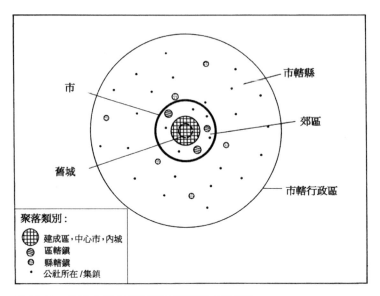

圖 12.11　1958 年後中國城市區域空間構成示意圖

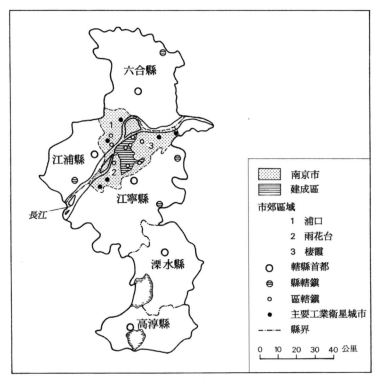

圖 12.12　南京都市區域聚落分類

單位，全市 90% 的科研單位和大專院校。「規劃市區」內的建成區，主要由舊城和八大郊區構成（圖 12.13）。

因此，北京有個非常緊湊的核心。從這個建城區向外發展，主要採用「分散集團」形式，以避免對近郊綠化帶過分的蠶食。這個新變化，反映了 1958 年「大躍進」的政治號召和建立人民公社的決定，強調了向共產主義過渡和消滅三大差別。從 1958 年的規劃大綱起，蘇聯式的城市結構被「分散集團」式的新佈局取代。這個規劃理念來自曾參加英國大倫敦規劃的陳占祥（英國「規劃之父」的高足）。北京一共規劃並逐步建成了十個「分散集團」。

每個「集團」依托已存在的小聚落，發展為以工業生產為主，而附有相關市政設施和服務的，自給自足的衛星市式市區。每個集團與核心市和其他集團之間，以綠帶或農用地保持明顯分隔。整個城市範圍由 8,860 平方公里增至 16,800 平方公里，成為「城市區域」。中心區要保持 40% 的綠地。在綠地內還要種植農作物，做到市區既要有工業，又要有農業，成為城市和農村，工業與農業，腦力勞動與體力勞動的結合體的政治理想。在居住區組織上，也按人民公社原則進行建設，讓居民過集體化生活。

自 1981 年起，通過了北京地區採取「子母城」的佈局形式，圍繞市區發展了遠郊的衛星城市，將自 1958 年建得太多、太散的衛星鎮整合。不過「母城」仍沿用「分散集團」模式。

北京的遠郊佔北京地區（即城市區域）面積 95%。在 1986 年，它的城市人口只有 95 萬人，但卻擁有龐大的農村人口（達 350 萬人）。因此遠郊的城市化比率只有 20%，基本上是個農業地區。它除了為市區提供糧食和農副食品外，還是市區的主要用水來源。

在市區或核心市內，居住區按蘇聯的「大街坊」制組織，後改為範圍較大的「小區」，合理分佈中小學、託兒機構、商店等公共設施，減少道路穿越，建立自給和安靜的居住環境。住屋水平定為人均九平方米，但至 1970 年代末，仍未達標。

建國初期十年間，北京的城市土地利用和景觀特色乃是在市中心將傳統的天安門前地改造，成為大型廣場，周邊新建了人民大會堂、歷史博

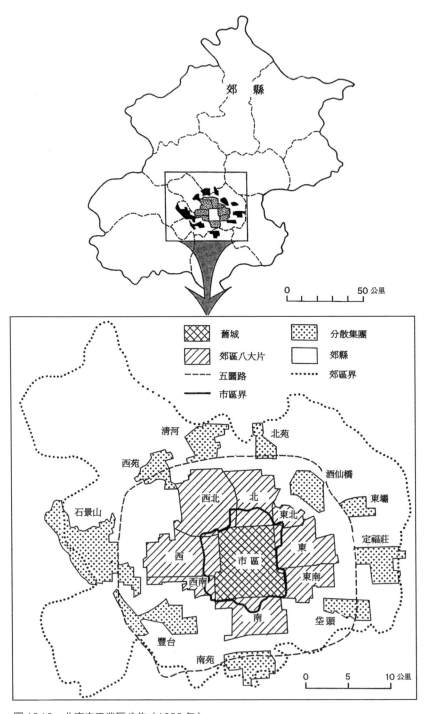

圖 12.13　北京市工業區分佈（1986 年）

（圖中文字）

郊　縣

0　　　　　　　　50 公里

舊城　　　　　分散集團
郊區八大片　　郊縣
五圍路　　　　郊區界
市區界

清河　　　北苑
西苑　　　　　酒仙橋
石景山　　　　　　東壩
　　　西北　北　東北　定福莊
　　　西　市區　東
　　　　西南　東南
　　　　南
　　　岱頭
豐台
南苑

0　　5　　10 公里

物館、人民英雄紀念碑等，作為社會主義的象徵和提供大型政治集會的空間。中央黨政主腦機構亦設在附近的中南海地區。和明清舊宮城和皇城的主要位置和功能相比，北京市保持了中國傳統城市的以政治、行政、禮樂為核心的精神不變。北京的這些規劃原則成為全國大城市的榜樣，被它們複製。

向市場經濟轉型：轉型期的中國城市（1981–2005 年）

一、後「冷戰」的「改革開放」思路

　　鄧小平在 1978 年提出了「改革開放」的新發展思路：即對外開放，對內以「社會主義市場經濟」取代過往的中央規劃經濟。西方學者稱這種新經濟體系為「轉軌經濟」，泛指前社會主義國家在近三十年來放棄中央計劃經濟，向資本主義市場經濟轉變。

　　一般前東歐國家，在「轉軌」策略上採「大爆炸」模式，它包括了三種突變：1. 由議會民主代替共產黨領導；2. 由市場代替中央計劃；3. 把國有企業快速地私有化。在 1980 年代和 1990 年代，這些前東歐國家的「轉軌」並不成功，經濟比以前更差，失業嚴重，政局不穩，外資也不敢前來。

　　中國不但「轉軌」較早，同時地採取了獨有策略，即「漸進主義」。它的主要內容包括了維持政治體制不變，或權力持續，仍由共產黨領導。不過共產黨卻大力改革，引入市場機制和外資，下放權力至地方，促進發展型政府。在這過程中，雖然市場逐步取代中央規劃，但國有企業仍在重要行業佔領導地位，不過，經濟活動中的「產」、「銷」已由企業自主和自負盈虧。同時，政府對城市交通、公共設施、教育，以至醫療衛生等也向市場和私人開放。新的法規和監管機構亦陸續建立，以營造市場運作的軟環境。

二、新一輪經濟全球化

　　外資，特別是外來直接投資（FDI）成為大受歡迎的境外投入。自 1993

年起，中國已成為全球第三世界中的最大 FDI 接受國。外貿自由化和外資在中國境內的自由化，使外資成為自 1979 年以來中國發展，特別是中國主要城市在功能、土地利用和城市景觀等變遷的一大動力。因此，在這一時期，沿海地區的不少城市，已逐步成為「轉軌城市」。國家經濟亦逐漸和全球經濟融合。2008 年，中國外貿已達 25,600 億美元，為全球第三大貿易國。簡言之，在改革開放後的 30 年來，中國不但成功地市場化，亦依賴全球化成為「世界工廠」，提供全球市場需求的大部分成衣、玩具、手錶、鞋類、家用電器、家具和辦公設備等輕工業消費品。而中國整體的經濟增長，以 GDP 計，保持年均 10% 的高增長。以經濟總量計，2000 年是 1978年的四倍。有學者把中國的轉軌過程在圖 12.14 中量化，說明自 2005 年起中國已成為一個「市場經濟」。中國的轉軌被認為是最成功的，其主要內容被不少前社會主義國家採納。

　　1978 年後的經濟轉型表示了毛澤東的發展模式和城市化只延續了約 30年。在其後的 30 年，一個市場主導的「社會主義市場經濟模式」成為新的城市文明和城市發展的動力。它表示了因為對新儒學自 1850 年以來未能促使中國擺脫列強的欺凌，而不得不採用急進與偏激的手法，包括快速工業化和以階級鬥爭為主的社會管治模式，只是在悠長的中國歷史中的一個特殊的小插曲。因此，轉軌期的中國城市文明發展和毛澤東時代有着明顯的分別，我們特地把兩者的比較列於表 12.5。

　　很明顯地，轉軌期的城市文明動力來自三大因素：

　　1. 開放政策促使外資大量湧入，中國成為國外企業的採購和加工基地，中國產品因此大量進入國際市場。這些使中國東部沿海城市因為地利而成為主要受惠者。加上沿海城市在改革開放過程中亦是最早和最廣泛地享有特殊的外向經濟發展和地方自主權，如一些地區被設為經濟特區、14個沿海開放城市、珠江三角洲經濟開放區和長江三角洲經濟開放區等。在2004 年，中國的 FDI 流入共 600 億美元，九成以上是流向沿海城市的。中國的加工出口產品，佔了總出口的 55.3%，而它們亦主要地源於沿海城市。因此，「外力」配合「開放策略」促進了沿海城市近 30 年的轉軌與發展。

　　2. 農村的農業政策改革和農村戶口及經濟產業（特別是鄉鎮企業）的

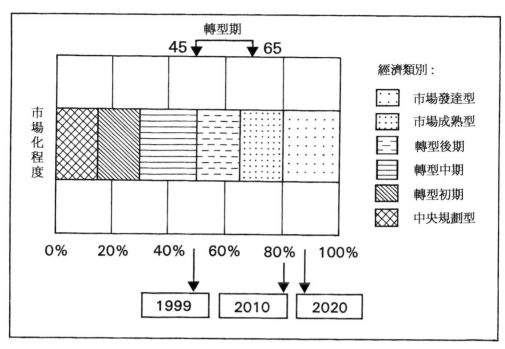

圖 12.14　中國經濟的轉型階段及市場化程度

改革。人民公社在 1970 年末被取消了，農村全面推行家庭聯產承包經營責任制；接着又取消農副產品的統購統銷政策，開放大部分農產品價格。其後，又容許農民自帶口糧進入城鎮務工、務商和從事交通、服務等第二、第三產業。這些與農業和農村有關的新政策，急促地增加了農村本已充塞的多餘勞動力，促使這些勞動力轉移至城市，大大促進了城市化和城市發展。

當時的潛在的過剩農業勞動力達三億人，而就近的城鎮集體和私人的鄉鎮企業在 1990 年代初吸納了 1.5 億人，造成了被稱為「由下而上」（bottom-up）的「農村城市化」，即在中國的農業區域內的小城市和鎮的增長。與此同時，由於戶口管制的放寬，入城「打工」（一般從事建築業，製造業、家庭傭工和個人服務業的非農業活動）的農村人口，亦達 1.2 至 1.3 億人。大量的這些農村向城鎮遷移的人口，形成「轉型」期出現的大量「臨時」或「浮動」人口的城市化特色。入城「打工」，在空間上大量地集中在長江三角洲、珠江三角洲和京津唐地區，成為出口型加工工業和依附於它們的有關行業的勞動力來源，因此，這一城市化特點被概括為「外資驅動型城市化」（exo-urbanization）（Sit & Yang, 1996）。

3. 城鎮定義的行政變更。由於改革開放中的一環乃下放權力，城鎮作為行政單位，經歷了新的行政定義變更。以城市為例，十萬人口的最低人口標準放寬了，新的標準，如本地生產總值、工業生產總值，出口總值和開放地位等，成為較重要的設市考慮。就在最大變更的 1980 至 1990 年這十年間，全國新設市 400 個，新設鎮約 16,000 個，是中國歷史上城填數目增加最多的時期。就在城市化快速增長的同時，全國的縣數正在減少，由 1982 年的 2,132 個減為 1990 年的 1,902 個，因為其中一些在行政上已變為城市。

三、都會經濟區：區域性的城市群的出現

由於上述的因素，在轉軌期出現了一個新的城市體系的二元結構。在由下而上的農村城市化過程中，出現了大量的小城鎮，特別是在經濟發展較好和開放度高的沿海各省、東北三省和四川省。在其中的珠三角、長三

角和京津唐地區，這些小城鎮和鄰近的外向型經濟發展較好的大城市緊密連結，成為三片廣大的城鎮稠密區域。在每一「城市區域」內，新建的和效率高的高速公路和軌道交通將它們融合為一個高度全球經濟一體化的區域性城市經濟體，實質地構成了「世界工廠」。這三個以外向型或出口工業為主導的城市經濟區域，被稱為「都會經濟區」（國內學者稱為城市群），成為二元結構中大區域式的城市化發展特色。在 1999 年，通過了工業總產值、FDI 和出口總值的分析，證明了中國存在上述三大都會經濟區（圖 12.15、表 12.6）（薛、蔡，2003）。

除了上述的城市化特點外，轉軌城市在城市結構、景觀和城市居民生態文明上，亦和毛澤東時代的有明顯的分別。城市在政治和行政功能上，出現了明顯的淡化。社會主義時代的居住地點和工作單位的結合，使居住區和工作及行政從屬互扣，這個規律隨着住房的商品化而慢慢地被打破。工作單位的非政治化也強化了城市內地區性的政治化，而地區政府，包括市政府和市內的分區政府，對本地的設施和服務的提供，也有較大的自主。

在城市空間和景觀上，在私有化的推動下、商業化和對利潤的追求，產生了新的二元化的城市商業土地利用和景觀：在市中心出現了西方或資

表 12.5　中華人民共和國兩個時期的城市化特色比較

特色	毛澤東時代（1949–1981 年）	「轉型」時代（1981–2000 年＊）
城市化水平	低（少於 20%）	中（36%）
城市化增長率	低（年率少於 2%）	高（大於 5%）
人口機械增長	受限制（有組織的）	自由（以經濟為目的）
區域政策	傾向內陸	傾向沿海
發展模式	資源偏向	FDI 偏向
政府功能	中央計劃	社會主義市場
城市生活水平	低	中等

＊ 表中數字只限於轉型時代的前十年

表 12.6 　三大都會經濟區主要經濟數據及在全國位置（1999 年）

		面積 （平方公里）	人口 （萬人）	GDP （億元）	工業產值 （億元）	實際利用 外資 （億美元）	出口 （億美元）
京津都 會區	核心市	3,448	1,262	786	1,908	26	83
	內圈	8,730	369	684	1,222	11	34
	外圈	19,038	860	2,632	2,227	4	40
	總額	31,216	2,491	4,102 （31.8%）	5,357	41	157
上海都 會區	核心市	812	792	1,153	1,755	15	188
	內圈	5,528	521	2,881	4,552	14	
	外圈	35,256	2,719	4,520	9,078	35	138
	總額	41,596	4,032	8,554 （31.6%）	15,385	64	326
香港都 會區	核心市	1,100	684	8,091	2,510	252	1,000+
	內圈	2,044	443	1,982	2,079	28	282
	外圈	39,678	1,862	4,456	9,375	93	392
	總額	42,822	2,989	14,529 （95.6%）	13,964	373	1,674
三大都會 圈佔 全國比重 （%）		1.24	7.53*	30.7*	26.7*	73.0*	73.1*

* 全國總額包括港澳

+ 包括香港轉口的一半，即 758 億美元

括號內乃出口額與 GDP 的百分比率

資料來源：作者從有關統計年鑑計算

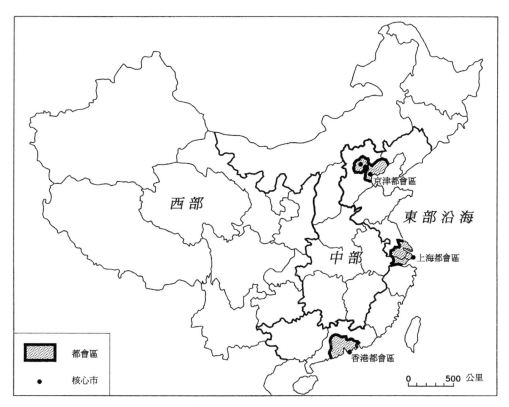

西部

中部

東部沿海

京津都會區

上海都會區

香港都會區

都會區

核心市

0   500 公里

圖 12.15   中國三大都會經濟區

本主義式的中心商務區（CBD），成為商業和高檔生產性服務行業的中樞或總部的集中地，集中了金融、貿易和信息部門的產業，反映轉軌城市加強了的商品流通控制中心的功能。它以現代和後現代的高層商業大樓群，展現出新的等級地租規律。

與此相對的另一元乃是在市區內出現了第三世界城市中的「地攤經濟」式的小商販攤檔，和在市中心邊沿出現的以臨時人口為主要居民的「棚戶」。當然，在中國的「轉軌」城市中，也湧現了與東歐轉軌城市不同的功能結構，包括了促進工業經濟的高新科技發展區、經濟技術開發區，大型的專門性商品及原材料批發和貿易區，如浙江溫州的義烏小商品批發市場、海寧的皮製品市場等。

在商業化、等級地租規律和居住與工作單位的分離等推動下，中國轉軌城市的住民生態亦進入了一個結構重組過程。社會主義的平等色彩和一體化的社會空間，出現了按生活質素和潮流的分野過程，使城市中的社會空間的隔離明顯化了。舊區的重建和市郊優質環境的私人屋邨的建造，推動了居民生態的重組，也印證了階級社會的重新強化。城市高低階層的湧現，包括大量的流動人口，使城市生態結構更形複雜，營造了不同的利益團體和更強烈的地區政治化。伴隨而來的城市服務，特別是個人服務和娛樂，如大量的髮廊、歌廳和夜總會，說明了在毛澤東時代之後的轉軌社會的庸俗的和經濟的物質主義，忽視或淡化了傳統的儒家價值觀和公益意識，這是「先富起來」式的低檔個人主義的天然產物。

深圳（1979－2005 年）：中國首個轉軌城市案例

深圳是最早及最全面推行改革開放的城市，因此亦被稱為「改革開放的樣板和實驗室」，在中國的轉軌城市中有一定的代表性。

深圳原屬寶安縣，1979 年 3 月設市，現時包括寶安區、南山區、福田區、鹽田區、龍崗區、羅湖區和光明新區等，總面積為 1,952 平方公里，

2005 年人口 861.5 萬人。1980 年 8 月成立的經濟特區，位於市南部，面積共 327 平方公里，作為對外開放和改革政策的主要實驗區。在北部特區線外的面積共為 1,577 平方公里，包括了寶安縣。其後，寶安縣也改為市區。

深圳 1979 年時總人口約 35 萬人，GDP 為 1.96 億元。自設市後，外資（FDI）對深圳的總投資佔有的表面比重一直保持在 15% 以上（加上內資在合資企業 / 項目的出資和銀行貸款，涉外資金的比率更高，見圖 12.16）。至 2000 年中，外資比率有明顯的下降，顯示了「轉軌」已趨成熟。

外資投入的行業偏向很明顯，大部分集中在輕工業，特別是技術水平低、勞動密集的成衣、鞋類產品、玩具、家電等行業。外向型工業的發展促進整體經濟增長，因此 GDP 在 1985 年為 39 億元，1995 年為 843 億元，而 2005 年已增為 4,951 億元。在 1985 至 1995 年間，GDP 年增長率為 30 至 60%，在 1996 至 2005 年，仍保持在年率 18% 左右（表 12.7）。

深圳市人口的增長，明顯是由外向型出口工業帶動的，不單人口增長速度驚人，而且增長主要來自臨時人口，因而被稱為「移民城市」和「一夜城」。1980 年只有 3.6% 的總人口為臨時人口，在 1986 年已增至 45%，實際人數為 40 萬人，和戶口人口相等。到 2000 年，臨時人口更是總人口的 82.2%，至 2005 年，雖稍回落至 78%，實際數目為 647 萬人，約等於當時毗鄰的香港的總人口。

在城市的空間結構上，深圳體現了中國轉軌城市的特色。不但羅湖區出現了資本主義式的 CBD，由於發展空間不足，鄰近的福田區也被開發為新的 CBD，市中心因而出現了雙中心（圖 12.17）。因應出口型輕工業的發展，深圳開發了多個工業區，高科技工業園和臨海港的自由貿易區。隨着經濟和人口的增長，城市住房和商業服務走向高檔化，形成了多個自給性高、綠化好的次中心。整體而言，深圳的商業化程度很高，按交通的通達度和等級地租形成了一個多中心的城市。當然，龐大的臨時人口，亦導致複雜的人文問題，和明顯的社區的分隔。

表 12.7　深圳市主要指標年平均增長速度（1980–2006 年）

（以 1979 年為基期計算）

指標名稱	平均增長（%）
年末常住人口	13.0
本市生產總值	27.4
第一產業	1.5
第二產業	36.3
工業	38.3
第三產業	26.3
人均 GDP	12.8
全社會固定資產投資額	32.9
地方財政一般預算收入	34.4
地方財政一般預算支出	32.3
社會消費品零售總額	28.7
進出口總額	37.0
出口總額	37.5
進口總額	36.5
實際外商直接投資額	26.7
國內金融機構人民幣存款餘額	40.3
國內金融機構人民幣貸款餘額	40.1
職工年平均貨幣工資	15.2
職工年平均實際工資	7.3
居民儲蓄存款餘額	40.7

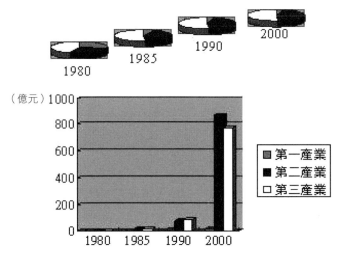

（億元）

| | 第一產業 |
| 第二產業 |
| 第三產業 |

圖 12.16　深圳市國內生產總值及其構成

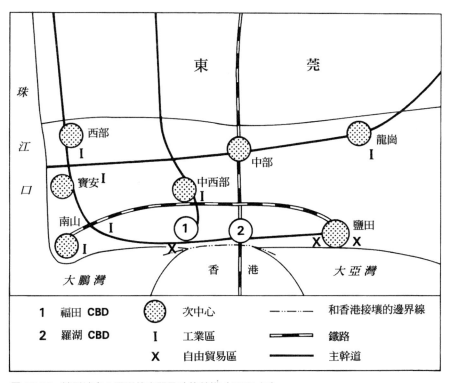

1	福田 **CBD**	⬤	次中心	--·--·--	和香港接壤的邊界線
2	羅湖 **CBD**	I	工業區	▬▬	鐵路
		X	自由貿易區	──	主幹道

圖 12.17　轉型城市：深圳的空間及功能結構（2005 年）

2005 年後的發展：和平崛起

1978 年的改革開放強調了全球資源、全球市場以及外國科技的大量進口，為過剩的農村勞動力找到國際加工的市場，為國家經濟的改善走出了重要的一步。在城鄉關係上，充裕的農村勞動力向沿海城鎮遷移，促成了「流動人口」或非戶籍人口急增的沿海地區快速的城市化。但鄧小平的「經濟發展」、「部分人先富起來」、「全面開放」的指導原則，雖然並沒有觸及價值觀和考慮到環境和可持續發展問題，但總的來說是十分成功的，使中國改變了 1980 年前的封閉落後，成為一個世界經濟大國。

按名義 GDP 總量來計算，中國在 2018 年的 GDP 約佔全球總量的 16%，達到美國的 66%（1980 年為 10.8%，世界排名第七），成為全球第二大經濟體。但按更反映實況的購買力平價計算，中國在 2014 年已經成為全球第一大經濟體。2017 年，中國以 2,270 億美元的出口額成為全球第五大服務出口國，相當於 2005 年的三倍；同年也躍居全球第二大服務進口國。2018 年，世界 500 強企業有 110 家來自中國，接近美國的 126 家；中國也貢獻了全球製造業總產出的 35%（麥肯錫，2020）。2015 至 2017 年間，中國是全世界第二大外商直接投資來源國，也是第二大外商直接投資目的地。中國的經濟不但已深度全球化，在知識與人文的交流上，中國亦已相當全球化。它已成為全球第一大留學生和遊客來源地（留學生總計 60.84 萬人，為 2000 年的 16 倍；2018 年中國出境遊達到近 1.5 億人次，為 2000 年的 14 倍）。

在出口型經濟高速增長時期，中國投入了大量資金，目的在：（1）改善全國各地的交通連繫，加建眾多的高速公路、高速鐵路、國際機場與國際海港。此舉不但使中國傳統的地理空間緊密相連，也促進與全球各國的連繫，使中華文明新的天下觀與世界地理範圍對等。高速公路建設起步於 1984 年，至 2018 年，通車里程已超過 14 萬公里，是世界上規模最大的高速公路系統。高鐵始建於 2004 年，2019 年總里數突破 3.5 萬公里，佔世界三分之二以上，年客量 20 億人。2008 年民航旅客運輸量從不足兩億人次

提高至 2018 年超六億人次；10 年複合增速為 14.0%；年客運量過千萬人的機場有 39 個。（2）推廣教育和科研，培養人才和儲備科技。大學本科畢業生數目由 2000 年 100 萬人增加至 2019 年超過 800 萬人。國內研發開支從 2000 年的 90 億美元增長到 2018 年的 2,930 億美元，位居世界第二。

自鄧小平之後，中國的領導人不滿足於純經濟發展，及過分依賴出口型的低檔加工工業。江澤民在 2000 年提出「以德治國」和「西部大開發」，使區域均衡發展成為一個新的發展目標。其後胡錦濤和溫家寶更提出了傳統的以人為本、可持續發展、科學發展觀、和諧社會等新指導原則。自 2012 年起，習近平提出了綠色、環保、智慧城市發展和「一帶一路」的新型全球合作，以構建人類命運共同體的倡議。這些舉措將中國城市文明推向了更高質和更全球化的方向發展。

西部大開發的四個主要項目：西電東送、南水北調工程、西氣東輸和青藏鐵路已於 2014 年完成，拉近中西部地區和沿海地區及它們之間的資源互補。中國亦大力開發可再生能源，以緩解環境問題，於 2017 年便投入 1,270 億美元，佔全球投資總額的 45%。中國在《巴黎協定》的承諾，即在 2005 至 2020 年間將碳排放減少 40 至 45% 的目標，已於 2017 年底達成。自 2013 年起「一帶一路」倡議正逐步落實；2019 年已有超過 160 個國家或組織參與「一帶一路」，以共商共建跨國經貿和文化交流與合作。

隨着經濟的轉型、中西部開發、全國公共交通網絡的現代化和日趨完善，「一帶一路」的展開，產業和人口的區域性分佈亦起了變化。2010 年我國城市人口為 6.65 億人，佔總人口 49.68%，和 2000 年相比，城市人口增加了 2.07 億人，比重上升 13.46 個百分點。2019 年城市化率已上升至 60%，十年上升了約九個百分點。因應國家的宏觀策略轉移，城市的發展亦趨向環保生態型和智慧型。

中國自 1996 年開始推行建設生態城市。至 2011 年，287 個地級以上城市中提出「生態城市」建設目標的有 230 多個；提出「低碳城市」建設目標的有 130 多個。生態城市，包括六類，即：景觀休閒型、綠色產業型、資源節約型、環境友好型、循環經濟型和綠色消費型。2012 年起，新一代信息技術創新也驅動了智慧城市發展，帶動物聯網、雲計算、三網融

合、下一代互聯網、區塊鏈、5G等新興產業的發展；同時也對醫療、交通、物流、金融、通信、教育、能源、環保等服務領域具有明顯的帶動作用，對中國治理環境和傳統城市病，改善老百姓生活，保障他們健康與安全有很大幫助。至2017年底，中國已有超過500個城市明確提出或正在建設智慧城市。

結論：中華文明的復興

　　清朝中晚期以來約一百年的中西文明的碰撞，其結果乃中華人民共和國的建立。中國共產黨採納了蘇聯革命的經驗教訓，和在蘇聯的幫助取得政權，建國後又採用了蘇聯的治國模式 —— 社會主義。然而，這並不意味中華文明的衰退，因為從一開始，中國共產黨就對這個外來模式不斷的改變，使之與中國傳統結合，以合適中國的實況，成為中華文明發展的一個新階段。在這過程中，中國關鍵的傳統價值，如「天命」、「民本」、「天人合一」（即與自然和諧）、「禮儀之邦」（即國與國保持和睦）等，基本上保持不變。

　　新政權在執政的前30年曾採取過度的國有化和中央規劃，甚至有時強調了極左的經濟和社會政策，如人民公社、大躍進、階級鬥爭和「文化大革命」等。不過自1960年代末，中國已逐漸離開極左思潮，進而和美國和日本等西方國家恢復外交和經貿關係，並在1970年代末展開了「改革開放」，積極參與全球經濟一體化及推行了進取的外交。這個新時期的中國經濟與社會體系被稱為「社會主義市場經濟」。習近平上台後，中國推動了更大的開放，和更積極的與全球各國謀求共同發展，主催和參與了G20峰會、金磚國家組織、上海合作會議、「一帶一路」倡議，和亞洲基礎建設開發銀行等。他的綠色、環保和可持續發展理念亦更合乎中華文明的傳統價值，包括了「天人合一」、「天下一家」、「禮儀之邦」等。

　　因此，共和國70年的發展歷程顯示了中西文明的不斷的、深度的融合

過程。在這過程中，中國共產黨成為中國傳統「天命」和「以德治國」的繼承者，以除去壓在人民頭上的「三座大山」和「為人民服務」為使命。它從蘇聯那裏得到啟發，從人民的精英中招募大批黨員並把他們發展成為新一代治國士大夫階層——以黨治國。它刻意地接受人民密切監督，不斷自我更新，經過了 70 年的努力，中華人民共和國不但使中國人民重新站起來，亦使中華文明發展至另一高峰，為中華民族贏得了民族自信、制度自信和文明自信。

這個發展過程的主要特色和多次起伏的歷史轉捩點，都在共和國時代的城市的人文與物質文化的演變中明顯地展現出來。當高鐵網絡、航空業、遠洋運輸、5G 網絡在中華地理大空間內全覆蓋，和「一帶一路」帶動的全球連通和新型全球合作下，中國城市的空間分佈、功能、結構與城市外貌，將會在未來的 20 年有新一輪翻天覆地式的變化，成為中國城市文明史的又一個嶄新的階段。

第十三章

中國城市文明史的啟示

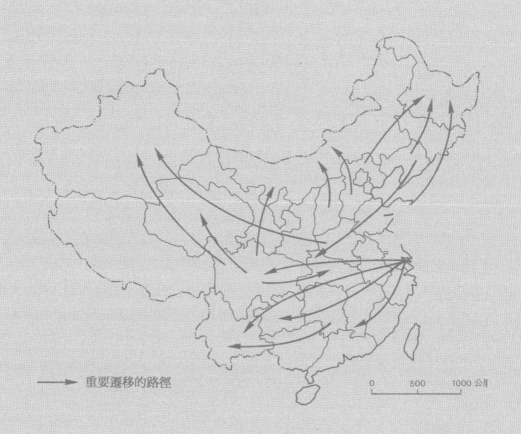

⟶ 重要遷移的路徑

0   500   1000 公里

城市是文明的載體

　　本書前十二章的討論顯示：城市作為文明載體在中國文明與歷史的演進中，本身也不斷地變化和發展。新石器中期出現早期農耕，原始聚落開始形成，孕育出中國不同地區的文明萌芽，形成多元的先民文化。在龍山城邦時期，中國處於傳說中天下萬國的氏族聯盟的堯舜時代，但主要的地方文化進一步發展，已踏進了文明時期。接着便形成夏、商、周三代的早期的世襲王朝，即比氏族聯盟盟主更強大的中央集權體制。然而這一時代正是飽含中國特色的「封建時代」，當時「帝」已出現，並在周朝時演變為「天子」，但王朝直接管轄的地區相對於今天中國的版圖來說仍是較小的，因而當時的中國是個諸侯國眾多的複合型國家。廣闊的自然地理空間仍主要地由各諸侯和不同的「化外」民族直接管治。秦代化「封建」為郡縣，開創了真正的帝國式中央集權制度。此時，中華大地除了個別時期（如南北朝、五代十國等）外，都是在中央集權的管治之下。

　　在這個由新石器中期開始的多元文化體系，經過二三千年的發展進步，逐漸演變為以中原文化為核心的文明體系，而城市一直是它的文明的較集中的載體。從文明的三重意義來說，它們都充分在城市中體現。最高層次的文明元素，即價值觀和意識形態，當然集中在城市。它體現在城市的統治階層、官僚和士人。他們對內推動「德治」與教化，對外實行「禮義之邦」的睦鄰政策，同時亦擁有、創造，以及推動知識的應用和傳播。第二階層的文明要素：制度，亦集中在城市，並以城市為節點向全國和全民推廣和落實。這些包括了行政管治、稅收、力役、軍事、刑事等。最低層次的「器物」，不少亦集中在城市，包括生產和交通工具、消費品、建築、藝術等。

　　從中國發展的歷史來看，上述三個層面的文明演進，雖然明顯地集中在城市，但並不局限於城市。中國文明的主體價值觀和行為準則，即儒家思想中的天人合一、敬天祭祖、仁義、孝悌、忠信、禮樂等觀念，是沒有城鄉分別的，它們同樣地在農村中盛行，成為農民的普遍價值觀和行為準

則。更甚者,城市的載體功能,和城市集中的文明要素,為的就是為周邊的農村和整個農業經濟服務的。如果我們肯定中國存在特定的文明,我們應理解這個文明是覆蓋全國的,而城市只是其節點而已。中國城市是中國文明的載體,應從這個特定的角度來理解。因此,我們在本書講述的中國城市文明史,在實際上是指整個中國文明史。

中國城市文明發展歷程

一、由早期農業的環壕聚落到進入文明的龍山城市

　　中國自七千年前左右已有相當發達的農業。因此,大型農業聚落在黃河中游的仰韶文化和長江中下游的大溪和良渚文化已經出現了。羌寨一期的環壕聚落,展示了母系社會晚期的高度組織能力。它將五個有血緣關係的氏族糅合為一部落,共同進行農耕,和生活在同一聚落。最關鍵者乃在當時的農業社會,經濟、社會、政治和宗教的組織已初步具備中國傳統文明的特點,而且它亦體現在這個大型聚落內房屋的空間位置、功能、大小結構和聚落的其他用地上。「大房子」位於聚落核心,房的後半是部落頭人的寢室,其前廳是議事廳,已具備「前朝後寢」的佈局。「大房子」前是大型廣場,是供祭祀活動和各族共同議事或舉行慶典的空間,已具「外朝」的雛型。「大房子」門外有紀事柱(或圖騰柱),由專人,即「柱下吏」或「柱國」刻記重要事項,大概是後來史官和丞相的前身。在「大房子」內所議的事,當為農耕與部落內的秩序和安寧的要事。「大房子」前面的廣場,亦利便「觀天文」和祭祀天地和祖先,即和宇宙(自然界)和先祖(過去世界)的溝通,以從中得到蔭庇與啟示。這個對「通靈」的分析和向全部落發佈確認訊息和決定的「巫」和行政首長的功能,就集中在部落頭人身上。因此,「大房子」不但成為其後「初城」的核心,它也是當時的農業社會經濟、政治和社會活動的核心,是當時社會價值觀和體制的體現和節點。

　　當酋邦出現後,一些「大房子」搖身變成為大型酋邦的首都,如湖南

的城頭山，成為進入文明的最後階段 ——「初城」。這時，農業水利和灌溉技術的進步，促使一些有力人士對土地的爭奪和對大量勞動力的控制和管理，形成社會階級分化，使部分氏族同盟發展為酋邦。酋邦都城的主人，不再是如「大房子」中的頭人一般，與他所管治的酋邦農民具有血親關係。因此，在擴大了的「大房子」聚落周圍，出現堅固的夯土城牆，而其核心區的宮殿和宗廟（前朝後寢和規範化的祭祀建築）都建在夯土台階上：一來顯示出主人的社會地位不同，二來可更接近天界和過去世界。到 2014 年止，已發現 13 個「初城」。

考古發現證明了龍山時代，比酋邦更進一級的城邦在中國已普遍存在。這時的中國已進入了父系社會和銅石並用時代，達到文明。大型河道水利和灌溉工程，以及頻繁的戰爭所體現的男性體力和直線線條的性徵代表意義，取代了母系社會的代表女性的擁抱與包容的圓形線條。因此，龍山時代的城牆都是方或長方形的。但當時的技術發展水平和社會組織能力仍未能超越一定的區域範圍。城子崖城邦國就估計有領土達 2,000 平方公里，全邦人口有 20 萬人。而要在這樣廣大的地區對農業經濟作有效的管理，就需要一個擁有 40 個左右的管理點的網絡；它們構成了這個城邦國的三級聚落：都、邑、聚。城子崖明顯具備了我們理解的城市功能：如土地利用，機構設施和景觀特色等，但其功能和性質卻和「大房子」是一致的。因此中國由大型環壕聚落往城市轉變，經過「初城」的過渡，到龍山時代，已成為中國傳統城市的首階段。

在分散的邦國之上也存在着鬆散的邦國聯盟，是部落聯盟的進一步發展。這些聯盟首領都是能為廣大人民謀福利，或德行特別顯著的人士（或部落首領），如傳說中的黃帝、堯、舜和禹等。這些人之所以能「服天下」或「得天下」，主要是對天下民生有利（以民為本），或德行高超，能得到上天的感應和讚許。這些都是後來「天命」和「民本」等價值觀的來源，亦是「大房子」所代表的社會圭臬。然而逐步地將這些價值觀系統化和條文化，成為中國文明的基石，也成為中國城市的組織、結構和功能的主要原則，則是經過了夏、商、周三代的長期的努力。

二、夏商周三代奠定了傳統的「德」與「禮樂」之治

其後的夏、商、周三代是中華文明進一步發展的重要時期，它們建立了以「德」及「禮樂」為基本特色的中華城市文明。夏代開始了廣域世襲王朝的初階，它也是銅器時代的發端。夏代科技的進步，使農業經濟向前邁進了一大步。更要指出的乃反映這些發展的王朝的都城（二里頭）斟鄩的面積比龍山城邦都城城子崖大十倍以上，人口更是它的 20 倍以上。在其核心區的建在夯土台階上的巨大建築達 50 座以上。其中 F1 的大朝殿比大地灣四期大 50 倍以上，其背後的宗廟亦十分巨大。在宗廟後部的大墓中也發現了以龍為造型的，全身等長的陪葬飾物，顯示當時的君主已自視為龍的化身，是「天子」。斟鄩的大型鑄銅作坊及其在諸城市中獨一的大型銅器物製作，說明了以銅器為禮器的開始。通過對銅礦的開採、製作和分配的專利，夏王對周邊實行封建諸侯式的控制，以「德」及「禮樂」（即等級秩序）為治理新王朝的精神與物質基礎。他的都城亦是體現「禮樂之治」的典範。

商湯更明確了「德」及「禮樂」作為治國的基本：對不尊天命，不尊重鬼神，不祭祀的諸侯葛伯，號召天下人加以征討懲罰；對夏王桀不體恤民生，亦以武力取而代之，並在《湯誥》內明言：天子之位，有道之人方可坐；天下不是一家所私有，是有道的人所共有的；天下只有有道的人可以治理，也只有有道的人可以長久安居。周武王舉兵滅商王紂，亦提出同樣道理。他在《太誓》中說：殷王紂，自絕於天，昏亂無道，所以我替天行道，興兵伐罪。史家稱商湯和周武王此二事件為「湯武革命」。至周厲王時，亦因暴虐專制，民怨沸騰，被大臣趕逐，出現諸侯代行王政的「共和行政」達 14 年。因此，在三代的歷史長河中已逐步建立了以「天命」、「民本」為主要內涵的王者「治國以德」的價值觀的中國式民主政治，體現為敬天拜祖的「天人合一」和合乎等級秩序的「禮樂之治」。這個「天命」的平等道德概念，使以後歷朝的更替，湧現了不少農民出身的皇帝。而另一面，當少數民族入主中原時，亦一定奉這些基本價值觀為治國標準。作為王權的核心地域的國都，以及其下屬各級行政治所所依托的城市，因而無不體現出「德」與「禮樂之治」的原則。

三代為封建時代，青銅禮器是君主授權諸侯為一方之主的信物。青銅禮器和相配的樂器在祭祀上的應用，是檢視天子乃至諸侯是否尊「天命」，敬鬼神和祖宗，及謹守等級秩序的辦法。國都和城市的規劃，自「大房子」以來，到周代已逐步完善和條例化，成為成書於東周的〈考工記〉。〈考工記〉顯示出天子居中、左祖右社、前朝後市等國都結構原則，以達到奉天承運的以「德」和「禮樂」治國目的，即中國城市的行政和宗法、教化的主要功能；同時也給予不同等級的城市一個相應的按高低序列的標準。

三、由漢代至清代的新儒學

我們稱三代為「禮樂形成期」，指的就是儒家對西周及以前的承傳的文明價值觀的總結。但以後的儒家和儒學，並不僵化於這時期的總結，它還滲入了不少其他各家的觀點，特別是道家、法家、陰陽家和來自印度的大乘佛教的。在唐以後，更依據歷史情況有所發展，我們將它稱為「新儒學」，以涵蓋宋明理學和明清的心學。這套思想學說，或簡稱為「中國傳統的價值觀」，為中國文明的延續提供了穩健的上層架構，因為它適應了農業經濟和保持了農業社會的穩定和和諧。這或許是在古文明中，中國傳統文明仍能延續至今的最大原因。

儒學的與時俱進，亦可以由中國的政治制度（包括中央治權的繼承和行政官僚的選任）、經濟體制，和城市的演變而體現出來。秦滅六國，改封建為郡縣，實行新的中央集權式的帝國統治。在漢代，儒學亦適應和包容了這表面是法家的體制，因為它並不和儒家的基本價值觀抵觸，而儒士通過選任，和隋唐起的科舉制度，亦成為了行政官僚。這個價值觀的包容與幹部選拔制的發展，使中央集權的郡縣體制自漢至晚清延續不衰，我們稱之為漢代至清代的「儒學下的中央集權」。

四、中華文明史的五個主軸

綜合上述，中國五千年長的文明發展史，可以體驗為五個發展主軸：

1. 利用和適應自然力量以發展經濟和達到人口增長與溫飽 ——「天人

合一」、「天人感應」；

2. 建立人與人間的秩序以達到社會的穩定及與周邊國家、民族的和睦 ——「宗法制度」、「禮樂之治」；

3. 對集權制約以保持權力用於利民與保民的目的 ——「德治」、「民本」；

4. 公平有效地選拔行政幹部 ——「科舉制度」；

5. 把道德操守和禮樂行為普遍推廣 ——「教化」。

若是能夠做到上述，必定會國泰民安，民富國強。一個政權若能奉行產生如此結果的治國方略，便是行「王道」或「正道」，而這個政權便是個有「天命」的政權，會得到百姓的擁護和支持。從傳說的黃帝和堯舜的個人行為與治國典故，到儒家經典、新儒學，至今天中國共產黨的「執政為民」、「以德治國」，就是中華文明史中人與人、人與國、國與國共處和共謀發展的最佳關係的探索與執行的過程。

在這個長長的歷史過程中，其始乃「天下為公」，即有能力的人不因私利而去掠奪他人，中央權力的取得通過了禪讓制。夏代開創了世襲的家天下中央王權，但王權的地盤細小，只覆蓋中原大部分地區，「天下」的治理就委給了諸侯。這個中央王權與諸侯共治的體制一直延續至西周共約 1,000 年。能夠保持這種政治版圖的兩大因素乃：中央的實力和諸侯遵守禮樂規定的等級秩序。春秋戰國時代，中央能力下降，個別諸侯稱霸，變為「禮崩樂壞」。因應「天下」一統的要求，自秦漢開始，中國歷史走向了高度中央集權的郡縣制。由於中央政權的資源擴大了，它亦能夠在中國廣大的地理空間建設連結全國的交通網絡，使中華文明，包括了中央管治、經濟互補、民族融合等能達到邊遠地區。

封建時代的地方行政，主要由諸侯分封的世襲的卿、大夫出任。在郡縣制下，漢代、晉代從世家大族及著名儒士中推舉治國人才。由隋唐開始，以儒學經典為考核基礎的科舉制度逐步發展，至宋代便成為選任官員的主要辦法，並且一直延續至清末。這些儒士以「齊家、治國、平天下」為人生目標，當然不只是政治中立的公務員，不會滿足於行政命令和政策

的執行者的功能，因而出現了中國特有的皇帝與士大夫共治的現象。然而皇帝亦往往重用身邊的人：宦官和外戚，以平衡士大夫的影響。同時，士大夫出身的官員，因政見不同，亦往往結成朋黨。中國朝代的興衰、更替，和皇帝、宦官、外戚、朋黨這四種力量的糾纏是分不開的。但構成中華文明的五個主軸卻是一直不變，它們支撐了中華文明的延續與發展。

清末的中西文明碰撞，曾令中國的士 / 知識分子思考過西方不同的政治體制，包括了英國的議會制、美國的總統制、日本的君主立憲制、蘇聯的一黨制等。這些制度，有些規定了幾年一次以選舉產生的元首（總統或總理）只能連任兩屆，有些沒有這限制。但它們一律規定公務員是終生制，和要政治中立。中華人民共和國實行了中國式的一黨專政，以黨「執政為民」、「以德治國」來應對「天命」，減低狹窄的「家天下」的皇帝、宦官與外戚的爭私利以亂德亂國的風險。而且，通過民主集中制，把各級別的幹部納入政策制訂的群體，完善了政策制訂的基礎及增加了政策推行的效率。同時又以黨的施政方針與紀律，統一黨員幹部思想，避免了朋黨政治和能夠長期進行反貪反腐。

中華人民共和國這些制度創新解決了兩千年來因為權貴利益導致土地兼併，農民因沒有生計被迫起義和朝代更替的循環，使廣大國民成為主人，國家擁有主要生產資料，而人民通過共產黨而參與了國家的決策與行政，掌握了國家的命運。因為這樣，中國在近 30 年達到了有效決策、有效施政和規模效益，使社會穩定，經濟高速發展，令中華城市文明奔向一個歷史新高峰。

城市功能與結構的變化

春秋戰國時代，出現了諸侯不顧等級秩序的「禮崩樂壞」、「天下攘攘」的局面。這個特別時代的城市亦和以前和以後的很不同，在功能、體制和結構上偏離了〈考工記〉的格局，顯示出「僭越」（規模和制度儼如甚至超

越了周王朝），重商和重軍事的特點。在其空間佈局上也一反以宮殿宗廟為核心的同心圈層形式，而別出一格地成為並列的大、小或分隔的雙子城。臨淄是個雙子城，工商活動繁盛，其人口和城市面積都比周天子的都城大很多，成為「禮崩樂壞」的證明，但也反映出戰國時城市的工商業的發達和備受重視。

秦始皇一統天下後，大力推行中央集權的郡縣制，並「墮名城」，建立了按嚴格秩序和等級規劃的城市體系，配合他的全國行政體系。表面上這是法家的方式，其實本質上就是見諸〈考工記〉的儒家禮樂觀念的等級秩序原則。由漢代至清代，中國的城市體系基本就是中央集權式的行政體系的載體：主要的城市都是地方官府和士人集中的地方，又是科舉與官學等教化機構所在，以推行對農業經濟直接有關的農田水利，河道整治工程，負責地區文化和社會建設，包括了：教育、刑名、救災、福利和醫療等服務的提供。國都更是這個體系的核心，成為最大的城市，其規劃亦更接近〈考工記〉的禮樂原則。

漢代的長安是首個在中央集權帝國體制下，在平地新建的國都。其 36 平方公里的面積大大超越戰國時的各大都會。由於漢長安，沒有建廓城，城內三分之二的面積屬於宮城，而城內人口只有 24 萬人，但「市」的面積卻佔了 2.7 平方公里。漢長安有更多的人口居住在城郊，其郊區人口達 28 萬人。因此真正的漢長安，人口應是 52 萬人。唐長安的規模達到中央集權帝國時代的高峰，城內面積為 87 平方公里，比明清北京的 62 平方公里還要大。唐代的長安（或隋唐的）亦是新建的國都，能容易地按〈考工記〉規劃。它承三國以來逐步的演變，完善了宮城三朝的體制，和全城在棋盤式路網的基礎上的南北中軸線的設計。

北宋的國都開封的宮城和皇城在設計和功能上亦謹依〈考工記〉。但開封打破了以往城市的里坊制和商業集中於市場的東市、西市等對城市工商業活動的管理體制，使工商業沿街沿河分佈，市民能更自由地參與城市的各種活動，推動了城市工商經濟和服務行業的發展，形成了新的城市市民階層和文化。由北宋到南宋，農業的商品化和城鎮非農產業的崛起，使兩宋出現了以工商業為主導的新經濟，也令傳統的行政主導功能之外，出現

了新的城市文明發展動力和庶民文化。

自宋以後，在國都之外，地方上的工商業城鎮的興起，持續地成為中國城市化、社會和經濟的重要動力。在元代和清代，特別是在清代，中國城市亦多了一個新的元素——民族分隔。它體現在清代國都北京，和主要城市如西安、廣州等的「滿城」的空間結構和居民居住區上。不過，滿族自強大以來一直非常「漢化」，入關後也一直以儒學為治家和治國的唯一標準，甚至比明代的統治者更甚。

綜觀中國城市文明發展歷程，我們可發現以下幾個中國傳統城市特點：

1. 城市的核心區是行政和宗廟結合的功能區；
2. 背北面南成為重要的公共建築佈局的主導原則；
3. 科舉和官學（包括私學）機構是城市的重要設施；
4. 城市的行政、宗教、教育等設施的服務對象主要是城市的腹地居民而不限於市內居民；
5. 工商活動一般在空間佈局和營運上受到歧視和嚴格控制；
6. 城市雖設城牆和門衛，但一般人員的來往和在城內居住不受限制。

簡言之，傳統中國的城市代表了中華文明的特點，它是按照儒家思想設置和規劃的，負責向其所屬的農村和腹地將上天的德蔭（即風調雨順和國泰民安的德化）推廣，亦即是為農村經濟和農民提供農業和社會所需的各種服務的平台。軍事和工商業活動一直處於附屬或次要地位。

中華人民共和國成立後，經歷了毛澤東時代的社會主義改造，和自1979年後的「改革開放」，中華城市文明吸納了不少西方文明元素，特別是它的制度方面優良的地方，結合了中國的現狀，建立了中國式社會主義，其後轉型至「轉軌經濟」，之後再過渡至「社會主義市場經濟」。至此，中國的城市文明已超越了傳統，逐步和世界融合。在2013年習近平主政後，中國城市文明又奔向了一個新的發展階段。它對中華文明與世界文明的發展將會有深遠影響。下面的討論代表了我們對這新階段探討的嘗試。

探討中國現代城市文明的路向

一、中華文明有自己的特色

  中華文明與世界上其他原生古文明一樣，是人類在與自然磨合的過程中，發展了科技與組織能力，最終跨進文明。不過不同人類群體在求生存和努力應對自然的過程中，產生了不同的價值觀與行為習慣，形成了不同的文明。在兩河流域，宗教力量在文明的演變中是主導的力量，在古埃及宗教力量亦佔主導地位，法老是個半神半人的領袖（薛鳳旋，2019）。在中國，宗教卻被置於人之下。天、地、神都是人格化了的。一個好的領導人，可以「德配天地」，得「天命」，而檢驗「德」與「天命」的，是「以民為本」的施政。作為中華文明的價值觀體系，就以「修身、齊家、治國、平天下」為目的，它所涉及的祭祀主要是祭祖先和天地，避談宗教的「怪、力、亂、神」。

  在龍山時代及之前，在中國黃河與長江流域地區的幾個主要石器時代晚期文化經已出現了這些中華文明特色的雛型。我們認同文明是個社會現象，不是政治實體，經過龍山時代的融合，以中原為核心地域的夏文明成為中華大地的主導文明，之後又歷商代和周代的演變，成為我們今天所理解的，以儒家思想為骨髓的中華文明。因此自龍山時代起到中華人民共和國止，雖然在中華大地的地理空間內，中央政權的疆域有多次的擴大與縮小，但中華城市文明的演變從未停止過，而其覆蓋空間亦不斷擴大。英國歷史學家湯因比（1934）治史，一反國家至上的觀念，主張文明才是歷史的本位。本書各章敘說的中華城市文明發展的不同階段，採取的就是與湯因比同一的角度。

二、中華文明的「自決能力」

  人類各文明的存在和發展具有基本的一般規律，都會經歷起源、成長、衰落和解體四個階段。文明興衰的基本原因是它所面對的挑戰的嚴重性和它自身的應對能力。這些挑戰可能來自自然界，如氣候變遷和天

災，亦有可能來自於另一個文明或蠻族。一個文明，如果能夠成功地應對挑戰，那麼它就會成長起來，中華文明便是個例子；反之，它就會走向衰落，解體和被替代了。兩河流域文明、古埃及文明、古印度河文明，甚至是古希臘文明都是一度輝煌而其後消失了的文明。在挑戰和應戰過程中，場所發生了轉移，即一些外來挑戰的元素會從文明的外部環境移入到文明的內部，使成了受挑戰文明的升華。在這種升華的過程中表現出來的「自決能力」，使文明不斷成長、優化（湯恩比，1934）。中華文明在其五千年的發展歷史，多次顯示了它的「自決能力」，這個能力亦因為中國自然地理的縱深更能培養和發揮。

各個文明並不是孤立存在的，它們都會相互接觸。西方學者認為文明的接觸必定會做成文明的衝突，造成其中一些文明的滅亡。中國因為與世界其他主要文明存在地理上的阻隔，和中國有地大物博的自然條件，以及和自然配合的一套政策，不會因資源變化而對外掠奪。因此中華文明與其他重要文明，主要是歐洲文明的接觸，要遲至大航海時代後才出現，最終導致了自 19 世紀中起的西歐海洋文明與中華文明的碰撞。這是中華文明史上與外力的最大一次碰撞，它甚至引起了中外學者懷疑：在應對這次挑戰時，中華文明的「自決能力」會否起作用？中華文明能否在這次衰敗中重新崛起？

三、1990 年後的文明的衝突與歷史終結的討論

在毛澤東時代（1978 年前）的中國，世界的注意力集中在美蘇的冷戰對峙，即資本主義與社會主義的爭霸，認為中國只是蘇聯意識形態的一部分，若中華文明仍存在的話，它就只局限於台灣，一個依附美國的流亡政權。有些學者甚至認為在中國大陸歷史是不存在的，它的歷史是假歷史（余英時，2002）。

然而作為美國外交及國際策略的主要智囊，亨廷頓在 1968 至 1991 年間的一系列著作中，宣揚一種務實的政治保守主義，實際上是對 1949 年後的中國模式的接受。如他在《變化社會中的政治秩序》指出，各國之間最重要的政治分野，不在於它們政府的形式（即民主與否），而在於它們政府

的有效程度（Huntington,1968）。而施政面對的首要的問題不是自由，而是建立一個合法的公共秩序。他並強調在政治現代化進程中，政治穩定與政治秩序是關鍵的，「人類可以無自由而有秩序，但不能無秩序而有自由」，「權威的確立先於對權威的限制」。他的政治理論實際上賦予政治穩定同政治民主同等的價值地位，並沒有點名地批評美國的霸權主義：真正的保守主義在於維護已經存在的東西，而不應到國外四處討伐或在國內引起激變。

1989年蘇聯解體後，冷戰已不存在。這時的中國已經打開國門十年了，它的對內和對外的政策在不斷地改革，經濟高速發展，快速地融入全球經濟。亨廷頓在他上述的政治理論基礎上，因應全球政局的大變，於1993年發表了一篇轟動全球的文章。它名為〈文明的衝突〉，其後他更把文章的主要內容擴充為一本名為《文明的衝突與世界秩序的重建》的專著（Huntington, 1996），引起了各國對中國、中美關係和世界未來局勢發展廣泛的關注。它的主要內容乃：冷戰後的世界，國與國間的衝突的基本根源不再是意識形態的，政治的或經濟的，而是文化的差異，因此未來主宰全球的將是「文明的衝突」。而世界格局的決定因素表現為七大或八大文明，即中華文明、日本文明、印度文明、伊斯蘭文明、西方文明、東正教文明、拉美文明，和還有可能存在的非洲文明。因此中國的存在，和中華文明的存在及其在世界上的作用，便在近20至30年成為國際性的主流話題。

亨廷頓的文章不但暗喻了1949年後的社會主義中國，是中華文明的一個新階段，而且是自1840年文明衰落後的一次復興。在1996年他更作出了有遠見和對全球局面有深遠影響的預言：中美衝突不可避免。他認為美國與中國有不同的價值觀和幾乎在所有重大政策問題上都沒有共同目標。中華文明的儒家精神強調：權威、等級制度、個人權力和利益居次要地位、一致的重要性、避免正面衝突、「保全」面子，以及國家高於社會、社會高於個人等。此外，中國人傾向於以百年為單位來計算社會的演進，把擴大長遠利益放在首位。相反，美國人重視自由、平等、民主和個人主義、傾向於不信任政府、反對權威、贊成制衡、鼓勵競爭、崇尚人權、傾向於忘記過去、忽視未來、集中精力盡可能擴大眼前的利益等。故此，未來的世界和平在相當程度上依賴中國和美國的領導人協調兩國各自利益的

能力，其中的具體討論點包括了貿易平衡、知識產權、人權和核擴散等。

亨廷頓的學生福山當時就持不同意見，他認為蘇聯解體、東歐劇變和冷戰結束標誌着共產主義的終結，歷史的發展只有一條路，即西方的市場經濟和民主政治（1989、1992）。他覺得1776年美國的獨立運動和1789年和法國大革命已為人類確立了最佳的制度與發展方式，即西方政治上的自由主義和經濟上的資本主義。括言之，自由主義和西方的民主制度是「人類意識形態發展的終點」和「人類最後一種統治形式」。人類社會在之後的發展乃在於實現「自由主義」原則和「市場經濟」。他同時質疑中國的社會制度沒有競爭力和很快就會崩潰。

然而，過去數十年的政治實踐表明，西方國家特別是美國在全世界多個地區和國家推銷的西方式民主多遭遇水土不服，以失敗告終。不僅如此，自2008年席捲西方社會的金融危機、民粹主義潮流和選舉亂象等使福山和一些西方政界學界人士開始反思西式民主的種種弊端。與此形成鮮明對照的是，中國基於歷史文化傳統和現實國情，經過自1949年以來的實踐探索，已形成了具有自身特色的社會主義政治制度，為當今世界發展中國家進行國家治理、社會建設提供了重要參照。

正是因為理解到對中國的誤判，福山自2010起已改變他的政治理論和對中國的看法。他闡明民主既可能是有效的，也可能是破壞性的。一個國家的成功只能是綜合成功，是相對好的選擇。他的新理論認為現代政治制度由三大方面組成：強大國家、法治、政治負責制。他對強政府、法治、民主的最新順序排列是很有深義的。福山說，印度有（效率低下的）法治和（混亂的）民主問責，但中央政府的權威相對較弱，三個條件中滿足兩個算不上很差，但遠未大功告成。至於中國，它擁有強大的中央政府，但法治和民主問責較弱，滿足了三個條件的「一個半」，但中國的順序是正確的。這個說法似乎已回歸到亨廷頓的務實保守主義（Fukuyama，2012, 2015）。

福山的「歷史的終結」概念來自對冷戰的理解，即馬克思的共產主義和西方資本主義（或自由主義）之爭最終的解決。1989年的福山覺得蘇聯的解體說明了世界不會朝向共產主義發展，而必定走向西方的自由主義。

其實這兩條路線都有一個必然的共同的基礎，這就是中國人傳統的理想世界——「大同社會」，而它們就是達到此目標的不同路徑。在這兩條路線之外，會不會有其他選擇？由於過去五百年中西方的人類的活動範圍的擴大，形成了世界範圍的技術、經濟關係的網絡，而當代人類正共同面臨着許多迫切的問題，如環境和氣候變遷、核擴散、移民等問題，湯因比因此預言人類將在歷史發展的下一階段實現政治和精神上的統一。他認為這一巨大變革必須以全人類的平等為前提，以自主的方式加以實現，而不是繼續以一部分人統治另一部分人的方式去實現。因此，歷史不應只以冷戰時代的共產主義或資本主義為其終結。中華文明自周代開始建立的以儒家思想為核心的價值觀和「修身、齊家、治國、平天下」的方略，在中國大地數千年來已成為社會穩定與發展的治理體系，它是個值得考慮的第三選擇。

四、中國模式

　　後冷戰的美國對中國的發展愈來愈關注。上述的亨廷頓與福山的論著是明顯的佐證。和他們 1989 年時的言論同時出現的乃「華盛頓共識」。當時南美洲不少國家因陷入金融危機，向美國求援，美國邀請了國際貨幣基金組織、世界銀行、美洲開發銀行和南美洲國家代表在華盛頓研討如何改革南美國家。他們的討論結果由約翰·威廉森寫成「華盛頓共識」報告書。它是一整套針對拉丁美洲和東歐國家的新自由主義政治經濟學理論。它以競選式民主政制為基礎，提出了十點建議，強調放鬆管理金融機構和自由市場。實際上就是要求執行美國的自由主義管治模式，助長了金融政治，出現了嚴重貧富懸殊問題，也令西方跨國企業利用其資金、技術等優勢，迫使發展中國家依賴它們發展經濟。「華盛頓共識」不但沒有改進拉丁美洲國家的經濟，它們的民主制度亦無法有序地建立。英國首相白高敦在 2009 年的二十國集團峰會上聲稱「華盛頓共識」已經結束（當代中國研究所，2012）。

　　在中國改革開放以來經濟持續增長、社會穩定和人民普遍生活改善的前提下，美國學者喬舒亞·拉莫（Joshua Ramos）在 2004 年發表了一份題為「北京共識」的報告，引起了全球對「中國模式」及它能否引領全球未

來發展的關注。「北京共識」認為「中國模式」包括了三方面：創新和大膽試驗（推行社會主義市場經濟和改革開放）；捍衛國家主權和利益；循序漸進（採取漸變改良，促進社會、經濟、政治改革）。經過不同學者的後續研究與闡釋，「中國模式」大致包括：

1. 不進行全面的私有化；
2. 不進行快速的金融業自由化；
3. 不推行全面的自由國際貿易；
4. 走自己的政治經濟發展道路；
5. 培育創新和不懈地改革；
6. 提升生活質素和平等權益以穩定社會；
7. 把國內生產總值增長、可持續發展和平等權益列為同等重要發展指標；
8. 保護本國金融體系，以抵抗發達國強權侵擾。

對於上述第四點，可以作再詳細一些的說明，即是中國在近 30 年在政治、經濟、社會和文化方面有其特色。政治方面的特色乃「民本」思想和社會主義的民主政治，後者乃堅持共產黨的領導、人民當家作主和依法治國。在堅持黨的領導下強化了以表現和考核為本的官員遴選機制、監督機制及和而不同、互惠合作的外交方針。在經濟方面堅持國家計劃及國有、民營和中外合資、外資兼備的社會主義市場經濟，全面開放勞動力市場和發展自由的商品和資本市場。在社會方面重視傳統的家庭倫理、群體利益，以及鼓勵以家庭為單位的私人企業和農業生產。在文化方面，着重物質文明與精神文明建設，增強文化軟實力，弘揚中華文化。

美國學者拉莫的「中國模式」言論引起了全球的討論。美國漢學家德里克（Derik, 2006) 認為中國的和而不同、互惠合作的外交政策可能為世界提供一個新的國際秩序。拉莫又指出「北京共識」幫助普通人民，而「華盛頓共識」幫助了銀行家。哈佛教授弗格森（Neil Ferguson）指出中國在金融海嘯中的表現令世界各國更感興趣，有輿論認為「中國模式」是發展中

國家脫貧的發展策略。希臘總統普羅科皮斯‧帕夫洛普洛斯於 2019 年 5 月參與亞洲文明對話大會前夕發言表態，認定文明衝突論本質有荒謬性，世界要變得更好只有走調和與包容、互學的道路，每個國家也有權選擇適合本國國情的發展道路。

五、中華文明的復興和人類命運共同體

（一）改善持續發展的路徑：黨紀、法治、全國空間連通

按照福山的新理論進行分析，中國是個存在不足的國家，強大政府是這個國家最重要的優勢，但中國在建設法治和發展民主上仍需努力。他擔心：「中國今天在經濟上迅速增長，但三條之中只擁有一條，即強大的國家，這樣的情境能否長久？」他指出，「中國政治制度在王朝時期一直無法解決的問題是『壞皇帝』」，「英明領導下的威權制度，可能不時地超越自由民主制，可作出快速決定，不受法律和立法機關的挑戰。另一方面，如此制度取決於英明領袖的持續出現。如有『壞皇帝』，不受制衡的政府大權很容易導致災難。」（環球社評，2014）

中國共產黨在建國後的 70 年成為中國傳統「天命」和「以德治國」的繼承者。它以除去壓在人民頭上的「三座大山」和「為人民服務」為使命，從蘇聯那裏得到啟發，從人民的精英中招募大批黨員並把他們發展成為新的治國士大夫階層——以黨治國。在 70 年的執政過程中，出現了多次政策失誤和面對了多次重大挑戰，但它接受人民密切監督，不斷自我更新，持續地反腐反貪，吸納年青人和新社群以擴大其代表性，擴闊人民民主參政。自習近平當政起，中國更加強了法律建設，將「以法治國」定為主要方針。可以說中國已汲取了歷史上「壞皇帝」及法治不全的缺失，逐步推廣法治和加強人民民主參政。

江澤民在 2000 年提出「西部大開發」，其後胡錦濤提出了「以民為本」、「可持續發展」、「科學發展觀」，2012 年習近平又提出了綠色、環保、智慧城市等發展方向。這些策略都在加強中國自然地理內的交通與資源基建的連通，促進區域性平等的發展機會，以應對人與地的關係和解決人與人、地區與地區、城市與鄉村發展不平衡和長遠發展的問題。中國為了這

些目標和長遠發展方針，在物質和人文的建設投下了大量資金與人力，已取得了明顯的階段性成果。

（二）「一帶一路」與人類命運共同體

今天的中華文明深受近 200 年來東西方文明碰撞的影響，中國的「天命」的被授予者，已由有「德」的個人或王族，改為代表人民的中國共產黨，成為「以黨治國」；同時蘇聯的經驗亦影響了重要的國家體制。中華文明富有包容傳統，能「洋為中用」，推陳出新。經過 1978 年後「改革開放」的成功，中國在 21 世紀之初已深度地融入全球經濟，它的平等互利、和而不同的外交亦使它的朋友遍天下。在全球生產鏈和全球市場的牽引下，中華文明的「天下觀」已跳出中國傳統自然地理的限制而走向全球。這個可稱為「世界主義」的理想，亦是中國共產黨人改造舊中國的初心的一部分。1920 年 11 月間，毛澤東贊同以「改造中國與世界」為長沙共產主義學會的方針，並說這個方針是世界主義和為它定義：「這種世界主義，就是四海同胞主義，就是願意自己好也願意別人好的主義，也就是所謂社會主義。」

2013 年，習近平提出了「一帶一路」的新型全球合作倡議，正是回到中共初心和為了回應了全球要求擺脫冷戰後的美國單邊主義和霸權主義，希望發展國與國之間和平合作、共謀發展的新趨勢。這亦是新「天下觀」的具體說明和對「北京共識」的超越。它的組織精神是共商、共謀和共建。「一帶一路」亦是「五通」，即全球各國謀求五種連通：交通基建的連通（海上、陸上、航空和網絡），出入境便利的連通（海關、出入境管理），投資和貿易政策的連通，金融便利的連通，和人心、文化的連通。全球絕大部分國家和地區已經積極參加了「一帶一路」。目前「一帶一路」還在起步階段，各國還需要 20 至 30 年的共同努力，以構建倡議中的人類命運共同體。

因此，從中華城市文明史的角度看，共和國 70 年的發展歷程顯示了中西文明的不斷地、深度的融合過程。然而，這並不意味中華文明的淡化或衰退，因為從一開始，中國共產黨就對蘇聯模式不斷地改變，使之與中國傳統結合，以適用於中國的實況。在這過程中，中國關鍵的傳統價值，如「天命」、「民本」與自然和諧相處，國與國保持和睦等，基本上保持不變。習近平在 2012 年上台後，中國推動了更大的開放，和更積極的與全球

各國謀求共同發展。換言之，中華文明是和平的和非侵略性的，對外是友好和互利的，強大的中華中央政權往往是先進文化的無償輸送者。習近平的綠色、環保和可持續發展理念亦更合乎中華文明的傳統價值，包括了「天人合一」、「天下一家」、「禮儀之邦」等，使中華文明發展至另一高峰，為中華民族贏得了民族自信、制度自信和文明自信。這便是天道與王道的寫照，在世界文明史上獨樹一幟，成為在與自然界和國與國和平共相存的努力中脫穎而出的一支力量。

在 2020 年春節團拜會上，習近平發表了講話。他說：鴉片戰爭以後，中華民族用 110 年的時間實現了中華民族的獨立和人民解放，用 70 年的時間迎來了從站起來、富起來到強起來的偉大飛躍，用四十多年的時間實現了綜合國力、人民生活水平和國際影響力的大幅躍升。他指出，中國已作出了從現在起到本世紀中葉的戰略謀劃，分步實現全面建成小康社會、基本實現社會主義現代化，最終建成富強、民主、文明、和諧、美麗的社會主義現代化強國。「我們必須同時間賽跑、同歷史並進，向着實現中華民族偉大復興的光輝目標進發，推動構建人類命運共同體的美好前景。這將是中國人民和中華民族奮進的新時代、書寫中華文明新的輝煌篇章的偉大時代！」

湯因比曾在 1972 年預測：19 世紀是英國人的世紀，20 世紀是美國人的世紀，而 21 世紀將是中國人的世紀（湯恩比，1997；山本新等，2018）。湯因比預見的背後原因，乃他認為中華文明，即儒家思想和大乘佛教，將能引領人類走出迷誤和苦難，走向和平安定的康莊大道。他認為以中華文明為主的東方文明和西方文明相結合的產物，將是人類未來最美好和永恆的新文明。湯因比所說的大乘佛教在原產地印度已經完全消失，但自從公元前 2 世紀傳入中國後，經過二千年和中土儒道學說融合，已成為中華文明的一部分，即本書所說的新儒學的一部分。他所希望見到的東西方文明結合，其實已經出現了，中國城市文明史又將揭開新的一頁。

參考資料

中文部分

專著

山本新等（2018），《未來屬於中國：湯因比的中國觀》，北京：世界知識出版社。

牛世山（2004），〈論先周文化的淵源〉，《三代考古（一）》，中國社會科學院考古研究所夏商周考古研究室編，北京：科學出版社，頁 235-244。

方酉生（1998），〈論偃師屍鄉溝商城為商都西亳〉，《中國商文化國際學術討論會論文集》，中國社會科學院考古研究所編，北京：中國大百科全書出版社，頁 95-102。

王東（2002），《中華文明論：多元文化綜合創新哲學》，哈爾濱：黑龍江教育出版社。

王學榮（2004），〈河南偃師商城第 II 號建築群遺址研究〉，《三代考古（一）》，中國社會科學院考古研究所夏商周考古研究室編，北京：科學出版社，頁 126-149。

王震中（2013），《中國古代國家的起源與王權的形成》，北京：中國社會科學出版社。

王毅、蔣成（2000），〈成都平原早期城址的發現與初步研究〉，《稻作、陶器和都市的起源》，嚴文明、安田喜憲編，北京：文物出版社，頁 143-165。

中國社會科學院考古研究所（1999），《偃師二里頭：1959 年 -1978 年考古發掘報告》，北京：中國大百科全書出版社。

石永士（1999），〈聚落、城、都城 —— 試論夏、商、周三代在我國都城、宮殿建築發展中的地位〉，《三代文明研究（一）—— 1998 年河北邢台中國商周文明國際學術研討會論文集》，《三代文明研究》編輯委員會編，北京：科學出版社，頁 429-439。

安金槐（1998），〈試論鄭州商代城址的地理位置與佈局〉，《中國商文化國際學術討論會論文集》，中國社會科學院考古研究所編，北京：中國大百科全書出版社，頁 79-84。

曲英傑（1989），〈論龍山文化時期古城址〉，《中國原始文化論集》，田昌五、石興邦編，北京：文物出版社，頁 267-280。

曲英傑（2003），《古代城市》，北京：文物出版社。

朱彥民（1999），《殷墟都城探論》，天津：南開大學出版社。

北京大學中國考古研究中心（2015），《聚落演變與早期文明》，北京：文物出版社。

北京大學震旦古代文明研究中心（2012），《早期夏文化與先商文化研究論文集》，北京：科學出版社。

同濟大學城市規劃教研室（1982），《中國城市建設史》，北京：中國建築工業出版社。

邵九華（1998），《河姆渡：中華遠古文化之光》，北京：中國大百科全書出版社。

李元星（2010），《甲骨文中的殷前古史 —— 甲骨文中的殷前古史》，濟南：濟南出版社。

李生順（2005），《有虞舜帝》，長沙：湖南人民出版社。

李原（1995），《中國名城大觀》，上海：上海教育出版社。

李紹連（1999），〈關於商王國的政體問題 —— 王國疆域的考古佐證〉，《三代文明研究（一）—— 1998 年河北邢台中國商周文明國際學術研討會論文集》，《三代文明研究》編輯委員會編，北京：科學出版社，頁 304-312。

李學勤（1997），《走出疑古時代》，瀋陽：遼寧大學出版社。

李學勤編（2007），《夏史與夏代文明》，上海：上海科學技術文獻出版社，頁 226。

亨廷頓（Samuel P. Huntington)(1998)，《文明的衝突與世界秩序的重建》，北京：新華出版社。

宋鎮豪、劉源（2006），《甲骨學殷商史研究》，福州：福建人民出版社。

杜金鵬（2004），〈鄭州南關外中層文化遺存再認識〉，《三代考古（一）》，中國社會科學院考古研究所夏商周考古研究室編，北京：科學出版社，頁 93-106。

杜金鵬（2004a），〈「偃師商城界標說」解析〉，《三代考古（一）》，中國社會科學院考古研究所夏商周考古研究室編，北京：科學出版社，頁 107-123。

杜金鵬（2004b），〈偃師商城與《夏商周斷代工程》〉，《三代考古（一）》，中國社會科學院考古研究所夏商周考古研究室編，北京：科學出版社，頁 124-125。

杜金鵬（2004c），〈新砦文化與二里頭文化 —— 夏文化再探討隨筆〉，《三代考古（一）》，中國社會科學院考古研究所夏商周考古研究室編，北京：科學出版社，頁 66-72。

何道寬（1999），《中華文明擷要》，北京：外語教育與研究出版社。

何毓靈、胡洪瓊（2004），〈試論早商城址的性質及相互關係〉，《三代考古（一）》，中國社會科學院考古研究所夏商周考古研究室編，北京：科學出版社，頁 150-156。

宋新潮（1991），《殷商文化區域研究》，西安：陝西人民出版社。

岡村秀典（2000），〈屈家嶺・石家河文化屬城市文明嗎〉，《稻作、陶器和都市的起源》，嚴文明、安田喜憲編，北京：文物出版社，頁 181-187。

周長山（2001），《漢代城市研究》，北京：人民出版社。

周星（1987），〈黃河中上游新石器時代的住宅形式與聚落形態〉，《中國考古學研究論集 —— 紀念夏鼐先生考古五十周年》，《中國考古學研究論集》編委會編，西安：三秦出版社，頁 117-159。

岳洪彬（2004），〈二里頭文化第四期及相關遺存再認識〉，《三代考古（一）》，中國社會科學院考古研究所夏商周考古研究室編，北京：科學出版社，頁 73-92。

孫慶偉（2018），《鼏宅禹跡：夏代信史的考古研究》，北京：生活·讀書·新知三聯書店。

段天璟（2014），《二里頭文化時期的中國》，北京：社會科學文獻出版社。

陝西省考古研究院（2016），《發現石峁古城》，北京：文物出版社。

法蘭西斯·福山（1993），《歷史之終結與最後一人》，李永熾譯，台北：時報文化出版企業股份有限公司。

馬正林（1998），《中國城市歷史地理》，濟南：山東教育出版社。

馬潤潮（1985），《宋代的商業與城市》，馬德程譯，台北：中國文化大學出版部。

浙江省文物考古研究所（2015），《權力與信仰：良渚遺址群考古特展》，北京：文物出版社。

浙江省文物考古研究所、南京博物館（2016），《良渚考古八十年》，北京：文物出版社。

陳旭（2001），《夏商考古》，北京：文物出版社。

陳橋驛（1983），《中國六大古都》，北京：中國青年出版社。

徐良高（2004），〈夏商周三代城市聚落研究〉，《三代考古（一）》，中國社會科學院考古研究所夏商周考古研究室編，北京：科學出版社，頁 38-57。

徐昭峰（2013）《夏商周三種文化關係研究》，北京：科學出版社。

奚椿年（2002），《中國書源流》，南京：江蘇古籍出版社。

唐際根（2004），〈安陽殷墟宮廟區簡論〉，《三代考古（一）》，中國社會科學院考古研究所夏商周考古研究室編，北京：科學出版社，頁 291-297。

高煒（1989），〈龍山時代的禮制〉，《慶祝蘇秉琦考古五十五年論文集》，《慶祝蘇秉琦考古五十五年論文集》編輯組編，北京：文物出版社，頁 235-244。

高煒、楊錫璋、王巍、杜金鵬（1999），〈偃師商城與夏商文化分界〉，《三代文明研究（一）—— 1998 年河北邢台中國商周文明國際學術研討會論文集》，《三代文明研究》編輯委員會編，北京：科學出版社，頁 186-199。

倪鵬飛（2004），《中國城市競爭力報告 No.2》，北京：社會科學文獻出版社。

賀剛（2013），《湘西史前遺存與中國古史傳說》，長沙：岳麓書社。

張光直（1989），〈中國相互作用圈與文明的形成〉，《慶祝蘇秉琦考古五十五年論文集》，《慶祝蘇秉琦考古五十五年論文集》編輯組編，北京：文物出版社，頁 1-23。

張宏彥（2003），《中國史前考古學導論》，北京：高等教育出版社。

張征雁（2003），《混沌初開：中國史前時代文化》，成都：四川人民出版社，頁 192。

張炳火（2014），《良渚文化刻劃符號》，上海：上海人民出版社。

張國碩（1999），〈論夏商周三族的起源〉，《三代文明研究（一）── 1998 年河北邢台中國商周文明國際學術研討會論文集》，《三代文明研究》編輯委員會編，北京：科學出版社，頁 280-285。

張國碩（2001），《夏商時代都城制度研究》，鄭州：河南人民出版社。

張創新（2005），《中國政治制度史》，北京：清華大學出版社。

張馳（2002），〈中國史前農業、經濟的發展與文明的起源 ── 以黃河、長江中下游地區為核心〉，《古代文明：第 1 卷》，北京大學中國考古學研究中心、北京大學古代文明研究中心編，北京：文物出版社，頁 35-57。

張緒球（2000），〈長江中游史前城址和石家河聚落群〉，《稻作、陶器和都市的起源》，嚴文明、安田喜憲編，北京：文物出版社，頁 167-179。

張學海（2006），《龍山文化》，北京：文物出版社，頁 226。

湯恩比（1997），《展望 21 世紀：湯恩比與池田大作 1972 年對談錄》，荀春生、朱繼徵、陳國梁等譯，北京：中國國際文化出版社。

當代中國研究所（2012），《中國模式》，香港：香港浸會大學。

許宏（1999），〈論夏商西周三代城市之特質〉，《三代文明研究（一）── 1998 年河北邢台中國商周文明國際學術研討會論文集》，《三代文明研究》編輯委員會編，北京：科學出版社，頁 286-295。

許宏（2000），《先秦城市考古學研究》，北京：燕山出版社。

許宏（2001），〈「連續」中的「斷裂」──關於中國文明與早期國家形成過程的思考〉，《文物》，第 2 期，頁 86-91。

許宏（2004），《三代考古（一）》，中國社會科學院考古研究所夏商周考古研究室編，北京：科學出版社。

許宏（2004a），〈早期城址研究中的幾個問題〉，《三代考古（一）》，中國社會科學院考古研究所夏商周考古研究室編，北京：科學出版社，頁 34-37。

許宏（2004b），〈曲阜魯國故城之再研究〉，《三代考古（一）》，中國社會科學院考古研究所夏商周考古研究室編，北京：科學出版社，頁 276-290。

許宏（2004c），〈略論二里頭時代〉，《三代考古（一）》，中國社會科學院考古研究所夏商周考古研究室編，北京：科學出版社，頁 58-65。

許宏（2009），《最早的中國》，北京：科學出版社。

許宏（2016），《大都無城》，北京：生活·讀書·新知三聯書店。

許學強（1979），《新城市人口結構初探》，廣州：中山大學（油印）。

莊林德、張京祥（2002），《中國城市發展與建設史》，南京：東南大學出版社。

國家統計局城市社會經濟調查總隊（2005），《中國城市統計年鑑─ 2004》，北京：中國統計出版社。

費省（1996），《唐代人口地理》，西安：西北大學出版社。

黃銘業（2016），〈晚商王朝的政治地景〉，《中國史新論》，台北：聯經出版事業股份有限公司。

甯越敏、張務棟、錢今昔（1994），《中國城市發展史》，合肥：安徽科學技術出版社。

寒竹（2018），《中國道路的歷史基因》，上海：上海人民出版社。

裴安平（2000），〈長江中游 7000 年以前的稻作農業和陶器〉，《稻作、陶器和都市的起源》，嚴文明、安田喜憲編，北京：文物出版社，頁 81-96。

裴明相（1987），〈商代前期國都的結構和佈局〉，《中國古都研究 (第三輯)》，中國古都學會編，杭州：浙江人民出版社，頁 80-90。

裴明相（1993），〈鄭州商代王城的佈局及其文化內涵〉，《鄭州商城考古新發現與研究：1985-1992》，河南省文物研究所編，鄭州：中州古籍出版社，頁 7-14。

董琦（2000），《虞夏時期的中原》，北京：科學出版社。

楊寬（2003），《中國古代都城制度史研究》，上海：上海人民出版社。

葛兆光（2014），《何為中國：疆域、民族、文化與歷史》，香港：牛津大學出版社。

葛劍雄（2007），《歷史上的中國：中國疆域的變遷》，上海：上海錦繡文章出版社，頁 233。

趙文林、謝淑君（1988），《中國人口史》，北京：人民出版社。

趙芝荃（1998），〈論偃師商城始建年代的問題〉，《中國商文化國際學術討論會論文集》，中國社會科學院考古研究所編，北京：中國大百科全書出版社，頁 49-57。

趙春青（2001），《鄭洛地區新石器時代聚落的演變》，北京：北京大學出版社。

趙毅、趙軼峰（2002），《中國古代史》，北京：高等教育出版社。

趙輝、魏峻（2002），〈中國新石器時代城址的發現與研究〉，《古代文明：第 1 卷》，北京大學中國考古學研究中心、北京大學古代文明研究中心編，北京：文物出版社，頁 1-34。

劉一曼（2004），〈論殷墟甲骨的埋藏狀況及相關問題〉，《三代考古（一）》，中國社會科學院考古研究所夏商周考古研究室編，北京：科學出版社，頁 354-370。

劉一曼（2004a），〈略論甲骨文與殷墟文物中的龍〉，《三代考古（一）》，中國社會科學院考古研究所夏商周考古研究室編，北京：科學出版社，頁 371-382。

劉一曼（2004b），〈論安陽殷墟墓葬青銅兵器的組合〉，《三代考古（一）》，中國社會科學院考古研究所夏商周考古研究室編，北京：科學出版社，頁 160-177。

劉士莪（1998），〈偃師商城與二里頭遺址、鄭州商城關係的比較〉，《中國商文化國際學術討論會論文集》，中國社會科學院考古研究所編，北京：中國大百科全書出版社，頁 103-108。

劉春迎（2004），《北宋東京城研究》，北京：科學出版社。

劉莉、陳星燦（2002），〈中國早期國家的形成 —— 從二里頭和二里崗時期的中心和邊緣之間的關係談起〉，《古代文明：第 1 卷》，北京大學中國考古學研究中心、北京大學古代文明研究中心編，北京：文物出版社，頁 71-134。

劉斌等（2015），《良渚古城：新發現與探索》，浙江省文物考古研究所，頁 51-72。

劉煒編（2001），《中華文明傳真》，香港：商務印書館（香港）有限公司。

劉慶柱（2000），《古代都城與帝陵考古學研究》，北京：科學出版社。

盧希文編（1963），《中國五千年大事記》，香港：光華書店，頁 210。

譚中（2017），《簡明中國文明史》，北京：新世界出版社。

錢耀鵬（2001），《中國史前城址與文明起源研究》，西安：西北大學出版社。

薛浩然（2018），《中國夢、中國革命與中國共產黨》，香港：喬木堂。

薛鳳旋（2009），《中國城市及其文明的演變》，香港：三聯書店（香港）有限公司。

薛鳳旋（2019），《西方古城市文明》，香港：香港中和出版有限公司。

薛鳳旋、劉欣葵（2014）《北京：從傳統國都到世界城市》，北京：社會科學文獻出版社。

魏峻（2015），《中原地區的史前聚落演變與早期文明》，北京大學考古研究中心。

嚴文明（1989），〈中國新石器時代聚落形態的考察〉，《慶祝蘇秉琦考古五十五年論文集》，《慶祝蘇秉琦考古五十五年論文集》編輯組編，北京：文物出版社，頁 24-37。

嚴文明（2000），《農業發生與文明起源》，北京：科學出版社。

嚴文明（2000a），〈稻作、陶器和都市的起源〉，《稻作、陶器和都市的起源》，嚴文明、安田喜憲編，北京：文物出版社，頁 3-15。

戴向明（2016），《陶寺、石峁與二里頭》，陝西省考古研究院，頁 246-256。

蘇秉琦、張忠培、嚴文明（2010），《中國遠古時代》，上海：上海人民出版社。

蘇秉琦（2017），《中國遠古時代》，上海：上海人民出版社。

蘇洝（2007），《華夏城邦》，北京：清華大學出版社，頁 221。

蘇洝（2007），《黃帝時代》，北京：清華大學出版社，頁 235。

顧朝林（1992），《中國城鎮體系 —— 歷史・現狀・展望》，北京：商務印書館。

顧音海（2002），《甲骨文：發現與研究》，上海：上海書店出版社。

期刊

于省吾（1973），〈關於古文字研究的若干問題〉，《文物》，第 2 期，頁 32-35。

方酉生（1995），〈偃師二里頭遺址第三期遺存與桀都斟鄩〉，《考古》，第 2 期，頁 160-185。

王學榮（1999），〈偃師商城佈局的探索和思考〉，《考古》，第 2 期，頁 24-34。

孔昭宸、劉長江、張居中（1996），〈河南舞陽縣賈湖遺址八千年前水稻遺存的發現及其在環境考古學上的意義〉，《考古》，第 12 期，頁 78-83。

任式楠（1998），〈中國史前城址考察〉，《考古》，第 1 期，頁 1-16。

任式楠（2000），〈我國新石器時代聚落的形成與發展〉，《考古》，第 7 期，頁 48-59。

安志敏（1993），〈試論中國的早期銅器〉，《考古》，第 12 期，頁 110-119。

朱鳳瀚（2001），〈試論中國早期文明諸社會因素的物化表現〉，《文物》，第 2 期，頁 70-79。

李先登（1979），〈關於探索夏文化的若干問題〉，《中國歷史博物館館刊》，第 1 期，頁 29-34。

李紹連（1989），〈試論中國古代都城性質的演變〉，《史學月刊》，第 3 期，頁 8-12。

吳文祥、劉東生（2001），〈4000aBP 前後降溫事件與中華文明的誕生〉，《第四紀研究》，第 9 期，頁 443—451。

吳汝康（1989），〈現代人起源問題的新爭論〉，《人類學學報》，第 8 卷，第 2 期，頁 182-185。

杜金鵬（1994），〈關於大汶口文化與良渚文化的幾個問題〉，《考古》，第 10 期，頁 15-23。

杜金鵬、王學榮、張良仁（1999），〈試論偃師商城小城的幾個問題〉，《考古》，第 2 期，頁 35-40。

金正耀（2000），〈二里頭青銅器的自然科學研究與夏文明探索〉，《文物》，第 1 期，頁 56-64。

竺可楨（1972），〈中國近五千年來氣候變遷的初步研究〉，《考古學報》，第 1 期，頁 15-38。

林聖龍（1989），〈上新世以來的中國自然地理環境和中國古人類的進化〉，《人類學學報》，第 3 期，頁 209-214。

俞偉超（1985），〈中國古代都城規劃的發展階段性 —— 為中國考古學會第五次年會而作〉，《文物》，第 2 期，頁 52-60。

袁廣闊（1998），〈試論夏商文化的分界〉，《考古》，第 10 期，頁 80-89。

袁廣闊（2000），〈關於孟莊龍山城址毀因的思考〉，《考古》，第 3 期，頁 39-44。

浙江省文物考古研究所（2001），〈良渚文化匯觀山遺址第二次發掘簡報〉，《文物》，第 12 期，頁 36-40。

浙江省文物考古研究所（2002），〈餘杭良渚遺址群調查簡報〉，《文物》，第 10 期，頁 47-57。

浙江省文物考古研究所、餘杭市文物管理委員會（1997），〈浙江餘杭匯觀山良渚文化祭壇與墓地發掘簡報〉，《文物》，第 7 期，頁 4-19。

陳恩志（1985），〈論中國境內從猿到人的獨自進化和發展系統〉，《社會科學評論》，第 3 期，頁 82-90。

陳淳（1997），〈聚落‧居址與圍牆‧城址〉，《文物》，第 8 期，頁 43-47。

陳淳（1998），〈酋邦的考古學觀察〉，《文物》，第 7 期，頁 46-52。

夏商周斷代工程專家組（2000），〈夏商周斷代工程 1996-2000 年階段成果概要〉，《文物》，第 12 期，頁 49-62。

張光直（1985），〈關於中國初期「城市」這個概念〉，《文物》，第 2 期，頁 61-67。

張緒球（1994），〈屈家嶺文化古城的發現和初步研究〉，《考古》，第 7 期，頁 29-34。

張學海（1996），〈試論山東地區的龍山文化城〉，《文物》，第 12 期，頁 40-52。

國家文物局考古領隊培訓班（1999），〈鄭州西山仰韶時代城址的發掘〉，《文物》，第 7 期，頁 4-15。

黃尚明（2018），〈新石器時代黃河流域的氣候變遷〉，《中原文化研究》，第 5 期，頁 14-21。

黃銘業（2011），〈晚商政體形態的研究〉，《新史學》，第 3 期，頁 161-207。

湖南省文物考古研究所（1999），〈澧縣城頭山古城址 1997-1998 年度發掘簡報〉，《文物》，第 6 期，頁 4-17。

傅熹年（1995），〈隋唐長安洛陽城規劃手法的探討〉，《文物》，第 3 期，頁 48-63。

董琦（1995），〈中國先秦城市發展史概述〉，《中原文明》，第 1 期，頁 73-78。

楊肇清（1993），〈試論中原地區國家的起源〉，《華夏考古》，第 1 期，頁 74-81。

趙輝（2000），〈以中原為中心的歷史趨勢的形成〉，《文物》，第 1 期，頁 41-47。

蔡哲光（2016），〈夏王朝存在新証 —— 說殷卜辭的「西邑」〉，《中國文化》，第 2 期，頁 22-32。

山東考古研究所（1990），〈城子崖遺址又有重大發現，龍山岳石周代城址重見天日〉，《中國文物報》，第 29 期。

劉莉（1998），〈龍山文化的酋邦與聚落形態〉，陳星燦譯，《華夏考古》，第 1 期，頁 88-112。

劉慶柱（1998），〈中國古代宮城考古學研究的幾個問題〉，《文物》，第 3 期，頁 49-57。

劉慶柱（2000），〈中國古代都城考古學研究的幾個問題〉，《考古》，第 7 期，頁 60-69。

錢耀鵬（1997），〈關於環壕聚落的幾個問題〉，《文物》，第 8 期，頁 57-65。

錢耀鵬（1999），〈關於西山城址的特點和歷史地位〉，《文物》，第 7 期，頁 41-45。

薛鳳旋、蔡建明（2003），〈中國三大都會經濟區的演變及其發展戰略〉，《地理研究》，第 22 卷，第 5 期，頁 31-40。

嚴文明（1981），〈龍山文化和龍山時代〉，《文物》，第 6 期，頁 41-48。

嚴文明（1984），〈論中國的銅石並用時代〉，《史前研究》，第 1 期，頁 36-44。

嚴文明（1992），〈略述中國文明的起源〉，《文物》，第 1 期，頁 40-49。

嚴文明（1994），〈中國環濠聚落的演變〉，《國學研究》，第 2 卷，頁 83-91。

嚴文明（1997），〈聚落考古與史前社會研究〉，《文物》，第 6 期，頁 27-35。

報紙

于希賢（1996），〈古代都城地理格局的發展〉，《光明日報》，4 月 16 日。

余志川（1993），〈來自遠古的牧羊人 —— 羌族及其文化略述〉，《中國文物報》，5 月 30 日。

余英時（2002），〈從中國歷史尋找今天中國問題的根源〉，《縱覽中國》，2 月 17 日。

陸航（2014），〈陝西神木石峁遺址首次發現四千年前房屋及墓葬群〉，《中國社會科學報》，7 月 4 日。

其他

環球社評 (2014),〈福山給出順序，強政府、法治、民主〉，人民網，http://opinion.people.com.cn/n/2014/1014/c1003-25829804.html，10 月 14 日。

顏惑（2015），〈氣候如何影響中國歷史？環境演變與文明探源〉，紅色中國，RedChinaCN.net,12 月 26 日。

英文部分

Books

An, Jinhuai (1998), 'Discussion on the Geographical Location and Pattern of City Sites of Shang Dynasty at Zhengzhou', in *Proceeding of International Conference on Shang Culture in China*, Department of Xia, Shang and Zhou Archaeology, Institute of Archaeology, Chinese Academy of Social Sciences (ed.), Beijing: Encyclopedia of China Publishing House, pp. 79-84. (Chinese text)

Andrusz, G., Harloe, M., and Szelenyi, I (eds.) (1996), *Cities After Socialism*, Oxford: Blackwell.

Balazs, E. (1964), *Chinese Civilization and Bureaucracy*, New Haven: Yale University Press.

Barnard, Noel (1983), 'Further Evidence to Support the Hypothesis of Indigenous Origins of Metallurgy in Ancient China', in *The Origins of Chinese Civilization*, Keightley, D.N. (eds.), Berkeley: University of California Press, pp. 237-271.

Bater, J. H. (1980), *The Soviet City*, London: Arnold.

Bergère, Marie-Claire (1981), 'The Other China: Shanghai from 1919 to 1949',in *Shanghai: Revolution and Development in an Asian Metropolis*, Howe, Christopher (ed.), Cambridge: Cambridge University Press, pp. 1-34.

Boyd, Andrew (1962), *Chinese Architecture and Town Planning: 1500 B.C.–A.D. 1911*, London: Alec Tiranti.

Cambridge UP (1987-2016), *The Cambridge History of China*, Vol. 1-17, CUP: Cambridge.

Carneiro, R. L.(2003), *Evolutionism in Cultural Anthropology: A Critical History*, Westview Press: Boulder.

Chan, Kam Wing (1994), *Cities with Invisible Walls: Reinterpretating Urbanization in Post-1949 China*, Hong Kong: OUP.

Charlton, T. H., and Nichols, D. L. (1997), 'The City-State Concept', in *The Archaeology of City-states*, Nichols, D. L., and Charlton, T. H. (eds.), Washington D.C.: Smithsonian Institution Press, pp. 1-14.

Charlton, T. H., and Nichols, D. L. (1997a), 'Diachronic Studies of City-States: Permutations on a Theme', in *The Archaeology of City-states*, Nichols, D. L., and Charlton, T. H. (eds.), Washington D.C.: Smithsonian Institution Press, pp. 169-207.

Chen, Lie (1996), 'The Ancestor Cult in Ancient China', in *Mysteries of Ancient China: New Discoveries from the Early Dynasties*, Rawson, J. (ed.), London: British Museum Press, pp. 269-272.

Chen, Qiaoyi (1983) , *The Six Ancient Capitals of China*, Beijing: China Youth Press. (Chinese text)

Chen, Xu (2001), *Archaeoloygy of Xia and Shang Dynasties*, Beijing: Culture Relics Publishing House. (Chinese text)

Cheng, Te-k'un (1982), *Studies in Chinese Archaeology*, Hong Kong: Chinese University Press.

Coon, C. S. (1969), *The Origin of Races*, New York: Knopf.

Cotterell, A., and Morgan, D. (1975), *China's Civilization: A Survey of its History, Arts, and Technology*, New York: Praeger.

Crawford, H. (1991), *Sumer and the Sumerians*, New York: Cambridge UP.

Daniel, G. (1968), *The First Civilizations: The Archeology of their Origins*, New York: Thomas & Crowell.

Diamond, J. M. (2005), *Collapse: How Societies Choose to Fail or Succeed*, UK: Viking Press.

Eberhard, Wolfram (1967), *Settlement and Social Change in Asia: Collected Papers Volume One*, Hong Kong: Hong Kong University Press.

Eberhard, Wolfram (1977), *A History of China*, London: Routledge & Kegan Paul.

Eisenstadt, S. N., Abitbol, M., and Chazan, N. (1988), *Early States in African Perspective*, Leiden: E. J. Brill.

Elvin, Mark (1978), 'Chinese Cities Since the Sung Dynasty', in *Towns in Societies: Essays in Economic History and Historical Sociology*, Abrams, Philip, and Wrigley, E. A. (eds.), Cambridge: Cambridge University Press, pp. 79-89.

Fagan, B. M.(2001), *People of the Earth*, Prentice Hall: New Jersey.

Faure, David (2001), 'What Weber did not Know: Towns and Economic Development in Ming and Qing China', in *Town and Country in China: Identity and Perception*, Faure, D., and Liu, T. T. (eds.), *Basingstoke: Palgrave, in association with St. Antony's College*, Oxford, pp. 58-84.

Flannery, K. (1968), 'The Olmec and the Valley of Oaxaca: A Model for Inner-Regional Interaction in Formative Times', in *Dumbarton Oaks Conference on the Olmec*, Benson, E. (ed.), Washington D.C.: Dumbarton Oaks Research Library and Collection, pp. 79-110.

Fu, Chonglan (2019), *An Urban History of China*, Palgrave Macmillan: Singapore.

Fukuyama, F. (1992), *The End of History and the Last Man*, New York: Free Press.

Fukuyama, F. (2004), *State-Building: Governance and World Order in the 21st century*, NY: Cornell University Press.

Fukuyama, F. (2012), *The Origins of Political Order*, New York: Farrar, Straus and Giroux.

Fukuyama, F. (2015), *Political Order and Political Decay: From the Industrial Revolution to the Present Day*, New York: Farrar, Straus and Giroux.

Gernet, Jacques, translated by Foster, J. R. (1985), *A History of Chinese Civilization*, Cambridge: Cambridge University Press.

Goepper, Roger (1996), 'Precursors and Early Stages of the Chinese Script', in *Mysteries of Ancient China: New Discoveries from the Early Dynasties*, Rawson, J. (ed.), London: British Museum Press, pp. 273-281.

Goodrich, L. Carrington (1962), *A Short History of the Chinese People*, 3rd Edition, London: George Allen & Unwin.

Granet, Marcel (1930), *Chinese Civilization*, New York: Alfred A. Knopf.

Griffith, R. and Thomas, C. G. (1981), 'Introduction', in *The City-State in Five Cultures*, Griffith, R., and Thomas, C. G. (eds.), Santa Barbara, C.A.: ABC-Clio, pp. xiii-xx.

He, Daokuan (2004), *Chinese Culture: A Descriptive and Explanatory Approach*, Beijing: Foreign Language Teaching and Research Press.

He, Yuling, and Hu, Hongqiong (2004), 'Discussion on the Nature and Interaction of Early Shang Cities', in *Archaeology of the Three Dynasties (Xia, Shang, and Zhou Dynasties) I*, Department of Xia, Shang and Zhou Archaeology, Institute of Archaeology, Chinese Academy of Social Sciences (ed.), Beijing: Science Press, pp. 150-156. (Chinese text)

Heng, Chye Kiang (1999), *Cities of Aristocrats and Bureaucrats: The Development of Medieval Chinese Cityscapes*, Honolulu: University of Hawai'i Press.

Henriot, C. (1993), *Shanghai, 1927–1937*, Berkeley: University of California Press.

Hodge, Mary G. (1997), 'When is a City-State? Archaeological Measures of Aztec City-States and Aztec City-State Systems', in *The Archaeology of City-states*, Nichols,D. L., and Charlton,T. H. (eds.), Washington D.C.: Smithsonian Institution Press, pp. 209-227.

Huntington , S. P. (1991), *The Third Wave: Democratization in the Late Twentieth Century*, Norman: University of Oklahoma Press.

Huntington ,S. P. (1996), *The Clash of Civilizations and the Remaking of World Order*, Touchstone.

Huntington ,S. P.(1968), *Political Order in Changing Societies*, New Haven: Yale University Press.

Jabbar, M. A. (1986), *Historic cities of Asia*, Malaysia: National University Press.

Jensen, D. (2006). *Endgame*, Volume 1: The Problem of Civilisation☐Volume 2: Resistance, New York: Seven Stories Press.

Jettmar, Karl (1983), 'The Origins of Chinese Civilization: Soviet Views', in *The Origins of Chinese Civilization*, Keightley, D. N. (ed.), Berkeley: University of California Press, pp. 217-236.

Johnson, Donald, and Edey, Maitland (1981), *Lucy: The Beginnings of Humankind*, New York: Simon and Schuster.

Kirby, R. J. R. (1985), *Urbanization in China*, New York: Columbia University Press.

Kracke, E. A. Jr. (1975), 'Sung K'ai-feng: Pragmatic Metropolis and Formalistic Capital', in *Crisis and Prosperity in Sung China*, Haeger, John Winthrop (ed.), Tucson, Arizona: The University of Arizona Press, pp. 49-77.

Liu, Li, and Chen, Xingcan (2003), *State Formation in Early China*, London: Duckworth.

Lloyd, P. C. (1971), *The Political Development of Yoruba Kingdoms in the Eighteenth and Nineteenth Centuries*, London: Royal Anthropological Society.

Lo, C. P. (1980), 'Shaping Socialist Chinese Cities', in China Urbanization and National Development, Leung, C. K., and Ginsburg, G. (eds.), pp. 130-155.

Loewe, M., and Shaughnessy, E. L.(1999), *The Cambridge History of Ancient China*, CUU: Cambridge.

Logan, J. R. (ed.) (2002), *The New Chinese City: Globalization and Market Reform*, London: Blackwell.

Marcus, J., and Sabloff, J. A.(2008), *The Ancient City: New Perspectives on Urbanism in the Old and New World*, Santa Fe: Sch for Advanced Research Press.

Meyer, David R. (2000), *Hong Kong as a Global Metropolis*, Cambridge: Cambridge University Press.

Moorey, P. R. S. (ed.) (1979), *The Origins of Civilizations*, Oxford: Clarendon Press.

Morris, Ian (1997), 'An Archaeology of Equalities? The Greek City-States', in *The Archaeology of City-states*, Nichols, D. L., and Charlton, T. H. (eds.), Washington D. C.: Smithsonian Institution Press, pp. 91-105.

Mumford, Lewis (1961), *The City in History*, New York: Harcourt B. J.

Murphey, Rhoads (1953), *Shanghai: Key to Modern China*, Cambridge, Mass.: Harvard University Press.

Murphey, Rhoads (1974), 'The Treaty Ports and China's Modernization', in *The Chinese City Between Two Worlds*, Elvin, Mark, and Skinner, G. William (eds.), California: Standford University Press, pp. 17-72.

Murphey, Rhoads (1978), *The Outsiders: The Western Experience in India and China*, Cambridge, Mass.: Harvard University Press.

Ramos, J. A. C. (2004), *The Beijing Consensus*, Washington: Foreign Policy Centre.

Rawson, Jessica (1980), *Ancient China: Art and Archaeology*, London: British Museum Publications.

Rawson, Jessica (1996), 'Introduction', in *Mysteries of Ancient China: New Discoveries from the Early Dynasties*, Rawson, J. (ed.), London: British Museum Press, pp. 11-30.

Roberts, J. A. G. (1999), *A Concise History of China*, Cambridge, Mass.: Harvard University Press.

Rowe, W. T. (1984), Hankow: *Commerce and Society in a Chinese City, 1796-1889*, Stanford, California: Stanford University Press.

Schirokauer, Conrad (1991), *A Brief History of Chinese Civilization*, San Diego: Harcourt Brace Jovanovich.

Service, E. R. (1971), *Cultural Evolutionism: Theory in Practice*, New York: Rinehart and Winston.

Shiba, Yoshinobu, translated by Mark Elvin (1970), *Michigan Abstracts of Chinese and Japanese Works on Chinese History No.2: Commerce and Society in Sung China*, Ann Arbor, Michigan: University of Michigan, Centre for China Studies.

Sit, Victor F. S. (1985), *Chinese Cities*, Oxford: OUP.

Sit, Victor F. S. (1995), *Beijing: The Nature and Planning of a Chinese Capital City*, Chichester: Wiley.

Skinner, G. William (1977), 'Introduction: Urban Dvelopment in Imperial China', in *The City in Late Imperial China*, Skinner, G. William (ed.), California: Standford University Press, pp. 3-32.

Small, David (1997), 'City-State Dynamics through a Greek Lens', in *The Archaeology of City-states*, Nichols, D. L., and Charlton, T. H. (eds.), Washington D. C.: Smithsonian Institution Press, pp. 107-118.

Southall, A. (2000), *The City: in Time and Space*, 2nd edition, Cambridge: Cambridge UP.

Stone, Elizabeth (1997), 'City-States and Their Centers: The Mesopotamian Example', in *The Archaeology of City-states*, Nichols, D. L., and Charlton, T. H. (eds.), Washington D. C.: Smithsonian Institution Press, pp. 15-26.

Tainter, Joseph A. (1988), *The Collapse of Complex Societies*, Cambridge, UK: Cambridge University Press.

Toynbee, A. (1934), *A Study of History*, London: OUP.

Trewartha, Glenn T. (1952), 'Chinese Cities: Origins and Functions', *Annals of the Association of American Geographers*, Vol. 42, pp. 69-93.

Tyrwhitt, Jaqueline (1968-1969), 'The City of Chang-An', *Town Planning Review*, Vol. 39, pp. 21-37.

Webster, David (1997), 'City-States of the Maya', in *The Archaeology of City-states*, Nichols, D. L., and Charlton, T. H. (eds.), Washington D. C.: Smithsonian Institution Press, pp. 135-154.

Wenke, Robert J. (1997), 'City-States, Nation-States, and Territorial States: The Problem of Egypt', in *The Archaeology of City-states*, Nichols, D. L., and Charlton, T. H. (eds.), Washington D. C.: Smithsonian Institution Press, pp. 27-49.

Wittfogel, K. A. (1957), *Oriental Despotism: A Comparative Study of Total Power*, New Haven: Yale University Press.

Williamson, J (1989): "What Washington Means by Policy Reform", in *Latin American Readjustment: How Much has Happened*, Williamson, John (ed.), Washington: Peterson Institute for International Economics.

Wright, Arthur F. (1977), 'The Cosmology of the Chinese City', in *The City in Late Imperial China*, Skinner, G. William (ed.), California: Standford University Press, pp. 33-74.

Yates, Robin D. S. (1997), 'The City-State in Ancient China', in *The Archaeology of City-states*, Nichols, D. L., and Charlton, T. H. (eds.), Washington D. C.: Smithsonian Institution Press, pp. 71-90.

Yoffee, Norman (1997), 'The Obvious and the Chimerical: City-States in Archaeological Perspective', in *The Archaeology of City-states*, Nichols, D. L., and Charlton, T. H. (eds.), Washington D. C.: Smithsonian Institution Press, pp. 255-263.

Yuan, Xingpei, et. al. (ed.) (2012), *The History of Chinese Civilisation* , Vol. 1-4, Cambridge: Cambridge UP. (English translation of original Chinese publication by Peking University Press of 2006)

Zhou, Yixing (1993), 'Several Trends in Chinese Urbanization in the 1980s', in *Chinese City and Regional Development: Outlook for 21st Century*, Yeung, Yue-man (ed.), Hong Kong: CUHK Press.

Zijderveld, A. C. (1998), *A Theory of Urbanity: The Economic and Civic Culture of Cities*, New Brunswick: Transaction Publishers.

Journals

An, Shibin (1993), 'Discussion on the Chinese Early Bronze Wares', *Archaeology*, Vol. 12, pp. 1110-1119. (Chinese text)

Cann, R. L. et. al. (1987),'Mitochondrial DNA and Human Evolution', *Nature* January 1-7, 325 (6099), pp. 31-36.

Chen, C. Z. (1946-1947), 'Some Ancient Chinese Concepts of Town and Country', *Town Planning Review*, Vol. 19, No. 2-4, pp. 160-163.

Chen, Chun (1997), 'Settlement, Residence, Walls and City Site', *Antique*, Vol. 8, pp. 43-47. (Chinese text)

Chen, Chun (1998), 'Archaeological Observation of Emirates', *Antique*, Vol. 7, pp. 46-51. (Chinese text)

Chen, Enzhi (1985), 'Discussion on the Independent Evolution from Ape to Human and of the Chinese and His Development Framework', *Critique of Social Sciences*, Vol. 3, pp. 82-90. (Chinese text)

Expert Group of the Project on the Historical Periodical Division of the Xia, Shang and Zhou Dynasties (2000), 'Summary of the Findings of the Project on the Historical Periodical Division of the Xia, Shang and Zhou Dynasties Between 1996 and 2000', *Antique*, Vol. 12, pp. 49-62. (Chinese text)

Fang, Yousheng (1995), 'Remains of the Phase III of Yanshi Erlitou Relic and the Late Xia Capital', *Archaeology*, Vol. 2, pp. 160-185. (Chinese text)

Fang, Yousheng (1998), 'Discussion on Yanshi Shang City as the Shang Capital of Xiho', in *Proceeding of International Conference on Xia Culture in China*, Institute of Archaeology, Chinese Academy of Social Sciences, ed., Beijing: Encyclopedia of China Publishing House, pp. 95-102. (Chinese text)

Fei, Sheng (1996), *Population Geography of the Tang Dynasty*, Xi'an: Northwestern University Press. (Chinese text)

Harvati, K., et. al.(2019), 'Skull Fragments from Greek Suggests Modern Humans Were in Europe More Than 200,000 Years Ago', *Science Nature*, 10 July.

Ma, Laurence J. C. (1971), 'Commercial Development and Urban Change in Sung China (960–1279)', *Michigan Geographical Publication No. 6*, Department of Geography, University of Michigan, Ann Arbor.

Mote, Frederick W. (1974), 'A Millennium of Chinese Urban History: Form, Time, and Space Concepts in Soochow', *Rice University Studies*, Vol. 59, No. 4, pp. 35-65.

Sit, Victor F. S. (1995), 'Shanghai's Role in China's Modernization: An Historical Review', *Asian Geographer*, Vol. 14, No. 1, pp. 14-27.

Sit, Victor F. S., and Yang, Chun (1996), 'Foreign Investment "Exo-urbanization" in the Pearl River Delta, China', *Urban Studies*, Vol. 34, No. 4, pp. 647-678.

Walder, A. G. (1995), 'China's Transitional Economy: Interpreting its Significance', *China Quarterly*, No. 144, pp. 963-979.

Wheatley, Paul (1975), 'The Ancient Chinese City as a Cosmological Symbol', *Ekistics*, Vol. 39, pp. 147-158.

Wright, Arthur F. (1965), 'Symbolism and Function: Reflections on Changan and Other Great Cities', *Journal of Asian Studies*, Vol. 24, No. 4, pp. 667-679.

Others

China10k.com (2004), 'Prehistory', http://www.china10k.com/english/history/, accessed on 10 November 2004.

Crystalinks (2004), 'Chinese Script', http://www.crystalinks.com/chinascript.html, accessed on 10 July 2004; http://www.becominghuman.org.

Institute of Human origins, '"Lucy" discovered by Donald Johanson & Tom Gray in 1974 in Ethiopia', http://www.asu.edu/clas/iho/lucy.html#found.

Maughty II, T. H. (2012), 'Migration of Monsoons Created and Then Killed Harappa Civilization', www.science.nationalgeographic.com.

The Institute of Human Origins (2001), 'Becoming Human: The Documentary', http://www.becominghuman.org/becoming_human/main.html, accessed on 10 November 2004.

The Metropolitan Museum of Art (undated), 'China, 8000-2000 B.C.', http://www.metmuseum.org/toah/ht/02/eac/ht02eac.htm, accessed on 10 July 2004.

The Metropolitan Museum of Art (undated), 'China, 2000-1000 B.C.', http://www.metmuseum.org/toah/ht/03/eac/ht03eac.htm, accessed on 10 July 2004.

The Metropolitan Museum of Art (undated), 'Neolithic Period in China', http://www.metmuseum.org/toah/hd/cneo/hd_cneo.htm, accessed on 10 July 2004.

責任編輯　　　胡奕澄
書籍設計　　　吳冠曼

書　　名　　**中國城市文明史**
著　　者　　薛鳳旋
出　　版　　三聯書店(香港)有限公司
　　　　　　香港北角英皇道 499 號北角工業大廈 20 樓
　　　　　　Joint Publishing (H.K.) Co., Ltd.
　　　　　　20/F., North Point Industrial Building,
　　　　　　499 King's Road, North Point, Hong Kong
香港發行　　香港聯合書刊物流有限公司
　　　　　　香港新界大埔汀麗路 36 號 3 字樓
印　　刷　　美雅印刷製本有限公司
　　　　　　香港九龍觀塘榮業街 6 號 4 樓 A 室
版　　次　　2020 年 7 月香港第一版第一次印刷
規　　格　　16 開(170 × 238 mm)440 面
國際書號　　ISBN 978-962-04-4650-4